Historia breve de
Argentina

Serie Historia

Historia breve de Argentina
Claves de una impotencia

Antonio Tello

© Antonio Tello, 2006

©Sílex® ediciones S.L., 2006
c/ Alcalá, n° 202. 28028 Madrid
www.silexediciones.com
correo-e: silex@silexediciones.com

ISBN: 84-7737-166-0
ISBN 13: 978-84-7737-166-3
Depósito Legal: M-28.459-2006
Dirección editorial: Ramiro Domínguez
Coordinación editorial: Ángela Gutiérrez y Cristina Pineda Torra
Diseño cubierta: Ramiro Domínguez
Producción: Equipo Sílex
Corrección: Beatriz Basarrate
Fotomecánica: Preyfot S.L.
Impreso en España por: ELECE, Industria Gráfica
(Printed in Spain)

Contenido

Muchas cosas pierde el hombre
que a veces las vuelve a hallar;
pero les debo enseñar,
y es bueno que lo recuerden:
si la vergüenza se pierde
jamás se vuelve a encontrar.

José Hernández,
Martín Fierro

El error nacía unas veces de la acción de un elemento
insospechado y otras de un error en el cálculo del tiempo...

Marguerite Yourcenar,
Opus Nigrum

INTRODUCCIÓN

¿Cómo un país tan rico como Argentina puede ir a la quiebra? Esta es la pregunta cargada de perplejidad que se hacen millones de personas ante la ruina y el colapso social y económico padecidos por Argentina en los primeros años del siglo XXI. La misma perplejidad que manifestaba el premio Nobel de Economía Paul Samuelson cuando clasificaba los países del mundo en cuatro categorías: ricos, pobres, Japón, que nadie entiende por qué es rico, y Argentina, que nadie entiende por qué es pobre.

La respuesta a este desastre histórico supone considerar los múltiples factores locales y externos cuya combinación ha marcado el rumbo argentino. La enunciación de la pregunta supone el reconocimiento de la casi imposibilidad de que un país como Argentina pudiera vivir la situación a la que llegó a principios del siglo XXI. Sin embargo, no hay enigmas ni misterio alguno en la respuesta. Las causas históricas que han conducido a Argentina al borde del abismo, no obstante ser la tercera potencia económica más importante de Latinoamérica, están vinculadas fundamentalmente al anómalo desarrollo de su cultura cívico-política. Todo lo demás es consecuencia agravada de esta errónea conformación cultural.

Los desequilibrios geodemográficos, dentro de los cuales se inscribe la posición hegemónica de la metrópolis porteña, y las limitaciones y contradicciones de la sociedad que han favorecido la identificación de los intereses del Estado con los intereses particulares de una clase dirigente permeable a la influencia de los agentes externos –tutores de un modelo de país política, económica y tecnológicamente dependiente–, han impedido la implementación y consolidación de un Estado democrático moderno liberal, y favorecido la vulnerabilidad del existente.

La crisis de Argentina ejemplifica no sólo el fracaso del proyecto de conformar y desarrollar un idea común de nación, sino también la torpeza histórica que supone pretender articular un proyecto de progreso, bienestar y felicidad de una sociedad sobre bases institucionales viciadas por el estatismo social y la manipulación demagógica de las clases medias y de las capas más desfavorecidas de la población.

Al mismo tiempo y desde un punto más próximo, este soberbio colapso económico, social y político es consecuencia de los graves efectos que trajo la aceptación e implantación de un orden económico que desdeña la condición humana y favorece la injusticia y las tensiones sociales tanto nacionales como internacionales; un orden económico que, merced a una gestión dirigida a consagrar la autorregulación de los mercados obviando el factor humano, atenta contra la paz mundial y el bienestar de los pueblos.

El derrumbe económico argentino, que desembocó en la que probablemente es la mayor suspensión de pagos de la historia, al menos en América Latina, tenía como síntoma más evidente un sentimiento de frustración e impotencia en el ánimo de una sociedad, hasta entonces convencida de su alto grado de bienestar y cultura, que no soportaba mental ni materialmente su fracaso. La masiva y desesperada emigración que se produjo de inmediato se sustentó en la esperanza de despertar de la pesadilla en el "primer mundo" y no en el paraíso en el que imaginó vivir. Es decir, inventando otro recurso para negar una realidad perversa que cada argentino, en proporción a sus responsabilidades, o mejor dicho, a la dejación de sus responsabilidades civiles, contribuyó a crear.

De aquí que, al margen de los ingentes recursos naturales de que dispone el país y cuya explotación y gestión racional son vitales para su renacimiento, éste ha de pasar fundamentalmente por la regeneración de la sociedad argentina, la cual debe reconocer y asumir los hechos claves que han fraguado la historia moral del país. Es decir que el renacimiento ha de basarse en la voluntad de los ciudadanos de recuperar los valores espirituales que conforman una verdadera patria, entendida ésta como espacio de libertad y legitimidad democrática en el marco territorial de un Estado soberano y garante de la res publica.

El desarrollo económico y las innovaciones tecnológicas de los Estados están estrechamente vinculados a la ética de los ciudadanos, de modo que la responsabilidad y la solidaridad de una comunidad son pilares maestros de la felicidad de los pueblos. De aquí que en Argentina, a tenor de su historia, emprender este camino no supone una refundación, sino la fundación de una nueva república imbricada en el espacio social, político y económico del continente con la participación mancomunada de los demás pueblos que lo integran. No hay posibilidad de salvación particularizada para ninguno de los Estados latinoamericanos, cualquiera sea su grado de potencialidad. La salida del estado de subdesarrollo y el despertar económico de las naciones del continente son acciones que comprometen solidariamente a todos y a cada uno de los Estados. Sobre este principio básico es conjugable el tiempo futuro que puede evitar a Argentina la balcanización de su mapa político administrativo y acaso su desintegración.

El presente trabajo vuelve en gran parte la mirada sobre el pasado histórico no para presentar culpables, sino para retomar y seguir el hilo que ha tejido la cultura del país. Una cultura falseada y divorciada de la realidad, fruto de la prevalencia en el imaginario colectivo de un sustrato ideológico de dependencia. Sustrato que ha actuado como modelador de las conductas y hábitos colectivos que, desde los tiempos de la Colonia, se han ido arraigando y retroalimentando en el seno de todas las clases sociales. Lo que sigue no es un ensayo sujeto a la retórica academicista o partidista que suele contaminar y sesgar toda aproximación a la historia social, política y cultural de los países, sino una reflexión libre de prejuicios sobre los comportamientos que llevaron a Argentina al borde del abismo.

La historia del territorio que a inicios del siglo XXI se identifica con el de la República Argentina es semejante a la historia de los demás Estados surgidos del orden colonial implantado por España en América inmediatamente después de la conquista del continente, incluida gran parte del área norteamericana.

Al margen de las circunstancias locales que los particularizan, todos los países de América Latina se han organizado y desarrollado política y económicamente sin romper efectivamente con las estructuras coloniales. Sus emancipaciones no son sino sustituciones de las metrópolis de dependencia de acuerdo con los desplazamientos de los polos del poder mundial.

La historia de Argentina está marcada por la naturalización de la dependencia con la complicidad de su clase política, la cual siempre ha enmascarado la realidad, a veces emulando los gestos y ademanes de las naciones europeas ricas y otras fraguando eslóganes demagógicos, como el "Argentina potencia", acuñado por el peronismo.

Pero más allá de cualquier simplificación, son muchos los factores endógenos y exógenos que, en los inicios del siglo XXI, han socavado las bases institucionales poniendo el país al borde de la desintegración social y política. Estos factores han determinado y condicionado desde la organización institucional y el trazado de las fronteras del país hasta el carácter de sus gentes, cuya identidad nacional tiene más que ver con la convención del mapa político administrativo y la hegemonía de la metrópolis porteña sobre el resto de las provincias, que con un sentimiento sustentado en un proyecto común.

La huida masiva del país de amplios sectores de una clase media empobrecida, pero con recursos suficientes para afrontar la aventura emigratoria, es un síntoma claro de una crisis de confianza general desencadenada por el colapso económico y otras importantes causas. La más próxima en el tiempo es la feroz represión llevada a cabo por la dictadura militar en los años setenta y la impunidad de sus mentores.

De hecho la impunidad está en los orígenes de la desesperanza y de la quiebra moral, uno de cuyos correlatos es la corrupción extendida por todo el cuerpo social, que aquejan a la sociedad argentina.

Más antigua y más profunda es la volatilidad del sentimiento nacional de una clase media menos culta de lo que se supone, a la cual le resulta más fácil cambiar de país que cambiar el país asumiendo las responsabilidades que históricamente ha tendido a soslayar; una clase media que ha hecho del victimismo tanguero y del pilatismo social sus principales divisas. No es casualidad que el gesto de lavarse las manos del célebre procurador romano tenga su correlato en el "yo argentino", con el que alguien enuncia su falta de compromiso o responsabilidad en algo, así como el "no te metás" induce a no asumirlo, o el "algo habrá hecho" tiñe de sospecha delictiva a quien lo ha asumido al mismo tiempo que justifica la pasividad y alivia el sentimiento de culpa de quien lo dice. Es imposible construir un país cuando la mayoría de sus habitantes no se siente verdaderamente parte de él; cuando esa mayoría que dice "soy argentino, pero…" ha estado siempre dispuesta a tomar el barco en el que llegaron sus abuelos para hacer el camino de vuelta.

Consumada la internacionalización del capital, ahora llamada globalización económica, de acuerdo a lineamientos neoimperialistas, la situación de los países dependientes aparece más dramática en tanto quedan al descubierto la fragilidad e insuficiencia de sus estructuras económicas, sobre las que se asienta la soberanía "nacional", para afrontar con mínimas garantías su reposicionamiento en el nuevo mapa político mundial. Un mapa que tiende a organizarse en grandes bloques económicos, los cuales, al mismo tiempo, cuestionan el concepto político-afectivo de nación en el imaginario histórico de los pueblos.

Argentina, como la mayoría de los países latinoamericanos, tiene, sin embargo, varios factores que pueden operar positivamente en un futuro próximo, en la medida en que surja en su seno social, un movimiento que recupere los valores éticos e impulse un sentimiento comunitario con sus vecinos, para superar las viejas rémoras que han torcido la historia del país. Entre estos factores favorables figuran la cantidad y calidad de sus recursos naturales, el potencial humano y la localización estratégica del continente entre dos grandes bloques económicos determinados por las áreas atlántica y pacífica.

Por lo tanto, los sectores más lúcidos y activos deberían canalizar sus energías en promover el autosaneamiento moral de la sociedad y crear nuevas y sólidas instituciones capaces de recuperar la soberanía política, económica y financiera del país y establecer, con generosidad y solidaridad, alianzas regionales dinámicas, productivas y estabilizadoras, como las del Mercosur y el Pacto Andino, para situarse en posiciones igualitarias dentro los grandes bloques continentales. Sin estos recursos y mecanismos no existen posibilidades ciertas de superar los viejos moldes coloniales ni de neutralizar los efectos perniciosos de las políticas monetaristas y de la acción parasitaria del capitalismo financiero instrumentadas por las multinacionales y los organismos internacionales, como el FMI y el Banco Mundial.

Es obvio que este empeño requiere un enorme esfuerzo y una férrea voluntad de unidad, pues se trata de cambiar una dinámica que tiene sus orígenes más remotos en la naturaleza de la Conquista y en el modelo de organización de las colonias. Formulación que más tarde hicieron suyas y reprodujeron las clases dirigentes criollas para seguir controlando sus espacios de poder locales.

El mito de la plata

Históricamente los Estados que se formaron en el sector del río de la Plata han permanecido sujetos, desde la conquista del territorio hasta después de su emancipación, a las políticas que España primero y otras potencias mundiales después, como Gran Bretaña y Estados Unidos, impulsaron según el mayor o menor protagonismo geoestratégico que se atribuían en el área atlántica.

Entre los siglos XVI y XVII, los territorios del río de la Plata conformaban una extensa región de unos 2,5 millones de km², escasamente desarrollada y marginal en el marco del imperio colonial español. De hecho constituía una remota región fronteriza del virreinato del Perú. Para hacerse una idea bastante aproximada de cuál era la situación y consideración de este territorio basta tener en cuenta que de los 250.000 españoles que llegaron al continente durante el siglo XVI, apenas unos 3.000 orientaron sus pasos al río de la Plata. Tampoco la población indígena era numerosa por esa misma época, si se comparan los 35 millones de indios que habitaban en el Altiplano mexicano con los poco más de 750.000 que lo hacían en el futuro territorio argentino.

Desde los primeros años de la Conquista, el móvil principal que condujo a los españoles por estos territorios fue la búsqueda de un paso al Mar del Sur, —como llamó inicialmente Vasco Núñez de Balboa al océano que más tarde Magallanes bautizó con el nombre de Pacífico—, y de metales preciosos. La creencia de que el río, inicialmente denominado Mar Dulce por Juan Díaz de Solís, era la puerta de entrada a la fabulosa Sierra de la Plata, situada en algún punto remoto e ignoto del interior, más allá de las selvas tropicales y próximo a la gran cordillera, movió a los primeros conquistadores a llamarle "de la Plata" y con ello a fundamentar el primer gran equívoco acerca de una inexistente riqueza. Con el tiempo, todo el territorio de ese sector fue conocido por "país del Plata". La denominación de Argentina es precisamente una latinización de la palabra española "plata".

Tras la fundación en 1537 de Asunción, a orillas del río Paraguay, y del descubrimiento en 1545 del yacimiento argentífero de Potosí, el más grande hallado en el continente, el propósito de asegurar una ruta de salida para la plata fue una de las causas que impulsaron el establecimiento de una línea de asentamientos entre el estuario del Plata y el Alto Perú.

Desde Tucumán, importante nudo de comunicaciones entre Chile y el Alto Perú localizado en el noroeste del actual territorio argentino, y desde Asunción se produjo la expansión española hacia la región rioplatense. En sucesivas expediciones se fundaron Santiago del Estero, en 1553, Mendoza, en 1561, San Juan, en 1562, San Miguel de Tucumán, en 1565, y Córdoba y Santa Fe, en 1573. Juan de Garay, fundador de esta última, también se encargó, en 1580, de refundar el puerto de Buenos Aires sobre los restos de la fundación original de 1535. La creación de este puerto en el estuario del Plata marcó el fin de la etapa de conquista del territorio.

Los primeros colonizadores del vasto y marginal territorio rioplantese no encontraron alicientes en sus fértiles llanuras y siguieron obsesionados por la idea de hallar metales preciosos. Sólo la necesidad de disponer de alimentos para satisfacer sus más inmediatas necesidades y para obtener manufacturas producidas en otros territorios los movió al cultivo de la tierra y a la captura de indios para disponer de mano de obra.

De este modo, en las últimas décadas del siglo xvi, el refundado puerto de Buenos Aires se fue perfilando como vía de salida de la plata potosina y de los cueros obtenidos del ganado cimarrón, y como centro de una economía agraria y artesanal, cuyo principal soporte era la mano de obra indígena sometida a los regímenes de la mita y la encomienda.

También Asunción, de donde había salido la expedición fundadora de Garay, tenía el propósito de romper su aislamiento utilizando el puerto de Buenos Aires como enlace entre las minas de Potosí y la Península. Sin embargo, merced al tratado de unión entre España y Portugal firmado en 1580, Buenos Aires se sumó a la cadena de centros comerciales portugueses de la costa atlántica y desde este puerto los mercaderes lusitanos dominaron el comercio entre Brasil y Potosí.

Veinte años más tarde, la población porteña de origen español vivía en la estrechez, mientras el pequeño grupo de mercaderes portugueses había amasado una fortuna mediante el control del tráfico de carretas con el Alto Perú, Paraguay y Cuyo, de donde procedían la plata, la yerba mate y el vino respectivamente. El dominio comercial portugués no tardó en pervertir el gobierno local, cuyos representantes fueron sobornados y los puestos administrativos y políticos claves, como el de alguacil mayor, directamente comprados por los mercaderes portugueses para intervenir en las rentas públicas y velar por sus intereses privados.

La marginación que los mercaderes portugueses hacían de los españoles de Asunción, interesados en el comercio de pieles y otros productos ganaderos, ocasionó una creciente tensión entre ambos bandos que al cabo de un tiempo desembocó en un conflicto abierto. En 1610, la facción portuguesa se hizo con el control del cabildo de Buenos Aires, pero Hernando Arias de Saavedra, Hernandarias, a la sazón gobernador de Paraguay, actuó decididamente en defensa de los intereses locales expulsando a los portugueses y prohibiendo el comercio con las costas de Brasil. El radicalismo de la acción tuvo, no obstante, nefastas consecuencias para la zona y los porteños provocaron en 1617 la división de la Provincia Gigante en las gobernaciones de Guairá (Paraguay) y del Río de la Plata, de la que Buenos Aires se erigió en su capital.

RÉDITOS Y EFECTOS DEL CONTRABANDO

La división territorial no supuso la prosperidad del litoral atlántico debido a las dificultades para desarrollar las estructuras agrarias en la región. Tampoco el comercio encontró fórmulas de revitalización a causa, entre otros factores, del contrabando anglo-portugués que, desde 1680, tuvo como centro la colonia de Sacramento, en la orilla izquierda del Plata, y sólo benefició a un reducido núcleo de mercaderes.

Se produjo entonces un desplazamiento del foco de producción hacia las regiones de Cuyo y Tucumán, donde los españoles contaban con una población indígena de cultura agrícola y colocaban sus productos en los mercados de Chile y Perú. Sin embargo, los excesos de los encomenderos y las consecuentes rebeliones indígenas, sobre todo de los calchaquíes, ocasionaron una gran mortandad entre los indios que repercutió negativamente en la agricultura y, en la región de Tucumán, obligó a sustituirla por la ganadería.

En territorio paraguayo, los jesuitas, que se habían segregado en 1609 de la gobernación, hacían de sus misiones del alto Paraná y Paraguay un soberbio ejemplo de tolerancia cultural y, al mismo tiempo que contenían el expansionismo portugués, demostraban la eficacia económica de su proyecto basado en un sistema de explotación comunitario. Las reducciones jesuíticas llegaron a contar con más de 150 mil trabajadores indígenas conversos que participaban en una especie de cabildo y recibían como pago lo necesario para la alimentación y el vestido. Las misiones de la Orden producían yerba mate, tabaco, cueros, azúcar y otra serie de productos que exportaban exentos de impuestos al Río de la Plata y otras regiones del virreinato peruano.

En el siglo XVIII, las cosas cambiaron para la región rioplatense. La exportación de cuero y el contrabando de la plata potosina apoyado por Gran Bretaña proyectaron al puerto de Buenos Aires como un importante punto de referencia para la economía y las comunicaciones atlánticas, hecho que con el tiempo le daría su preponderancia metropolitana en la región. Paralelamente, las acciones expansionistas portuguesas y la necesidad de controlar el área rioplatense movieron a los españoles a fundar Montevideo en 1723 junto a Colonia do Sacramento, el más importante centro de contrabando portugués de la región, objeto de sitio y ocupación españoles en varias ocasiones.

Coincidió por esas fechas el aumento de las tensiones con la Compañía de Jesús que desembocaron con su expulsión: en 1758 de Portugal y Brasil y en 1767 de España y sus colonias. El fin del poder económico y político de los jesuitas en el área rioplatense supuso la clausura de una experiencia original que trascendía en muchos aspectos los esquemas del régimen colonial y cuya evolución, es de suponer, hubiese dibujado otro horizonte social, cultural, político y económico, al menos en esta región del Imperio español.

Por su parte el conflicto hispano-portugués, que alcanzó su punto más crítico con la creación del virreinato de Brasil, acabó en 1777 cuando España y Portugal firmaron el tratado de San Ildefonso, el cual determinó el reconocimiento de la soberanía española sobre Colonia y reforzó, al mismo tiempo, el valor geoestratégico que la Corona española concedía a Buenos Aires, para las comunicaciones del Atlántico sur. Como parte de esa constatación y del plan de reformas destinado a modernizar las estructuras administrativas imperiales e incentivar la economía colonial, un año antes Carlos III había creado el virreinato del Río de la Plata con territorios desmembrados del virreinato del Perú.

De hecho, la constitución del virreinato del Río de la Plata, cuya jurisdicción abarcaba los territorios de las gobernaciones de Buenos Aires y Paraguay, las regiones de Tucumán y Cuyo y el Alto Perú (actual Bolivia), región esta última que incluía las minas de plata de

Potosí; la autorización de libre comercio colonial y la reforma del sistema fiscal fueron medidas que consolidaron la importancia geoestratégica del puerto de Buenos Aires, su creciente hegemonía política en la región y su expansión sobre las fértiles pampas. Consecuentemente, las economías regionales de Paraguay, Tucumán y Cuyo vieron cómo el proceso de recuperación que habían iniciado se interrumpía bruscamente en beneficio de la nueva metrópoli virreinal.

La consagración de la ruta Buenos Aires-Alto Perú y la diversificación de las exportaciones, que habían hecho duplicar el tráfico naval bonaerense, fueron el principal síntoma del notable crecimiento económico del virreinato en su primera década de existencia. A pesar de que el mayor peso demográfico y económico del virreinato seguía localizado en el Alto Perú y en sus minas de plata de Potosí y Oruro, los ingentes recursos económicos se canalizaron a través del puerto de Buenos Aires, que a partir de 1785 contó con su propia aduana y, desde 1794, con un Consulado de Comercio.

Negreros y contrabandistas

La mayor eficacia administrativa, que supuso la creación de la nueva entidad político-administrativa colonial, determinó asimismo la afluencia a la capital virreinal de grandes recursos financieros y militares tendentes a asegurar el dominio imperial en ese sector del continente frente a las pretensiones de las potencias extranjeras, Portugal y Gran Bretaña en particular, y la formación de una burguesía mercantil criolla asociada a la nueva burocracia española y a grupos influyentes de ganaderos y exportadores de cueros.

Las reformas borbónicas, que inicialmente repercutieron positivamente en el virreinato rioplatense y sobre todo en el auge de Buenos Aires, se revelaron, no obstante, tardías e insuficientes para la perdurabilidad del dominio español en América. Las tensiones del sistema colonial tenían su origen fundamentalmente en la actividad mercantil y en las limitaciones del régimen monopólico, a pesar de ciertas medidas tomadas para fomentar el intercambio directo con la Península, que giraron bajo la discutible etiqueta de libre comercio.

El tratado de San Ildefonso, la ocupación definitiva de Colonia do Sacramento, la proclamación del virreinato del Río de la Plata y la institución del libre comercio parecieron cerrar las vías del contrabando mercantil. Sin embargo, la necesidad de mano de obra esclava mantuvo su vigencia y el vínculo con los contrabandistas portugueses. El "libre comercio" entre las colonias y la metrópolis se vio sobre todo obstaculizado por el tráfico de esclavos, el cual mantuvo vigente la práctica del contrabando y, por lo tanto, el enriquecimiento ilícito de los grupos mercantiles implicados. El motivo principal de esta situación era que, si bien en 1778 España había arrebatado a los portugueses las bases africanas de esclavos de Fernando Poo y de las islas Annabon, éstas no proporcionaban los suficientes individuos para satisfacer, después de la drástica reducción de la población indígena, la demanda de mano de obra de sus colonias americanas, por lo que éstas siguieron dependiendo del comercio clandestino con Portugal. El vínculo entre los contrabandistas portugueses y porteños, surgido en las últimas décadas del siglo XVII, favoreció la posición atlántica del puerto de Buenos Aires y se mantuvo a pesar del conflicto hispano-portugués. A mediados del siglo XVIII, el tráfico ilegal de manufacturas a cambio de plata, ganado y pieles alcanzó su apogeo.

Buenos Aires se había convertido en un importante puerto esclavista desde que en 1702, Felipe V otorgó a la Compañía de la Guinea Francesa la concesión de un asiento de esclavos y la autorización para comerciar con algunos puertos coloniales, entre ellos el rioplatense. Gran parte de la sociedad bonaerense mostró una cierta repugnancia hacia la trata de negros, pero pudo contenerla gracias a los beneficios obtenidos del trato con los franceses. Éstos, no sólo llevaron esclavos en las sentinas de sus barcos, sino que completaron su cargamento con manufacturas que intercambiaban por plata y cueros, cuyo precio se encargaba de fijar el mismo cabildo de Buenos Aires. Las rentas obtenidas por este comercio clandestino dieron una gran prosperidad a Buenos Aires, que pasó de ser una aldea a una ciudad con ciertas ínfulas. En tales condiciones el contrabando portugués pasó a segundo plano y quedó expedito en 1705 el ataque a Colonia, su centro de expediciones.

Pero los franceses fueron apartados tras la finalización de la Guerra de Sucesión y la firma del Tratado de Utrecht. La beneficiaria de la nueva concesión fue la Compañía Británica de los Mares del Sur, que la retuvo hasta 1739. Si los franceses habían propiciado el auge de Buenos Aires con el comercio clandestino de mercancías y metales, los ingleses, que recibieron mayores privilegios que aquéllos, aumentaron considerablemente los volúmenes del tráfico. Incluso los británicos llegaron a establecer contactos directos con los indios pampas, quienes al proveerles de cueros baratos condicionaron durante un tiempo la política monopolística de precios del cabildo porteño. El hecho dio origen a constantes roces entre los comerciantes locales y los traficantes británicos, los cuales fueron expulsados a raíz de la guerra hispano-británica.

Inmediatamente los portugueses entraron en acción y restablecieron los cauces del contrabando. Así, al puerto de Buenos Aires comenzaron a llegar barcos portugueses que descargaban esclavos, tabaco y azúcar procedentes de Brasil y manufacturas de Gran Bretaña, y partían llevándose cueros y, sobre todo, plata, cuya exportación seguía prohibida. La identificación de los intereses de los mercaderes con los intereses de la ciudad se constata en el hecho de que el procurador del cabildo de Buenos Aires en la Corte fuese patrocinado y mantenido por los comerciantes porteños.

Desde mediados del siglo XVIII, el fuerte incremento del tráfico oficial llevado a cabo por los navíos de registro fue un factor más de desarrollo de Buenos Aires, a través del cual salía la plata de Potosí para España y entraba de ésta el mercurio para los yacimientos argentíferos altoperuanos. Un nuevo grupo de comerciantes españoles tomó entonces el relevo a portugueses, franceses e ingleses en el tráfico de esclavos, al tiempo que elegía Buenos Aires como cabecera de una red rioplatense de importación y exportación cuyas líneas alcanzaban a Asunción, Santiago de Chile, Potosí y Cádiz.

Las actividades de este grupo de mercaderes sentaron las bases para el desarrollo de Buenos Aires como centro financiero, al mismo tiempo que sus miembros adquirían un progresivo peso político. En este sentido, sus energías se concentraron en obtener mayores privilegios y autonomía de acción, lo que los enfrentó exitosamente a los intereses de Lima.

Las guerras que durante la última década del siglo XVIII enfrentaron a España contra Francia primero y Gran Bretaña después, trajeron aparejadas la ocupación de Cataluña, principal foco industrial español, y el bloqueo de su flota. Como consecuencia de esto, el virreinato del Río de la Plata experimentó una fuerte recesión comercial que alentó a los mercaderes y ganaderos locales, mientras incrementaban las operaciones de contrabando, a adoptar posiciones más radicales en defensa de relaciones mercantiles libres con otras colonias americanas. Al mismo tiempo, las tensiones que se verificaban en Buenos Aires entre los grupos mercantiles y la administración colonial tuvieron eco en el interior del virreinato, donde algunas ciudades como Potosí, Asunción, Santa Fe, Mendoza y San Juan pusieron de manifiesto su descontento frente al control que ejercía la metrópolis virreinal sobre sus productos.

La destrucción de la flota española en Trafalgar, en 1804, afectó definitivamente al tráfico marítimo entre la Península y sus colonias americanas y, consecuentemente, acentuó la recesión económica en el Río de la Plata. Las invasiones inglesas de 1806 y 1807 a Buenos Aires, rechazadas por la milicia popular y el pueblo porteño, tuvieron el efecto de aumentar el sentimiento de desamparo que experimentaban los criollos ante la Corona española, cuya debilidad e incapacidad para defender sus territorios ultramarinos resultaba dramática.

La invasión de España por tropas francesas en 1807, que provocó la abdicación de Carlos IV en favor de su hijo Fernando y la coronación de José Bonaparte como rey español, creó una situación de crisis política en el virreinato del Río de la Plata y en el resto de las colonias americanas que ya no pudo ser controlada por España. Esta crisis, sumada a la recesión económica y a las rebeliones populares del Alto Perú, dio paso a las guerras de independencia que afectaron a todo el imperio colonial, el cual acabó definitivamente en 1824, cuando las tropas americanas obtuvieron la victoria de Ayacucho.

Estos hechos históricos de la etapa colonial en el actual territorio argentino, no obstante el sucinto relato, permiten inferir la formación de la sociedad, sus principales características y la composición de sus distintos estratos y el papel que jugaron éstos en el nacimiento y desarrollo del Estado nacional.

Como ya se ha apuntado, la búsqueda y el hallazgo de metales preciosos en el continente condicionaron la política colonial española y la formación de las sociedades americanas de acuerdo con un modelo que habría de mantenerse, casi sin variaciones esenciales, en los países emancipados hasta el presente. La sociedad argentina no escapó a esta dinámica y los primeros colonos formaron una élite que monopolizó la posesión de la tierra y la explotó valiéndose de la mano de obra indígena y de un sistema tributario que consagraba sus privilegios. El usufructo de la tierra, ya que la propiedad seguía en manos de la Corona, y el trabajo del indio sustentaron un modo de vida feudal centrado en la figura del encomendero, cuya gleba la conformaban las masas indígenas que recibían lo justo para su subsistencia.

La base del sistema colonial consistía en producir la mayor cantidad posible de metales o productos agropecuarios con el menor desembolso de recursos por parte de la metrópolis. Merced a ello la minoría blanca acentuó la monopolización de los recursos de la tierra para procurarse la satisfacción de los productos manufacturados que necesitaba. De modo que la demanda de estos productos dio en su seno la preponderancia al grupo de mercaderes que oficiaba de intermediario entre las colonias y la metrópolis. En consecuencia, los mercaderes y las instituciones de gobierno de Buenos Aires, al asegurarse el vínculo con la Península, fueron fortaleciéndose y enriqueciéndose a expensas del interior y originando un desequilibrio político, económico y demográfico que no ha sido superado.

La naturaleza de estas relaciones, que implicaba la exclusión de los sectores productivos de la circulación monetaria y el impedimento, mediante tributos, del acceso de los trabajadores indígenas al usufructo de la tierra, monopolizado junto con el ganado por la minoría blanca, impidió la existencia de una población con un relativo poder adquisitivo e incluso el desarrollo de una clase media rural que hubiese supuesto, en ese momento histórico, el surgimiento de un gran mercado consumidor en el territorio y, acaso, de una tradición política igualitaria en el seno de la sociedad.

El crecimiento experimentado por Buenos Aires desde algunos decenios antes de su designación como capital virreinal, en consonancia con la importancia portuaria en el Atlántico sur, produjo ingentes riquezas que fueron acaparadas por la élite colonial, mientras la gran masa de la población urbana vivía en una economía de subsistencia, marginada del sistema productivo y de sus beneficios. Sintomático de tal situación es que de la población urbana rioplatense surgiera la llamada "gente perdida".

Esta drástica división social y racial vinculada a la posición de fuerza de la minoría española frente a la población nativa de indios sometidos al régimen de mita o encomienda, de negros esclavizados y de mestizos dedicados a trabajos de servidumbre, favoreció el desarrollo de una clase oligárquica que monopolizó, desde el principio, los recursos naturales y humanos del país, y de una masa poblacional no sólo marginada de los beneficios producidos por estos recursos sino también de las rentas de su propio trabajo, cuando no del trabajo mismo, y, obviamente, de los asuntos públicos.

La oligarquía colonial se formó con los grupos que participaban en la administración y monopolizaban las explotaciones agropecuarias y mineras, el transporte y tráfico de metales y los productos agrarios y manufacturas, tanto dentro del régimen legal como del clandestino. El ingente caudal de riquezas, generado principalmente por la extracción de metales o la obtención de pieles de miles de cabezas de ganado, el cual se había reproducido espontáneamente gracias a los ricos pastizales pampeanos, hizo probablemente innecesario, para esta clase hegemónica, desarrollar una industria. Es decir, que la idea de "para qué fabricar si se puede comprar" imposibilitó la existencia de una burguesía local productiva.

De los encomenderos-estancieros, los funcionarios coloniales y los mercaderes, que habían fundado sus fortunas con las prebendas del régimen colonial, el comercio, la trata de esclavos y el contrabando, surgieron las familias patricias argentinas de grandes terratenientes, como los Anchorena, los Ramos Mejía, los Uriburu, los Iriondo, los Martínez de Hoz, etc. Ellas conformaron el principal núcleo de poder que condicionó la organización y el comportamiento de la sociedad colonial rioplatense, en cuyo polo opuesto se hallaba el grueso de la población.

Frente a la clase dominante se situó una vasta plebe sin oficio y ociosa que subsistía en precarias condiciones, merced a la bondad del suelo y del clima que le permitían satisfacer sus modestas necesidades. Incluso los artesanos debían competir con el trabajo gratuito de los esclavos obligados a realizar los mismos productos, generalmente de uso doméstico. La nula voluntad política de la clase dominante para dar ocupación al grueso de la población y la ausencia en ésta de estímulos productivos favorecieron, en su seno, la inclinación al ocio y la picaresca de la supervivencia.

La escala más baja de los estratos populares fue nutriéndose asimismo de individuos desclasados, en general mestizos, zambos y negros fugitivos de la justicia o desertores de las milicias, la "gente perdida". De esta gente surgieron los vagos, changadores y gauderios, voz esta última que a partir de la segunda mitad del siglo XVIII comenzó a ser sustituida por la de gaucho, derivada del guaraní *ca'ú,* "borrachera", más el sufijo español *cho,* y que originalmente equivalía a "borrachín". Cabe hacer notar que si bien la palabra gaucho ya aparece en algunos informes administrativos, al tenérsela por india en los documentos oficiales era sustituida expresamente por la de cuereador. Los vagos, changadores y gauderios o gauchos eran gente errante que vivía del robo del ganado y de la venta de las reses o de sus pieles en las pulperías, tiendas rurales o próximas a los pueblos, a cambio de los vicios –yerba mate, tabaco y alcohol–, ropa, utensilios de caza y poco más.

La "gente perdida", al no necesitar trabajar para vivir como vivía, ya que le bastaba con una dieta a base de carne y mate para subsistir, pasó a encarnar la holgazanería, la indolencia y la vulgaridad. Esta población errante e improductiva aumentó considerablemente merced a los fáciles beneficios que obtenía del latrocinio. El robo y matanza de ganado se convirtió en un serio problema económico para los ganaderos, quienes presionaron a las autoridades coloniales rioplatenses para que actuaran contra los vagos. El cabildo de Buenos Aires trató de controlar esta población "peligrosa" mediante una serie de medidas, que si bien fracasaron en su principal objetivo, algunas de ellas permitieron activar tímidamente la agricultura.

Las autoridades porteñas persiguieron las matanzas de vacunos prohibiendo a los individuos portar cuchillos e intentando cerrar las pulperías. Al mismo tiempo pusieron en práctica el conchabo, sistema que ligaba la población rural a las estancias, la leva de vagos para el servicio militar o para los trabajos agrícolas, especialmente el de la cosecha, y la separación y desarraigo de grupos familiares campesinos considerados vagos. Pero éstos, al reproducir en su baja escala social los hábitos parasitarios de la clase dirigente, difícilmente podían ser combatidos si no se creaban las condiciones reales de ocupación retribuida y se les daba participación en la vida política.

La creación de tales condiciones resultaba problemática en la medida en que la economía era básicamente extractiva y tributaria. Los ganaderos acaparaban el usufructo de la tierra dedicándola casi exclusivamente al pastaje de animales. La agricultura no entraba en sus propósitos y su esfuerzo apenas sí dio para disponer de saladeros donde tratar los cueros que exportaban. La corta provisión de cereales que, con muchas dificultades, satisfacía las necesidades de la clase privilegiada, pero no de la totalidad de la población, movió al cabildo porteño a buscar salidas y en este sentido promovió las chacras y las peonías, fincas de no más de 500 hectáreas de superficie las primeras y pequeñas parcelas las segundas. Estos terrenos fueron cultivados por campesinos que vendían sus productos a través de pulperos o pequeños mercaderes urbanos de quienes dependían financieramente. A pesar de contar con esclavos o vagos levados para el trabajo agrario, los beneficios del campesino eran reducidos por los costos de arrendamiento de la chacra o peonía que debía pagar al cabildo, el cual además fijaba los precios de los productos. La precariedad de su situación se agravaba aún más cuando debía afrontar las pérdidas debidas a contingencias climatológicas u otras de naturaleza igualmente inevitable.

La población de las ciudades del interior, que se regía por los mismos parámetros sociales, era igualmente pobre. Sin embargo, aquí la minoría española había logrado dar ocupación a un mayor número de individuos y, con ello, crear unidades económicas más o menos autosuficientes, como los ranchos, los curatos, las estancias y las haciendas. Además de cereales y productos hortofrutícolas y avícolas comunes a casi todas estas unidades, había estancias y haciendas de vacunos y lanares que contaban con silos para cereales, talleres artesanales, telares, lagares, fábricas de jabón, etc. La mayoría de las ciudades del interior tenía su propia producción de adobe y algunas de ellas fábricas de carretas, molinos harineros, ingenios azucareros y obrajes textiles. Córdoba incluso llegó a contar con una fábrica de vidrio.

Pero a pesar de estas limitadas ventajas, el carácter feudal dominaba todas las relaciones sociales y económicas de la vida del virreinato del Río de la Plata. Una vida regida por una minoría blanca que monopolizaba los recursos naturales y el poder político e imponía su comportamiento epífito a todo el cuerpo social. Fue precisamente en el seno de esta minoría donde se manifestaron las contradicciones de una sociedad social y étnicamente estratificada, que crearon el clima propicio para la emancipación política, pero no para el cambio de sistema.

El 4 de julio de 1776, Gran Bretaña perdió definitivamente la posesión de sus colonias norteamericanas. Necesitada de disponer de nuevos mercados para dar salida a sus manufacturas, cuya producción aumentaba notablemente merced a la incipiente Revolución Industrial, Gran Bretaña alentó, patrocinó y financió en gran medida la revolución de las colonias hispanoamericanas.

Las élites criollas, a su vez enfrentadas con la peninsular, que las marginaba de los altos cargos de la administración y limitaba sus actividades mercantiles, buscaron nuevos vínculos estratégicos. De este modo, mientras enarbolaban la bandera de la emancipación y organizaban sus países, los criollos sustituyeron la dependencia española por la británica.

Desde 1795 Buenos Aires contaba con su Consulado de Comercio, especie de cámara a través de la cual los mercaderes porteños podían controlar el comercio de España, firmar contratos de transporte de plata y mercurio, fiscalizar las transferencias de bienes raíces y financiar a mercaderes y hacendados del interior. Por esas fechas, ganaderos y mercaderes defendían una mayor flexibilización del comercio libre, que les permitiese tratar libremente con otros puertos de la América española y extranjeros. Las autoridades virreinales respondieron mostrándose, si no favorables, al menos permisivas ante las dificultades del tráfico atlántico entre España y sus colonias a raíz de las guerras que mantenía la metrópolis con otras potencias europeas. Por su parte, los comerciantes españoles que tenían el monopolio reaccionaron y exigieron con éxito el restablecimiento estricto del comercio libre, arguyendo que la liberalización provocaría mayor inflación y el incremento de vagos en el interior.

En tales circunstancias, un grupo de mercaderes del Consulado, entre quienes se contaban Manuel Belgrano, Juan José Castelli, Manuel José de Lavardén y Juan Hipólito Vieytes, quienes jugaron un papel importante en el proceso emancipador, radicalizó sus posiciones frente a las restricciones del comercio rioplatense. Lavardén escribió por entonces un folleto titulado *Nuevo aspecto del comercio del Río de la Plata* en el que abogaba no sólo por la liberalización total del comercio, sino también por la creación de una flota mercante propia y la privatización de las tierras pampeanas de la Corona.

En los primeros años del siglo XIX, la situación se agravó cuando la metrópolis peninsular decidió desviar las rentas de la plata potosina que obtenía Buenos Aires hacia España, para hacer frente a los gastos bélicos. La capital virreinal, que sólo podía disponer de las rentas mercantiles, recurrió entonces al aumento de impuestos a las ciudades del interior y así reactivó las tensiones con ellas.

EL CABALLO DE TROYA INGLÉS

En 1806 y 1807 se produjeron sendas invasiones inglesas a Buenos Aires, la primera de las cuales obtuvo un importante botín que fue paseado triunfalmente por las calles de Londres. La breve ocupación de la capital del virreinato del Río de la Plata, a pesar de ser una importante plaza militar desde los tiempos del virrey Ceballos, puso de manifiesto las limitaciones de la Corona española para defender sus colonias ultramarinas y la capacidad de éstas para hacerlo por sí mismas. Pero aparte de estas evidencias, el ataque inglés generó otros hechos que influyeron en los desplazamientos del poder dentro de la élite dirigente.

Al producirse la primera invasión inglesa, el virrey Sobremonte, acompañado de, entre otros, Manuel Belgrano, secretario del Consulado de Comercio, se retiró a Córdoba a fin de preservar la autoridad de la Corona que él representaba. El sector monopolista encabezado por el presidente del cabildo, Martín de Alzaga, denostó la decisión y acusó a Sobremonte de cobardía. Alzaga, quien tuvo una destacada actuación en la lucha de reconquista llevada a cabo por la milicia popular organizada por Santiago de Liniers, marino francés al servicio de la Corona española, y los monopolistas hicieron además extensiva la acusación a los librecambistas, representados por Belgrano.

La utilización como arma política de la huida de Sobremonte y del papel jugado por ellos en la expulsión de los ingleses sirvió a los monopolistas para reforzar sus posiciones de poder y al mismo tiempo minimizar la discutible confraternización de la alta sociedad porteña con los ingleses y sus mercaderes durante la breve ocupación, y pasar por alto que la gente del pueblo había visto más con asombro que con repulsa al contingente invasor, del cual, además, no dudó en aprovechar los "regalos" que le dejaba a su paso. "Asigún nos contó el mozo, vecinos que habían ido a ispiar a loh' invasoreh' ingleses; tamién dijo que los soldados, al llegar al arroyo, habían empezao a tirar sus mantas al suelo, y que el gauchaje lah' estaba recogiendo. No hizo más que oír esto don Santos, cuando'ijo que iba a juntarse con ellos, y montando su flete, y siguiéndolo de atrasito yo y dos de los flaires, que dijeron que querían recoger algunas mantas pa'l convento, echamos pa'l lao'el arroyo". El vívido relato que Guillermo E. Hudson hace en su novela *El ombú* permite recrear la primera reacción que la plebe experimentó ante los invasores ingleses y en ella no se constata ningún gesto de patriótico rechazo, a menos que se tome como tal la advertencia de don Santos al soldado inglés "qui sabía hablar español" y que se ha jactado de tirar las mantas porque "cuando durmamoh otra vez, será en las mejores camas de Güenoh' Aires".

Los ingleses invadieron la capital virreinal no sólo confiados en su superioridad militar, sino en que no hallarían demasiada resistencia. De aquí que cuando don Santos le dice que "tal vez sea un sueño'el que jamás dispierten", el otro le responde "No hay much' hombres como usté por estas tierras, ansina queno noh' asusta lo que usté dice". De modo que puede entenderse que, merced a la habilidad de un sector de la clase dirigente porteña para despertar los sentimientos localistas de la plebe y organizar la defensa, los ingleses pudieron ser sorpresivamente expulsados y, como consecuencia de ello, Santiago de Liniers sentarse en el sillón virreinal y Alzaga y los monopolistas controlar el poder desde el cabildo.

Pero hay más. La organización de las milicias y la victoria de éstas sobre los ingleses tuvieron importantes consecuencias sociales, económicas y políticas. En primer lugar, la reconquista de Buenos Aires por estas milicias compuestas por un alto porcentaje de nativos alentó las ideas emancipadoras de los criollos, quienes se veían desasistidos por la Corona, marginados de los altos cargos administrativos en favor de los peninsulares y afectados en sus intereses económicos por el libre comercio. En segundo lugar, el masivo reclutamiento de milicianos llevado a cabo tras la derrota del ejército virreinal permitió ocupar a casi un tercio de la población masculina, lo que supuso para las clases populares la disponibilidad por primera vez de importantes sumas de dinero. Finalmente, desde el primer momento, esta fuerza fue utilizada militar y económicamente como factor de acción política y de control social por parte de la clase dominante.

Las invasiones inglesas, esta "empresa sorda y sucia", como las calificó el periódico londinense *The Times* en su edición del 14 de septiembre de 1807, han servido para mitificar la reconquista de Buenos Aires como el primer ejercicio de soberanía del pueblo argentino. Indudablemente se trata de una maliciosa sinécdoque que consagra en el imaginario nacional la hegemonía de Buenos Aires sobre el resto del país. La reconquista de la capital virreinal fue un episodio exclusivamente porteño en el que los pueblos del interior, ni sus élites ni sus masas populares, tuvieron participación alguna. Es más, de su actitud puede deducirse que consideraban razonable el repliegue a Córdoba del virrey Sobremonte, cuya destitución no apoyaron al verla como parte de las intrigas domésticas de la camarilla porteña de mercaderes, que desde entonces dio a sus decisiones políticas y económicas un carácter general.

Sin negar que el pueblo porteño ejerció su soberanía y sin menoscabo del valor que demostró frente a las fuerzas invasoras, cabe apuntar que la voluntad popular fue hábilmente dirigida por los poderes fácticos porteños para alterar el orden institucional imponiendo en el gobierno un caudillo militar que creyeron afecto a sus intereses políticos y mercantiles y a quien por aquellos días la gente del pueblo cantaba una coplilla que decía: "¿Quién causó al inglés estrago? / Santiago. / ¿Quién nos supo defender? / Liniers. / ¿Quién trajo lucida gente? / Valiente. / Y aunque el británico intente / volvernos a conquistar, / siempre lo ha de castigar / Santiago Liniers valiente".

Oficialmente no puede acusarse a los monopolistas de haber dado un golpe de mano, pues durante la ocupación habían recibido una

Real Orden de Carlos IV que autorizaba al oficial de mayor rango a asumir el gobierno político y militar en caso de ausencia o muerte del virrey. Sin embargo, cuando los monopolistas observaron que el caudillo ya no garantizaba suficientemente sus intereses particulares, se revolvieron contra él, como antes lo habían hecho contra Sobremonte.

La invasión de las tropas napoleónicas a la Península en 1808 dio a los monopolistas un nuevo argumento añadido para hacer a Liniers sospechoso a los ojos de la gente por su origen francés y debilitar su autoridad. La presión aumentó cuando Liniers, para aliviar la hacienda virreinal, se vio obligado a permitir a los mercaderes ingleses, que como un caballo de Troya habían quedado en Montevideo, la comercialización de sus mercancías en Buenos Aires. El pago de los salarios atrasados a los soldados de la milicia repercutió en la población porteña, que pasó a identificarse entonces con la causa de los librecambistas encabezados por Belgrano.

El cambio operado en la relación de fuerzas indujo a Alzaga a recurrir a la milicia para derrocar al virrey Liniers, pero Cornelio de Saavedra, al mando del regimiento de Patricios integrado por nativos, desarmó a los débiles batallones españoles y abortó el golpe de Estado del 1 de enero de 1809. Con esta acción decisiva, la fuerza militar inclinó la balanza política en favor de los librecambistas. Al mismo tiempo, la fuerza militar se perfiló como factor de cohesión de la casta dirigente, acuciada por pugnas intestinas por el poder, y, sobre todo, como agente garante de la hegemonía social y política de dicha casta. Viendo el peligro que significaba que el representante de la autoridad real estuviese apoyado por una fuerza militar nativa y la plebe, Liniers solicitó a la Corona su reemplazo por "un virrey que no se haya visto precisado a popularizarse para sacar partido de las circunstancias, desconocido y sin relaciones aquí, con dos regimientos de tropas de línea".

La revolución de los gatopardos

Baltasar Hidalgo de Cisneros, sustituto de Liniers y último virrey del Río de la Plata, fue incapaz de estabilizar la situación. Su disposición de satisfacer los intereses del bando monopolista con el restablecimiento del libre comercio minó aún más su autoridad, ya debilitada a causa de los sucesos que tenían lugar en la Península.

Por una parte, Cisneros trató de hacerse con el control de la milicia limitando el número de nativos en sus filas, enviando al regimiento de Patricios al Alto Perú, para sofocar la revuelta popular que había estallado en mayo de 1809 contra el bando españolista, y reorganizando los batallones españoles disueltos por Saavedra. Por otra, mientras los librecambistas desplegaban su arsenal ideológico a través de folletos, como el llamado *Representación de los Hacendados*, escrito por Mariano Moreno, y el periódico *Correo de Comercio*, fundado por Manuel Belgrano, el nuevo virrey, que inicialmente había anulado las medidas liberalizadoras de Liniers, se vio obligado a restituirlas aunque prohibiendo la explotación de la plata. La necesidad de recaudar impuestos para sanear las arcas virreinales y el extraordinario volumen –superior a los dos millones de libras esterlinas– del contrabando entre mercaderes ingleses y locales fueron los poderosos motivos que indujeron al virrey Cisneros a abrir el puerto de Buenos Aires al comercio extranjero. La medida se reflejó enseguida en el notable incremento de las exportaciones e importaciones y en la progresiva sustitución de España por Gran Bretaña como metrópoli económica del virreinato rioplatense. La masiva entrada de manufacturas inglesas, desde zapatos hasta clavos, tuvo un negativo efecto sobre la economía del interior del virreinato que, tras la revolución de mayo de 1810, acabó hundiéndose.

La frase "todo debe cambiar para que nadie cambie", que pronuncia no sin cinismo el príncipe Fabrizio de Salina, protagonista de *El gatopardo*, novela del italiano Giuseppe Tomasi di Lampedusa, bien puede aplicarse a los "patriotas" librecambistas. Cabe preguntarse de qué patria hablaban cuando impulsaron la revolución de mayo de 1810, que acabó con la autoridad española en el virreinato, pero no con el sistema colonial. En un territorio prácticamente despoblado, de ganadería extensiva y agricultura inexistente, tanto por carencia de mano de obra como de propósito económico inmediato, todo hace pensar que los dirigentes criollos de Buenos Aires no pretendieron realmente una revolución emancipadora, sino hacerse con los resortes del poder para disponer de un espacio de mayor libertad para sus negocios con el apoyo de Gran Bretaña, que ésta justificaba en virtud de la alianza hispano-británica y en la lucha para devolver el trono español a Fernando VII.

El autogobierno de la camarilla mercantil de Buenos Aires se mostró tan liberal con el exterior –Gran Bretaña– como hegemónico con el interior. De esto se deduce que en ese momento su "proyecto nacional" no pasaba por aceptar en su ejecución la participación igualitaria de las provincias que conformaban el antiguo territorio virreinal, ni tampoco la intervención de las masas populares urbanas en los "asuntos públicos" –la muchedumbre que acudió al Cabildo abierto de mayo pudo refugiarse cómodamente bajo la pequeña Recova cuando empezó a llover– salvo como mano de obra semi servil o para nutrir los ejércitos que luchaban en la guerra de emancipación o en los conflictos civiles que se desencadenaron.

La dudosa legitimidad de la representatividad popular y territorial que adujeron las cabildantes de mayo de 1810, el peso de sus intereses económicos particulares sobre los generales, la pretensión porteña de mantener bajo su hegemonía el estatuto colonial en todo el territorio virreinal bajo el paraguas de una nueva entidad política, de la que se ignoraba si su sistema de gobierno sería monárquico o republicano y ligado o no a España, lastraron desde el principio la organización de un Estado efectivamente independiente y soberano.

Las luchas por el poder entre las facciones criollas porteñas y las de éstas en su conjunto con el interior, donde cobraron mayor relieve los caudillos provinciales, fueron las causas de la inestabilidad política que condujo inevitablemente a la desmembración del antiguo territorio virreinal y al agravamiento de la crisis económica en todo el ámbito regional. Entre 1810 y 1820, la entidad política llamada desde la declaración de independencia de 1816 Provincias Unidas del Río de la Plata perdió el Alto Perú –la actual Bolivia–, Paraguay y la Banda Oriental, que se convertiría en Uruguay, y mantuvo con serias dificultades Tucumán, Jujuy, Salta, Cuyo, Santa Fe y Entre Ríos.

Mientras tanto, los comerciantes británicos, hechos con el control de los negocios y del tráfico naval, amasaban fortunas con las pieles procedentes de las grandes matanzas de ganado, que se hacían para alimentar a las tropas, o con los bonos negociables emitidos por las autoridades que compraban con descuentos y los utilizaban, con su valor nominal, para pagar los impuestos sobre las importaciones. En consecuencia, las Provincias Unidas del Río de la Plata sufrieron una drástica reducción de las rentas públicas, una continuada inflación y un fuerte aumento de la importación de manufacturas.

LOS REINOS DE TAIFAS

Las luchas por el poder entre monárquicos y republicanos y morenistas y saavedristas quedaron aparentemente simplificadas en el seno de la casta dirigente porteña en 1812. Frente a los excesos cometidos por los morenistas, como los gratuitos ajusticiamientos de Liniers y Alzaga, los saavedristas se hicieron con el poder con el apoyo de los sectores más conservadores y de las milicias urbanas. Pero en octubre de 1812, el cuerpo de oficiales, que había experimentado una ampliación, y la entrada de elementos formados en Europa, como Carlos María de Alvear y José de San Martín, dio un nuevo giro a la situación mediante un golpe militar.

Alvear y San Martín, así como José Matías Zapiola, a su llegada a Buenos Aires habían fundado la Logia Lautaro, asociación secreta que dirigió los hilos de la política bonaerense durante casi una década. Iniciados en las logias de Cádiz y vinculados a la masonería británica, los integrantes de la Logia Lautaro tenían como propósito fundamental la emancipación y la unidad política de América del Sur. De acuerdo con este cometido y en coincidencia en este punto con los planes continentales del venezolano Simón Bolívar, San Martín asumió el mando del ejército y reorganizó sus fuerzas. La ejecución de la estrategia de San Martín permitió neutralizar la amenaza realista por el norte y, después de su portentosa hazaña del cruce de los Andes, atacó conjuntamente con los ejércitos bolivarianos el virreinato del Perú, el centro del poder colonial español.

Por su parte, Alvear, cuyo primer paso era hacerse con el poder político, no tardó en enredarse en las disputas partidistas. Esto lo llevó a perder de vista el objetivo principal, pero no su metodología sustentada en la utilización del ejército "para respetar la voluntad del pueblo" hasta que éste tuviese la suficiente madurez cívica y "pudiese explicar libremente sus votos y sentimientos".

Pero si la acción de los lautarinos dio pasos decisivos para la creación de un Estado independiente moderno, como las leyes y símbolos nacionales sancionados por la Asamblea de 1813, y la declaración de independencia por el Congreso de Tucumán, el 9 de julio de 1816, las levas efectuadas para suministrar tropas a los ejércitos, que dejaban a los pueblos del interior sin su ya escasa mano de obra agraria y sin defensa frente a los indios, el aumento de los impuestos y la invasión de productos ingleses acabaron por colapsar las economías regionales y soliviantar a los caudillos locales, como José Artigas, Estanislao López, Félix Aldao, etc., contra la autoridad de Buenos Aires.

De esta renovada confrontación de intereses entre el puerto y el interior surgió en éste el movimiento federalista y en Buenos Aires el movimiento centralista o unitario. En consecuencia, mientras en Perú se dirimía el futuro continental, en las Provincias Unidas del Río de la Plata, federales y unitarios se entregaron a una feroz lucha fratricida, que manifestaba la incapacidad de las élites provinciales y porteña para superar el modelo colonial y acordar la organización del Estado sobre bases racionales e igualitarias que dieran legitimidad al sistema.

Paralelamente, la restauración de la Corona a Fernando VII, el control mercantil ejercido por los británicos y la crisis europea que repercutió en la caída de los precios del cuero, movieron al gobierno centralista de Juan Martín de Pueyrredón a buscar una salida airosa, para la que se barajó la posibilidad de instaurar una monarquía constitucionalista.

La Constitución de 1819 de tinte centralista que, aunque republicana en su retórica, dejaba abierta la posibilidad de un régimen monárquico, provocó el rechazo de los caudillos del litoral. San Martín, que se hallaba en Chile, se negó a enviar tropas para sostener el régimen centralista del Directorio, en ese momento encabezado por José Rondeau, y los federales lo derrotaron en Cepeda, el 1 de febrero de 1820. Ante la desaparición de la autoridad central, varias provincias, entidades surgidas de las antiguas intendencias virreinales, se apresuraron a declararse repúblicas independientes, como Entre Ríos, o a lanzarse a disputas entre sí, como Tucumán y Salta. Con la secesión de hecho del país, los caudillos crearon sus reinos de taifas apoyándose en sus latifundios y fortunas personales y en las montoneras, pequeños ejércitos irregulares formados por esclavos, a los que a cambio concedían la libertad, gente de baja condición y gauchos levados en sus territorios, para combatir inicialmente en la guerra de guerrillas contra los españoles.

Los caudillos eran estancieros que, merced a las leyes que perseguían la vagancia, disponían de peonadas formadas por campesinos pobres y desarraigados, muchos de ellos delincuentes, a quienes protegían de la acción de la justicia. Los estancieros se convirtieron así en protectores de una masa de individuos a la que mantenía, albergaba y daba ocupación en los trabajos rurales o en sus ejércitos particulares, para combatir a los indios o intervenir en las disputas domésticas con otros caudillos. A cambio de esta "protección" exigían lealtad y servicio incondicionales. Esta relación de dependencia hacía de los estancieros individuos poderosos, que identificaban sus intereses particulares con los intereses nacionales, y de las peonadas masas sometidas, ignorantes y despolitizadas, que entregaban su fuerza laboral y sus vidas a causas ajenas a la suya. Difícilmente podía surgir, bajo estas condiciones, un movimiento político popular que rompiera con la dinámica impuesta por las aristocracias criollas.

También combatieron bajo distintas banderías aventureros y mercenarios extranjeros, entre los cuales son citables Jean-Jacques D'Auxion Lavaysse, quien se enroló con el santiagueño Felipe Ibarra; Peter Campbell, quien lo hizo con el entrerriano Francisco "Pancho" López, y William "Guillermo" Brown, quien luchó como marino a las órdenes del gobierno de Buenos Aires y llegó a comandar la armada de guerra en el conflicto argentino-brasileño.

El caudillaje fue así un fenómeno continental que determinó las tendencias que intervinieron en la organización político-administrativa de los nuevos Estados y señaló sus destinos. Tras el derrumbe del imperio colonial español los caudillos hicieron prevalecer sus propios intereses, particulares o locales, sobre ideas más amplias y ambiciosas acerca de lo que debían ser los Estados latinoamericanos y su organización. De aquí que fracasara el proyecto de un Estado continental acomodado a las características y necesidades de Latinoamérica y que su mentor, Simón Bolívar, acabara dejando Perú con la secesión consumada de Bolivia, a su vez desgajada de la jurisdicción del Río de la Plata, apenas comenzada la guerra de emancipación; a Ecuador constituido en república independiente encajada entre Perú y la Gran Colombia, y a ésta nuevamente dividida en dos Estados por la acción de sus caudillos nacionales.

En el Río de la Plata, los caudillos impusieron una suerte de "democracia bárbara", incompatible con cualquier forma de disciplina u orden civil, que situó el naciente Estado al borde de su disolución, aunque no era ésta su pretensión. Los objetivos de los caudillos federales eran los de salvaguardar sus intereses económicos particulares y satisfacer, en no pocos casos, sus aspiraciones de reyezuelos. No es casual que Pancho Ramírez, después de hacerse con el control absoluto de su provincia, adoptara el título de "Supremo Entrerriano", ni que el santafesino Estanislao López, tras liquidar a Ramírez, se autodenominara "patriarca de la federación". En virtud de estas razones personales los caudillos atacaban tanto el centralismo porteño como aquellos otros centros políticos –Córdoba, Salta o Montevideo–, que amenazaban sus feudos, o se atacaban entre ellos para obtener posiciones de fuerza.

No obstante, los caudillos aceptaban la autoridad de un gobierno "nacional", pero no la hegemonía porteña en él. Es decir, que, independientemente de la limitada visión política y las ambiciones particulares que alentaban sus acciones, su lucha tenía un sustrato reivindicativo que reclamaba un gobierno más igualitario y participativo, "elegido por la voluntad de la provincias que admiten por base el sistema de federación, por el que han suspirado todos los pueblos desde el principio de la revolución", tal como lo expresan López y Ramírez en un oficio enviado a José Rondeau, entonces director supremo de las Provincias Unidas del Río de la Plata. Los caudillos eran en realidad bandidos que, en una sociedad desarticulada como la hispanoamericana de entonces, representaban el embrión de la sociedad futura, "la encarnación de la barbarie que pretendía eternizarse con un nombre decoroso", según escribe Ezequiel Martínez Estrada en su *Radiografía de la Pampa*.

Cabe señalar que la victoria federal de Cepeda no fue la de todo el federalismo del interior, sino el de las provincias litoraleñas influidas por el artiguismo que auspiciaba un republicanismo popular. De hecho, la Constitución de 1819 no era vista por el resto de las provincias del interior, entre ellas Mendoza, tan acusadamente centralista, como para promover una guerra para su derogación. Pero los caudillos de Santa Fe y Entre Ríos, que pretendían la libre navegación por el Paraná, movilizaron sus tropas y se presentaron como voceros de las protestas y reivindicaciones "populares".

Tras la batalla de Cepeda, los primeros en invadir las calles de Buenos Aires no fueron avanzadillas de combatientes, sino orilleros, marginados de la periferia, que se dirigieron a los edificios del Congreso y del Directorio arrasando todo lo que hallaban a su paso. Quedó sellada así la visceral alianza entre los caudillos populistas y las masas marginales urbanas, sin ocupación ni conciencia política, que ha perdurado hasta el presente y sobre la cual se sostiene el peronismo desde 1945.

La idea básica del movimiento federalista acabó por influir en el pensamiento de los unitarios más lúcidos y, durante el exilio que sufrieron, algunos de ellos reflexionaron por primera vez sobre el futuro del país como nación, sobre la dicotomía civilización o barbarie, como Domingo Faustino Sarmiento en *Facundo*, y sobre la necesidad de desarrollar los principios de una constitución válida para todos, como Juan Bautista Alberdi en *Las bases*.

La liga federal mantuvo más o menos cohesionadas las provincias a través de la Junta de Representantes, pero el triunfo de los caudillos sobre Buenos Aires era más aparente que real. El primer signo de debilidad surgió cuando el gobernador federal porteño Manuel Dorrego se revolvió contra el caudillo santafesino Estanislao López con el apoyo del estanciero Juan Manuel de Rosas, quien contaba con un poderoso ejército privado llamado *Colorados del Monte*. En tales circunstancias, Rosas, a quien le interesaba la paz para sus negocios mercantiles y el funcionamiento de sus saladeros, no dudó en pactar con López, a quien le interesaban las buenas relaciones con los porteños, tanto porque, con Ramírez muerto, ya no tenía poder para atacar Buenos Aires, como porque gran parte de sus rentas procedían del tráfico mercantil entre el puerto y el interior. De acuerdo con esta entente, cuando Dorrego pretendió invadir la provincia de Santa Fe, Rosas buscó el apoyo de otro poderoso estanciero, su pariente y amigo Juan José Cristóbal Anchorena, para favorecer el acceso al gobierno provincial del unitario Martín Rodríguez. Consumado éste, vano fue el intento del federal Pagoda y sus orilleros de derrocar a Rodríguez al grito de "¡Abajo los directoriales! ¡Muera la facción!".

Con Martín Rodríguez, miembro del partido directorial o unitario, la provincia de Buenos Aires, pacificada y aliviada de su cargas bélicas y manteniendo gran parte de sus rentas aduaneras, inició un periodo de prosperidad. A su realización contribuyó, decisivamente, la política de Bernardino Rivadavia, primero como ministro y después, muy fugazmente, como presidente.

La "experiencia feliz"

El acceso de Bernardino Rivadavia al gobierno de Buenos Aires supuso el primer intento de organizar una economía sobre bases doctrinales sólidas. Su política tendió a dejar una impronta nacional en la provincia y a consolidar su posición hegemónica con el apoyo militar, económico y financiero de Rosas y de la clase exportadora y terrateniente porteña. Afín al libre cambio, Rivadavia promovió la colonización de tierras, la inmigración y las inversiones extranjeras para activar la economía provincial sobre las bases de un capitalismo agrario moderno. Con este fin, sus principales acciones fueron la sanción de la ley de enfiteusis, por medio de la cual el Estado daba en usufructo grandes extensiones de tierras fértiles conquistadas a los indios pampas; y el estrechamiento de los lazos económicos con Gran Bretaña, que, tras la batalla de Ayacucho de 1824, se había apresurado a reconocer a las Provincias Unidas del Río de la Plata como Estado soberano.

Debido a que los mercaderes ingleses controlaban el comercio porteño, la élite mercantil porteña, que se había sustentado en el tráfico de la plata, se vio obligada a reorientar sus actividades hacia la ganadería y la salazón de carne, haciendo del charque –tasajo– un importante artículo de exportación a Estados Unidos, Brasil y Cuba para alimento de esclavos. También centró sus esfuerzos, tal como en los últimos tiempos del virreinato reclamaba Juan Hipólito Vieytes en *Nuevo aspecto del comercio del Río de la Plata,* en poseer grandes extensiones de tierra. Fruto de este desplazamiento de la aristocracia urbana de Buenos Aires hacia el campo surgió una poderosa oligarquía terrateniente ganadera que no tardó en hacer sentir su influencia en la vida política, primero apoyando a los "intelectuales" rivadavianos y más tarde asumiendo directamente el poder con Juan Manuel de Rosas.

Los beneficios que para las arcas públicas pensaba obtener Rivadavia de la ley de enfiteusis nunca se dieron, tanto por la avidez de la aristocracia mercantil porteña como por defectos de la misma ley y limitaciones de la nueva burocracia creada por el nuevo gobierno. A medida que las campañas de Martín Rodríguez, de Rosas, etc., contra los indios hacían retroceder la frontera, aunque sin asegurarla, y liberaban tierras feraces para la ganadería, las grandes familias porteñas de mercaderes y ganaderos se valieron de esta ley para obtener tierras a largo plazo y sin coste alguno. Fue así que, hacia 1827, más de tres millones de hectáreas de tierras fiscales habían pasado a manos de un grupo de poco más de ciento sesenta individuos, entre quienes se hallaban los Rodríguez, los Rosas y los Anchorena, que extendió la ganadería y reforzó el poder de los terratenientes, sin que el Estado pudiese recaudar efectivamente las tasas de arrendamiento. Paralelamente, este mismo grupo se opuso a la política inmigratoria de Rivadavia orientada a poblar y colonizar el campo ante el temor de que los inmigrantes constituyeran un agente desestabilizador de la sociedad capaz de entrar en la disputa por la propiedad de la tierra y alterar las condiciones de la mano de obra.

Las inversiones financieras extranjeras promovidas por Rivadavia desembocaron en un gran escándalo, cuando el gobierno sólo recibió la mitad del millón de libras de un crédito concedido por la banca inglesa, mientras la otra mitad se perdía en comisiones a agentes comerciales. En 1822, la Junta de Representantes autorizó al gobierno de Buenos Aires a contratar un empréstito para dotar a la capital de un servicio de agua corriente y desagües, modernizar las instalaciones del puerto y fundar tres pueblos para asegurar la frontera con los indios. La operación se concretó dos años más tarde en Londres ante la banca Baring Brothers a través de las gestiones de la casa Hullet y de los comisionados del gobierno, John y William Parish Robertson y Félix Castro, entre otros. Una vez concedido el crédito de 1 millón de libras esterlinas, equivalentes a 5 millones de pesos, al 6 por ciento de interés anual, los financistas se reservaron el 30 por ciento de beneficios descontando 300 mil libras, de las cuales dedujeron 120 mil libras para los comisionistas; la Baring cobró por adelantado el interés y la amortización del 0,5 por ciento anual correspondientes a dos años deduciendo 130 mil libras, y la casa Hullet cobro 6 mil libras por su gestión. En definitiva, el gobierno recibió sólo 564 mil libras, aunque efectivamente fueron menos debido a que la Baring sólo envió 22 mil libras en oro y el resto en letras que cotizaban al 50 por ciento del valor nominal y producían un interés mensual del 2 por ciento, que el gobierno utilizó para pagar a los proveedores ingleses. La Hacienda porteña, que disponía de un superávit anual de 320 mil pesos, a partir de ese momento debió destinar 325 mil pesos para pagar el empréstito. Esta enorme deuda, que generó una fuerte inflación, sólo pudo ser saldada en 1904 sin que ninguno de los proyectos por los que se contrajo el crédito se llevase a cabo. Rivadavia finalmente destinó el dinero a la creación del Banco Nacional, dominado en gran parte por los comerciantes ingleses, quienes lo utilizaron para aumentar la importación de género británico.

El volumen de negocios y la influencia de Gran Bretaña en el Río de la Plata llegó a ser tal, que motivó un informe alarmante del embajador estadounidense en Buenos Aires, John Murray Forbes, a John Quincy Adams, secretario de Estado. En este informe fechado el 25 de noviembre de 1824 decía:

> "El constante crecimiento de la influencia británica aquí es cosa difícil de imaginar. Su origen político está en los deseos de esta gente de obtener el reconocimiento de su independencia por parte de los ingleses, y su motivo comercial debe encontrarse no

sólo en la riqueza individual de los comerciantes ingleses, sino en el hecho de que controlan prácticamente las instituciones públicas, y muy especialmente un Banco gigantesco, que a través de los favores que concede a los comerciantes necesitados, ejerce el más absoluto dominio de las opiniones de este grupo. Su influencia se hace todavía más poderosa, porque los ingleses adquieren a menudo grandes estancias en el campo. En síntesis, no es exagerado afirmar que Inglaterra deriva de este país y de Chile todos los beneficios de una dependencia colonial, sin tener que incurrir en los desembolsos de una administración civil y militar [...]".

En 1824, tras rechazar el cargo de gobernador de la provincia, Rivadavia viajó a Londres como ministro plenipotenciario para gestionar personalmente la constitución de una compañía destinada a explotar las minas de oro y plata "que existan en el territorio de las Provincias Unidas" y a colonizar el país. Sus gestiones fructificaron en la organización de la sociedad "Río Plata", por la que recibió una comisión de 30 mil libras y un sueldo de 1.200 libras mensuales, que nunca se hizo efectivo debido a que el caudillo riojano Juan Facundo Quiroga se negó a que se explotaran "sus" yacimientos de Famatina.

En 1826, Bernardino Rivadavia, de quien Manuel Sarratea escribió con inquina que lisonjeaba "a quien le introduzca dinero en el bolsillo sea en acciones de minas o empresas de otro género", regresó a Buenos Aires y aceptó el cargo de presidente de las Provincias Unidas del Río de la Plata. Durante su breve presidencia acabó de perfilar su talante de estadista impulsando una política orientada a crear instituciones liberales y organizar una infraestructura para un país moderno, unificado política y económicamente. Ello implicaba incrementar la población promoviendo la inmigración, racionalizar las administraciones nacional y provinciales y modificar la ley electoral. En este sentido, la Constitución de 1826, de explícito carácter republicano, consagraba un sistema de gobierno con separación de poderes, según el modelo estadounidense, y reconocía el autogobierno de las provincias y la distribución de las rentas nacionales. Para llevar a cabo todas estas innovaciones las provincias debían disolver sus milicias, abolir los impuestos locales y de tránsito, y la emisión de sellos, y ceder al gobierno federal sus tierras a cambio de la cancelación de sus deudas. En correspondencia, la ciudad de Buenos Aires debía ser federalizada y el resto de la provincia dividida en dos provincias, al norte la de Paraná y al sur la de Salado.

Los caudillos federales consideraron que se trataba de una constitución unitaria considerando excesiva la duración del mandato presidencial, estipulada en nueve años, y las prerrogativas que se le conferían al presidente, entre ellas la potestad para nombrar o destituir los gobernadores provinciales. En virtud de ello, se negaron a suprimir los aranceles y a disolver sus fuerzas militares ante el temor de quedar inermes frente a una hipotética invasión de Buenos Aires.

Por su parte los ganaderos porteños tampoco vieron con buenos ojos una constitución que federalizaba la ciudad, dividía la provincia y nacionalizaba los ingresos portuarios, que representaban las dos terceras partes de las rentas de la provincia. Tales medidas suponían privarlos de gran parte de sus tierras, de su población y de su ingresos. Tanto los caudillos federales como los ganaderos consideraron una amenaza para sus intereses, sustentados en una economía primitiva y de rentabilidad inmediata, la política de Rivadavia.

Al mismo tiempo, Bernardino Rivadavia, quien ya había dictado leyes que obligaban a los "sirvientes" rurales a proveerse de documentos otorgados por el estanciero para el cual trabajaban, so pena de ser levados para el servicio militar durante cinco años, promulgó en el marco del proceso modernizador emprendido, una serie de medidas legislativas destinadas a promover la libertad religiosa y la laicidad del Estado. Tales medidas abolían los fueros clericales y el diezmo eclesiástico y sancionaban la expropiación o en su defecto el control estatal de los bienes de la Iglesia, pues las instituciones piadosas estaban obligadas a rendir algún servicio público que contribuyera a la comodidad o al sostén de la moral, y en todo caso al progreso del país que las adoptara, como rezaba el decreto de 1822 referente a los bienes del santuario de la Virgen de Luján, sobre el cual se informó que no rinde servicio alguno y que no tiene más objeto que el culto de una imagen.

Ante este cúmulo de medidas modernizadoras, los caudillos federales, los ganaderos y la clerecía se revolvieron contra el gobierno de Rivadavia al grito de "¡Religión o Muerte!" acusándolo de favorecer los intereses británicos, de pretender imponer el federalismo norteamericano y atacar a la Iglesia. Paralelamente, la anexión brasileña de la Banda Oriental, que suponía un serio obstáculo para la expansión de los negocios de un grupo de estancieros encabezados por Tomás Manuel de Anchorena y Juan Manuel de Rosas, movió al gobierno a declarar la guerra a Brasil. Los costos generados por las acciones bélicas y el bloqueo brasileño causaron la caída de las rentas y de las exportaciones, no así de las importaciones británicas, y Rivadavia se vio precisado a suspender los pagos de la deuda contraída con la Baring. Bajo esta crisis económica y las polémicas condiciones de paz firmadas con Brasil, la presión de los ganaderos y de los caudillos se hizo insoportable para Rivadavia, quien renunció en agosto de 1827. Los días de la "experiencia feliz", como se denominó más tarde a su época, habían terminado.

ROSAS Y EL FEDERALISMO DE ESTANCIA Y MATADERO

La caída de Bernardino Rivadavia representó un duro golpe para el proceso de organización nacional, de acuerdo con los modelos de las potencias más modernas, aún cuando se mantenían hábitos preocupantes de dependencia económica. La unidad de las Provincias Unidas continuó siendo una ficción jurídica sostenida por la comunión de intereses de los caudillos provinciales, incluidos los porteños.

El partido federal, con el apoyo de la oligarquía ganadera, tomó el poder en Buenos Aires designando gobernador a Manuel Dorrego en agosto de 1827. Dorrego reanudó la guerra contra Brasil, pero poco después ambos países negociaron la paz y aceptaron la constitución en la Banda Oriental de un nuevo Estado que pasó a denominarse República Oriental del Uruguay.

En diciembre de 1828, tras el regreso de las tropas que habían combatido contra los brasileños, se formó una coalición unitaria, encabezada por Juan Lavalle y apoyada por un grupo de mercaderes e intelectuales porteños, que derrocó a Dorrego con la intención de restaurar el régimen liberal inaugurado por Rivadavia. Sin embargo, Lavalle cometió el grave error político de hacer fusilar a Dorrego, lo cual desacreditó al partido unitario y desencadenó una generalizada repulsa contra sus seguidores. De este modo quedó expedito el camino para que Juan Manuel de Rosas se hiciera con la dirección del partido federal y el gobierno apoyado por los estancieros, el clero, las clases populares y, sobre todo, sus *Colorados del Monte*.

Rosas, que se convirtió en el caudillo más poderoso, dominó la escena política rioplatense hasta 1852 instaurando una de las dictaduras más terribles de la historia argentina. Del mismo modo que el centralismo de Rivadavia no respondía exactamente a las pretensiones hegemónicas de los unitarios porteños sino a la necesidad de reforzar la autoridad presidencial, para lograr una sólida unificación política y económica del país, tampoco el federalismo de Rosas respondía a los principios de una doctrina federal, sino a los intereses de los estancieros de Buenos Aires, que eran también los suyos. Puede decirse de él que, siendo el más unitario de los federales, desbordó a unos y otros con el rosismo, aunque sus temibles hordas actuasen al grito de "¡Viva la Federación y mueran los salvajes unitarios!".

Durante su dictadura, Rosas propició un pacto federal con las provincias del litoral –Santa Fe, Entre Ríos y más tarde Corrientes–, del que surgió la Confederación de las Provincias Unidas del Río de la Plata. Tras la derrota de la Liga Unitaria, formada por las provincias interiores –Córdoba, Catamarca, La Rioja, Santiago del Estero, San Luis, Salta, Tucumán, Mendoza y San Juan–, todo el territorio quedó bajo el control de los caudillos federales y el influjo de Rosas. El suyo no fue un gobierno nacional, e incluso evitó la promulgación de una constitución, pero sometió de hecho política y económicamente las provincias, que debieron ceder a Buenos Aires la defensa y la representación internacional y aceptar sus condiciones mercantiles y arancelarias.

"Pacificado" el país, el dictador porteño impulsó la expansión de la provincia de Buenos Aires y el enriquecimiento de sus hacendados y saladeristas, al mismo tiempo que imponía a las provincias del interior el control de las rentas del comercio. Asimismo, Rosas redujo la presencia de mercaderes británicos en Buenos Aires y dio entrada a otros importadores extranjeros. Sin embargo, acabó chocando con los franceses, quienes, disconformes con el trato que recibían, promovieron no pocos incidentes diplomáticos. Los episodios de mayor tensión tuvieron lugar en 1838, después de que Rosas se negara a hacerles concesiones especiales y una flota francesa impusiera un bloqueo al puerto de Buenos Aires.

Paralelamente a este bloqueo, que causó la escasez de ciertos artículos y la caída de los precios de la carne y abrió un proceso inflacionario de gran intensidad, Francia armó al general Juan Lavalle desencadenándose una nueva guerra civil. No obstante, cuando Gran Bretaña presionó a Francia para que levantara el bloqueo, Rosas aprovechó para deshacerse, uno a uno, de sus enemigos interiores y de aquellos rivales que, como el caudillo riojano Facundo Quiroga, podían cuestionar su poder.

Poco después, en 1841, Rosas pasó a la ofensiva para ahogar el comercio interior, pero no pudo, o quizás no quiso, controlar la inflación originada por las medidas recaudatorias destinadas a mantener sus fuerzas militares, y que beneficiaba indirectamente a los terratenientes ganaderos a través de las exportaciones. Tras dos bloqueos rosistas del Paraná, Brasil, que reclamaba un acceso al Mato Grosso por el río, reaccionó y encontró en el caudillo entrerriano Justo José de Urquiza un importante aliado.

Urquiza, gobernador de Entre Ríos y, como Rosas, rico hacendado y saladerista, era uno de los perjudicados por el bloqueo. Tras intentar en vano que Rosas lo levantase, formó una poderosa alianza con el apoyo de Brasil y de los unitarios y marchó sobre Buenos Aires. La victoria que obtuvo sobre Rosas en la batalla de Monte Caseros, en 1852, dio paso a un proceso de organización nacional que, con la Constitución del año siguiente, fructificó en la actual República.

La dictadura rosista constituye uno de los capítulos más negros de la historia argentina, a pesar de los intentos de algunos historiadores de reivindicar la figura de Rosas exaltando su nacionalismo y su lucha contra las grandes potencias y el carácter popular de su régimen. El rosismo fue una forma depurada, extrema y brutal del caudillismo. Carente de ideología, se sustentó en el carisma de su mentor, en la interesada manipulación de las masas populares y en el control social con el apoyo de la oligarquía ganadera y de la Iglesia.

La astucia política de Rosas consistió en trasladar la elemental estructura de poder de la estancia a la esfera pública y convertir el territorio provincial en su dominio personal. El rosismo consagró la jerarquización social a partir de la figura del gran patrón, paternal y benevolente con quienes le seguían e implacable y brutal con sus enemigos, y la instrumentalización sistemática del clientelismo y del terror.

En el marco del esquema jerarquizado y clientelar, Rosas favoreció en primer lugar los negocios y el enriquecimiento de sus pares, los ganaderos y saladeristas, eximiéndolos prácticamente del pago de impuestos, suscribiéndoles contratos para la provisión de carne a las tropas, y situándolos en cargos importantes de la administración o del ejército, como son los casos de Felipe Arana, ministro de Asuntos Exteriores, Vicente López y Planes, presidente del Tribunal Superior, Ángel Pacheco, general del ejército, o haciéndolos sus consejeros como a su socio Juan N. Terrero y a sus primos, los Anchorena, mientras todo el peso recaudatorio recaía sobre la Aduana.

Las tierras no cedidas en enfiteusis y las conquistadas al indio a partir de la Campaña del Desierto de 1831 también sirvieron a Rosas para sus fines. Tras quedarse él mismo con la isla Choele-Choel como retribución por los servicios prestados y la posibilidad de cambiarla por una "parcela" de tierra de su elección de casi 190 mil hectáreas, Rosas repartió tierras entre militares y funcionarios que participaron en dicha campaña y en proporción a sus rangos. Es así, que a los oficiales y civiles de mayor categoría les tocaron extensiones entre 50 y 150 mil hectáreas, y a los soldados y funcionarios menores parcelas de sólo unas 3 mil hectáreas. Dado que en ese momento las tierras se utilizaban para la cría extensiva de ganado, para la cual se necesitaban como mínimo unas 25 mil ha, los soldados y funcionarios "beneficiarios" de extensiones menores se veían obligados a vender sus tierras a precios ridículos a los terratenientes. En consecuencia, es obvio constatar que los terratenientes seguían engrosando sus propiedades, mientras que las clases bajas seguían sin poseer nada y sometidos al régimen de la estancia.

Dentro del orden de la estancia, el estanciero era el patrón y el comandante, el dueño de la vida de sus peones y esclavos. Fuera de la estancia los individuos pobres –gauchos, campesinos, marginados urbanos– eran considerados vagos y delincuentes y por tanto carne de leva. Rosas se valió de esta circunstancia para contar con mano de obra para sus labores agrarias, cosa común a todos los terratenientes, y también para organizar su propia milicia, los *Colorados del Monte*, que se convirtió en una poderosa fuerza militar irregular, que sólo disolvió cuando purgó y controló el ejército. Mantuvo esclavos y toleró su tráfico clandestino hasta que se vio obligado a condenarlo explícitamente en 1839, para ganarse el apoyo de Gran Bretaña frente a Francia. Paralelamente había seguido con los negros y mulatos una política populista, concediendo la libertad a los que se enrolaban en sus filas formando las temibles "negradas federales" o entraban a su servicio para tareas serviles.

Negros, mulatos, peones, gauchos, delincuentes, orilleros y gente de baja condición en general constituyeron la base popular en la que se apoyó el rosismo, que representa el orden rural más primario; una masa sin conciencia política, o sin más conciencia que el rosismo, utilizada para aniquilar el orden civil y controlar la sociedad, la cual fue ocupada y violentada por las milicias, propia y de otros estancieros, el ejército y la siniestra *mazorca*. Éste era el nombre popular de un cuerpo parapolicial, más o menos autónomo, que dependía de la Sociedad Restauradora, la institución encargada de velar por los principios del federalismo rosista por medio del terror. Los miembros de la *mazorca* eran verdaderos carniceros que amenazaban, robaban y degollaban a todo opositor o sospechoso de serlo.

La descripción más acabada y dramática de aquellos días de terror la hizo Esteban Echeverría en un cuento que constituye una de las obras maestras de la literatura argentina, *El matadero,* y que escrito en 1840 no fue publicado hasta después de la muerte de su autor. Este relato, que es una descarnada denuncia contra Rosas y contra quienes le apoyaban, narra el brutal y gratuito asesinato de un joven unitario que casualmente acertaba a pasar junto a un grupo de matarifes ociosos, debido a que las inundaciones habían impedido el traslado de reses al matadero. El muchacho muere del siguiente modo después de haber sido sometido a vejaciones y torturas por los federales:

> "Inmediatamente quedó atado en cruz y empezaron a desnudarlo. Entonces un torrente de sangre brotó borbolleando de la boca y las narices del joven, y extendiéndose empezó a caer a chorros por entrambos lados de la mesa. Los sayones quedaron inmóviles y los espectadores estupefactos".

Y Echeverría concluye:

> "En aquel tiempo los carniceros degolladores del matadero, eran los apóstoles que propagaban a verga y puñal la federación rosina, y no es difícil imaginarse qué federación saldría de sus cabezas y cuchillas. Llamaban ellos salvaje unitario, conforme a la jerga inventada por el Restaurador, patrón de la cofradía, a todo el que no era degollador, carnicero, ni salvaje, ni ladrón; a todo hombre decente y de corazón bien puesto, a todo patriota ilustrado amigo de las luces y de la libertad; y por suceso anterior puede verse a las claras que el foco de la federación estaba en el matadero".

Otra novela romántica, *Amalia,* de José Mármol también describe el clima de opresión, miedo y traición que ha impuesto el régimen. Amalia y Eduardo son dos enamorados que vivían encerrados y que finalmente mueren a manos de los rosistas cuando intentaban huir. "El odio a las clases honestas y acomodadas de la sociedad era sincero y profundo en esa clase de color: sus propensiones a ejecutar el mal eran a la vez francas e ingenuas; y su adhesión a Rosas leal y robusta", apunta Mármol hablando de los negros y mulatos, pero que es extensiva a todo el estrato más bajo de la sociedad.

Pero esta adhesión a Rosas "leal y robusta" de las clases populares no hubiese sido posible si no hubiera existido una ritualización del comportamiento social. La Iglesia, cuyos cargos eclesiásticos eran nombrados por Rosas con la anuencia tácita del Vaticano, contribuyó decididamente a esta ritualización al anatemizar la oposición como un acto pecaminoso y a exaltar al dictador y al federalismo en sermones y oficios. Sobre esta connivencia de la Iglesia con Rosas, Echeverría dice en *El matadero* que "no es extraño, supuesto que el diablo, con la carne suele meterse en el cuerpo, y que la Iglesia tiene el poder de conjurarlo; el caso es reducir al hombre a una máquina cuyo móvil principal no sea su voluntad sino la de la Iglesia y el gobierno".

Rosas dio gran valor a los símbolos obligando a los ciudadanos a vestir de determinada forma y llevar como distintivo federal una cinta punzó[1]. A la muerte de Encarnación, esposa del dictador, la Sociedad Restauradora dispuso que se llevara luto –corbata negra, faja con moño en el brazo izquierdo, tres dedos de cinta negra en el sombrero y cinta punzó– mientras el dictador lo llevase. Asimismo, el lema ¡Viva la Federación y mueran los salvajes unitarios! pasó a encabezar los documentos públicos, las cartas privadas y los periódicos. Mediante esta forma de coacción el régimen ejercía su poder y controlaba la población obligándola a adoptar una posición política que sólo podía ser de adhesión y culto al rosismo y a su mentor. Al mismo tiempo vació de contenido las instituciones de gobierno, como los tribunales y la Junta de Representantes, y redujo a la mínima expresión la actividad universitaria.

Finalmente, la naturaleza autárquica del régimen y las limitaciones de una economía basada casi exclusivamente en la exportación de cuero, tasajo y sebo que empezaba a ceder en beneficio de la cría de ovejas y la exportación de lana, ambas en manos de estancieros ingleses, acabaron por debilitar el rosismo y dejarlo a expensas de sus enemigos interiores y exteriores. Derrotado militarmente en Caseros, el 3 de febrero de 1852, Juan Manuel de Rosas huyó del campo de batalla para refugiarse en la legación británica y zarpar poco después rumbo a Inglaterra. En 1955, Juan Domingo Perón, también corrió a una cañonera paraguaya para refugiarse en brazos de los dictadores Adolfo Stroessner primero y Francisco Franco después.

---

[1] Cinta punzó: Trozo de tela de color rojo muy vivo, que los federales y particularmente los seguidores de Rosas usaban como distintivo (N. del E.).

La organización nacional

Durante su ostracismo montevideano, muchos unitarios habían elaborado su propio proyecto de unidad nacional como punto de partida ineludible para el progreso material del país. Tal proyecto, en el que participaron hombres como Domingo Faustino Sarmiento y Juan Bautista Alberdi, a pesar de las formas oligárquicas de gobierno que proponía, constituyó un punto de partida importante para la elaboración de una carta magna aceptada por la mayoría. Los puntos fundamentales de la Constitución de 1853 que fundó la República federal fueron la adopción del sistema de gobierno republicano con separación de poderes, el reconocimiento de las autonomías provinciales y de los derechos civiles y la definición de las bases de la unidad económica.

Bartolomé Mitre, gobernador de Buenos Aires, rechazó inicialmente la Constitución alzándose en armas contra la Confederación presidida por Justo José de Urquiza, pero el fracaso de la campaña porteña contra los indios y las grandes perspectivas exportadoras, especialmente en el rubro de la lana, movieron a los dos bandos a negociar. Como consecuencia del acuerdo, por el que Buenos Aires consentía en reconocer la Constitución, y la Confederación la preponderancia porteña, en 1862, Mitre accedió a la presidencia constitucional del país, que desde entonces se denominó República Argentina.

Casi inmediatamente Argentina, apoyándose en el aumento de las exportaciones agropecuarias y la entrada de capitales británicos, experimentó un significativo desarrollo económico en cuyo marco tuvieron lugar el tendido de las primeras vías ferroviarias y el aumento del flujo inmigratorio procedente de una deprimida Europa. El crecimiento fue sostenido durante unos cinco años, pero las consecuencias de la guerra de la Triple Alianza entre 1865 y 1870 contra Paraguay, país que amenazaba con convertirse en una potencia económica, el estallido de algunas rebeliones federalistas en el interior, la repentina caída de los precios de los productos agrarios en el mercado internacional y la crisis mundial causaron una fase recesiva que obligó en 1868 a Mitre a ceder su puesto a Sarmiento. Éste a su vez lo cedió a Avellaneda en 1874, sin que ninguno acertara con la fórmula para superar la recesión.

"Gobernar es poblar"

La victoria sobre Rosas en 1852 lo fue también sobre un orden caduco, un golpe a las pretensiones hegemónicas de Buenos Aires y el principio del fin del caudillismo tradicional, aunque no del caudillismo como tal. "La guerra civil ha llevado a los porteños al interior, y los provincianos de una provincia a otra. Los pueblos se han conocido, se han estudiado y se han acercado más de lo que el tirano quería", escribió Sarmiento en su *Facundo*.

La unidad del país se presentó como un hecho factible al encontrar sus dirigentes puntos de coincidencia para un proyecto común de Estado que se materializó en la Constitución de 1853, cuyos principios fundamentales surgieron de *Las bases*, de Juan Bautista Alberdi. Los protagonistas de este periodo estaban dispuestos a llevar a cabo una revolución capaz de situar al país entre las grandes potencias del mundo. Pero esta revolución, no obstante el esfuerzo de algunos sectores, resultó fallida al no afrontar las reformas de las antiguas estructuras sociales y económicas sobre las que se emprendió la modernización. Nuevamente se estaba ante una revolución sin revolución.

"El mal que aqueja a la República Argentina –escribió Sarmiento– es la extensión; el desierto que la rodea por todas partes". En efecto, el país carecía de población suficiente para ocupar tan vasto territorio y satisfacer la creciente demanda de mano de obra. Es más, la mayor parte de la población rural, dominada por la figura del gaucho, esa víctima del "espejismo del desierto", como diría Ezequiel Martínez Estrada, vivía en la pobreza extrema, y su actitud seguía respondiendo a esquemas de comportamiento marginales y a hábitos de subsistencia. "El gaucho no trabaja; el alimento y el vestido lo encuentra preparado en casa; uno y otro se lo proporcionan sus ganados, si es propietario; la casa del patrón o pariente, si nada posee", de este modo describe Sarmiento al hombre de la campiña.

El territorio argentino no sólo estaba prácticamente despoblado, sino que su escasa población integraba una sociedad estratificada en la que prevalecía una oligarquía agraria sobre una masa popular pobre, desocupada e ignorante, que seguía alimentando las montoneras de los últimos caudillos tradicionales. También los minoritarios estratos medios urbanos seguían apegados a las costumbres tradicionales del hidalguismo, es decir, ajenas, cuando no contrarias, al ánimo productivo. Al trabajo.

Bajo el lema alberdiano "gobernar es poblar", el nuevo Estado argentino puso en marcha una política inmigratoria que atrajo a miles de europeos, principalmente italianos, españoles e irlandeses, para colonizar las llanuras argentinas. Las primeras comunidades de inmigrantes, generalmente de mayor nivel cultural que la mayoría de los nativos, contribuyeron decisivamente al auge económico que experimentó el país y a la transformación del paisaje de la sociedad pampeana.

Dedicados principalmente a la cría de ovejas y a la agricultura, los colonos extranjeros desplazaron aún más a los gauchos hacia las zonas fronterizas hasta hacerlos desaparecer integrados en el peonaje de las estancias. Pero esta aportación en el plano social y económico no tuvo correspondencia en el plano político y su incidencia en la gestión pública fue inexistente. Si bien esta actitud de pasividad política puede explicarse por la situación de indefensión económica y administrativa en la que se hallaban los grupos de inmigrados, también es cierto que, más preocupados por su propio futuro individual y el sueño de hacer fortuna, fueron pocos los que se identificaron con los destinos de la patria argentina.

La volatilidad del compromiso de los inmigrantes con la tierra de acogida tuvo con el tiempo el carácter de seña de identidad del comportamiento de las clases medias, tanto de la reducida clase media rural, como de la exagerada clase media urbana. La mayoría de los inmigrantes de entonces no tuvieron "la convicción de que es mía / la patria de Echeverría, / la tierra de Santos Vega", como rezan estos versos del *Santos Vega*, de Rafael Obligado. En el imaginario romántico, la voz patria vinculaba a la "tierra" y al Estado, su forma institucional. Es decir, una idea de patria que proyectaba los bienes y frutos de la naturaleza sobre las aún débiles instituciones con el propósito de fundamentar la esperanza: la posibilidad de la utopía de una Argentina potencia.

Martínez Estrada dice en su *Radiografía de la Pampa* que "los creadores de ficciones eran los promotores de la civilización, enfrente de los obreros de la barbarie más próximos a la realidad repudiada (...). Para él, el mito resulta dañino porque no se realiza sino en el sueño. El más perjudicial de esos soñadores, el constructor de imágenes, fue Sarmiento. Su ferrocarril conducía a Trapalanda –la tierra falsa del Dorado inexistente– y su telégrafo daba un salto de cien años en el vacío (...) Sarmiento fue el primero de los que alzaron puentes sobre la realidad".

Pero antes que el mito, lo que frustró el proyecto de una Argentina democrática y próspera fue su construcción a partir de la ilegitimidad del régimen, el egoísmo de la clase dirigente y la desconfianza o el temor de los hombres ilustrados hacia las clases populares. De poco sirvió que Sarmiento impulsara como ningún otro la educación, promoviera, sin mayor éxito, la colonización mediante el asentamiento de inmigrantes en el campo y defendiera una lengua nacional proclamando que la soberanía del pueblo tiene todo su valor y predominio en el idioma, cuando él mismo, después de organizar el ejército nacional, se apoyó en éste para gobernar y no en el pueblo, que una vez más quedó de lado.

La república oligárquica

En 1880, el general Julio Argentino Roca, héroe de la guerra de la Triple Alianza contra Paraguay y de la Campaña del Desierto, fue elegido presidente de la República. Roca capitalizó tanto las nuevas circunstancias zonales e internas como las políticas económicas y educativas de sus predecesores –Mitre, Sarmiento, Avellaneda– para sentar las bases del moderno Estado argentino y con éste de una primera fase de gran prosperidad económica. Durante su mandato el general Roca llegó a jactarse de que Argentina tuviera más maestros que soldados. El hecho no era exactamente verdadero, pero sí era cierto que, merced a las ideas sarmientinas y liberales, la educación popular se había convertido para los gobernantes en piedra angular de un país que se pretendía rico y culto.

El general Roca fue el artífice del régimen oligárquico que marcó la política del país hasta mediada la segunda década del siglo xx y quien amplió su territorio productivo. Del mismo modo que el general Rosas se había aliado a Chile en 1837 para destruir la Confederación Perú-Bolivia, que amenazaba con alterar el equilibrio geoestratégico del Pacífico, y en 1865 el general Mitre se había asociado a Brasil y Uruguay formando la Triple Alianza para reducir a Paraguay, que iba camino de disputar la hegemonía argentino-brasileña en el Río de la Plata, Roca, quien había participado y destacado en esta contienda, encabezó, entre julio de 1878 y enero de 1879, una expedición contra los indios empujándolos al otro lado del río Negro. La misión, que continuó en otras campañas contra los indios del Chaco y del norte del país, sirvió para garantizar la soberanía argentina sobre la Patagonia, también pretendida por Chile, y para ganar nuevas tierras cultivables.

Si bien Adolfo Alsina, ministro de Guerra, en un informe al Congreso decía que "el plan del poder ejecutivo es contra el desierto para poblarlo y no contra el indio para destruirlo", lo cierto es que el general Roca llevó a cabo una campaña ofensiva que no sólo expulsó a los indios araucanos más allá de una determinada línea de frontera, sino que los persiguió implacablemente. Esta persecución continuó en 1880 y arrojó a los indios hasta las estribaciones andinas dejándolos reducidos a una población poco más que testimonial.

El ejército nacional, creado por Mitre y dotado por Sarmiento de un colegio militar para la formación profesional de sus oficiales, pasó a ser una poderosa arma de control político en manos de la oligarquía, la cual dio a la oficialidad un lugar de privilegio entre ella. Los indios que, como el cacique Catriel, lucharon en las filas del ejército sólo recibieron a cambio unas miserables pagas y unos generalatos de pacotilla que manifestaban el mismo desprecio que la clase dominante sentía por los indios y las clases populares. Estos "oficiales" indios nunca cruzaron los lujosos salones de la casta dirigente, como tampoco lo hicieron los hombres de la plebe, quienes ni siquiera pudieron superar la barrera de la suboficialidad en el escalafón del Ejército de la nación, como ya se le denominaba.

Apoyándose en el Ejército y en su prestigio personal, el general Roca accedió a la presidencia de la República. Su gobierno se asentó en el Partido Autonomista Nacional (PAN), el cual articulaba las alianzas personales con la "liga de gobernadores", formada por camarillas provinciales cuya adhesión era comprada con subsidios y otras regalías, y neutralizaba la oposición valiéndose de las carencias del voto masculino censitario, que se prestaba a la coacción electoral, la compra de sufragios o al simple escrutinio fraudulento, recursos ya institucionalizados durante los anteriores gobiernos. "Ricuerdo que esa ocasión / andaban listas diversas; / las opiniones dispersas / no se podían arreglar: / decían que el Juez, por triunfar, / hacía cosas muy perversas. // Cuando se riunió la gente / vino a proclamarla el ñato; / diciendo, con aparato, / 'que todo andaría muy mal, / si pretendía cada cual / votar por un candidato'. // Y quiso al punto quitarme / la lista que yo llevé; / mas yo se la mesquiné / y ya me gritó… «Anarquista, / has de votar por la lista / que ha mandao el Comiqué». Este es uno de los varios pasajes que sobre las componendas electorales aparecen en el *Martín Fierro,* de José Hernández.

Roca, paradigma del caudillo de nuevo cuño que acomodaba su autoritarismo al credo del liberalismo constitucional, adoptó la divisa positivista "orden y progreso" e impulsó un espectacular desarrollo económico de base agroexportadora. Las ingentes riquezas que se generaron entonces alimentaron el mito de la Argentina potencia, pero su concentración en pocas manos y la nula voluntad política para promocionar otros sectores productivos y la industrialización del país mantuvieron las estructuras de la dependencia económica y, consecuentemente, la vulnerabilidad del sistema económico frente a las oscilaciones del mercado internacional. De modo que la eficacia de la maquinaria gubernamental se orientó al fortalecimiento de un orden institucional que no representaba los intereses nacionales en su más lato sentido, sino los de una casta dirigente, a su vez relacionada y subordinada al capital foráneo. El régimen oligárquico que ahora regía el país era la consumación del nuevo orden neocolonial determinado por los avances tecnológicos, el mayor control del mercado internacional por parte de las grandes potencias occidentales y el mayor peso del capital financiero en la dinámica económica.

De aquí que, durante los gobiernos de Roca y de Juárez Celman, el crecimiento de las inversiones de capital extranjero, de la red ferroviaria y de la corriente inmigratoria no fuera suficiente para contrarrestar los efectos de las fases recesivas provocadas por la caída de los precios de los productos agrarios en el mercado internacional y agudizadas por contingencias administrativas, como la ineficacia o la corrupción, o naturales, como una mala cosecha de trigo a causa de la sequía.

El propósito de Sarmiento de frenar el latifundismo y la especulación de la tierra y promover colonias agrícolas de inmigrantes no se concretó. Sólo en algunas zonas de la provincia de Santa Fe se verificó el acceso a la propiedad de la tierra de campesinos e inmigrantes dando origen a una clase media rural próspera y estable. Los millones de hectáreas conquistadas a los indios, quienes por otra parte tampoco vivían de la labranza ni de la cría del ganado, sino de subsidios gubernamentales y del latrocinio a gran escala, fueron repartidos mayoritariamente a hacendados y negociantes que obtenían pingües beneficios vendiéndolas tras el paso del ferrocarril. Éste, a su vez, había sido diseñado de forma radial a fin de hacer confluir desde el interior al puerto de Buenos Aires el ganado y los cereales, que empezaban a explotarse en las nuevas tierras, destinados a la exportación.

FORMACIÓN DEL CARÁCTER NACIONAL

A finales del siglo XIX, sobre un total de un millón de inmigrantes europeos, apenas si 80.000 eran propietarios de una parcela de tierra o de una pequeña hacienda; otro reducido número trabajaba el campo como arrendatario y la mayoría pasaba a engrosar una masa desocupada y marginal que se concentraba en Buenos Aires y otras ciudades importantes del país, como Rosario y Córdoba. No obstante esta situación, la ola inmigratoria no cesó y el número de inmigrantes llegaba en

1914 a casi 6 millones, de los cuales la mitad optaba por radicarse en el país. Estos miles de inmigrantes abandonados, sin trabajo ni expectativas, conformaron pronto un sector importante de la población activa que no se identificaba con el país, eludía su nacionalización para evitar el servicio militar y, como los demás sectores populares, no tenía ni interés ni posibilidad de participar en la vida política. La indolencia, la falta de compromiso y la picardía del superviviente perfilaron el carácter de este sector social y determinaron cierta forma de ser del argentino urbano, especialmente el de la capital.

No era menos desolador el paisaje rural, donde en el seno de la población nativa, la miseria y la pobreza nutrían el resentimiento hacia la ciudad, emblema de la civilización, y generaban formas de comportamiento encarnadas por dos personajes paradigmáticos de la literatura argentina, Martín Fierro y Viscacha. El primero es un gaucho matrero y pendenciero, cuyas penurias y frustraciones y su talante de hombre de fondo noble lo inducen a creer ingenuamente que no le queda más remedio que someterse al orden constituido para aliviar sus males. "El que obedeciendo vive / nunca tiene la suerte blanda; / mas con su soberbia agranda / el rigor en que padece: / obedezca el que obedece / y será bueno el que manda", discutible consejo que al final del poema da Fierro a sus hijos, a quienes, entre otras, les hace estas advertencias: "Procuren de no perder / ni el tiempo ni la vergüenza; / como todo hombre que piensa / procedan siempre con juicio, / y sepan que ningún vicio / acaba donde comienza". Viscacha por su parte representa el lado tramposo y ladino de los hombres de campo. Heredero del carácter de los vagos de los tiempos coloniales, es un ser resentido y haragán, ladrón e hipócrita, cuyos consejos al hijo de Fierro que tiene como pupilo por añagazas de un juez corrupto son del estilo de "Hacete amigo del juez, / no le dés de qué quejarse; / y cuando quiera enojarse / vos te debés encojer, / pues siempre es güeno tener / palenque ande ir a rascarse".

Como puede observarse, ambos consejos tienen un mismo sentido de desesperado acomodo a la realidad, aunque el tono de prudencia del apaleado, pero no maleado del todo, de Martín Fierro es superado por el matiz de descarado cinismo del viejo Viscacha. La filosofía de este individuo tramposo, capaz de escupir el asado para que nadie más pueda comer, es la que ha quedado como un sustrato inmoral del pueblo argentino; un residuo pérfido que aflora en los momentos más críticos y dramáticos, cuando las masas populares se arriman encogidas y silenciosas "al palenque" del poder y consienten con el silencio o el servilismo sus aberraciones. Son los "truchos" contemporáneos.

El mensaje más honesto de Martín Fierro, no obstante, persiste agónico a través de la voz de Segundo Sombra, protagonista de la novela homónima de Ricardo Güiraldes. Sombra, como su nombre parece significar, es un vestigio del gaucho que sobrevive asalariado en las estancias reflejando la parte más noble y solidaria de los individuos del campo en oposición a la inmoralidad del viscachismo y, desde su óptica, a la acción corruptora de la ciudad.

El viscachismo está en el origen de la viveza criolla, propiedad de la "conducta nacional argentina", que se caracteriza por la astucia vinculada a la desconfianza, la trampa y el perjuicio al otro, y no a las manifestaciones de honestidad, generosidad y civismo, para cuyos actores quedan epítetos denigrantes como "gil", "boludo", etc. Pero, para alimento de la esperanza, también en este caso resiste el lenguaje manteniendo el calificativo de "gaucho" para quien destaca por su nobleza y bondad y no le duelen prendas en hacer "gauchadas", como se les dice a los favores y a los servicios desinteresados al prójimo.

RECHAZO DEL EXTRANJERO

La radicación masiva de inmigrantes tanto en el campo, los menos, como en la ciudad no originó en principio una reacción negativa por parte de los nativos. Sin embargo, a medida que su número fue en aumento y empezaron a trabajar la tierra como propietarios o como aparceros, desempeñando diversos oficios menores en las grandes urbes y en la campiña o enganchándose en el ejército, fueron apareciendo las tensiones. El *Martín Fierro* recoge varias expresiones peyorativas de su protagonista referidas a los inmigrantes, en quienes veía la encarnación de oscuros propósitos gubernamentales. Significativo es el pasaje del *Martín Fierro* que da cuenta de la presencia de estos inmigrantes en los fortines:

"Jamás me puedo olvidar / lo que esa vez me pasó: / dentrando una noche yo / al fortín, un enganchao, / que estaba medio mamao / allí me desconoció. // Era un gringo tan bozal, / que nada se le entendía. / ¡Quién sabe de ande sería ! / Tal vez no juera cristiano, / pues lo único que decía / es que era pa-po-litano. / [...] Cuanto me vido acercar / '¿Quién vívore?', preguntó: / 'Qué vivoras', dije yo. / '¡Hagarto!', me pegó el grito. / Y yo dije despacito: / 'Más lagarto serás vos'.// [...] Yo no sé por qué el gobierno / nos manda aquí a la frontera / gringada que ni siquiera / se sabe atracar a un pingo. / ¡Si creerá al mandar un gringo / que nos manda alguna fiera! // No hacen más que dar trabajo / pues no saben ni ensillar; / no sirven ni pa carniar, / y yo he visto muchas veces / que ni voltiadas las reses / se les querían arrimar. // Y lo pasan sus mercedes / lengüetiando pico a pico / hasta que viene un milico / a servirles el asao.../ Y eso sí, en lo delicaos / parecen hijos de rico. // Si hay calor, ya no son gente, / si yela, todos tiritan; / si usté no les da, no pitan / por no gastar en tabaco, / y cuando pescan un naco / unos a otros se lo quitan. // Cuanto llueve se acoquinan / como el perro que oye truenos. / ¡Qué diablos! sólo son güenos / pa vivir entre maricas, / y nunca se anda con chicas / para alzar ponchos ajenos. // Pa vichar son como ciegos, / ni hay ejemplo de que entiendan; / no hay uno solo que aprienda, / al ver un bulto que cruza, / a saber si es avestruza, / o si es jinete, o hacienda. // Si salen a perseguir / después de mucho aparato, / tuitos se pelan al rato / y va quedando el tendal: / esto es como en un nidal / echarle güevos a un gato".

El sentimiento de rechazo de las clases pobres hacia los inmigrantes no surgía tanto de una hipotética competencia laboral, ya que existía un gran déficit de mano de obra, como de la misma precariedad de la vida que llevaban y, sobre todo, ese temor atávico e irracional hacia lo desconocido. Tampoco debe descartarse la envidia que provocaban aquellos colonos que, no sin grandes esfuerzos y trabajo, conseguían mejorar su calidad de vida en sus campos. Entre 1870 y 1871, poco antes de la aparición del *Martín Fierro,* surgió en la región de Tandil, en la campiña bonaerense, un movimiento religioso nativo llamado Tata Dios que demonizó a los colonos y provocó algunas matanzas entre ellos antes de ser liquidado por las fuerzas gubernamentales.

Las clases dominantes, que veían con aprehensión a los nuevos hacendados de modesto origen, cuyas propiedades eran compensaciones recibidas por sus servicios prestados en la conquista del desierto, también observaron con temor a esa masa extranjera que crecía ocupando los campos y las periferias urbanas y que tarde o temprano podía apartarlas del poder. Eugenio Cambaceres consagra en su novela *En la sangre* el tópico del italiano avaricioso a través de la vida de Genaro, el hijo de un mercader a quien sólo le preocupa ganar dinero. De pequeño, Genaro hace trampas en los exámenes y de mayor es un consumado arribista, que seduce a una muchacha para ascender socialmente y dilapidar el dinero de su suegro. Por su parte Julián Martel en *La bolsa* vincula la rapacidad de la especulación con los hábitos de los extranjeros, especialmente los judíos.

Pero fue la mezquina política de los "padres de la patria", no obstante la enunciada buena voluntad de algunos, la que en realidad entorpeció o impidió que la benéfica influencia de una masa migratoria ilusionada y voluntariosa pudiese corregir las tendencias negativas tradicionales, producto de la reproducción de los mismos errores del sistema colonial, y forjar una identidad original y sana y un país soberano y próspero. De modo que no fue la propuesta de una utopía como agente movilizador lo que frustró la voluntad de construir un país rico y justo, sino hacerlo a partir de los cimientos del error, pues sobre ellos sólo pueden levantarse mentiras y las mentiras son habitación de males.

EL ESTADO ENFERMO

En las dos últimas décadas del siglo XIX, Argentina experimentó espectaculares oscilaciones de crecimiento y retracción, que la hicieron tambalear. La fuerte recesión económica que estalló en 1890 y que desembocó en un profundo colapso comercial y financiero, puso al país por primera vez al borde de la quiebra. El "crecimiento hacia fuera", basado en la exportación de productos agropecuarios y promovido por los gobiernos oligárquicos sin crear nuevas fuentes de recursos, que hubiesen paliado los efectos de las cíclicas crisis internacionales y las caídas de los precios en el mercado internacional, puso de manifiesto hasta qué punto el mito de la potencia pampeana se estaba construyendo en el aire. La oligarquía había cumplido con su propósito de transformar la imagen de una Argentina salvaje en otra culta y civilizada sobre la premisa de "orden y progreso", pero también había sucumbido a sus intereses de clase y a su vínculo de dependencia del capital extranjero.

El debate que entonces se planteó en el Congreso fue tan importante como de escasa imaginación para superar los intereses sectoriales. Nuevamente volvieron a chocar las tendencias que defendían la liberalización del mercado, a través de los portavoces unitarios-liberales, quienes por otra parte sólo habían podido enmascarar los hábitos monopolistas de la actividad mercantil, y el proteccionismo a través de los representantes conservadores. El más radical de éstos, el diputado Vicente Fidel López, autor de *La gran aldea,* novela que refleja los cambios producidos en la urbe porteña, fue quien denunció en aquella ocasión, que Buenos Aires fuera "una de esas ciudades intermediarias expuestas a crisis frecuentes, ocupadas sólo en sacar al extranjero los productos, frutos de las campiñas y de las provincias, y en remitir al interior las ricas mercaderías del extranjero". En su defensa de una política proteccionista para fomentar las "industrias nacientes", López atacó el librecambismo extremo como un peligroso método utilizado por las grandes potencias para penetrar y ocupar los países de economías débiles. López llegó a decir, según lo citan Gasío y San Román en *La conquista del progreso* y David Rock en *Argentina 1516-1987,* " somos una granja del extranjero, un pedazo del territorio extranjero, pero no tenemos independencia", y ponía la ruina del Potosí como ejemplo del futuro que aguardaba a Argentina si basaba su economía sólo en la producción y exportación de productos agropecuarios, y señalaba la dependencia de las inversiones extranjeras, capitalizadas por los británicos, como origen de una deuda externa que agudizaría la crisis. La realidad no tardó en darle la razón.

Las principales causas de la crisis de 1890 revelan tanto la ilegitimidad del régimen como la irresponsabilidad y venalidad de los dirigentes políticos en la gestión de los bienes públicos. En 1886, Miguel Juárez Celman sucedió en la presidencia de la República a su cuñado el general Roca. Juárez Celman, después de dar un golpe de mano en su partido, el PAN, y acentuar el carácter autoritario del régimen, que peyorativamente fue llamado *unicato*, emprendió una política expansiva de claro favoritismo a su provincia natal, Córdoba, donde se localizaban sus intereses.

El trazado y construcción de líneas férreas atrajeron un enorme caudal de inversiones extranjeras e incentivaron la actividad de los especuladores cordobeses, quienes, valiéndose de informaciones privilegiadas, compraban tierras que poco después se revalorizaban con el paso del ferrocarril. La política inflacionista que el gobierno nacional llevó a cabo, no obstante contar con importantes reservas de oro, igualmente favoreció a los especuladores permitiéndoles cobrar en oro y saldar sus deudas con papel moneda depreciado. Al mismo tiempo, para proteger a los inversores extranjeros de los efectos de la inflación, el gobierno concedió a éstos unas garantías de beneficios mínimos avalados en oro. Un mecanismo que, con mayor sofisticación, también utilizarán Martínez de Hoz y Domingo Cavallo durante la dictadura militar de 1976 a 1983 y el gobierno menemista de 1989 a 1999.

Al inflacionismo también se sumaron los bancos hipotecarios, muchos de ellos provinciales, que emitieron miles de cédulas de garantía por las tierras revalorizadas y, después de 1886, gran cantidad de papel moneda, cuyo valor cayó a un 16 por ciento respecto al oro en sólo tres años. El incremento de la emisión de papel moneda por los bancos provinciales estuvo vinculado a la ley de bancos "garantidos" que, sancionada con la intención de reducir la deuda externa, los autorizaba a realizar dichas emisiones depositando como aval en el Banco Nacional cantidades equivalentes en oro, las cuales serían utilizadas para pagar a los acreedores extranjeros. Sin embargo, los gobiernos y los bancos provinciales que carecían de todo el oro que necesitaban para sus incontroladas emisiones, recurrieron al exterior para cumplir con sus depósitos. Como resultado de estas cuestionables operaciones, la deuda internacional creció espectacularmente en lugar de reducirse. "El peor culpable fue el Banco de Córdoba, que emitió 33 millones de pesos en papel contra depósito de 8 millones de pesos oro, distribuyendo el papel con descuento entre unos doscientos políticos y terratenientes locales", apunta David Rock en *Argentina 1516-1987.*

Mientras la deuda crecía y disminuían las rentas, el gobierno nacional siguió confiando en el flujo de inversiones para mantener la actividad y en obtener nuevos créditos para cubrir los anteriores. Sin embargo, en 1889, la omnipresente banca Baring no pudo conceder un nuevo crédito y estalló la crisis. Las inversiones extranjeras cesaron, se redujeron los beneficios de las exportaciones como consecuencia de una drástica caída de los precios de los productos agrarios y el oro comenzó a ser sacado del país. Todas las medidas de choque adoptadas por el gobierno resultaron inútiles, mientras los bancos provinciales seguían emitiendo papel moneda, a veces clandestinamente, en beneficio de los especuladores, quienes más ganaban a medida que subía la prima en oro. La conciencia nacional, entendida ésta como conciencia del bien común, brillaba por su ausencia en casi todas las esferas de la vida social argentina.

En 1889, el presidente Juárez Celman trató de atajar el ya inevitable derrumbe económico en un dramático discurso condenando la especulación: "El juego y las ganancias fáciles suprimen el trabajo; el contagio se extiende, en Rosario ya tienen Bolsa y se juega por decenas de millones. Se anuncian nuevas bolsas en Córdoba, Mendoza y otras provincias. La administración no encuentra hombres preparados para determinados empleos, porque en la Bolsa corredores y clientes ganan más y con más facilidad". Un año antes, en su edición del 3 de julio de 1888, *La Nación,* diario fundado por Bartolomé Mitre, denunciaba que "hay menores y empleados con ochenta pesos de sueldo que adeudan a los corredores de Bolsa saldos de cien mil pesos. Por este medio es como pululan y operan en la Bolsa multitud de niños y gentes sin oficio ni beneficio". La corrupción, inicialmente patrimonio de las clases dirigentes, se había extendido a todas las capas sociales y en particular a esa clase media que iba formándose en las grandes urbes.

Para hacer frente a las obligaciones internacionales, Juárez Celman tomó el atajo de las privatizaciones de los bienes públicos y vendió a grupos británicos el Ferrocarril Central Norte y otro tanto hizo el gobierno de la provincia de Buenos Aires con el Ferrocarril del Oeste. Las operaciones resultaron un fracaso, salvo para los compradores, a quienes se garantizaron beneficios mínimos en oro, y para algunos comisionistas. Como resultado de ello, el Estado sufrió una importante descapitalización y la deuda mutó en otra deuda mayor. El 4 de marzo de 1890, el diario porteño *La Prensa* decía:

> "Todo el mundo se preocupa; el millonario que asiste al derrumbe de su fortuna; el comerciante que ve oscurecerse el campo de sus transacciones y el obrero que duda de la suerte de sus ahorros...".

Las suspensiones de pagos y quiebras afectaron a la gran mayoría de las empresas, al tiempo que los salarios de los trabajadores se reducían drásticamente y el desempleo se extendía vertiginosamente. La caída de los salarios y la desocupación provocaron a su vez la reacción de los trabajadores, quienes protagonizaron una serie continuada de huelgas en distintos sectores que contribuyeron a extender el clima de agitación.

El espasmo del 90

No puede decirse que la llamada Revolución de 1890 fuese una revolución. Antes bien se trató de un espasmo oligárquico para sacudirse al venal y alucinado Juárez Celman. La participación de los trabajadores y de los estudiantes no tuvo efectos políticos inmediatos y el nuevo gobierno presidido por Carlos Pellegrini, tras proclamar una decidida lucha contra la corrupción, sólo ajustó los mecanismos del régimen oligárquico que aún perduraría casi veinticinco años más.

El malestar social creado por la crisis económica y que se ponía de manifiesto en continuas huelgas laborales también despertó el ánimo de los estudiantes universitarios. Organizados en un grupo al que denominaron Unión Cívica de la Juventud (UCJ), los estudiantes exigieron reformas políticas que condujeran a una democracia popular. Distintas corrientes opositoras al gobierno se arrimaron a la UCJ y con ella conformaron una amplia coalición. Bartolomé Mitre, quien, apoyado por terratenientes y comerciantes porteños, aspiraba a un nuevo mandato presidencial; grupos católicos ultraconservadores que pretendían la derogación de las leyes anticlericales, como las de la enseñanza laica y del matrimonio civil, y el grupo presidido por Leandro N. Alem y Aristóbulo del Valle que, como los estudiantes, reclamaba elecciones limpias y la participación popular en la vida política. "La vida política no puede hacerse sino donde hay libertad y donde impera una constitución… No hay, no puede haber buenas finanzas donde no hay buena política. Buena política quiere decir respeto a los derechos, aplicación recta y correcta de las rentas públicas, protección a las industrias lícitas y no especulación aventurera para que ganen los parásitos del poder…", dijo Leandro N. Alem en el histórico mitin celebrado en el Frontón de Buenos Aires, el 13 de abril de 1890, como acto previo al conato revolucionario.

Mitre, que se había encargado de dar apoyo militar al movimiento, llegó sin embargo a un acuerdo secreto con Roca, por el cual la revolución debía ser abortada y neutralizado el grupo de Alem, a fin de que Carlos Pellegrini accediera al gobierno del roquista hasta 1892, cuando lo haría Mitre con el apoyo de Roca. Éste, por su parte, ya habría recuperado el control del PAN. Cabe apuntar que llegado el momento, Roca "olvidó" el apoyo a Mitre y amañó las elecciones que llevaron a la presidencia a Luis Sáenz Peña y José Evaristo Uriburu antes de asumirla él mismo.

Como resultado del acuerdo Roca-Mitre, una aparente descoordinación del ejército rebelde permitió a las fuerzas gubernamentales sofocar la revolución. El unicato de Juárez Celman cayó, pero no la "monarquía consentida" en palabras de Sarmiento o la "monarquía vestida de república" en las de Alberdi, y Pellegrini asumió la presidencia tal como estaba previsto.

En una carta que poco después escribió el nuevo presidente a su amigo Miguel Cané le decía: "He recibido un montón de escombros en todos los ramos de la Administración". Un año más tarde, Cané escribía a Roque Sáenz Peña:

"Estamos al borde del abismo; los gobiernos de Inglaterra y Alemania se están poniendo de acuerdo para dejarnos cocinar en nuestro jugo dos años más, llegar al abismo de la vergüenza y el desquicio y luego, en nombre de los intereses de sus nacionales comprometidos, imponernos una Comisión Financiera encargada de recaudar nuestros impuestos. El golpe se está montando y es terrible. Si llegan a poner las manos en nuestro país, por más promesas que hagan de pronta desocupación, adiós nuestra independencia. Liquidemos buenamente nuestra situación, comeremos cáscaras, pero habremos salvado la independencia, que juro por lo más sagrado, está en peligro de muerte".

La acción de gobierno de Pellegrini para reordenar las finanzas y la vida económica del país empezó por una depuración de la administración pública y la aplicación de una estricta política de austeridad. La creación de la Caja de Conversión y del Banco de la Nación fue un paso decisivo para controlar la moneda circulante, canalizar la actividad financiera y promover el comercio, la industria y el agro. Con la contratación de nuevos empréstitos de las bancas británicas Baring y Rosthschild, la creación de nuevos impuestos y el incremento de la producción y exportaciones agropecuarias, la crisis financiera nacional fue superada momentáneamente. El gobierno de la provincia de Buenos Aires mientras tanto debió privatizar sus ferrocarriles para saldar la deuda de su banco. Sin embargo, los créditos de Baring nuevamente desestabilizaron sus reservas y el gobierno provincial hubo de imponer la reducción de salarios, jubilaciones y pensiones, que generaron numerosas protestas y huelgas.

El plan de reformas implementado por el gobierno de Pellegrini fue continuado por sus sucesores en la presidencia, especialmente por el general Roca en su segundo mandato, hasta 1914. Durante este periodo la economía argentina se vio varias veces sacudida por crisis recesivas de menor magnitud que determinaron un crecimiento económico espasmódico. Al mismo tiempo, estas crisis obligaron a las provincias a transferir el control de algunas rentas y tasas locales a Buenos Aires, lo que favoreció aún más la centralización del poder político y económico. El crecimiento no se produjo de modo armónico y el desequilibrio entre la metrópolis y las provincias y entre éstas entre sí se fue ahondando. Los informes censales de 1895 y 1914 ponen de manifiesto que "a pesar de haber llevado teléfonos, bancos, colegios, escuelas y cuantos agentes ha sido posible, determinadas provincias presentan un desenvolvimiento muy lento que desdice con los grandes adelantos del resto de la República". La naturaleza desigual de este desarrollo, que confirmaba la intuición de Leandro N. Alem, cuando en 1880 decía que Buenos Aires iba a absorber "toda la fuerza de los pueblos y ciudades de la República", consagró definitivamente la división del país en provincias ricas y pobres, cuyo atraso se hace más flagrante y dramático en las fases recesivas.

El desequilibrio económico tuvo al mismo tiempo su correlato demográfico al determinar una emigración de las provincias hacia las ciudades del litoral. Miles de campesinos pobres y desocupados se instalaron en Buenos Aires y sumándose a las masas de inmigrantes extranjeros desencadenaron una fuerte especulación inmobiliaria. Miles de familias trabajadoras se hacinaron por entonces en las viejas casonas coloniales abandonadas por las clases pudientes durante la peste de fiebre amarilla de 1871. Fue este el origen de los populares conventillos, en los que una habitación podía ser la vivienda de toda una familia, y de barrios populares como el de la Boca, donde en 1882, los inmigrantes que lo ocupaban, la mayoría de origen genovés, en un ataque de delirio colectivo pretendieron fundar la República de la Boca. Por su parte, las familias de la oligarquía terrateniente y ganadera alzaron sus quintas en el barrio de San Isidro y sus palacetes en el barrio Norte al modo del moderno y elegante París. "Tirar manteca al techo" es la gráfica frase que surgió por entonces para expresar el extraordinario dispendio del que hacía ostentación esta clase y también el origen de su riqueza. José C. Paz, fundador del diario *La Prensa* y embajador en España, compró en 1890 al arquitecto francés Louis Marie Sortais el proyecto para su residencia, la cual resultó un edificio que ocupa

12.000 metros cuadrados y que actualmente es sede del Ministerio de Asuntos Exteriores. George Clemenceau lo consideró digno de la corte versallesca de Luis XIV.

El desequilibrio provocado por la concentración del poder en la metrópoli y el autoritarismo del régimen fueron causa de no pocos conflictos, pero ni los gobernantes ni la oposición hicieron nada para corregirlo. De hecho, la oposición carecía de un proyecto esencialmente diferente y su reclamo de limpieza electoral a veces adoptaba un tono más irónico que enérgico. "Pedir ahora lo elemental en materia de libertad y garantías electorales es una intransigencia tan grande, y una temeridad tan impertinente que ya puede hacerse con la sencillez de los tiempos viejos. Para tan poca cosa es necesario titularse radicales", decía un artículo del diario radical *El Argentino,* en 1891, aludiendo a la Unión Cívica Radical (UCR), formación surgida de la "revolución del 90" y que había aceptado no sin incomodidad el último de sus calificativos.

La endeblez de la oposición se correspondía también con la indiferencia de los grandes comerciantes y hombres de negocios, para quienes la homogeneidad de la clase dirigente favorecía siempre sus intereses. La irritación de algunos sectores ante esta pasividad quedó expresada en un artículo publicado el 19 de septiembre de 1894 en *La Prensa:*

> "Eso que se llama el elemento conservador, neutro, intangible, una sombra que cae en el campo de lucha, que nada crea, que nada sostiene, que de nada se responsabiliza (...) es simplemente una degeneración de la democracia, el enunciado de las más falsas de las nociones de la vida republicana".

Pero si esta falta de compromiso de los magnates con los asuntos públicos resultaba en todo caso beneficiosa para sus intereses, esa misma falta de compromiso de las poblaciones urbana y rural implicaba una suerte de tácita y acomodaticia legitimación del régimen y, en consecuencia, perjudicial para su economía y bienestar. La minoritaria clase media rural sumaba a esta indiferencia su debilidad y su lejanía de los centros de poder y de aquí que las reformas del régimen tuvieran tan escasa incidencia en el sector agrario.

La apatía política de la ciudadanía era, además, fomentada desde el poder por el voto censitario, el clientelismo y la institucionalización del fraude, que se activaba cuando el partido en el poder veía peligrar su continuidad. Asimismo, el poco interés y acaso el temor gubernamental de incorporar las masas de inmigrantes a la vida política del país contribuyeron a crear un sentimiento de desamparo en miles de inmigrantes, quienes hicieron del regreso a su patria un sueño obsesivo. De hecho, durante los momentos más agudos de la crisis, entre 1890 y 1893, más de 300.000 italianos regresaron a su país desilusionados y más pobres. Tal frustración no fue ajena tampoco al arraigo de la indiferencia por la gestión pública entre las clases medias.

Pero si una gran parte de la ciudadanía no intervenía en los asuntos públicos, ya fuese por marginación o por indiferencia, la clase trabajadora y algunos sectores de la burguesía urbana exigían participar de modo activo. Mientras la heterogénea base que conformaba la Unión Cívica daba lugar a las primeras escisiones en la Unión Cívica Nacional, dominada por Mitre, y la Unión Cívica Radical, liderada por Alem, en 1894, Juan B. Justo fundó el Partido Socialista, cuyo programa propugnaba justicia social, sufragio universal y reorganización de las estructuras productivas.

Por su parte, la clase trabajadora también empezó a hacer sentir su presión exigiendo mejoras salariales y mejores condiciones laborales. Los trabajadores gráficos, quienes en 1857 habían fundado la Sociedad Tipográfica Bonaerense para defensa de sus derechos salariales y socorro mutuo, en 1877 crearon la Unión Tipográfica (UT). A la UT, considerada como la primera organización sindical argentina, se le debe la convocatoria de la primera huelga obrera de la historia del país. Éste fue el primer síntoma de una movilización de los trabajadores a la que no fueron ajenas las ideas y las acciones de anarquistas y socialistas europeos a quienes habían empujado a estas tierras la pobreza y la represión de las revoluciones de 1831 y 1848. En 1887, los maquinistas y foguistas de locomotoras fundaron la Fraternidad, y en 1890 varias organizaciones gremiales se reunieron en la Federación de Trabajadores de la Región Argentina, que sólo pervivió dos años. En los diez años siguientes, las organizaciones sindicales argentinas protagonizaron más de cincuenta huelgas, la mayoría de las cuales fueron violentamente reprimidas por las fuerzas gubernamentales. *El Obrero,* uno de los diarios editados por los trabajadores, explicaba en 1890, según la cita de Rodolfo Puiggros en *El Yrigoyenismo,* que:

> "los capitalistas tratarán de hacer subir más la proporción de la plusvalía relativa, de aumentar el grado de explotación del trabajo, tanto más como el país tiene que pagar enormes deudas en el exterior, que solamente pueden satisfacerse por los valores de la producción [...] De allí resulta que la lucha de la clase proletaria por el mejoramiento de su situación económica es inseparable de la participación enérgica que como clase tiene que tomar en la política del país".

En 1900, la drástica reducción de los salarios, el aumento del desempleo y el incremento de los alquileres de las viviendas movilizaron a los trabajadores en general y a los del gremio de sombrereros en particular, quienes protagonizaron una huelga muy activa. Al año siguiente se fundó la Federación Obrera Argentina (FOA), que fue el primer paso para la creación en 1904 de la Federación Obrera Regional Argentina (FORA), de fuerte influencia anarquista y gran incidencia en los cambios políticos que se produjeron.

La respuesta de Roca a la situación fue por un lado promulgar la ley de Residencia 4.144 por la cual podía deportar a "todo extranjero cuya conducta comprometa la seguridad nacional o perturbe el orden público", y por otro sancionar un Código de trabajo y liberar tímidamente el sistema electoral valiéndose de las condiciones favorables de un nuevo ciclo de prosperidad económica. Los cambios propiciados por el gobierno roquista quedaron limitados a la promoción del sector agrícola, que no tardaría en dar muy altos rendimientos, pero no modificaron el sistema de propiedad de la tierra, que siguió en poder de los latifundistas, ni democratizaron el poder político, que siguió en manos de la oligarquía terrateniente.

No obstante, las tensiones sociales, la creciente presión del radicalismo y la impotencia del gobierno para afrontar los problemas fueron los síntomas más claros del agotamiento del régimen oligárquico. La idea de la ilegitimidad de su autoridad, denunciada por la sociedad, también alcanzó las filas conservadoras desde donde algunos de sus dirigentes, en abierta disidencia, debilitaron su posición y propiciaron desde su propio seno una reforma que daría paso a la democracia representativa.

La sociedad aluvional

Al iniciarse el siglo xx, la República Argentina había logrado reponerse de los efectos de la crisis de 1890 y se la reconocía como uno de los países más ricos del planeta. Ya era de hecho el granero del mundo y Buenos Aires era consagrada como la "París de América Latina". Rubén Darío la llamaba la "Atenas del Plata". La oligarquía gobernante, que se beneficiaba directamente de las exportaciones agropecuarias y de las ventas de los productos derivados, tuvo, como ha dicho acertadamente el sociólogo Juan José Sebrelli, "la capacidad de crear una gran ciudad, porque actuaba con gran sentido de futuro. Se creían eternos y crearon Buenos Aires para la eternidad". Un futuro y una ciudad cimentados en sus ínfulas de grandeza y en sus intereses de clase, pero no en la realidad y las necesidades del país.

En un esfuerzo sin precedentes en la historia continental y sobre la base de su producción agropecuaria y un renovado flujo inmigratorio, Argentina experimentó un extraordinario progreso económico que la situó en una buena posición aparente en el contexto del capitalismo internacional. En 1914, apenas superada una corta fase recesiva y en vísperas de la Primera Guerra Mundial, Argentina figuraba entre las tres primeras exportadoras de trigo y maíz y disputaba a Australia, Nueva Zelanda y Estados Unidos los primeros puestos en la venta de productos cárnicos. Sin embargo, los principales mataderos estaban en manos de capitales británicos y estadounidenses y, con ser importantes las olas inmigratorias, el país, con un territorio equivalente al de la Europa continental, sólo contaba con 8 millones de habitantes, de los cuales casi 2 millones poblaban la provincia de Buenos Aires y de éstos 1,5 millones la ciudad capital, mientras que el resto se distribuía por un desértico interior. Pero, aún, sobre la base de un sistema económico agroexportador, del que ya se avizoraban sus límites, y un acusado desequilibrio demográfico, la República Argentina evolucionó institucionalmente hacia formas más representativas de gobierno. La posibilidad de corregir los errores históricos parecía cierta.

El Estado y la sociedad civil

A principios del siglo XX, la masa poblacional había experimentado notables cambios tanto por los factores económicos que determinaban la realidad del país, como por las medidas tomadas por el régimen para integrar y moldear una masa pobre, heterogénea, desarraigada, poco solidaria y, generalmente, dominada por la idea de "hacer las Américas" y volver rica a su aldea europea de la que había salido huyendo de la miseria. Los individuos decididos verdaderamente a radicarse y a formar parte del país eran minoría. Incluso hubo grupos que ni siquiera aceptaron hablar el idioma nativo y permanecieron en comunidades rurales cerradas, como la de los galeses a la cual un tardío decreto del gobierno peronista de los años cuarenta obligó a enviar a sus niños a las escuelas públicas.

Los gobiernos argentinos asumieron la responsabilidad de educar y formar la sociedad y lo hicieron desde una óptica liberal y progresista, lo que los enfrentó a la Iglesia y a las asociaciones extranjeras formadas por algunas comunidades de inmigrantes, en particular la italiana, y grupos políticos radicales, como el de los anarquistas. Los dos pilares de su política formativa fueron la ley 1.420 de 1884, que establecía la enseñanza primaria obligatoria, gratuita y laica, y las de registro civil y matrimonio civil de 1888, inspiradas en los modelos más avanzados de la legislación europea. Estas leyes, que se complementaron con la de servicio militar obligatorio y un código de trabajo, pusieron de manifiesto no sólo la voluntad del Estado de organizar y controlar la sociedad sino también de dotarla de una identidad moderna; una identidad acorde con la visión cosmopolita de la clase que la impulsaba y capacitada para absorber la diversidad cultural de los elementos que la componían. Este propósito formativo, que quizás sea uno de los aspectos más relevantes y positivos del desarrollo cultural del argentino moderno, al no madurar en consonancia con las expectativas que se le proponían y disociado de la evolución institucional del Estado, se reveló para los individuos inmigrados como un agente adversativo y volátil de su conducta comunitaria; en uno de sus lados permeables al desarraigo, a la falta de compromiso con el país huésped y a la añoranza de la tierra de procedencia de sí mismos o de sus antepasados.

La élite gobernante, dueña de sí y adueñada de las principales fuentes de riqueza del país, proyectó un modelo acorde con sus propias pretensiones y ambiciones de clase patricia. Una clase que, aunque proclamase la independencia y se diera a la portentosa tarea de articular la organización del Estado, no fue capaz de conquistar una soberanía plena para sí al permanecer sujeta a sus orígenes coloniales. Esta oligarquía patricia, que fue capaz de impulsar un proceso civilizador y proyectar un mito movilizador, no pudo para trascender los límites de sus intereses particulares que ilegitimaban su régimen, cuestionaban su liderazgo y, lo que es más dramático, diluían los efectos de su esforzado plan educador, destinado al arraigo de una población aluvional.

GÉNESIS DE LA SOCIEDAD MODERNA

La sociedad que se fue formando en Argentina a partir de 1853, año de la Constitución, heredó y prolongó la estratificación y la jerarquización de la sociedad colonial y posrevolucionaria. Pero los elementos de tensión debidos a su mayor complejidad revelaron las limitaciones estructurales de la sociedad colonial y las debilidades del régimen oligárquico para sostenerla.

Frente a la heterogénea masa foránea y la pasiva población criolla, la clase dirigente, a la que se habían añadido los nuevos ricos o "rastacueros" y los extranjeros ricos o enriquecidos –el italiano Antonio Devoto, el dálmata Nicolás Mihanovich o el suizo-argentino Luis Zuberbühler–, exaltó su linaje y su pasado patricio, hizo ostentación y derroche de sus riquezas y de cosmopolitismo –el presidente Pellegrini era ejemplo de hombre mundano y refinado y quien dio a Buenos Aires su aire de capital europea–, para afirmar su estatus superior. El Jockey Club y el teatro Colón eran los principales feudos públicos de la gente bien, como también lo eran los almacenes El Bon Marché.

Esta élite, asimismo, se autoproclamó generadora de las esencias de la argentinidad y defensora acérrima de las tradiciones patrias, lo cual se manifestó a través de un nacionalismo chauvinista y de una revalorización aristocratizante del origen hispano, de acuerdo con la línea de pensamiento arielista iniciada por José Enrique Rodó. El propósito de argentinizar esa masa que despreciaba "a los criollos y a las tradiciones nativas criollas", como escribió Torcuato di Tella, y organizar una sociedad adecuada para afrontar la construcción de una nación poderosa, acentuó las contradicciones y limitaciones del régimen e incrementó las tensiones y conflictos populares que finalmente forzaron la democracia representativa.

Los flujos inmigratorios hicieron crecer espectacularmente la población. Sin embargo, los obstáculos que se interpusieron a una amplia colonización de la tierra determinaron una explosiva urbanización y el agravamiento de los desequilibrios demográficos, los cuales se creía, no sin ingenuidad, que se corregirían por sí solos en la medida en que se mantuviese el crecimiento económico. En vísperas de la Primera Guerra Mundial, ya se podía observar que no existían más tierras para repartir y que Argentina necesitaba implementar una profunda reforma de sus estructuras económicas y políticas para atraer nuevas inversiones y absorber la mano de obra inmigrante. De modo que, como asegura Martín Sagrera en *Argentina superpoblada,* cabe inferir que el país, no obstante contar con amplias zonas deshabitadas, había recibido una masa poblacional superior a la que sus estructuras coloniales podían absorber y cuyos excedentes se aglomeraban en las grandes ciudades y sobre todo en la capital agravando los desequilibrios demográficos.

El incremento de la población, en particular la urbana, si bien había propiciado el desarrollo de las industrias alimentaria, textil y metalúrgica, tampoco fue aprovechada para promover una industria pesada y, consecuentemente, para convertir el país en una potencia industrial que entrase con garantías competitivas en el círculo de las potencias desarrolladas, tal como era el sueño de la clase dirigente.

La población inmigrada, que ya superaba ampliamente a la nativa, dio origen en las ciudades a las clases media y trabajadora cuyos comportamientos constituirían rasgos determinantes de la sociedad argentina. La política educativa gubernamental y el relativo poder adquisitivo favorecieron el desarrollo de la importante clase media argentina, cuyos estratos superiores ocuparon los puestos del sector terciario o se dedicaron, especialmente los hijos de los inmigrantes, a profesiones liberales como vía de reconocimiento y estatus social.

Los inmigrantes propiamente dichos que habían "tenido suerte" conformaban el grupo de almaceneros –tenderos–, comerciantes y pequeños fabricantes. El acceso a la educación secundaria y superior contribuyó a crear en el segmento superior de la clase media una conciencia política que dio lugar a un creciente activismo, en particular en las aulas universitarias, lo cual contrastaba con el abstencionismo del grupo de comerciantes, almaceneros y pequeños industriales. Sin embargo, ambos sectores coincidían con la clase dirigente en el escaso interés por promover la industrialización del país optando por la "comodidad" de consumir manufacturas importadas. Esta afición por el consumo y el desdén por las actividades industriales son algunas de las causas que explican la carencia de una burguesía capitalista productiva.

En consecuencia, con una población ignorante de la importancia de la industrialización y una clase dirigente indiferente a ella mientras siguiera controlando y obteniendo beneficios de la exportación de los productos agropecuarios y sus derivados, Argentina cerraba sus vías para desarrollar una economía potente y disponer de una alta tecnología, dos factores esenciales para competir con posibilidades de éxito en los mercados internacionales.

Dentro de este contexto, donde toda la riqueza procedía de la exportación de los productos agrarios, era habitual que los miembros más afortunados de la clase media buscaran imitar a la clase dirigente y compraran tierras sin que ello los convirtiera en agricultores. De aquí que sus reivindicaciones políticas no incorporaran la reforma de la tenencia de la tierra ni de las condiciones de arrendamiento de las chacras, pequeñas fincas de unas cien hectáreas ha trabajadas por colonos, en su mayoría inmigrantes.

La clase trabajadora urbana, concentrada mayoritariamente en Buenos Aires y, en los primeros años del siglo XX, en sus tres cuartas partes compuesta por inmigrados, presentaba asimismo signos de estratificación de acuerdo con sus empleos, oficios o falta de cualificación, pero no por su procedencia. A diferencia de lo ocurrido en Estados Unidos, el predominio de inmigrantes italianos y españoles propició la mezcla entre sí y con los elementos nativos, aunque éstos manifestaran sus reservas y muchas veces su rechazo hacia los extranjeros.

La escasez, la especulación y el precio de la vivienda obligaron a los trabajadores a habitar hacinados en conventillos. Por otro lado, si bien la ocupación era casi permanente, la inexistencia de una legislación que regulara las relaciones laborales permitió jornadas de hasta dieciocho horas y salarios miserables, especialmente en frigoríficos[1] y en tiendas, muchos de cuyos propietarios eran igualmente inmigrantes. Con todo, aunque escasas, las rentas permitieron el desarrollo de una cultura obrera que tuvo como expresiones más genuinas los clubes de boxeo y fútbol y las "academias", especie de salas de baile regentadas habitualmente por negros o mulatos, donde los orilleros[2] se divertían y los inmigrantes podían alquilar mujeres para bailar.

Precisamente la falta de mujeres entre los inmigrantes y la juventud de la mayoría de ellos fueron algunas de las causas que determinaron, entre otras, el crecimiento del número de burdeles, de los que hacia 1914 se contaban unos trescientos en Buenos Aires, y el auge de los cabarets y varietés, frecuentados por las clases altas y medias, y las "academias". Muchas de estas salas de baile, en las que coincidían la chusma y los niños bien, también se dedicaban al comercio carnal adoptando los nombres populares de 'quilombos' o 'peringundines'.

La capital argentina llegó a ser, por entonces, uno de los mayores centros de trata de blancas del continente. Según una denuncia hecha en un pasquín hacia 1878, ya existían por entonces en Buenos Aires organizaciones dedicadas al tráfico de mujeres. La más importante de éstas, la llamada *Zwi Migdal*, habría comenzado en 1890 a operar en gran escala. Se trataba de una sociedad de rufianes judíos polacos dedicada a "importar" jóvenes judías de las aldeas pobres de Varsovia,

---

[1] Argentinismo. Equivale a matadero (N. del E.).
[2] Se trata de otro argentinismo. Significa arrabalero (N. del E.).

Cracovia, Lvoff y de otras ciudades y aldeas polacas y centroeuropeas azotadas por la miseria. La *Zwi Migdal,* el escándalo de cuya existencia no estalló hasta 1930, llegó a tener filiales en todo el país, a contar con hasta 5.000 rufianes-socios y más de 30.000 pupilas en sus prostíbulos. Su poder fue tal que decir judío o polaco era sinónimo de rufián. En 1906, los miembros de la *Zwi Migdal* crearon como tapadera la Sociedad de Socorros Mutuos Varsovia, que contó con su propio banco y un cementerio especial para rufianes que, a pesar de ser denunciado en 1909 por la Asociación Judía Internacional para la Protección de la Mujer, se mantuvo durante años en Avellaneda.

El desequilibrio poblacional entre hombres y mujeres y la acelerada urbanización convirtieron al nativo en un extraño y frustraron las ilusiones de esas masas de inmigrantes que, como escribió el sociólogo uruguayo Daniel Vidart en un libro sobre los orígenes del tango, "constituían la borra del Viejo Mundo, el sustrato folclórico de una Europa campesina y urbana que se proletarizaba, desquiciada por el industrialismo incipiente, asfixiada por la plétora demográfica". Así es como la masa inmigrante se vio empujada a mezclarse, a *acocolicharse,* con los criollos recibiendo y aportando hábitos y tradiciones que fueron fraguando la transformación social.

En contraste con la refinada cultura de las clases altas, que las clases medias procuraban imitar, la cultura de las clases bajas fue el campo donde confluyeron modificándose las expresiones populares criollas y las extranjeras. En el suburbio, territorio de los orilleros y laburantes[3] pobres, surgió el tango como una de las expresiones más genuinas de la cultura popular rioplatense. En pocos años el tango se convirtió en la música, la danza y el canto de las masas populares urbanas del Río de la Plata, cuyo lenguaje mestizo y barriobajero cristalizó en esa jerga tan porteña que es el *lunfardo.*

En este punto marginal de la geografía urbana porteña, el trabajador pobre y el lumpen, tanto nativo como extranjero, crearon un espacio vital, donde surgió la figura del compadrito, individuo sin más arte y oficio que la prepotencia, la pendencia, la picardía y el estudiado

---

[3] Argentinismo que equivale a obrero (N. del E.).

exhibicionismo de su fanfarronería, sus habilidades con el cuchillo o la danza en los patios, las esquinas, los peringundines o burdeles. Heredero del vago orillero y del gaucho matrero urbanizado, más identificado con el viejo Viscacha que con Martín Fierro, el compadrito, también llamado guapo, taita o malevo, incorporó hábitos y labia del pícaro italiano para encarnar al moderno héroe canalla, que el tango y la literatura han sublimado como expresión del "alma del suburbio" porteño y, con el tiempo, de ese gran arrabal en que se convirtió todo el país.

> "Soy el taita de Barracas, / de aceitada melenita / francesa planchadita / cuando me quiero lucir. / Si me topan me defiendo / con mi larga fariñela / y me lo dejo al pamela / como carne de embutir. // Y si se trata / de alguna mina, / la meneguira / me hago ligar./ Y si resiste / en aflojar / con cachetiarla / me la va a dar. // Si tratan de convencerme / el tiempo al ñudo perderán, / pues yo voy donde las dan / porque soy el más tigrero. / Soy amante de trifulcas / que me arman en los fondines, pero son los meneguines / que me ponen altanero".

La letra de este tango de 1907, titulado *El taita* y firmado por Silverio Manco y Alfredo Gobbi, describe con precisión el carácter fanfarrón y machista del compadrito. Así era Rosendo Juárez el Pegador, personaje de *Hombre de la esquina rosada,* cuento de Jorge Luis Borges, "mozo acreditao para el cuchillo" que "era uno de los hombres de D. Nicolás Paredes, que era uno de los hombres de Morel". Este Rosendo "sabía llegar de lo más paquete al quilombo, en un oscuro, con prendas de plata; los hombres y los perros lo respetaban y las chinas también; naide inoraba que estaba debiendo dos muertes; usaba un chambergo alto, de ala finita, sobre la melena grasienta; la suerte lo mimaba, como quien dice. Los mozos de la Villa le copiábamos hasta el modo de escupir". Sin embargo, el Pegador era pura fachada, un fanfarrón cobarde como lo era su desafiador, Francisco Real, muerto de una puñalada por el anónimo narrador del relato, quien en cierto momento reflexiona: "Y pensé que yo era apenas otro yuyo de esas orillas, criado entre las flores de sapo y las osamentas. ¿Qué iba a salir de esa basura sino nosotros, gritones pero blandos para el castigo, boca y atropellada no más? Sentí después que no, que el barrio cuanto más aporriao, más obligación de ser guapo. ¿Basura?".

El compadrito es la síntesis del vividor y del haragán que busca sustento haciendo changas, trabajos esporádicos; cometiendo delitos menores e incluso asesinatos por encargo, o integrando las guardias de corps de caudillos o delincuentes mayores, y las bandas de matones de los patrones. Muchos de ellos, acomodándose al auge prostibulario de la ciudad, también vivían de las mujeres como rufianes, los *cafishios*[1], o como mantenidos, *gaviolos*[2], de una mujer, la *mina*[3], dedicada a la prostitución. Todos, al fin, ejercían su *maleva*[4] fascinación entre los "aporriados" de la orilla llevando tras de sí una corte de cancheros, de tipos vivos, pícaros que, pretendiéndose duchos en las cosas de la vida, miraban *sobradores*[5], altaneros, a la *gilada*[6], es decir, a los boludos que trabajaban, cumplían con las leyes, pagaban los impuestos, respetaban al vecino y no cacheteaban a la mujer o vivían a sus expensas. La figura del compadrito ha desaparecido, pero su espíritu haragán, altanero, *canchero*[7] y violento sigue latente como rasgo identificatorio no sólo del comportamiento de los estratos más bajos de la sociedad argentina, sino también de amplios sectores de su clase media urbana empobrecida o de esos nuevos ricos incapaces de superar su complejo de inferioridad en una sociedad jerarquizada.

En el interior, la sociedad rural mantuvo su estructura estratificada con la oligarquía terrateniente situada en la cima piramidal. Fuera de los ámbitos de colonización agraria, los latifundios y la desigual distribución de la riqueza, determinaban la existencia de una población

---

[1] Cafishio: voz lunfarda. Proxeneta. Chulo. También cafiso, cafiolo y cafiche. Véase *Gran Diccionario de voces eróticas de España e Hispanoamérica*, de Antonio Tello (N. del E.).
[2] Gaviolo: voz lunfarda. Mantenido, el que vive de las mujeres. También seductor (gavión). Procede de gavilán (N. del E.).
[3] Mina: argentinismo. Mujer (N. del E.).
[4] Maleva: voz lunfarda. Malévola. En el ámbito del Río de la Plata alude al malhechor, al matón de suburbio. Véase el DRAE (N. del E.).
[5] Sobradores: vivo, listo, que se las sabe todas y mira a los demás con suficiencia y desdén. Véase *Diccionario de hispanoamericanismos,* (N. del E.).
[6] Gilada: conjunto de giles, tontos, ingenuos (N. del E.)
[7] Canchero: ducho en determinada actividad. Véase el DRAE (N. del E.).

escasa y en su mayoría flotante. Componían la base de esta población pequeños propietarios y arrendatarios de chacras, peones de ganado, criadores de ovejas y braceros temporales. La escasa densidad, que oscilaba entre dos y tres personas por kilómetro cuadrado, en las zonas ganaderas, y entre diez y quince personas por kilómetro cuadrado, en las áreas cerealeras, y las distancias que separaban los pueblos con los centros de poder y entre sí, aún aquellos comunicados por el ferrocarril, no dieron lugar a que esta población tuviera la más mínima incidencia en la vida política del país.

Si bien, a partir de 1895, la reactivación de las exportaciones ganaderas y la expansión agrícola mejoraron el nivel de vida de los pequeños propietarios y aparceros, el sistema de arrendamiento y los métodos de explotación y la concentración de la propiedad de la tierra se revelaron perjudiciales para la economía agraria y, consecuentemente, para el fortalecimiento de las clases medias rurales. Las restricciones del crédito para la adquisición de tierras o la financiación de la producción tras la crisis de 1890 abrieron asimismo una peligrosa vía de endeudamiento permanente de los colonos, arrendatarios o pequeños propietarios con los terratenientes, los mercaderes rurales o las compañías de exportación que, como Dreyfus & Co., Weil Brothers y Bunge y Born, fijaban además los precios haciendo más vulnerables aún a los productores agrarios.

La clase media rural del interior del país tuvo focos de concentración, aparte de la provincia bonaerense, en las llanuras de Santa Fe y Córdoba; en el valle del Río Negro, donde se cultivaba y proveía de frutas a Buenos Aires; en Entre Ríos, donde las comunidades judías se dedicaban a la ganadería; en Misiones, colonizada por agricultores alemanes y polacos; en Chaco, dedicada a la producción algodonera; en Mendoza, que había potenciado su tradicional viticultura, y en Tucumán, Salta y Jujuy que se revelaron como importantes centros productores de azúcar.

Esta clase media rural, compuesta por elementos criollos y extranjeros, se caracterizó por la aceptación resignada de las condiciones impuestas por los terratenientes o las grandes compañías exportadoras y delegó casi siempre en las clases dirigentes urbanas la iniciativa de realizar las ligeras reformas que se produjeron en su actividad. Sólo a partir de 1907, grupos de chacareros de las provincias de Buenos Aires y Santa Fe comenzaron a presionar y a organizarse para lograr mejoras en su sector, que, por otra parte, nunca fueron estructurales ni afectaron la tenencia de la tierra ni la distribución de la riqueza.

La clase trabajadora rural por su parte estaba conformada por grupos de *cosecheros golondrinas*, al principio nativos y más tarde mayoritariamente inmigrantes, que a la temporalidad del trabajo añadían la dureza del mismo y los salarios miserables que percibían, y los peones fijos de las haciendas y de los ingenios azucareros. Particularmente escandalosa era la explotación de los trabajadores de los ingenios azucareros de Tucumán, Salta y Jujuy y de las plantaciones de yerba mate y explotaciones forestales de Misiones, Corrientes y Chaco, donde estaban sometidos a una situación de semi esclavitud atados por una deuda crónica con los economatos patronales. El *mensú*, trabajador estacional de la región mesopotámica, apenas si percibía la tercera parte del salario de un peón permanente de Buenos Aires. En referencia a la situación de los trabajadores de los ingenios tucumanos, un informe del banco Lloyd citado por David Rock en *Argentina* en 1914 dice:

> "Mientras los ricos terratenientes y los grandes patronos, la mayoría de estos últimos de nacionalidad extranjera, cosechan beneficios cada vez más cuantiosos, se permite que los que hacen con gran esfuerzo el trabajo que produce tales beneficios vivan en condiciones que no están de acuerdo con los niveles de existencia más bajos. El país que permite que el grueso de su población se encuentre sumido en condiciones de servidumbre generalizada debe sufrir inevitablemente de falta de esa virilidad que es necesaria para continuar avanzando por una senda ascendente".

DISTORSIONES DEL PROYECTO CIVILIZADOR

Las transformaciones que se operaron en la sociedad argentina en el marco institucional del Estado oligárquico dieron origen a múltiples tensiones que cuestionaron las ideas previas del concepto de nación y de identidad nacional y, al mismo tiempo, la legitimidad del régimen.

Sacudida por la explosiva carga demográfica, la sociedad argentina de principios del siglo XX había empezado a mostrar sus grietas y el régimen oligárquico sus limitaciones para llevar adelante el modelo de país que había diseñado a partir de la Constitución de 1853. Desde la invocación preambular: "Nos, los representantes del pueblo de la Nación Argentina, reunidos en Congreso General Constituyente", y la convocatoria a "todos los hombres del mundo que quieran habitar el suelo argentino", la carta magna argentina sentaba la preexistencia de una nación que, surgida de la reconciliación de sus hijos, se identificaba con una república orientada a un destino de grandeza.

Desde el principio quedó establecido el vínculo entre los conceptos de nación y Estado y su articulación sobre una sociedad civil protegida por derechos, leyes e instituciones. De este modo, el nuevo Estado, heredero y guardián de los valores históricos, asumía la soberanía interior y se adjudicaba el papel integrador de la sociedad. Sin embargo, los padres fundadores –Alberdi, Sarmiento y Mitre– mantenían discrepancias doctrinales acerca del papel que debían cumplir las masas inmigrantes en la conformación de la sociedad argentina y de su participación en la vida política.

Alberdi, de acuerdo con su máxima "gobernar es poblar", que equivalía a "poblar es civilizar", era partidario de propiciar una sociedad de inmigrantes cuyo acceso a la vida política fuese producto de su evolución civil, a través del trabajo y del cumplimiento del deber. El autor de *Las bases* confiaba en que las masas inmigrantes, desentendiéndose inicialmente de participar en la vida política, poblasen y transformasen con su presencia y laboriosidad los hábitos y costumbres negativos de herencia española que caracterizaban la sociedad criolla.

Mitre, afín al pensamiento positivista, por su parte defendía la tradición hispana y la excepcionalidad de la nación argentina al conferir el carácter de inmigrantes a todos los que habían llegado a estas tierras desde los tiempos de la Conquista. La particularización de la nación argentina radicaba, según él, en el predominio de vascos y andaluces en la conquista y colonización del Río de la Plata. De modo que para Mitre la inmigración, como agente de progreso, era un *continuum* distinguible de la sociedad argentina, mientras que para

Alberdi era una opción de futuro que permitiría corregir los caracteres negativos.

Las ideas de Sarmiento, más próximas a las de Jefferson que a las de Montesquieu, tendían no a la constitución de una sociedad de inmigrantes sino de una república de inmigrantes. Sarmiento, convencido de que los motores de la modernización del país eran la educación y la política, reservaba al Estado el papel civilizador a través de la educación universal, y a los inmigrantes, merced a su laboriosidad, el de agente modificador no tanto de la sociedad tradicional como de sus malos hábitos políticos. Esto significaba que los inmigrantes debían convertirse en ciudadanos y formar una comunidad políticamente activa, para lo cual era imprescindible que tuviesen libre acceso a la tenencia de la tierra.

Pero, como sucederá otras veces en la historia del país, los enunciados constitucionales no se correspondieron con la realidad. Los planes de colonización de Sarmiento, obstaculizados por la clase terrateniente, fracasaron, y los extranjeros no mostraron especial interés en adoptar la ciudadanía argentina. Amparados por el generoso hábitat de derechos civiles que les confería la Constitución, los inmigrados —aunque bien podría llamárseles inmigrantes por su actitud de transitoriedad y escasa disposición al enraizamiento— podían actuar en el campo económico e intentar realizar su sueño de "hacer las Américas", sin necesidad de intervenir en el de los asuntos públicos, cuyos mecanismos de participación eran además restrictivos.

La percepción de estas distorsiones del proyecto fue expresada por un Sarmiento desencantado, en *Conflicto y armonía de las razas en América*, libro publicado en 1883, donde escribe: "¿Somos nación? ¿Nación sin amalgama de materiales acumulados, sin ajuste ni cimiento? ¿Argentinos?". Esta amarga reflexión era el reconocimiento del fracaso del proyecto modernizador liberal-positivista como consecuencia de la explosiva incorporación de los contingentes inmigratorios a la sociedad civil y a la escasa voluntad de las clases dirigentes para modificar las estructuras productivas y a su lenta reacción para fortalecer las instituciones públicas y ampliar la representatividad del sistema.

La concepción oligárquica del Estado no sólo consagraba su papel de garante de los derechos civiles, sino también su capacidad para retroalimentar su legitimidad como generador de una identidad nacional basada en el progreso material y de un modelo de ciudadano acorde con ella. De aquí la necesidad de contar con un régimen centralista que, a costa de una democracia escasamente representativa y de la inmovilidad del ciudadano, se pudiese ocupar de la gestión económica. "Los unos proclaman que mientras haya gobiernos personales y opresores ha de haber revoluciones; y los otros contestan que mientras haya revoluciones han de existir gobiernos de fuerza. Todos están en la verdad, o más bien todos están en el error", escribió el presidente Pellegrini percibiendo la anomalía que lo llevó a apoyar una política de reformas desde el seno del régimen.

El caudillismo tradicional bajo la forma moderna y elegante del personalismo, como refiere Constantin von Barloewen en *Latinoamérica: cultura y modernidad,* contribuyó a que "el Estado no se conciba como una comunidad social sino como un conglomerado" y que "la población tradicional conserve una desconfianza, ampliamente difundida, contra las grandes organizaciones industriales impersonales".

Civilizar no consistía sólo en poblar e imponer un arquetipo nacional sino en desarrollar, en la sociedad, la capacidad para asumir antiguos y nuevos valores, transformarlos y proyectarlos hacia el futuro; es decir, crear una sociedad civil comprometida con la acción política destinada a la formación de una comunidad nacional. Pero la realidad de una masa poblacional tradicionalmente marginada de los asuntos públicos y la correspondiente desconfianza y acaso el temor de las clases dirigentes para darle cabida en ellos, fueron factores decisivos que intervinieron en la génesis del Estado como una entidad superior e imperativa, tal como fue concebido por la Constitución de 1853. Ni siquiera aquellos que posteriormente se rebelaron contra las instancias oligárquicas del poder exigiendo mayor representatividad cuestionaron su naturaleza.

El centralismo, que se valió del personalismo de sus gobiernos para hacer efectiva la consolidación de la clase oligárquica en el poder y promover el progreso económico, se reveló fuerte en el campo administrativo y endeble en el político, donde se localizaban las instituciones destinadas a generar los elementos formativos de la sociedad civil y de la identidad nacional. Esto explica por un lado, además de la casi nula participación ciudadana en los asuntos públicos, la escasa evolución política del federalismo y el poco peso específico de las provincias en las decisiones del gobierno de la República, y por otro el desarrollo del Estado vinculado al de la economía. Este desequilibrio entre los dos campos es en gran parte responsable de la debilidad de las instituciones políticas, la crónica inestabilidad social y política del país y de las limitaciones del Estado para convertirse en una verdadera potencia.

Es verdad que estos gobiernos lograron la cohesión administrativa y el control de un espacio económico doméstico. Pero al mantener sin reforma el sistema de propiedad de la tierra y la exportación de productos agropecuarios como factores básicos del desarrollo económico, no consiguieron integrar el país en la moderna economía capitalista internacional. Antes bien, la institucionalización del vínculo del Estado con el capital extranjero, el cual dominó el comercio, los transportes y las finanzas, renovó con nuevas metrópolis el pacto colonial y mantuvo los lazos de dependencia que impidieron la formación de un "espíritu industrial" en la burguesía local.

Como expresión de su concepción ideológica, los gobiernos oligárquicos y sus sucesores, pequeño burgueses, o populistas, promovieron y exaltaron los recursos naturales como valores de riqueza inagotable, pero no hicieron lo propio con el trabajo, que siguió considerado como una actividad propia de una plebe excluida de la actividad política. Este es un punto crucial a partir del cual pueden interpretarse las cíclicas crisis económicas de mayor intensidad como crisis de un modelo cultural, cuya impostura impide una relación armoniosa entre el Estado y la comunidad y, consecuentemente, la amalgama de la identidad nacional.

Podría afirmarse que las élites dirigentes argentinas, como todas las latinoamericanas, nunca superaron el espíritu dependiente de su origen colonial y, una vez emancipadas de la Madre Patria, buscaron otras madres para seguir justificándose y disfrutando de los privilegios que les venían otorgados. El resultado de este trauma no resuelto es un Estado artificial, sin vínculo con la sociedad civil, e institucionalmente impotente para generar una nación soberana.

Las tensiones sociales que se produjeron en el seno del Estado oligárquico se verificaron tanto en el plano político como en el ético. En este último, tales tensiones estuvieron vinculadas a la formación de la sociedad civil y a sus efectos en la identidad nacional. Las fuertes oleadas inmigratorias y las limitaciones de la colonización de la tierra dieron lugar a una explosiva urbanización localizada en las áreas litorales. Este fenómeno acentuó los desequilibrios de desarrollo entre la ciudad y el campo y consagró la existencia de dos sociedades marcando una primera fractura identitaria.

El complejo conflicto de estas dos sociedades representadas por la Argentina rural del interior –guardiana de los valores tradicionales– y la Argentina urbana del litoral –representante de la modernidad– tuvo como protagonistas a los campesinos criollos y a los urbanitas, nativos e inmigrantes, y también a viejos y jóvenes diferenciados por sus niveles de instrucción.

La obra teatral del uruguayo Florencio Sánchez ofrece un cuadro significativo de las tensiones que se produjeron por entonces entre los distintos grupos sociales y generacionales. Al margen de las tesis deterministas del autor y cierto simplismo en el planteamiento dramático, las piezas teatrales de Florencio Sánchez exponen con cierta crudeza e intensidad la problemática de una sociedad en transformación. Entre 1903 y 1905 estrenó tres obras fundamentales, *M'hijo el dotor*, *La gringa* y *Barranca abajo*. En la primera, un viejo criollo sin instrucción que ha podido enviar a su hijo a la universidad constata que éste se ha convertido en un ser frío y especulador. El joven educado en la ciudad es un individuo que no vacila en romper el código de honor de su padre rechazando casarse con la muchacha que ha seducido. La nueva moral no contempla los sentimientos sino el provecho de su manipulación. En *La gringa* el conflicto de intereses se plantea entre una familia de inmigrantes italianos, que trabaja de sol a sol para ahorrar dinero y hacerse rica, y un viejo criollo, poseedor de una estancia, que vive una vida tranquila y sin esfuerzos. La voluntad y la ambición de los italianos hacen que acaben quedándose con las tierras del criollo y poniendo fin a una forma de entender la vida. *Barranca abajo* narra la tragedia de un hombre que es víctima de esas fuerzas que no puede controlar. Don Zoilo, criollo recto, "bueno y servicial" de pronto se encuentra desamparado y comprende que ese capital moral sobre el que ha edificado su vida ha quedado obsoleto en un medio que ya no juzga a los hombres por sus virtudes personales. Si en *La gringa* el derribo del ombú señala simbólicamente la desaparición de la Argentina criolla y el nacimiento de otra nueva bajo el lema del progreso, en *Barranca abajo* el suicidio del viejo Zoilo advierte del peligro que corre una Argentina cuya sociedad valora a los individuos sólo por sus éxitos materiales.

Las clases dirigentes observaban perplejas que la dinámica social, que ellas mismas habían puesto en marcha, no discurría por los cauces imaginados y no podían evitar sentir temor a ser desplazadas de su posición de privilegio por esas masas aún informes y desorganizadas, pero que ya empezaban a manifestar sus reivindicaciones. "¿Argentinos? Hasta dónde y desde cuándo...", se preguntaba Sarmiento con amargura, mientras progresivamente iban quedando expuestas las limitaciones del régimen oligárquico para dar respuesta a las exigencias sociales y resolver la legitimidad del Estado-nación con el cual estaba identificado.

Desde su perspectiva positivista y confiadas en su papel impulsor de la modernidad y la civilización, las elites políticas ni siquiera consideraron que el origen de los males pudiese estar en las estructuras del Estado que habían creado. De modo que sus reflexiones se orientaron hacia la calidad de la inmigración. Las masas de extranjeros europeos dejaron entonces de ser para ellas agentes de civilización y se convirtieron en objetos a educar de acuerdo con los parámetros fijados por el Estado, al mismo tiempo que se cambiaba la política inmigratoria a favor de una inmigración espontánea y, consecuentemente, más selectiva.

En ese momento, cuando aún perduraba la desconfianza en la capacidad de las masas populares nativas para gestionar la vida nacional y se creía en la acción benéfica de la inmigración, es cuando se contempló la integración a la vida política del país de las masas inmigrantes. Esta integración de los inmigrantes comportaba no obstante la nacionalización imperativa de los mismos, cuando no compulsiva, si nos atenemos a la leyes de registro y matrimonio civil de 1888 y de servicio militar obligatorio de 1901. Sin embargo, las medidas seguían siendo insuficientes para articular una identidad nacional en consonancia con una sociedad dinámica y heterogénea y un crecimiento urbano explosivo.

Estas dificultades acentuaron las contradicciones del régimen que, en 1902, basándose en *Expulsión de los extranjeros,* un opúsculo que Miguel Cané había escrito en 1899, sancionó la Ley de Residencia, cuyo alcance represivo fue ampliado por la Ley de Defensa Social, que autorizaba a la policía a encarcelar o deportar a los anarquistas o sospechosos de serlo. Estas leyes eran indicativas de que en el imaginario de las clases dirigentes se había operado un cambio cualitativo en su percepción del papel que estaban jugando los inmigrados en la formación de la sociedad argentina. Algunas ideas que portaban y las huelgas y disturbios de los que eran protagonistas contribuyeron a que ya no fueran vistos como "brazos", tal como decía Roca en una carta a su amigo Cané, sino como una turba contaminada de elementos peligrosos.

La siguiente respuesta del régimen se dio en el campo de la educación, que ya contaba con la ley de educación común obligatoria de 1883, acentuando los elementos simbólicos de la tradición nacional. José Ramos Mejía y Joaquín V. González fueron los artífices de esa pedagogía patriótica que está en el origen del primer nacionalismo argentino y que cuajó en el llamado "espíritu del centenario".

El objeto de los educadores a partir de entonces fue configurar el rostro nacional reconstruyendo el pasado histórico. Algunos, como Ricardo Rojas, pensaban en las raíces indoamericanas, y otros, como Manuel Gálvez, en la conciliación con la tradición hispano-católica tal como la proponía Rodó en su *Ariel.* A diferencia de Cambaceres y Martel, quienes pretendían una superioridad patricia "de sangre", Gálvez defendía los principios positivistas como factor de modernidad y señalaba la importancia del medio como condicionante de la conducta social. En *La maestra normal* y *Nacha Regules,* sus protagonistas, no obstante sus cualidades morales y la sinceridad de sus sentimientos, son empujadas al desastre por un entorno –sea el de la ciudad metropolitana o el de la provincia– dominado por los prejuicios sociales y religiosos. Gálvez no puede evitar retratar el desencanto que supone constatar que los ideales positivistas de la modernidad parecen en aquellas circunstancias condenados al fracaso. Como él, Riga, el protagonista de *El mal metafísico,* es un arielista que funda una revista denominada *La Idea Moderna* con la que pretende difundir el idealismo. Pero el proyecto como su mentor están destinados a morir víctimas del "mal metafísico", "la enfermedad de soñar, de crear, de producir belleza, de contemplar". Gálvez planteaba que ninguna empresa individual tiene posibilidades de prosperar en una sociedad caracterizada por la hostilidad o la indiferencia activas, de lo cual se infería la necesidad de una educación laica que inculcase en la comunidad los principios de libertad y solidaridad. Como Ramos Mejía en *Las multitudes argentinas,* para Gálvez era finalmente el medio y no la raza el factor que, a través de la educación y la integración de los inmigrantes, podía superar los problemas y contribuir a la salud ética de la sociedad.

La conciliación de la identidad argentina con la tradición hispana, que alcanzó su reconocimiento institucional en 1917, cuando se declaró el 12 de octubre como el Día de la Raza, si bien no sirvió "de punto de partida para un alineamiento internacional políticamente eficaz", como dice Tulio Halperin Donghi, dejó expedito el camino para aquellos que imaginaban con fundar el mito de la argentinidad sobre el ideario criollo. Bajo el amparo del "espíritu del centenario", el 10 de noviembre, aniversario del natalicio de José Hernández, autor del *Martín Fierro,* fue consagrado como Día de la Tradición. De hecho, esta línea de pensamiento enlazaba con el proceso de "ruralización" de la urbe que había empezado en 1820 con el federalismo y desembocado institucionalmente en la Constitución de 1853. Finalmente, las élites patricias porteñas, guardianas casi incontaminadas de la cultura delegada por la metrópolis colonial y contra la cual se habían revuelto mirando a otros centros europeos, cedían al mestizaje cultural que habían experimentado los conquistadores y colonizadores españoles en el interior y que ahora se reconocía como la genuina cultura criolla.

Leopoldo Lugones, acaso el poeta argentino más influyente de las primeras décadas del siglo XX, expuso entonces la figura del gaucho como emblema del criollo y fundamento del mito del hombre libre y depositario de todas las virtudes del ser nacional. Frente al inmigrante europeo, que ya había dejado de verse como el campesino portador de la civilización y ahora era visto como un ser rudo, ignorante y socialmente inferior, se alzaba el gaucho como el centauro de la épica nacional.

La inversión de los términos que sancionaba la supremacía espiritual del gaucho sobre el inmigrante como piedra angular de la nacionalidad argentina alcanzó su perfecta metaforización en *Don Segundo Sombra*, obra maestra de Ricardo Güiraldes, publicada en 1926. El protagonista de *Don Segundo Sombra* encarnaba la generación de gauchos que se prefigura al final de *La vuelta del Martín Fierro*. El antiguo matrero, víctima de las injusticias de jueces y comisarios corruptos y de los abusos de autoridad de los militares de frontera, había encontrado su lugar en el campo, como capataz o peón de estancia. El hombre libre a caballo era ahora un héroe laborioso, cuya libertad de espíritu trascendía las alambradas y lo colocaba por encima de los individuos venidos de fuera o de la ciudad. Don Segundo Sombra es el gaucho que ha aprendido a domar sus instintos y dominar el mundo físico situándose en un estadio superior, donde ni las tentaciones ni las corrupciones de la sociedad pueden alcanzarlo: "Primero el cuerpo sufre, después se azonza y va, como sin tomar parte, adonde uno lo lleva. Después, las ideas se enturbian; no se sabe si llegará pronto o no se llegará nunca. Más tarde las ideas, tanto como los hechos, se van mezclando en una irrealidad que desfila burdamente por delante de una atención mediocre. A lo último, no queda capacidad vital sino para atender a lo que uno se propone sin desmayo; seguir adelante. Y se vive nada más que por eso y para eso, porque todo ha desaparecido en el hombre fuera de su propósito inquebrantable. Y al fin se vence siempre… cuando ya a uno la misma victoria le es indiferente", explica Fabio Cáceres, el discípulo de Sombra, el proceso de su aprendizaje que lo ha convertido en "algo más que un hombre", en un gaucho. La figura sublimada del gaucho no sólo servía para oponerse a la del inmigrante rudo e ignorante, sino también a la del compadrito, resabio marginal de la urbe, vulnerable a todos sus vicios que difícilmente las élites hubiesen podido adoptar.

No es gratuito que uno de los grupos de la vanguardia literaria argentina de los años veinte llamase *Martín Fierro* a una de sus revistas más emblemáticas ni que reivindicase la lengua argentina como herramienta de afirmación nacional frente a la acción disgregadora y corruptora que se le atribuía a la inmigración. La presión de los "argentinos sin esfuerzo" llegó por esta vía a la consagración del menosprecio del inmigrante, ya presente en la obra de José Hernández "Era un gringo tan bozal, / que nada se le entendía. / ¡Quién sabe de ande sería ! / Tal vez no juera cristiano, / pues lo único que decía / es que era pa–po–litano—", y de su ardua habla castellana, que fue popularmente ridiculizada. Esto explica el éxito teatral de algunos extranjeros ridículos en obras nacionales, como en las representadas por Pepe Podestá. La compañía teatral de Podestá introdujo en su versión de *Juan Moreira* de Gutiérrez, un personaje bufo inspirado en un peón calabrés llamado Antonio Cocoliche, cuya torpeza en la forma de hablar causó tal impacto cómico que en poco tiempo se independizó protagonizando innumerables sainetes. Su popularidad determinó que se denominase *cocoliche* al habla defectuosa de los inmigrantes, principalmente italianos, y *acocolicharse* a su esfuerzo integrador.

Sin embargo, la vitalidad y el dinamismo de la masa inmigrante y su papel en el veloz proceso de urbanización –y particularmente su concentración en la ciudad puerto–, prolongaron en el espacio y en el tiempo la antinomia entre sociedad tradicional y sociedad moderna, entre metrópolis e interior, que ha cruzado toda la historia argentina. El intento del grupo dirigente urbano de hacer valer su primacía patricia edificando la nacionalidad sobre el cimiento criollo de origen rural quedó relativizado por la fuerza transformadora de la inmigración que fue imponiendo en la sociedad una cultura urbana de raíz popular. Fueron las clases populares urbanas las que, aun contaminadas por una ética de la supervivencia, promovieron con sus legítimas reivindicaciones y exigencias las reformas que ampliaron las bases de sustentación del Estado y crearon las condiciones para una mayor compenetración entre éste y la sociedad civil. Un soporte clave para la evolución y fortalecimiento de las instituciones políticas republicanas.

La democracia representativa

El presidente Roque Sáenz Peña impulsó la promulgación de la ley de sufragio universal, sobre la cual se asentaría el cambio de régimen. "El perfeccionamiento gradual dentro del orden", frase del discurso de Sáenz Peña al tomar posesión de su cargo en 1910, fue la respuesta del régimen oligárquico orientada a garantizar la unidad nacional y la paz interior necesarias para mantener la expansión económica.

La entrada en vigor del voto secreto y obligatorio incorporó a la vida política del país a una gran masa de población masculina, hecho que se tradujo en la victoria de la UCR y el inicio de una era prometedora. El país pareció entrar entonces en un esperanzador proceso de modernización política que abría las vías para corregir sus carencias estructurales de orden institucional y económico y al mismo tiempo amalgamar una nacionalidad a partir de su realidad social.

La forma pacífica con que los grupos dirigentes emprendieron los cambios –a la que seguramente no fue ajena la confianza que el oficialismo tenía en su hegemonía política– no sólo contribuyó a controlar inicialmente la conflictividad social sino que resultó un elemento alentador acerca de su voluntad de diseñar el futuro de la república sobre la legitimidad democrática, en el convulso contexto doméstico e internacional de las primeras décadas del siglo xx.

Movimientos sociales y grupos de oposición

Los cambios que sentaron las bases del primer experimento de democracia representativa en Argentina estuvieron precedidos de la acción de grupos y movimientos sociales que exigían su derecho a participar activamente en la vida política del país. El sistema político con el que la élite había logrado cohesionar con eficacia las tradicionales fuerzas y tendencias heterogéneas y centrífugas del país mientras la sociedad se mantuvo pasiva, mostró su vulnerabilidad cuando ésta hizo oír su voz. Por el puerto bonaerense no sólo entraban mercancías y personas, sino también nuevos hábitos, costumbres e ideas que transformaban la sociedad y daban a los individuos un mayor grado de conciencia social. La profunda crisis económica de 1890 que costó la presidencia a Juárez Celman fue el detonante de un despertar político de las bases populares sin precedentes en Argentina. También el principio del fin de la "monarquía consentida".

Ya desde 1860, aproximadamente, en las grandes ciudades, como Buenos Aires, Rosario y Córdoba, los diversos grupos populares habían empezado a articularse en sociedades mutuas, gremiales, sindicales, etc., y a perfilar un estamento social orgánico vivo y dinámico. Si bien la Iglesia católica y el Estado trataron de controlar este estamento, conscientes de que no convenía "forjarse ilusiones sobre la solidez de nuestra organización, ni de la unidad nacional", como dijo Carlos Pellegrini en cierta ocasión, en las primeras fases toparon con una masa de trabajadores adultos y en gran parte analfabetos, a la cual no consiguieron influir. Tal masa fue un campo propicio para el mensaje reivindicativo y el lenguaje directo de activistas anarquistas, que lograron cohesionarla y movilizarla lanzándola contra el poder para forjar una sociedad nueva "sin dios, estado ni patrón". Surgido a partir de 1880 entre grupos de inmigrantes españoles e italianos, el anarquismo dibujó en el horizonte de una población de origen rural aquejada por el desarraigo y las duras condiciones de la vida urbana una utopía, cuya consecución estaba en su propia acción y no en la dirección de una clase, la oligarquía, y una entidad, el Estado, ajenas a ella.

La caída de los salarios y el súbito incremento de los alquileres de las viviendas provocados por la crisis económica que estalló en 1890 dieron argumentos a los anarquistas y su mensaje caló en amplios sectores de la clase trabajadora precariamente organizada. La fundación de diversas federaciones, que desembocó con la creación en 1904 de la FORA, fue un serio intento de organizar tanto la lucha gremial como la política.

El radicalismo anarquista, que tuvo en la huelga general y las manifestaciones callejeras sus principales recursos combativos, suscitó no pocos temores al régimen. La represión policial contra lo que las clases dirigentes consideraban una excrecencia social tuvo su correlato legislativo en la ley de Residencia o ley 4.144 de 1902, por la que podía deportarse a "todo extranjero cuya conducta comprometa la seguridad nacional o perturbe el orden público", y la ley 7.029 de Defensa social de 1910, que ampliaba las potestades policiales para el encarcelamiento o deportación de anarquistas o sospechosos de serlo. Estas medidas, lejos de neutralizar el movimiento, exacerbaron su actividad contra el Estado y muchas de las huelgas y alzamientos espontáneos tuvieron como objeto su derogación. Paralelamente, los patronos que veían amenazados sus intereses organizaron sus propios grupos de choque reclutando para ellos matones suburbiales de la ralea de los compadritos.

La agitación social vinculada a los anarquistas alcanzó su punto álgido en 1910, cuando una serie de huelgas y disturbios amenazaron la celebración del Centenario de la Revolución. La violenta represión combinada de la policía y de las bandas patronales, cuyos efectivos y esbirros atacaron y destruyeron los locales y prensas anarquistas y encarcelaron y deportaron a la mayoría de sus activistas, significó un golpe casi mortal para el anarquismo en Argentina. Sus restos pasaron a integrar diversas formaciones obreras y su canto del cisne fue la rebelión de trabajadores rurales de la Patagonia en 1921, que culminó con las matanzas del año siguiente.

En 1894, Juan B. Justo fundó el Partido Socialista Argentino (PSA), cuya doctrina estaba más próxima al liberalismo y al positivismo que al marxismo. Su mensaje, más racional que el de los anarquistas y su proyecto reformista democrático, encontró eco entre sectores de obreros calificados, profesionales y pequeños industriales. Desde un principio el PSA destacó por su cuidada organización interna y la precisión de su programa, cuyos principales puntos eran la separación del Estado y la Iglesia; la legalización del divorcio; el sufragio universal, incluyendo el voto femenino; la sustitución del ejército por una milicia civil, y la jornada laboral de ocho horas. Los socialistas defendieron asimismo salarios más justos, la reducción del coste de la vida, una política fiscal que incluyese un impuesto progresivo sobre las rentas, apoyo financiero para los arrendatarios agrícolas y planes de viviendas para las clases populares. Sin embargo, este mensaje carente de la emotividad que caracterizaba a los anarquistas no convenció a las clases trabajadoras, más propensas a obtener satisfacciones a sus reivindicaciones más inmediatas que a defender proyectos de futuro. Tampoco logró penetrar en las masas de inmigrantes, a las cuales pedía su nacionalización para ejercer el derecho de voto, cuando éstas no veían grandes ventajas en participar en la vida política mientras pudieran trabajar o desarrollar sus actividades económicas sin obstáculos.

Serios defensores de la democracia popular, los socialistas propiciaron un proyecto de reformas institucionales conducentes a una mayor representatividad social y a la corrección de los comportamientos inmorales de la "política criolla", como el fraude electoral, y de la sociedad, como la aceptación del proxenetismo y la trata de blancas. Esta posición los enfrentó tanto a los anarquistas, a quienes reprochaban su gusto por la violencia y su utopismo visceral, como a los radicales, a quienes consideraban resabios oligárquicos disfrazados de demócratas.

Así, el mensaje socialista resultó por un lado demasiado moderado para disputar a los anarquistas su influencia en la clase trabajadora, y por otro demasiado "revolucionario" para ser asumido por las clases dirigentes y estamentos superiores de la sociedad. Con todo, el PSA obtuvo buenos resultados electorales en las ciudades del litoral y en 1904, al aplicarse una ligera reforma de la ley electoral, consiguió llevar al Congreso a Alfredo Palacios por el distrito bonaerense de la Boca.

Mayor incidencia en la clase trabajadora tuvo el movimiento sindicalista. En particular dominó los poderosos gremios de ferroviarios, marineros y portuarios. No obstante apreciar la necesidad de reformas institucionales, su actividad reivindicativa no trascendió el campo gremial y sus dirigentes prefirieron no tener relación con los partidos ni vincularse en la lucha política.

Los socialistas y los sindicalistas "apolíticos" y, en menor medida, los radicales, de quienes el diario *La Tribuna* de 18 de enero de 1894 decía que eran incapaces "de fundar un gobierno", favorecieron con su posicionamiento la atenuación de la conflictividad social y las negociaciones entre las partes, que dieron como resultado la sanción de un

Código de trabajo en 1904 y la creación del Departamento Nacional del Trabajo tres años más tarde.

La llamada, no sin exageración, Revolución del 90, que provocó la sustitución pactada de Juárez Celman por Carlos Pellegrini, puso en primer plano la disidencia interna de los sectores tradicionales de la que surgió el radicalismo. La Unión Cívica, agrupación estudiantil universitaria que encabezó la revuelta de 1890, fue utilizada por distintas facciones tradicionales como plataforma de oposición al oficialismo. Pasado el espasmo revolucionario, las diferencias entre ellas no tardaron en salir a flote y la Unión Cívica (UC) se escindió en la Unión Cívica Nacional (UCN), que aglutinó a los seguidores de Mitre, quien aspiraba a ocupar nuevamente la presidencia según lo acordado secretamente con Roca, y la Unión Cívica Radical (UCR), formada por los seguidores de Leandro N. Alem.

La UCR, no obstante otras defecciones, se fue consolidando progresivamente como grupo, por su postura intransigente frente al gobierno y su denuncia más o menos virulenta del carácter fraudulento del sistema electoral. Aún así, la inicial composición social de la UCR no era diferente a la de los partidos tradicionales, como tampoco lo era su concepción de la sociedad ni de la economía, de tal modo que la denominación de "radical" parecía excesiva para sus propuestas partidarias. Si bien contaba como el PSA con una Carta Orgánica y una Convención, la UCR era antes que un partido un movimiento, como lo será más tarde el peronismo, que aglutinaba a un espectro de ciudadanos sensibles a la idea de solidaridad social. Su paternalismo conservador apenas sí era disimulado por la pátina de rebeldía que le daba su discurso doctrinalmente difuso, pero cuya vehemencia retórica disimulaba con eficacia la modestia de sus contenidos programáticos, y su intransigente abstencionismo electoral y negativa a pactar con el poder. Convertido en "la Causa" nacional, el radicalismo abanderó una cruzada ética tanto contra el fraude electoral como contra un sistema de alternancia de partidos que perpetuara "el Régimen". Dirigido por Alem y, desde su suicidio en 1896, por su sobrino Hipólito Yrigoyen, un terrateniente que disimulaba su fortuna haciendo culto a la austeridad, el radicalismo logró galvanizar, como ningún otro grupo político en ese momento histórico, las inquietudes y aspiraciones de las clases medias urbanas deseosas de ser reconocidas socialmente.

Cerradas las puertas electorales de acceso al poder, el radicalismo intentó la vía violenta en 1892, 1893, 1894 y, sorpresivamente, en 1905. Esta última intentona, que contó con la adhesión de oficiales jóvenes del Ejército y amplios sectores de las clases medias urbanas y de la burguesía agraria, fue violentamente sofocada por el presidente Manuel J. Quintana, quien había sucedido a Roca el año anterior. No obstante su derrota, el radicalismo dio un importante salto cualitativo en sus aspiraciones al poder al aprovechar las tensiones internas del oficialismo, ejemplificada por la controversia entre Roca y Pellegrini, y extender el rechazo social hacia su política autárquica y, consecuentemente, ilegítima.

A partir de ese momento, los radicales acentuaron su influencia en las clases medias urbanas y rurales apareciendo como los principales promotores de una necesaria reforma política. Una reforma que, a diferencia de México, no exigió una cruenta y larga revolución. Al carácter pacífico de la transición a una democracia representativa no sólo contribuyó la organización de la UCR y su arraigo en las clases medias urbanas, sino también el error de cálculo de la oligarquía que creyó poder controlar todos los resortes aun ampliando la base electoral. Tampoco cabe ignorar que en el país no existía una masa campesina homogénea y arraigada a la tierra y con capacidad de movilización para reivindicar cambios decisivos en la propiedad y en la distribución de la riqueza como la que tenía México. La mexicana fue una revolución agraria que afectó los mismos cimientos de régimen oligárquico, mientras que la reforma argentina fue un proceso de modernización institucional controlado desde las mismas estructuras del poder por la oligarquía. Ésta, como es sabido, monopolizaba la propiedad de grandes extensiones de tierra, apenas pobladas por un campesinado pobre, formado en la cultura de la servidumbre de los nativos, y por colonos inmigrantes, por entonces en proceso de articulación social.

En las primeras décadas del siglo XX, Argentina tenía un volumen de comercio exterior superior al de Canadá y, gozando de una renta per capita semejante a la de Alemania y los Países Bajos, era el primer importador, también per capita, de artículos manufacturados. Sus principales productos de exportación eran maíz, trigo, linaza, lana, ganado vacuno vivo, caballos, etc. Ello había sido posible por la política gubernamental de "sembrar de gringos" el campo, a quienes, sin embargo, las ingentes rentas generadas por su actividad les llegaban extremadamente decrecidas.

Los agricultores –colonos, chacareros–, aun enfrentándose al latifundio y a un sistema de distribución desequilibrada de las rentas y la riqueza, crearon unidades productivas eficaces que están en el origen del extraordinario desarrollo económico de la Argentina de ese momento. Sin embargo, estos agricultores se vieron sometidos a la presión impositiva; los gravosos arrendamientos impuestos por los terratenientes, muchas veces sin contratos; las restricciones crediticias para financiar la producción o la adquisición de tierras, y a la posición de fuerza de los oligopolios como Weil Brothers, Dreyfus & Co. y Bunge y Born, que adquirían sus productos y fijaban las tarifas.

No obstante esta situación, los agricultores inmigrantes seguían sin interesarse mayoritariamente por intervenir en la vida política del país. El primer síntoma de cambio de actitud había tenido lugar en 1893, cuando los colonos afectados por la crisis apoyaron, sobre todo los de origen suizo de la región de Santa Fe, el alzamiento de la UCR, el único partido que parecía ser sensible a sus intereses, y aguantaron la posterior represión del gobierno y una creciente hostilidad. No fue hasta 1912, cuando merced a la adopción del sistema de rotación de la tierra que aumentaba la precariedad de su situación, cuando los agricultores de la provincia de Santa Fe se movilizaron. En esta ocasión llevaron a cabo una huelga general, que se extendió a algunos sectores pampeanos, negándose a recoger las cosechas a menos que se atendieran sus reivindicaciones.

Tras el llamado "Grito de Alcorta", los arrendatarios santafesinos y pampeanos obtuvieron contratos de mayor duración, precios de arrendamientos más bajos, derecho a contratar libremente la maquinaria y hasta de criar animales domésticos. Este triunfo del movimiento agrario, que dio lugar a la fundación de la Federación Agraria Argentina (FAA), consolidó a la pequeña burguesía rural y la perfiló como una importante fuerza política que contrapesaba el poder de la oligarquía terrateniente y su régimen. Pero el bajo vuelo de sus reivindicaciones, en las que no entraba el cuestionamiento del sistema de tenencia de la tierra ni la distribución de la riqueza, y su acción de espaldas al resto de los campesinos, condicionados por la precariedad del trabajo y la pobreza, fueron factores que limitaron su éxito al campo de sus intereses inmediatos, que objetivamente no suponían un coste económico adicional para los terratenientes ni los oligopolios.

Desde el punto de vista político, si bien su organización cambiaba la relación de fuerzas sociales, la pequeña burguesía rural no representaba peligro alguno para el sistema, como podían representarlo las organizaciones anarquistas o sindicalistas. La aspiración de la pequeña burguesía rural argentina era ascender socialmente y, en lo posible, aliarse a la oligarquía para compartir sus privilegios. De aquí que sus comportamientos y *tics* sociales tendiesen a imitar las formas de vida de las familias patricias. En *La gringa*, de Florencio Sánchez, el casamiento de Victoria, la hija de los italianos que se apoderan de las tierras de don Cantalicio, con el hijo de éste, Próspero, no sólo puede tomarse como solución feliz del conflicto sino como emblema de una actitud marcada por el propósito de ascenso social. En su afán imitativo la pequeña burguesía, tanto rural como urbana, siguió el patrón consumista de la oligarquía sin preocuparse por desarrollar una industria pesada ni por invertir en bienes de capital. Su entrada en el campo de la política, vinculada a la UCR, se concretó ya viciada por la mediocridad de sus aspiraciones, su talante pretencioso, su debilidad moral y por la asimilación en su imaginario del visceral temor y desconfianza que las oligarquías sienten por las clases populares.

El ocaso de la "monarquía consentida"

En las postrimerías del siglo xix, el régimen oligárquico creado por el general Roca, quien había asumido nuevamente la presidencia de la República en 1898, evidenciaba las fuertes tensiones entre el orden y la estabilidad impuestas desde el poder y la libertad política que exigían las clases medias y la clase obrera urbanas. El general

Roca, uno de los principales fundadores del Estado moderno argentino junto a Domingo Faustino Sarmiento y Bartolomé Mitre, seguía defendiendo la tesis que hasta entonces había permitido cohesionar las dispersas fuerzas provinciales y contener sus tendencias disgregadoras al tiempo que propiciaba un extraordinario progreso económico. Roca confiaba en que la fortaleza del poder ejecutivo, gracias a las prerrogativas constitucionales, era suficiente para reconducir la situación. Los triunfos sobre los conatos revolucionarios de los radicales y el sofocamiento de las protestas obreras parecieron darle la razón y le hicieron pensar que las actuaciones gubernamentales en dichas "alteraciones de orden" legitimaban el régimen. Más aún si, complementariamente a la acción represiva, instrumentalizaba algunos recursos políticos, como eran las ligeras reformas de la ley electoral y un código de trabajo que regulase por primera vez las relaciones entre patronos y obreros. Sin embargo, Roca no alcanzó a percibir la profundidad de los cambios que se estaban produciendo en la sociedad como consecuencia del flujo inmigratorio y de la rápida urbanización de Buenos Aires y de ciudades del interior, como Rosario y Córdoba. Tampoco consideró la necesidad de implementar reformas institucionales que ampliasen la base social de la administración del Estado.

De modo que, mientras los radicales, aún con sus limitaciones, capitalizaban el malestar de las clases medias urbanas, y los socialistas y los anarquistas el de la clase obrera, las tensiones entre la sociedad y el poder aumentaban y preludiaban un desenlace traumático. El temor a caer nuevamente en la violencia y en la anarquía en las que había vivido el país hasta su pacificación, concretada con la Constitución de 1853 y su reforma de 1860, alertó a un influyente sector de régimen encabezado por Carlos Pellegrini. El divorcio político entre Pellegrini y Roca dividió las fuerzas del partido gubernamental y marcó el definitivo ocaso de la "monarquía consentida".

El ala "progresista" del régimen oligárquico advirtió de que las tensiones polarizadas por las clases medias y obrera urbanas y el Estado en Argentina eran en muchos aspectos de la misma naturaleza de las que se producían en Europa y que obligaban a sus Estados a adoptar formas más democráticas de gobierno. A este análisis contribuyó la influencia del economista británico John Stuart Mill, cuyos escritos abogaban por un liberalismo moderno basado en el utilitarismo de Jeremy Bentham – "la mayor felicidad posible para el mayor número de hombres"– y un socialismo ético. Para Stuart Mill la vida moral, el altruismo y los valores religiosos eran motores determinantes de las acciones humanas.

También fueron determinantes para el nuevo enfoque del grupo reformista las ideas sociales del papa León XIII, a quien se le llamaba el "papa de los obreros" y cuya política se orientaba a una acomodación tardía del catolicismo a la realidad social impuesta por el capitalismo. En consonancia con este propósito, las encíclicas de este pontífice abordaron los diferentes problemas planteados por las transformaciones sociales provocadas por la industrialización y los avances tecnológicos instrumentando una defensa a ultranza del principio de autoridad, como en *Diuturnum,* y un rotundo ataque al socialismo, como en *Quod apostolici.* La doctrina de la Iglesia católica impulsada por León XIII marcó asimismo los límites de la libertad de las democracias populares en *Inmortale Dei* y de la libertad como tal en *Libertas,* dentro de los cuales sentó, en *Rerum novarum,* los principios que debían regir la vida y las relaciones de la clase trabajadora. Partiendo de la aceptación explícita de la propiedad privada, la encíclica abogaba por la creación de asociaciones obreras católicas; por la sanción de medidas protectoras para los trabajadores y por la intervención del Estado como valedor de la aplicación de dichas medidas.

Todas estas ideas cuajaron en el bando dirigido por Pellegrini, que comenzó a trabajar en un modelo orgánico de la sociedad, en el que las asociaciones gremiales y profesionales promovieran la ampliación y articulación de las bases sociales de los partidos políticos. La democracia popular apareció entonces en el horizonte de este sector de la clase dirigente como una necesidad inevitable para cuya consecución debía llevarse a cabo un efectivo proceso de reformas, cuya llave era la ley electoral.

El hecho clave que desencadenó el proceso reformista fue la ruptura entre el presidente Julio A. Roca y su ministro de finanzas, Carlos Pellegrini. Éste, artífice de la recuperación del país tras la crisis de

1890, propuso en 1901 consolidar la deuda pública hipotecando las rentas aduaneras en favor de un grupo de bancos extranjeros. A causa de esta propuesta, el Parlamento y la prensa acusaron a Pellegrini de actuar en favor del capital foráneo y de atentar contra la soberanía nacional. Ante la virulencia de la reacción, que incluyó huelgas y manifestaciones de estudiantes universitarios, Roca se desmarcó de Pellegrini dejándolo en una posición tan desairada, que la única salida posible fue la renuncia.

Desde la oposición dentro del mismo partido, Pellegrini volcó todas sus energías en impulsar la reforma afirmando que la participación activa de la ciudadanía en la vida política es posible a través de una relación estrecha entre las instituciones del Estado y la opinión pública. "[Hay] una tercera fuerza que opera directamente sobre las acciones de los hombres, independientemente de que éstas sean o no acompañadas de sentimientos involuntarios. Hablo del poder de la opinión pública (...) Cuando el motivo de la opinión pública actúa en la misma dirección que la conciencia misma –lo cual suele ocurrir, ya que la una es consecuencia de la otra–, nos encontramos entonces con el motivo que con mayor fuerza opera sobre la gran mayoría de la humanidad", afirma John Stuart Mill en *La utilidad de la religión*. Pellegrini, permeable a las ideas del pensador británico, coincidía con esta apreciación y por ello defendía la ampliación de la base social del régimen.

Presionado por el malestar social y la ofensiva orquestada desde dentro de su mismo partido, el gobierno de Roca implementó algunas ligeras reformas electorales, como la sustitución de la lista única por el sistema de circunscripción, que ampliaron en alguna medida la base electoral y permitieron en 1904 que por primera vez los socialistas contaran en el Parlamento con un diputado, Alfredo Palacios. Esta reforma leve de la ley electoral, como cabía esperar, no evitó la vigencia de la corrupción en el ejercicio del voto. Hombre de acción y con un claro sentido del ejercicio del poder, Roca había edificado su sistema identificándolo con el Estado poniendo en juego su habilidad política y su fidelidad a la premisa "paz y administración". La paz y el orden eran fundamentales para el progreso y por ello se preocupó tanto de hacer sancionar un Código de Trabajo para calmar la agitación obrera, como de liquidar los problemas fronterizos entre Chile y Argentina y sentar las bases de la llamada política del ABC, como se denominó a la alianza de Argentina, Brasil y Chile.

Sin embargo, en el ocaso de su vida política le faltaron reflejos para afrontar con imaginación y audacia los problemas que planteaba una sociedad cada vez más compleja. En alusión a los inmigrantes, Roca dijo por entonces que no era su incorporación lo que le preocupaba, sino "lo que serán sus hijos en la futura formación del país", y esta preocupación, que reflejaba una cierta perplejidad ante el fenómeno social de la inmigración y los cambios que provocaba, acabaron por colapsar su capacidad de respuesta. El uso de la represión para neutralizar a sus opositores y a los agitadores sociales y sus tímidas medidas reformistas indican tanto las contradicciones de su régimen como sus limitaciones para dar respuestas adecuadas a las exigencias de una sociedad que había entrado en un vertiginoso proceso de transformación. Y Roca, quien sostenía que la "prosperidad consiste en la conservación de la paz y el acatamiento absoluto de la Constitución", vio por primera vez que perdía el control del sistema que había creado hacía treinta y cinco años. Por primera vez también, no tuvo la fuerza suficiente para imponer a su sucesor y sólo mediante un pacto con Pellegrini logró situar en la presidencia al ex mitrista Manuel Quintana, aunque acompañado en la vicepresidencia por José Figueroa Alcorta. El régimen roquista se revelaba así menos firme de lo que hasta entonces había aparentado.

Figueroa Alcorta, quien ocupó el sillón presidencial a la muerte de Quintana en 1906, año en que también murieron Mitre y Pellegrini, utilizó todos los mecanismos del poder para desmontar la maquinaria del régimen, despejar el camino a los reformistas y acallar las protestas populares. En este sentido, no dudó en valerse de las intervenciones federales en las provincias para neutralizar a los roquistas, e incluso del uso de la fuerza policial para clausurar y desalojar el Parlamento durante una sesión que le era adversa, ni en dictar la Ley de Defensa social de 1910 para garantizar el orden y la paz social ante las delegaciones extranjeras durante los festejos del Centenario. También cabe atribuirle a él el aplastamiento de la revolución radical de 1905 y la represión que le siguió y que acrecentó la sombra de ilegitimidad que ya proyectaba el régimen.

En el marco de este proceso de voladura controlada, lo más importante del gobierno de Figueroa Alcorta fue su firme propósito de crear las condiciones políticas idóneas para emprender las reformas institucionales que le permitiera mantener el poder y sus privilegios apuntalados por la legitimidad democrática. Y para el logro de este objetivo tampoco dudó en valerse de las trampas y amaños consagradas por el sistema electoral vigente, que ya eran parte de la cultura nacional del voto. De modo que, con los mismos recursos ilegítimos que la habían sostenido más de tres décadas, quedó sellada la suerte de la "monarquía consentida", fundada por el general Julio A. Roca, cuando en 1910 accedió a la presidencia el reformista Roque Sáenz Peña.

UNA LEY PARA LA MODERNIDAD

La ley que impulsó la reforma institucional y modificó radicalmente el mapa político argentino empezó a definirse desde el mismo momento en que Roque Sáenz Peña fue designado candidato presidencial del Partido Autonomista (PA). Como tal mantuvo una primera reunión secreta con Hipólito Yrigoyen planteándole su propósito de avanzar en la democratización del país una vez que se hiciera efectiva su elección. La reunión causó suspicacias entre los sectores más conservadores del PA, que maniobraron sin éxito para impedir que Sáenz Peña llegara al gobierno. Consumada su elección, Sáenz Peña anunció en el Congreso su intención de promulgar una nueva ley electoral: "Yo me obligo ante mis conciudadanos y ante los partidos a provocar el ejercicio del voto por los medios que me acuerda la Constitución, porque no basta garantizar el sufragio; necesitamos crear y mover al sufragante", dijo convencido de la necesidad de incorporar al juego político a nuevos sectores de la población, la cual por su parte, tal como también lo constataban radicales y socialistas, no expresaba gran interés por participar en él.

El presidente e Hipólito Yrigoyen, quien había mantenido su tradicional postura abstencionista durante los comicios, se reunieron por segunda vez y, no sin dificultad, pactaron la nueva ley sobre la base de adopción del padrón militar, para evitar que el gobierno lo manipulase; lista incompleta para garantizar la presencia de las minorías; sufragio universal, obligatorio y secreto; fiscalización de los partidos, y elección por sorteo de las autoridades del comicio. Con la colaboración de su ministro del Interior, Indalecio Gómez, el presidente redactó el proyecto de ley que durante 1911 fue debatido en el Congreso. El punto más controvertido fue la representación de las minorías, en el que los sectores ultraconservadores veían una peligrosa puerta para los radicales. "Es indudable que las mayorías deben gobernar, pero no es menos exacto que las minorías deben ser escuchadas, con su pensamiento y su acción, en la evolución ascendente del país", fue la contundente réplica del presidente. Finalmente, el 10 de febrero de 1912, se aprobó la Ley 8.871 que ha pasado a la historia como "ley Sáenz Peña" y que sentó las bases del moderno Estado democrático argentino.

La nueva ley, que no reconocía el voto de la mujer ni el de los individuos que no hubiesen adoptado la nacionalidad argentina, lo cual relativizaba la universalidad del sufragio que regulaba, respondía de algún modo al propósito del régimen para perpetuarse en el poder. La oferta de Sáenz Peña a Yrigoyen para ocupar cargos en el próximo gobierno, revela el convencimiento que había entre los conservadores de perpetuarse a través de gobiernos legitimados por una base electoral más amplia y por la participación de las minorías en la gestión de los asuntos públicos. En particular los reformistas creían posible higienizar la vida política y desterrar las tradicionales prácticas fraudulentas, que hasta entonces habían garantizado sus privilegios merced a la prepotencia policial o dando carta de naturaleza a individuos como Cayetano Ganghi, un caudillo bonaerense que se había hecho famoso por recorrer la campiña con una maleta llena de libretas cívicas. Aun siendo concebida como un ejercicio más de gatopardismo de la oligarquía, la nueva ley apareció como un elemento positivo para el progreso de la sociedad civil y de la democracia popular y sus efectos transformadores no tardaron en hacerse sentir.

El temor subyacente en sectores del conservadurismo oligárquico a entregar parcelas de poder a las masas populares y perder sus tradicionales privilegios fue uno de los agentes que ahondaron las divisiones internas del oficialismo e hicieron fracasar el proceso de autodemocratización. El estallido en junio de 1912 de la huelga de arrendatarios rurales de Santa Fe – el "Grito de Alcorta"– reafirmó en sus negativas presunciones a las viejas facciones oligárquicas, que empezaron a deslindarse del proyecto reformista. La división del oficialismo –partidos Conservador y Demócrata Progresista– favoreció en las elecciones legislativas de 1912, 1913 y 1914 la expansión de los radicales y también, aunque en mucha menor medida, de los socialistas en la ciudad de Buenos Aires. El espectacular avance de las masas populares hizo que la vieja guardia conservadora redoblara su presión y aprovechara la muerte de Sáenz Peña para desautorizar su actuación a través de su sustituto, Victorino de la Plaza. Pero la convocatoria a las elecciones presidenciales ya había sido proclamada y no había marcha atrás para el proceso movilizador de las clases medias, urbanas y rurales, y de la clase trabajadora desencadenado por la Ley 8.871. En 1915, Hipólito Yrigoyen publicó *La gran convocatoria*, manifiesto que daba por finalizado el intransigente abstencionismo de la UCR y alentaba con un discurso ideológicamente ambiguo a ejercer el voto para inaugurar una nueva era en la vida política del país.

El triunfo radical

Con el apoyo de las clases medias urbanas y rurales, que exigían participar en la vida pública, de pequeños y medianos hacendados y algunos sectores de las clases altas del interior, la UCR ganó las elecciones presidenciales de 1916. El acceso de Hipólito Yrigoyen a la presidencia hizo de Argentina el primer país latinoamericano que, junto a Uruguay, ponía en práctica la democracia representativa de acuerdo con los modelos más avanzados del mundo occidental. Lamentablemente, la heterogeneidad de las bases radicales, su indefinición ideológica, la incapacidad para resolver racionalmente las tensiones sociales y para remover las viejas estructuras de una economía agroexportadora y dependiente, y sus contradicciones políticas, sumadas a la mezquindad e insolidaridad de los grupos que conformaban la clase dirigente, determinaron el fracaso de la primera experiencia democrática del país.

Salvo en el tono y en una mayor sensibilidad social, la política de los radicales no se diferenció sustancialmente de la política de los conservadores. Éstos, que seguían gobernando varias provincias, mantenían su influencia en las Fuerzas Armadas, la Iglesia, la Sociedad Rural, etc., y eran mayoría en el Senado, controlaban todos los resortes del poder e hicieron valer su peso específico en no pocas ocasiones en que creyeron ver amenazados sus intereses y privilegios.

El continuismo se puso de manifiesto tanto en la política exterior como en la interior. En la primera, Yrigoyen defendió el neutralismo, aunque con ciertas preferencias por los aliados, a quienes suministró materias primas y concedió créditos. Incluso cuando Alemania inició el ataque de barcos mercantes neutrales en 1917 y obligó a Estados Unidos a entrar en la guerra, el presidente radical mantuvo su postura. Y, a pesar de la presión de los conservadores y de algunos sectores de su propio partido que abogaban por la ruptura, Yrigoyen fue más allá desmarcándose de las directrices estadounidenses y hasta oponiéndose a ellas al rechazar el proyecto Wilson de la Liga de las Naciones.

La declaración del 12 de octubre como Día de la Raza señaló la reconciliación con la tradición española como factor de identidad y al mismo tiempo expresó simbólicamente el rechazo institucional al panamericanismo impulsado por Estados Unidos. Este gesto tuvo un fuerte efecto catalizador de los sentimientos populares y también de la mayoría de los sectores conservadores, que por un lado reconocían en la hispanidad sus raíces patricias y por otro se identificaban con el "carácter civilizado" de los británicos, con quienes se hallaban vinculados sus intereses económicos, mas no con los "modales groseros" de los estadounidenses.

En política interior el comportamiento radical reprodujo no pocos gestos del régimen oligárquico anterior. En este sentido, Yrigoyen no sólo incorporó a su gabinete de gobierno a miembros de la Sociedad Rural, entidad que representaba los intereses de los grandes ganaderos, y reforzó sus vínculos con la Iglesia, sino que, como el régimen conservador, se valió del poder presidencial y de la fuerza para intervenir las provincias controladas por los conservadores cuando la política obstruccionista de éstos colapsaba la actividad legislativa del gobierno.

Durante su periodo de hegemonía política que transcurrió entre 1917 y 1930, a través de los gobiernos de Hipólito Yrigoyen y Marcelo Torcuato de Alvear, los radicales, no obstante los condicionantes impuestos por el poder conservador y sus propias contradicciones surgidas de la composición social del partido y de sus bases, procuraron satisfacer las exigencias de cambio de los sectores medios que acababan de acceder a la vida política. Lo hicieron con desigual fortuna según los campos y los sectores sociales de actuación a causa de su indefinición ideológica y de los mismos temores y aversiones de las élites patricias apenas disimulados, y siempre empujados por la magnitud de las transformaciones que experimentaba la sociedad argentina.

LA EMERGENCIA DE LA CULTURA POPULAR

La Ley Sáenz Peña fue el dispositivo que liberó la presión de las masas que empezaba a hacerse incontenible para los mecanismos del régimen oligárquico. El triunfo radical operó entonces como una válvula de escape que posibilitó en términos sociales y culturales una estabilización de la sociedad que acusaba tanto los efectos de su propia dinámica transformadora como el impacto socioeconómico e ideológico provocado por la Gran Guerra y las revoluciones rusa y mexicana.

Al iniciarse la década de los años veinte se reanudó el flujo inmigratorio, pero ya por entonces muchos hijos de inmigrantes formaban parte natural del paisaje humano del país y eran los agentes protagonistas de los cambios culturales que reclamaban su reconocimiento social. Al mismo tiempo, ellos eran partícipes activos del espectacular proceso de urbanización del país, el cual acentuó los desequilibrios demográficos y contribuyó al desarrollo de una cultura popular urbana. Una cultura que asumió la modernidad como objetivo, pero que al actuar como referencia hegemónica contribuyó a distorsionar la realidad del país y prolongar como impostura los vicios coloniales heredados por las elites criollas. De hecho continuó reproduciéndose la estructura colonial, con una capital hiper desarrollada y controlada por una elite dirigente dominando el resto del territorio, y a su vez dependiente económica y financieramente de una metrópolis foránea.

Buenos Aires, acrecida desmesuradamente por la sedimentación de los flujos inmigratorios que se concentraron en ella, se había convertido en la "cabeza de Goliat", como la llamó acertadamente Ezequiel Martínez Estrada. Era esta cabeza la que pensaba y generaba la cultura de un país que imaginaba urbano, pero cuya realidad era rural. Su vasto territorio, dividido en provincias históricamente postergadas, generaba las riquezas que eran transportadas a la ciudad–puerto a través de un interesado trazado ferroviario. Esta perversión de la realidad no fue corregida entonces, porque el sueño de los padres fundacionales de trascender la realidad periférica del país convirtiéndolo en referencia del mundo civilizado había arraigado también en el imaginario popular porteño para beneplácito de las élites de poder, que se valían de los recursos agropecuarios del interior para seguir alimentándolo.

La ciudad se consolidó así como el espacio real y mítico donde transcurre toda la vida argentina; donde Adán Buenosayres, el protagonista de la novela homónima de Leopoldo Marechal, vive su particular odisea y conoce los secretos de la realidad invisible que oculta la gran urbe. Buenos Aires es el escenario, la réplica parisina, donde tienen lugar los grandes avances de una cultura popular tributaria de la europea que determinará, a pesar de todo, una identidad argentina que prevalecerá y fagocitará otras formas de ser argentino.

En este marco urbano, la educación pública, laica y obligatoria, impulsada por los gobiernos oligárquico-liberales desde las últimas décadas del siglo XIX, había producido a una masa social alfabetizada y medianamente culta, curiosa y aficionada a la lectura y a otras manifestaciones intelectuales. Asimismo, los esfuerzos educadores de la izquierda socialista, confiada en que la instrucción y el conocimiento darían a las clases trabajadoras mayor conciencia y recursos para defender sus derechos y alcanzar la justicia social, también había contribuido a ampliar el territorio cultural y a rebajar las diferencias entre las clases sociales, en consonancia lógica con los principios básicos de la democracia popular.

El carácter expansivo y dinámico de la sociedad porteña determinó una corriente reformista que cuajó en las capas medias conformadas por chacareros –pequeños propietarios rurales–, pequeños y medianos comerciantes urbanos, profesionales liberales, oficinistas y funcionarios, y abocadas al ascenso social. Para estos sectores la titulación universitaria era indisociable del prestigio y el escudo nobiliario que daba lustre, en algunos casos, a sus recientes fortunas. Tampoco los trabajadores urbanos escaparon a este influjo y, una vez desactivados los focos contestatarios, tendieron a imitar los comportamientos de las clases medias a la vez que se identificaban con sus mismos objetivos de ascenso social.

La corriente reformista que recorría el cuerpo de la sociedad argentina, originada en las tendencias sociales y progresistas europeas pasadas por el tamiz de las corrientes ideológicas más tradicionales, en general vinculadas a las doctrinas sociales de la Iglesia católica, actuó como verdadero motor de las transformaciones sociales de la era radical. A partir de ella cobró forma una idea básica de justicia social y se generó un proceso de adecuación y modernización de las instituciones políticas que si no se consolidó, a pesar de darse como una continuidad progresiva, se debió a las limitaciones ideológicas de la clase dirigente. Su nula voluntad para eliminar las tradicionales estructuras de poder operó como un dique de contención que impidió ejecutar las reformas de un sistema económico dependiente que situaba al país, en el orden capitalista internacional, como mero proveedor de materias primas y fuerte consumidor de manufacturas y bienes de capital. Una posición que dejaba al Estado –más identificado con el progreso económico que con el cuerpo social–, vulnerable a los ciclos recesivos de la economía mundial y a las tensiones sociales.

La cultura popular, fraguada por las clases medias y obrera y caracterizada por el ascenso y la reforma sociales, se desarrolló en consonancia con los cambios que producían el progreso industrial y las innovaciones tecnológicas en los hábitos y en las relaciones cotidianas.

Los avances y mejoras en el campo laboral, como la reducción de la jornada, tanto diaria como semanal –domingo y "sábado inglés"–, la incorporación de la mujer al mercado de trabajo, etc., y la mayor disponibilidad de tiempo libre favorecieron en las clases medias y obreras nuevas actitudes que tendían a valorar tanto sus propios gustos, como a incorporar en sus hábitos elementos culturales hasta entonces patrimonio exclusivo de las élites. La lectura de libros, revistas, folletines, periódicos, etc.; el teatro, el cine, la radio, los deportes y la música experimentaron un auge masivo.

El tango salió del arrabal y del prostíbulo y, con aires de canción y toques sinfónicos, se instaló en el centro de la ciudad desde donde se proyectó a las grandes capitales del mundo como genuino sello cultural de la gran urbe argentina. El tango fue la gran creación de la cultura popular rioplatense y la expresión más acabada de su modernidad urbana. Pero todo lo auténtico que tiene respecto de la sociedad capitalina lo tiene de falso en relación con el todo de la sociedad argentina, la cual estaba y está marcada por la ruralidad y la postergación. La diversidad y vitalidad de la música folclórica de las diferentes regiones del interior, incluida la campiña bonaerense, expresa la pervivencia de una cultura vinculada a la tierra, que resiste la presión de la modernidad en la medida que su hábitat es tenido como un paisaje excluido de ella. De modo que la pretensión de que toda la sociedad argentina es urbana es una impostura asentada en el poder hegemónico de Buenos Aires sobre el resto del país.

El mito de la cultura como signo de distinción social y la incorporación de las capas medias y obrera a la enseñanza media y superior acabó por consagrar una retórica que incorporó la titulación universitaria al trato. Así, doctor –médico u abogado–, ingeniero, arquitecto, etc., se adhirieron al nombre como una seña de identidad que tendía a distinguir a los nuevos profesionales del resto de la masa que no había pasado por el tamiz académico-social de las universidades. Paralelamente, en especial en ciudades de tradición universitaria, ciertos grupos populares desarrollaron una jerga que pretendía imitar el lenguaje de las clases cultivadas, como en Córdoba donde los "negros del barrio" empleaban cultismos desprovistos de su original significación, o, como en Buenos Aires, donde, prosperó un modo precipitado, fantasioso y vacuo del habla, cuya máxima expresión fue la *sanata*. Se trataba, en cualquier caso, de una sintomática recreación popular de la apariencia social en correspondencia con la impostura que iba configurando el carácter nacional.

En cierto modo legitimada por la incorporación de amplios sectores populares a la vida política, Buenos Aires no sólo fue capaz de generar una potente cultura urbana, sino también, desde su posición de fuerza, de imponer sus diferentes manifestaciones con un carácter homogeneizador al resto del país. Con el apoyo de una poderosa e influyente prensa escrita y de la radio, Buenos Aires capitalizó y "exportó" como nacional su música, su teatro, su literatura y su cine y hasta sus asociaciones y competiciones deportivas. Nada de lo que sucedía o se hacía fuera de los circuitos neuronales de la "gran cabeza" existía o tenía valor. Por ejemplo, el campeonato nacional de fútbol, instituido en 1924, se libró sólo entre equipos de Buenos Aires y de Santa Fe hasta la década de los setenta, cuando la, Asociación del Fútbol Argentino (AFA), reestructuró la competición dando entrada a los equipos de las provincias del interior. Asimismo, la cultura porteña consagró su literatura urbana como una sinécdoque de la literatura nacional al ignorar sistemáticamente la producción de las provincias, en general desprovistas de infraestructuras de edición y divulgación tan potentes como las suyas. Ello determinó que, para que un escritor o poeta del interior fuese reconocido como tal antes debía pasar la reválida de la capital, cuya elite intelectual sanciona las tendencias y gustos literarios y establece el canon argentino. Ello explica que la historia oficial de la literatura argentina sea también una forma de impostura en la medida que no representa la diversidad de su producción e incluya una larga lista de autores mediocres, independientemente de su origen porteño o provincial, en detrimento de otros creadores de talento que por cualquier motivo no han querido o no han podido vincularse a los grupos intelectuales y editoriales de la capital.

La cultura popular urbana que se desarrolló en Buenos Aires propiciada por la democratización de las instituciones políticas, pero sin que se modificasen las viejas estructuras coloniales, contribuyó a consolidar la hegemonía de la capital sobre el resto del país. Así como la producción agropecuaria confluía a la ciudad-puerto a través de una red ferroviaria radial en beneficio de los intereses de la élite terrateniente y del capital foráneo, casi todas las energías creadoras del interior eran atraídas hacia la capital para su propio alimento y proyección.

La Buenos Aires de los años veinte respondía cabalmente al sueño de grandeza de una oligarquía que, con la mirada puesta en las más modernas urbes europeas, gobernaba de espaldas a su propio territorio. Y así como el título universitario confería prestigio social a los hijos de inmigrantes que no podían exhibir un linaje patricio, Buenos Aires, para esa élite dirigente que no había experimentado ideológicamente una terapia descolonizadora, era la fachada opulenta que ocultaba las servidumbres del país.

El radicalismo, acaso por su origen vinculado a facciones oligárquicas desplazadas en su momento del poder político y por lo tanto, como afirmaba Juan B. Justo, por ser resabio de la "política criolla", no tomó ninguna medida para corregir los desequilibrios que aquejaban a la vida del país y comprometían su futuro. A causa de estas deficiencias estructurales, el proceso de modernización institucional, que se verificó en el país durante la era radical, mantuvo vigente el viejo conflicto entre la ciudad y el campo identificados frívolamente con modernidad y tradición.

Las disfunciones del sistema han contribuido a esa latente tensión entre la capital y el interior, que ha impedido la amalgama de una identidad nacional fundada en su diversidad regional, y ha afectado a la estabilidad del Estado. No es producto del azar que dos de los movimientos reactivos más emblemáticos de la historia argentina del siglo xx, como fueron la Reforma en 1918 y el Cordobazo en 1969, se hayan originado en la ciudad de Córdoba.

Democratización de la universidad

De acuerdo con su programa de consolidar su base social promoviendo las nuevas clases medias, el radicalismo apoyó el movimiento de reforma universitaria que reivindicaba una mejor enseñanza, la participación de los estudiantes en el gobierno universitario y la ampliación de la autonomía universitaria.

Hacia 1918, en Córdoba, sede de las más antigua universidad del país, fundada por los jesuitas en 1617, se agudizaron las tensiones entre su gobierno clerical y el estudiantado, compuesto por una mayoría de hijos de inmigrantes. Los estudiantes cordobeses, agrupados en la Federación Universitaria Argentina (FUA), e influidos en particular por la onda expansiva de las revoluciones mexicana y rusa, exigieron la democratización de las estructuras universitarias, la autonomía de la Universidad y la modernización de los planes de estudio y de los métodos de enseñanza.

Las manifestaciones y huelgas estudiantiles agitaron la sociedad cordobesa durante todo ese año lectivo con la tolerancia del gobierno radical, que intuyó que la vinculación con el movimiento reformista podía asegurarle el apoyo de las clases medias y al mismo tiempo ocupar una de las fortalezas ideológicas de la oligarquía. Merced a la naturaleza de sus reivindicaciones, el movimiento se extendió a las otras dos universidades argentinas, las de Buenos Aires y de La Plata, fundadas en 1821 y 1890 respectivamente, y de allí a todo el continente latinoamericano.

Los delegados de Hipólito Yrigoyen actuaron con celeridad y en respuesta elaboraron un nuevo estatuto universitario que recogía casi la totalidad de las reclamaciones estudiantiles. Dicho estatuto, que fue inmediatamente aplicado a las tres universidades y, tras su creación en 1919 y 1921, a las de Santa Fe y Tucumán, sancionaba la democratización del gobierno universitario dando entrada en él a todos sus estamentos. La autonomía de la Universidad apareció entonces como uno de los mayores logros del movimiento de Reforma, aunque en realidad los dispositivos reglamentarios la relativizaban y dejaban su control en manos del gobierno nacional.

El triunfo de la Reforma estudiantil fue un gran éxito político del régimen radical, que no sólo desmontó un foco de perturbación social, sino que extendió su influencia a las capas medias de la sociedad argentina al tiempo que proyectaba al exterior la imagen de un gobierno políticamente hábil y de un país seriamente involucrado en su proceso democrático. Sin embargo, el progresismo demostrado con los estudiantes contrastó con el conservadurismo exhibido con los trabajadores, cuyos movimientos y huelgas, como los que dieron lugar a la Semana Trágica de 1919 y a los sucesos de la Patagonia de 1921, fueron violentamente reprimidos.

Uso, represión y disfrute de la clase trabajadora

Los radicales, que dominaron la vida política del país hasta 1930 a través de las presidencias de Yrigoyen y Alvear e impulsaron la democracia popular, llevaron a cabo una política contradictoria con la clase trabajadora. Sus prejuicios de clase y la presión de la Iglesia y de los conservadores, quienes seguían manteniendo importantes parcelas de poder, acabaron por activar viejos temores y torcer el rumbo inicial de una política conciliadora que acabó en una violenta y generalizada represión de las movilizaciones obreras.

A raíz del colapso del comercio exterior y la crisis económica internacional originados por la Primera Guerra Mundial, Argentina sufrió un fuerte descenso de sus rentas fiscales y una alta inflación que, al afectar negativamente a la dinámica económica y al nivel de vida global de la ciudadanía, abrieron un periodo de confrontación social durante el primer lustro de gobierno radical.

La Revolución rusa de 1917 y el estallido de movimientos revolucionarios en Alemania, Hungría e Italia alimentaron la idea de la inminencia de una revolución mundial que alentó a todos los trabajadores occidentales y atemorizó a los regímenes burgueses. Los sectores más reaccionarios de los países de Occidente empezaron entonces a cuestionar las ventajas de las democracias representativas y, bajo distintos presupuestos ideológicos, pusieron en práctica experiencias dictatoriales que, como el régimen fascista instaurado por Benito

Mussolini en Italia en 1922, determinaron modelos de acción. En Argentina, la Iglesia y la oligarquía pasaron a la ofensiva y las clases medias, ideológicamente vulnerables y políticamente volubles, se sumaron progresivamente a las facciones conservadoras.

El discurso de conservadores y nacionalistas descubrió el "peligro rojo" activado por "agitadores extranjeros", "agentes bolcheviques", "anarquistas" y "maximalistas", a los cuales identificó fundamentalmente con "catalanes" y "judíos". En 1919, en el exclusivo Círculo Naval tuvo lugar la fundación de la Liga Patriótica Argentina (LPA) bajo el lema "Patria y Orden" y con el patrocinio de sectores militares, representantes de compañías extranjeras, clubes oligárquicos, como el Jockey Club, y organizaciones patronales, como la Asociación del Trabajo, dedicada al suministro de obreros rompehuelgas y creada a instancias de las empresas británicas, y la Sociedad Rural Argentina, órgano representativo de los ganaderos.

La LPA, autodesignada "guardiana de la argentinidad", formó con individuos procedentes de las clases medias grupos de choque que actuaron junto a la policía y al ejército en la represión de los trabajadores en las ciudades y en el campo. Asimismo, con el apoyo del Círculo Tradición Argentina, la LPA organizó ciclos de conferencias que exaltaban el nacionalismo y propugnaban, como lo expresó Leopoldo Lugones, "la extirpación del extranjero" y, "llegada la hora de la espada", la quiebra del orden constitucional dado que la democracia sólo podía conducir a "la demagogia o al socialismo"

Paralelamente la Iglesia católica articuló su política social sobre la base de un integrismo antiliberal para contrarrestar la actividad de divulgación cultural de los socialistas. En 1919, al tiempo que organizaba la "Gran Colecta Nacional" para aliviar la situación de los más necesitados, la curia reunió todas las organizaciones católicas en la Unión Popular Católica Argentina bajo la dirección de la alta jerarquía eclesiástica con el propósito de librar y ganar la batalla cultural al socialismo y cuestionar desde las bases la democracia representativa.

En esas circunstancias, el Ejército, aunque organizado profesionalmente, también comenzó a actuar como un partido político en la sombra. Sus cuadros, haciendo valer su decisiva participación en la organización del Estado oligárquico y su alianza con los intereses comerciales británicos, se movilizaron ante el temor de que el "peligro rojo" atentara gravemente contra el sistema. El protagonismo del Ejército como poder fáctico fue propiciado tanto por los radicales, al emplearlo como fuerza de intervención federal o represora en los conflictos sociales, como por los sectores más reaccionarios de la sociedad. Éstos, que controlaban la economía y que, teniéndose por verdaderos artífices de un progreso que creían ilimitado, eran los responsables en el Congreso de la autorización de un presupuesto militar excepcional, y también vía de influencia política para la potencia vendedora. Las partidas destinadas a los gastos militares a la vez que fortalecían los intereses comunes entre la oligarquía y el Ejército restaban eficacia a la política social del gobierno radical, para el cual el gasto público era la piedra angular de su sustento electoral.

Como primer partido de masas que accedía a un gobierno en Argentina, la UCR se vio abocado inicialmente a afrontar la conflictividad social mediante recursos políticos, que le permitían conferir al Estado un papel de árbitro y a la vez ampliar su base social entre los trabajadores. Esta política social puso a los radicales en el campo de influencia de los socialistas, que contaban con el voto de los sectores medios y obreros urbanos. El PS, que no planteaba la socialización de la propiedad, era un partido progresista dentro del sistema, cuyo programa reformista moderado no le había servido para granjearse la masiva simpatía de la clase trabajadora. Los sectores más radicales de los obreros habían apoyado hasta 1910 a los anarquistas y los "apolíticos" a los sindicalistas, los cuales, por su parte, en 1915 se habían hecho con el control de la FORA.

En 1916, dentro del clima de agitación social que vivía Buenos Aires a causa de la caída de los salarios y las duras condiciones del trabajo, la Federación Obrera Marítima convocó una huelga portuaria que sirvió a los radicales para lanzar su ofensiva contra los socialistas y a la vez ganar prestigio entre los trabajadores, los cuales buscaron su sindicación en la FORA. Invocando una política de "armonía social" y "justicia distributiva", el gobierno radical dio un golpe de efecto prescindiendo de la represión policial y convocando a los dirigentes sindicales y a las compañías marítimas y ferroviarias para que aceptasen un acuerdo que satisfacía gran parte de las reivindicaciones obreras. El arbitraje del gobierno radical en este y otros conflictos laborales en la capital cada vez más graves que tuvieron lugar le dio importantes réditos políticos, merced a los cuales ganó las elecciones de 1918, a la vez que modificó la relación de fuerzas estableciendo un relativo y frágil equilibrio entre obreros y patronos.

Pero el mismo año de su victoria electoral, al reprimir violentamente las huelgas de los ferroviarios y de los frigoríficos, el gobierno radical puso de manifiesto su doble conducta cuando el conflicto tenía lugar fuera de los distritos donde disputaba el voto a los socialistas o cuando los sindicatos contaban con una mayoría de trabajadores extranjeros. El hecho revelaba las contradicciones de un movimiento que, si bien podía albergar una cierta sensibilidad social, carecía de claridad ideológica y de una política que apuntara a la reforma de las tradicionales estructuras sociales y económicas.

El reformismo radical también se reveló superficial al no crear los mecanismos institucionales que consagraran y fortalecieran el papel arbitral del Estado que parecía haber puesto en marcha en 1916. También el Congreso prescindió de este cometido y, salvo la ley de arrendamientos rurales, dejó en manos de la policía la resolución de los conflictos sociales. La conducta política de los dirigentes argentinos, no obstante la progresión del sistema hacia una democracia representativa, seguía ligada a los intereses partidistas o de clase y desvinculada del bien común.

En 1919, la agitación obrera alcanzó el punto de máxima tensión en Buenos Aires y la convocatoria de huelga general se extendió por las principales ciudades del país y en el campo movilizó tanto a los chacareros agrupados en la FAA como a los jornaleros. La chispa que provocó el virulento estallido social fue la huelga, que en enero iniciaron los trabajadores metalúrgicos de los talleres Vasena a raíz de la caída de sus salarios. La tensión acumulada desembocó en una espiral de violencia que enfrentó a huelguistas y policías y llevó a la intervención del Ejército que encargó al general Luis Dellepiane la represión sangrienta de los trabajadores, mientras policías de paisano salían a la caza de agitadores, "maximalistas" judíos y anarquistas catalanes. La llamada Semana Trágica duró diez días y dejó cerca de setecientos muertos, unos cuatro mil heridos, incluidos mujeres y niños, y más de cincuenta mil trabajadores presos. El teniente que dirigió las tropas que dispararon contra los obreros de Vasena se llamaba Juan Domingo Perón.

La sangrienta represión militar, policial y parapolicial fue un duro golpe político para el gobierno radical, el cual se vio obligado a cambiar su política de conciliación con los trabajadores por los viejos métodos represivos. Los conservadores aprovecharon el momento para organizar la mencionada Liga Patriótica Argentina, cuyas brigadas salieron a la calle a mantener el orden público, descubrir "bolcheviques" entre los inmigrantes y presionar al gobierno para que siguiese una política "patriótica".

En ese contexto de recesión económica y confrontación social, el gobierno radical no resistió la presión de las fuerzas conservadoras y del Ejército, donde ya había elementos dispuestos a encabezar su derrocamiento. Si bien, tras los sucesos de la Semana Trágica, la actividad intimidadora de la Liga Patriótica había reducido la conflictividad en las ciudades, en las zonas rurales continuó, debido a la insoportable situación de los trabajadores. Entre 1919 y 1922, los movimientos huelguísticos rurales fueron combatidos combinadamente por las brigadas parapoliciales de la Liga Patriótica y las fuerzas policiales y militares. Especialmente sangrientas fueron las represiones de los hacheros santafecinos y chaqueños de La Forestal y Las Palmas y, sobre todo, de los peones, pastores y esquiladores de la Patagonia. Aquí, la huelga convocada por la Sociedad Obrera de Oficios Varios de Río Gallegos adquirió una magnitud tal, dadas las condiciones extremas de explotación de las que eran víctimas los trabajadores, que movió a los estancieros argentinos y británicos a exigir la intervención del Ejército y a la Liga Patriótica, a denunciar una presunta conspiración chilena para anexionarse la Patagonia. Autorizadas por el gobierno radical, las fuerzas militares comandadas por el coronel Héctor Benigno Varela, sin utilizar la violencia en esta ocasión, lograron arbitrar un acuerdo entre las partes que satisfacía las demandas obreras al tiempo que producía un gran disgusto entre los estancieros.

Una nueva caída del precio de la lana fue el pretexto que los estancieros aprovecharon, poco después, para reactivar el conflicto. Con el apoyo de la Liga Patriótica, los patronos organizaron brigadas de "guardias blancos" e infiltrando delincuentes entre los trabajadores, provocaron una serie de graves desmanes que achacaron a los sindicalistas. Ante tal situación de violencia, los estancieros, con el patrocinio de la Sociedad Rural, volvieron a reclamar la presencia del Ejército. Yrigoyen, a su vez presionado por los gobiernos de Estados Unidos y Gran Bretaña, mandó una vez más las tropas al sur, las cuales ejecutaron matanzas que dejaron un saldo, según Osvaldo Bayer en su *Patagonia rebelde*, de unos mil trabajadores muertos, muchos de ellos españoles y chilenos, y la aniquilación del movimiento obrero rural.

Los sucesos de la Semana Trágica y de la Patagonia revelaron de un modo brutal al Ejército argentino no como un cuerpo armado para la defensa del país, sino como una fuerza de ocupación al servicio de las élites e intereses a los cuales estaba vinculado. En medio de un generalizado y "prudente" silencio, unas pocas voces condenaron en el Congreso las masacres de la Patagonia y exigieron la formación de una comisión investigadora, que la mayoría radical impidió para salvaguardar el "prestigio" de las Fuerzas Armadas. Por su parte, el gobierno tomó medidas para impedir en el futuro la entrada de "extranjeros peligrosos" e intentó en vano negociar con Uruguay, Brasil, Paraguay y Chile un tratado que permitiese la selección de inmigrantes.

La conflictividad obrera y la actuación a la que fue conducido el gobierno radical por las fuerzas conservadoras pusieron de manifiesto que las tendencias reformistas no tenían como fin último una verdadera democracia representativa, sino crear unas condiciones institucionales mínimas que perpetuasen en el poder a las élites oligárquicas bajo un fino barniz de legitimidad.

La acción de los conservadores en el Congreso había estado desde el principio orientada a limitar los alcances de una legislación, que favoreciese más de lo estrictamente necesario a las clases medias y, sobre todo, a la clase trabajadora. La movilización de ésta, al tener que soportar los mayores costos de la recesión económica debido a la estructuración vertical de la economía, activó los miedos más profundos de la oligarquía y el temor a perder sus viejos privilegios de clase se le hizo insoportable. Sus sectores más reaccionarios, ya reacios a concesiones reformistas, se lanzaron entonces a una intensa campaña de desprestigio del gobierno y de la democracia como sistema. Leopoldo Lugones, uno de sus voceros más conspicuos, en un discurso pronunciado en Perú en diciembre de 1924, con ocasión del centenario de la batalla de Ayacucho, anunció que había llegado "la hora de la espada". El momento histórico en que el "jefe predestinado" debía asumir el mando, porque el "Ejército es la última aristocracia, vale decir la última posibilidad de organización jerárquica que nos resta".

Hipólito Yrigoyen, para contrarrestar los efectos negativos de la "pacificación" social y neutralizar la presión conservadora, no halló mejor recurso que el intervencionismo federal y la reactivación del clientelismo típico de la "política criolla" a través de los comités y, favorecido por la recuperación de las rentas, del aumento del gasto público. En consecuencia, los radicales ganaron una vez más las elecciones de 1922 y situaron en la presidencia a Marcelo Torcuato de Alvear, miembro de una aristocrática familia terrateniente. El personalismo caudillista había resurgido una vez más como aparente aval de la estabilidad del Estado, cuyas instituciones, sin embargo, no se sostenían sobre la base de las libertades y el bien común, sino sobre el poder de la fuerza, la venalidad clientelar y la impunidad de los responsables de graves crímenes perpetrados contra la población civil.

La estabilidad condicionada

El gobierno de Alvear transcurrió durante un periodo caracterizado por la reactivación económica, la recuperación de las rentas públicas, la calma obrera y el activismo de los grupos ultraconservadores, nacionalistas, católicos y fascistas, lanzados a la recuperación del poder.

Una de las primeras acciones de gobierno de Alvear fue el fallido intento de resolver la difícil situación de los criadores de ganado agrupados en la Sociedad Rural. Los ganaderos, favorecidos por la exportación de carne congelada a Gran Bretaña durante la Gran Guerra, sufrieron un rudo golpe a partir de 1918, cuando su cliente volvió a preferir la carne refrigerada, cuya producción "argentina" era controlada por capitales estadounidenses desde 1907. Alvear, sensible a las reclamaciones proteccionistas de la Sociedad Rural, propició en 1923 una serie de leyes que resguardaban sus intereses. Sin embargo, el simple anuncio de los monopolios extranjeros, entre ellos Armour & Swift, de suspender las compras de ganado, cuyo número de cabezas superaba los cuarenta millones, desestabilizó la unidad de los ganaderos argentinos y convirtió en papel mojado las leyes dictadas.

El continuismo de la tradicional política conservadora se verificó en la política fiscal y en la falta de voluntad para el desarrollo de una industria nacional. Tras un aparente matiz proteccionista, el gobierno de Alvear redujo los impuestos que gravaban la importación de materias primas utilizadas por la industria metalúrgica y las tasas que afectaban a la producción y exportación de algodón, yerba mate y frutas.

El objetivo del gobierno, sustentado en la diversificación agrícola y la extensión de la colonización del campo, era promover una industria nacional de base agraria en la cual se confiaba para competir con éxito en el mercado internacional. Para los radicales como para los conservadores argentinos, estrechamente vinculados a la oligarquía terrateniente, era más beneficioso "para el país" apoyar las actividades agropecuarias y exportar su producción que invertir en la producción de manufacturas y bienes de capital. De hecho, la clase dirigente política tenía la firme convicción de que la incipiente industria por sustitución de importaciones, como la metalúrgica, que se había visto obligada a promover por la falta de abastecimiento a causa de la guerra, no sólo era costosa sino que estaba en el origen de la inflación y, sobre todo, de las tensiones sociales que habían abrumado al país recientemente. De modo que la incipiente industrialización del país quedó en manos de compañías extranjeras, principalmente estadounidenses. Empresas como Colgate, General Motors, General Electric, etc. invirtieron aprovechando las prebendas arancelarias que se les otorgaron para asegurarse un apreciable mercado consumidor de cosméticos, automóviles, maquinarias agrícolas e industriales, radios, fonógrafos, heladeras [1],

---

[1] Argentinismo: nevera, frigorífico (N. del E.).

etc., cuyas materias primas y piezas importaban para elaborar o montar en las plantas nacionales.

Es así que, el fin último de la política fiscal de Alvear no estuvo orientada a generar un sólido proceso industrializador, sino a sanear las arcas del Tesoro. Al final de su mandato, logró su objetivo tras hacer un particular esfuerzo por reducir la deuda pública y controlar parcialmente la tendencia alcista de gasto público inaugurada por su antecesor. No obstante, sus planes de contención del gasto público le granjearon la animosidad de la clase media, directa beneficiaria de los dispendios clientelares de Yrigoyen, a quien allanó el camino a la presidencia por segunda vez.

La sensibilidad del gobierno de Alvear ante las presiones de los grupos de poder también se puso de manifiesto en la deriva de su política social. En 1925, por ejemplo, a instancias de la Unión Industrial, derogó la ley 11.289, sancionada dos años antes, que sentaba las bases de la jubilación universal y obligatoria para todos los trabajadores. Éstos tampoco tuvieron una actuación feliz en este caso. Su pasividad favoreció la derogación, debido a que se oponían a aportar el 5 por ciento de sus salarios en la creencia de que la totalidad del fondo correspondía obligatoriamente a las empresas.

La represión de la clase trabajadora y la "compra" de la clase media determinaron un periodo de calma social durante el gobierno de Alvear, a la que también contribuyó la recuperación económica. Sin embargo, la Iglesia católica continuó su ofensiva cultural integrista al mismo tiempo que la Liga Patriótica radicalizaba sus tendencias fascistas y diversificaba su propaganda a través de campañas de "humanitarismo práctico", cursos para señoritas, congresos y publicaciones. Incluso llegó a aprovechar como plataforma la prestigiosa *Revista de Economía Argentina*, que en 1918 había fundado el economista Alejandro Bunge, inspirador de la política fiscal de Alvear.

Elementos surgidos de la Liga Patriótica, entre ellos los hermanos Rodolfo y Julio Irazusta, Ernesto Palacio y Juan A. Carulla, fundaron en 1927 *La Nueva República*, revista desde la cual atacaban con virulencia la democracia representativa y el sufragio universal y, ante la imposibilidad de repetir en Buenos Aires un golpe de efecto como el de Mussolini con su "marcha sobre Roma", insistían en que había llegado la "hora de la espada" para constituir una república nacionalista y regenerar la sociedad.

Si bien el grupo nacionalista contó con el explícito apoyo del general retirado José Félix Uriburu y otros oficiales asiduos al Jockey Club, otros sectores de las Fuerzas Armadas, aunque descontentos con los gobiernos radicales, seguían fieles al orden constitucional. Los dos puntales aparentes de esta posición eran el general Agustín P. Justo, a instancias de quien Alvear había fundado en 1927 la Fábrica Militar de Aviones, y el general Enrique Mosconi, presidente de Yacimientos Petrolíferos Fiscales, la compañía estatal creada en 1922 por Yrigoyen para explotar, refinar y distribuir el petróleo de Comodoro Rivadavia, Neuquén y Salta. Pero el mismo hecho de que se definiesen estas dos tendencias indicaba la existencia de una polarización dentro de la oficialidad de las Fuerzas Armadas, al tiempo que como institución empezaban a tomar posiciones en el campo económico y actuar como bando político.

En la UCR, a su vez, la disparidad de criterios entre quienes apostaban por la personalidad de Yrigoyen y quienes se autodefinieron como "antipersonalistas" degeneró en una tensa lucha intestina que, con la "neutralidad" de Alvear se decantó en favor del viejo jefe radical. La figura de Hipólito Yrigoyen constituyó en ese momento histórico el triunfo del caudillismo. Nadie antes que él había obtenido tanta popularidad e influencia en las masas populares y el hecho contribuyó, en no poca medida, a debilitar las aún frágiles instituciones democráticas. Cuando en una democracia representativa la gestión de la *res publica* se supedita a la voluntad de un individuo o de una elite excluyendo la participación de la colectividad, los mecanismos democráticos se degradan y las instituciones del Estado se revelan impotentes para imponer su vigencia y llevar a la práctica civil los enunciados constitucionales.

La facción yrigoyenista logró en 1928 un triunfo electoral tan espectacular en número de votos como fugaz fue su vigencia. Todos los vicios de la "política criolla", desde el reparto de cargos públicos entre su clientela hasta el intervencionismo federal de las provincias dominadas por conservadores o "antipersonalistas", fueron activados para asegurarse el control del poder. La reprobación de papeletas de senadores sanjuaninos o el asesinato del caudillo mendocino Carlos W. Lencinas en el que se vieron implicadas las fuerzas federales son dos ejemplos de una conducta política éticamente cuestionable.

Durante su campaña, Yrigoyen, valiéndose de la agresividad imperialista de la compañía estadounidense Standard Oil denunció lo que llamó el "contubernio" extranjero y defendió la nacionalización del petróleo argentino. Al margen de su propósito de crear un monopolio controlado a través de la empresa estatal YPF, Yrigoyen pretendía políticamente ganarse el favor de algunos sectores nacionalistas y de terratenientes y ganaderos, cuyos intereses chocaban con los intereses de las compañías frigoríficas de capital estadounidense, al tiempo que simpatizaban con los británicos. Además, al contrario que éstos, los estadounidenses, merced a su política proteccionista, no habían adoptado en las relaciones mercantiles con Argentina una actitud de reciprocidad y la balanza comercial era claramente favorable a ellos. De modo que Yrigoyen, al promover su campaña nacionalizadora centrando sus ataques en la Standard Oil, hasta entonces la principal compañía petrolífera extranjera instalada en Argentina, se presentó ante toda la sociedad argentina como el principal valladar contra la penetración extranjera. Nada dijo de la petrolera británica Royal Ducth Shell, la cual disfrutaba de amplias concesiones, y, una vez en la presidencia, promovió acuerdos comerciales con Gran Bretaña, país que a cambio de continuar comprando carne y cereales argentinos, pasó a ser el primer proveedor de material ferroviario y de implementos para el equipamiento de YPF.

Aparentemente, la maniobra de Yrigoyen había logrado sacar ventajas de las tensiones entre británicos y estadounidenses por el dominio del mercado latinoamericano favoreciendo algunos intereses locales y a la vez restar argumentos a los nacionalistas y contentar a los militares sensibles a las "dependencias críticas". Pero en el fondo, esta política era producto de la mentalidad virreinal que subsistía en la clase dirigente argentina y que se expresaba en la impotencia o en la falta de voluntad para fortalecer la posición del país en el espacio económico mundial dominado por los países industrializados. Con su ambigüedad ideológica, su reformismo superficial y su tendencia a continuar con los viejos hábitos de la "política criolla", los radicales estaban perdiendo la posibilidad abierta por la reforma institucional de amalgamar una sociedad civil participativa y alentar en ella una cultura nacional y una ética política y de trabajo que fortaleciesen el Estado e hiciesen efectiva su soberanía económica.

El resultado fue que los proyectos nacionalizadores del petróleo quedaron atascados en el Senado; los capitales estadounidenses continuaron penetrando sin ofrecer contrapartidas "de caballeros" como las hacían los británicos, a quienes resultaba cada vez más difícil mantener sus posiciones en el continente, y la economía del país, asentada en el monopolio de la tierra y la exportación de productos agropecuarios, siguió vulnerable a los ciclos recesivos, y el Estado a expensas de la inestabilidad social y política.

La crisis del sistema económico occidental de 1929 fue la puntilla que dejó al radicalismo sin apoyo popular. La brusca caída de las rentas públicas obligó al gobierno a recurrir al crédito británico y estadounidense para hacer frente al incremento del gasto público, que constituía gran parte del soporte del gobierno. Inicialmente no se creyó que el colapso internacional de la economía fuese tan profundo y que repercutiese tan directamente sobre las exportaciones, cuya drástica reducción trajo aparejado un fuerte proceso inflacionario, reducción de los salarios, despidos masivos, aumento de los precios de artículos de primera necesidad, etc. Asimismo, la retirada de fondos estadounidenses afectó especialmente a las empresas marítimas y ferroviarias vinculadas al comercio exterior.

El desconcierto político y la ineficacia de las viejas recetas dejaron sin respuesta al gobierno y al Partido Radical, y la crisis económica se transformó en una crisis institucional, a la que también contribuyó la actitud facciosa de la oposición, desde socialistas y comunistas hasta conservadores, siempre interesada en defender sus intereses partidistas o de clase, y la pasividad de las masas populares, que seguían sin interiorizar una identificación con las instituciones del Estado.

Los estudiantes universitarios, que desde los tiempos de la Reforma apoyaban a los radicales, y las clases medias, que apenas dos años antes habían votado masivamente el retorno de Yrigoyen, se sumaron frívolamente a la campaña de derribo del gobierno, sin medir las graves consecuencias que ello traería aparejado para el futuro del país. Las novelas de Roberto Arlt, entre ellas *El juguete rabioso* y *Los siete locos,* publicadas en 1926 y 1929, constituyen uno de los retratos más fidedignos de esa clase media conformista y acomodaticia que se había formado en el corazón de la gran urbe porteña, pero que era igual en todo el país. Silvio Astier, protagonista de *El juguete rabioso,* encarna el prototipo del hombre gris que aspira al reconocimiento social por las vías estrechas que le imponen su condición social y sus propias limitaciones. Su peripecia vital es la de un desgraciado cuya única acción que prospera es la delación gratuita de un amigo, con la cual consuma su derrota social y moral. El deseo final de huir de la ciudad y marchar "al Sur" no es sino la constatación del fracaso de una clase social que se intuye potencialmente capaz, pero que la realidad la revela como el juguete de fuerzas que no controla y ante las cuales, cree, sólo cabe el principio de la veleta. En cierto modo, esa huida de Silvio Astier hacia "el Sur" es la misma desbandada hacia otros países que iniciaron los jóvenes argentinos después del colapso económico del 2001.

Rodolfo Puiggrós en *El Yrigoyenismo* cita un boletín interno del Partido Comunista en el que se reconoce que actuó sin un "análisis concreto de la situación del país" y con la creencia de que el golpe "no tendría lugar, por cuanto el yrigoyenismo, en cuyo seno se desarrollaban elementos fascistizantes, estaba en condiciones de reforzar dictatorialmente el aparato de opresión estatal", razonamiento que no tuvo en cuenta "los contrastes internos de los diversos grupos de la burguesía y de los terratenientes, en lucha por el poder" y que subestimó el "apoyo dado por el imperialismo yanqui a la oposición". Con respecto a este último factor, el mismo Puiggrós cita una edición del diario británico *The Sun* donde se comenta la preocupación de los estadounidenses por contar con un gobierno más permeable a sus intereses y por lo cual "los banqueros norteamericanos, británicos y argentinos convinieron en ofrecer fondos al gobierno provisional para cubrir sus necesidades inmediatas, atestiguando su confianza en la estabilidad del nuevo gobierno".

Los nacionalistas extremistas por su parte aumentaron su agresividad creando un clima caótico favorable a sus propósitos golpistas. El grupo de "La Nueva República" dejó la palabra y pasó a la acción a través de la Liga Republicana, organización paramilitar cuyos miembros salieron a la calle como fuerza de choque. "Las mayorías sólo son respetables cuando eligen bien", decía uno de sus panfletos que denunciaban el fracaso de las democracias, la corrupción del régimen de la UCR y la incompetencia senil de su caudillo.

Una vez que el general Agustín P. Justo, quien aglutinaba a los conservadores liberales, y el general José Félix Uriburu, quien encabezaba al minoritario, aunque activo, grupo nacionalista, hubieron pactado las condiciones del golpe de Estado, la suerte de la primera experiencia de democracia representativa argentina quedó sellada. El general Uriburu, hijo de la oligarquía salteña, cuyos intereses estaban vinculados a la Standard Oil se bastó, con los cadetes del Colegio Militar y otros pequeños contingentes, para derrocar el gobierno democrático el 6 de septiembre de 1930. El golpe militar fascista del general Uriburu significó la quiebra del orden constitucional y el comienzo de la llamada "década infame", que con perspectiva histórica y considerando la prolongación de sus consecuencias hasta los inicios del siglo XXI podría denominarse "era infame".

La escasa resistencia social que se opuso al golpe indica hasta qué punto los primeros gobiernos democráticos no advirtieron que los cambios provocados por la Primera Guerra Mundial en el funcionamiento de la economía aumentaban el relegamiento de los países agroexportadores y reducían sus márgenes de maniobra; tampoco percibieron que la carencia de industrias que absorbieran la potencialidad productiva de las poblaciones que, como en el caso argentino, experimentaban un veloz proceso de urbanización, multiplicaba los efectos de tal postergación y obligaba a los gobiernos a recurrir al gasto público para paliarla; tampoco parecieron observar que los esquemas tradicionales de las democracias parlamentarias europeas ya no eran suficientes para responder a las demandas de la sociedad moderna a raíz de los avances científicos y tecnológicos y que, consecuentemente, las bases sociales y la participación y el compromiso ciudadanos debían ser ampliados, si el propósito era apuntalar institucionalmente el Estado democrático.

La quiebra del orden constitucional en 1930 torció el rumbo histórico de la República Argentina al minar la evolución de la cultura democrática que había empezado a fraguarse en la población a partir de 1916. Desde entonces, la identificación de los intereses de la clase dominante con los intereses del Estado se instaló en el imaginario popular a través de fórmulas democráticas pervertidas, en las que el autoritarismo –militar o caudillista– surgió como necesario y eficaz instrumento para solucionar los problemas sociales, económicos y políticos del país.

Tras el golpe militar de 1930, el Estado se convirtió en el territorio donde se dirimían los conflictos entre los distintos grupos de poder de la clase dominante, los cuales habían concedido a las Fuerzas Armadas el papel de árbitro siempre dispuesto a intervenir para restablecer el orden, lo que suponía proyectar las propias contradicciones de clase sobre toda la sociedad. Contradicciones que, en el imaginario popular se traducían tanto en el anhelo de desarrollar una sociedad civil plural y comprometida con los asuntos públicos, como en aceptar formas autárquicas de gobierno, estuviesen o no disimuladas por una democracia formal y fraudulenta.

En este contexto, la vigencia de las estructuras productivas agroexportadoras y de un sistema económico dependiente siguió condicionando la vida del país, agravando las desigualdades regionales y obstaculizando la coincidencia de las poblaciones urbana y rural en una verdadera identidad nacional. Esta dificultad fue uno de los factores que motivó el auge del nacionalismo, cuyas tendencias de distinto signo ideológico respondían a las exigencias de una sociedad que no acababa de encontrar su sitio ni su rostro en un Estado institucionalmente inválido.

El pacto sellado entre los generales Agustín P. Justo y José F. Uriburu, quienes representaban a dos corrientes conservadoras en el seno del Ejército, hizo posible el golpe de Estado de 1930 que llevó a la presidencia a este último. Mientras Justo representaba al sector liberal, que abogaba por una restauración constitucional sustentada en las elites mercantiles y terratenientes, Uriburu coincidía con los nacionalistas en llevar a cabo una "regeneración nacional" y constituir un Estado orgánico, con un gobierno autárquico apoyado por un parlamento, integrado por representantes gremiales para articular la sociedad según el modelo fascista.

Apenas asumida la presidencia, el general Uriburu instituyó el estado de sitio y desencadenó la represión de radicales encarcelando a Yrigoyen y a otros dirigentes y expulsando de sus puestos a funcionarios de la Administración pública y profesores universitarios. También aplicó mano dura contra los trabajadores, a pesar de la poca actividad de los sindicatos, a cuyos dirigentes comunistas y anarquistas deportó y para cuya persecución política creó la Sección Especial de la Policía. Incluso llegó a ordenar el fusilamiento del anarquista Severino Di Giovanni y a amenazar con ejecutar a varios taxistas, a menos que destacados dirigentes sindicales declarasen su apoyo al régimen.

Sin que los nacionalistas lograran formar una base social capaz de asegurarle la continuidad, Uriburu buscó una suerte de reconocimiento plebiscitario, confiando en el entusiasmo popular con que había sido recibido el golpe y sin tener en cuenta los efectos de las medidas de austeridad sancionadas para hacer frente a la recesión económica. Así, en abril de 1931 autorizó los comicios para la elección de gobernador de la provincia de Buenos Aires, los cuales dieron una inesperada victoria al radical Honorio Pueyrredón.

El resultado y la consiguiente anulación de las elecciones condenaron políticamente a Uriburu, quien recurrió al respaldo del Ejército y pidió a Juan A. Carulla, antiguo militante de la Liga Republicana, y a algunos oficiales próximos a él la formación de la Legión Cívica Argentina, para ocupar las calles y las tribunas y crear las condiciones favorables a un Estado corporativo. Esta organización paramilitar formada por estudiantes y profesionales católicos integristas y filofascistas pervivió durante casi toda la década a través de otras similares, como Legión de Mayo, Milicias Cívicas, Restauración y, entre otras, Guardia Argentina, cuya "expresión de propósitos" fue redactada en 1934 por Leopoldo Lugones.

Los efectos de la depresión económica mundial también debilitaron rápidamente al gobierno provisional y pusieron a Argentina en una crítica situación coyuntural. Las medidas que tomó el gobierno provisional para afrontar la crisis consistieron en reducir no sin dificultades el gasto público, para el cual se valieron del despido masivo de funcionarios, especialmente los de filiación radical; crear un impuesto de la renta y subir los demás, especialmente los aranceles para contraer las importaciones; imponer controles de cambio y depreciar el peso. Merced a estas dos últimas medidas cayeron los beneficios en oro y moneda fuerte de las compañías extranjeras obligándolas a no enviar remesas a sus casas matrices, lo cual ayudó a paliar el déficit de la balanza de pagos, pero también fueron causa del despido masivo de trabajadores.

El paro argentino de los primeros años de la depresión ha sido en general minimizado por algunos historiadores que toman como base comentarios de diplomáticos británicos y datos estadísticos centrados en la población activa masculina. Como sugiere David Rock "no tuvieron en cuenta a las obreras, que representaban quizá una quinta parte del total, y definían el paro de manera muy engañosa, como porcentaje de población total en vez de la población activa total".

El fracaso en su propósito de reformar la Constitución para contar con un Parlamento integrado por gremios, en lugar de partidos, fue la puntilla que condenó definitivamente a Uriburu y su grupo. Tras el fiasco electoral de abril de 1931, los radicales fueron proscritos y las fuerzas conservadoras liberales se reagruparon en una gran coalición, para impulsar la restauración constitucional. La Concordancia constituyó una alianza táctica de apoyo al general Justo entre conservadores tradicionales y liberales agrupados en el Partido Demócrata Nacional, radicales antipersonalistas y socialistas independientes, principalmente, cuya disparidad de criterios se expresó en el hecho de que presentaran dos vicepresidentes diferentes. Con los radicales excluidos como partido y recurriendo nuevamente a la abstención y a la conspiración como armas políticas, la oposición quedó limitada al Partido Socialista Argentino, encabezado por Nicolás Repetto, y al conservador Partido Demócrata Progresista, de Lisandro de la Torre. Con el apoyo del Ejército y el recurso del fraude electoral, el general Justo ganó las elecciones de noviembre de 1931.

El "fraude patriótico", como cínicamente fue denominado, caracterizó todos los comicios celebrados durante la "década infame". Traspasando la tradicional coacción de la autoridad, el fraude llegó a extremos tales como la sustitución o violación de las urnas, la falsificación de las papeletas, la manipulación de los recuentos, la extorsión de los votantes, etc. Manuel Fresco, gobernador de la provincia de Buenos Aires durante el periodo, utilizaba sus fuerzas de choque para disuadir a los opositores o bien se limitaba a contar sólo los votos de las urnas preparadas en los clubes conservadores. Maniobras similares se daban asimismo en las provincias, donde los caciques locales imponían su ley en elecciones que sólo servían para mantener las apariencias de una democracia formal. Individuos que vivían de actividades delictivas encontraron en la ilegitimidad del sistema un territorio propicio para asegurarse su parcela de poder e influencia. Uno de los casos más flagrantes fue el de Alberto Barceló, caudillo conservador de la ciudad bonaerense de Avellaneda, cuyos ingentes ingresos procedían de sus casas de juego y prostitución y de otras actividades ilegales.

Mientras los nacionalistas abogaban por un Estado corporativo, el proyecto conservador liberal del general Justo tenía como meta un Estado con capacidad para "armonizar" las distintas fuerzas sociales y estabilizar las relaciones internacionales en todos los campos de actividad. Para ello, según sus criterios ideológicos, se necesitaba una élite fuerte y profesional para administrar sabiamente los recursos económicos y humanos del país. En este sentido, Justo, quien había militado en el bando de los radicales antipersonalistas, formó un gobierno tecnocrático con dirigentes de esta filiación, como Leopoldo Melo y

Roberto María Ortiz, y socialistas independientes, como Antonio de Tomaso y Federico Pinedo, éste artífice de la política económica del régimen. Los conservadores propiamente dichos tuvieron escasa intervención. Uno de sus más destacados representantes fue Ramón S. Castillo, caudillo vinculado a la oligarquía catamarqueña y actor decisivo en el cambio de rumbo regresivo que experimentó el régimen al iniciarse la década de los cuarenta y que causó su caída.

LA IMPOSTURA DEMOCRÁTICA

Una vez hubo asumido la presidencia, a comienzos de 1932, el general Justo emprendió una política orientada claramente a desmarcarse de los postulados pro fascistas del general Uriburu y sus seguidores nacionalistas. En este sentido, no dudó en controlar y perseguir las organizaciones paramilitares como la Legión Cívica, al mismo tiempo que levantaba el estado de sitio, amnistiaba a los presos políticos, incluido Yrigoyen, y toleraba las actividades reorganizativas de los radicales. Bajo esta apariencia de normalidad política que tendía a diluir los efectos de la impostura democrática, el régimen conservador liberal confirió al Estado un papel tutelar sobre las distintas fuerzas sociales, al mismo tiempo que tendía a reducir la influencia de los partidos políticos y del Parlamento y otras instituciones representativas.

De acuerdo con esta política, el gobierno de Justo emprendió una serie de reformas y tomó medidas novedosas, cuyos buenos resultados a corto plazo, sobre todo en el plano económico, no fueron suficientes para darle legitimidad y, consecuentemente, asegurar la paz social y la estabilidad del Estado.

Sus relaciones con los trabajadores y sus organizaciones oscilaron entre la represión sindical y el tutelaje arbitral en los conflictos laborales. Por un lado, dio a la policía mayores medios para el control político de los trabajadores y la detención y deportación de los agitadores extranjeros y por otro, impulsó una serie de leyes, como las que instituían la media jornada del sábado o "sábado inglés", las indemnizaciones por despido, etc., y propició, a través del Departamento Nacional de Trabajo, la práctica de la negociación colectiva y del arbitraje estatal.

Pese a la existencia de sindicatos poderosos con los que negociar, como la Unión Ferroviaria, la Fraternidad de maquinistas de trenes y la Unión Tranviaria, que se habían integrado en la Confederación General del Trabajo (CGT) surgida en 1930 de la fusión de la Confederación Obrera Argentina (COA), de orientación socialista, y la Unión Sindical Argentina (USA), menos del veinte por ciento de los trabajadores se hallaba sindicado. Además, en el marco del proceso industrializador que se verificaba, el flujo inmigratorio procedente del campo generaba un creciente número de obreros no especializados y mal pagados, especialmente en el sector de la construcción. En éste, los comunistas, si bien seguían sin lograr gran arraigo político en la sociedad porteña, consiguieron, con habilidad, articular a los trabajadores y promover una huelga de tres meses, en 1935, que tuvo una extraordinaria repercusión. La consecuencia más importante del conflicto fue la creación al año siguiente de la Federación Obrera Nacional de la Construcción (FONC), que se convirtió en el sindicato más combativo y en uno de los más poderosos del país. La reacción inmediata del gobierno fue la detención y deportación a la Italia fascista de los dirigentes comunistas de origen italiano, y el intento de sanción en 1937 de una ley de represión del comunismo.

Hasta 1935, la indiferencia y la inmovilidad populares habían favorecido la acción de la elite dirigente. Los trabajadores, más preocupados por sobrevivir a sus bajos salarios y evitar el desempleo, no se movilizaban y sus dirigentes parecían atados por sus propias consignas "sindicalistas". Pero la huelga de los obreros de la construcción pareció despertar al resto de la masa popular y, coincidiendo con la reactivación económica, comenzó una creciente movilización social y política que se tradujo en la multiplicación de huelgas obreras, manifestaciones estudiantiles y en una oposición política más activa. La CGT, que inicialmente siguió la línea de los grupos sindicalistas "apolíticos", cuyas acciones eran meramente reivindicativas —lo cual favorecía los propósitos del gobierno—, a partir de 1936 adoptó una postura política más combativa y claramente antifascista bajo los auspicios de una nueva dirección encabezada por el socialista José Doménech. En este sentido fue importante su apoyo a los "colectiveros", conductores-propietarios de autobuses urbanos, cuando el gobierno, temeroso de perder las exportaciones de carne a Gran Bretaña, decretó la creación de la Corporación de Transportes para favorecer los planes de las compañías británicas de tranvías. El propósito de éstas, encabezadas por la Anglo-Argentine Tramway Co., era eliminar a través de la Corporación la competencia de los autobuses, que pertenecían a pequeñas empresas nativas, y hacerse con el monopolio del transporte ciudadano. A través de este "tratamiento preferencial", los británicos ponían en práctica una estrategia destinada a ganar tiempo y asegurarse una fuerte posición para negociar en condiciones ventajosas la venta de las compañías deficitarias al Estado argentino, cosa que se concretó tras la llegada de Juan Domingo Perón al poder. Merced a las presiones de la CGT, del PS a través de los consumidores y de la fuerte oposición de los mismos "colectiveros", la decisión quedó en papel mojado.

El estudiantado universitario también pareció recobrar el activismo después de su irresponsable comportamiento en favor del golpe de 1930. A pesar de las maniobras gubernamentales cerrando las vías de acceso al poder de las clases medias, éstas siguieron prevaleciendo en las escuelas y universidades. Las casas de estudios actuaban como focos de cultivo de un pensamiento crítico y de peldaños de ascenso social a través de la cultura, la formación académica y la profesionalización. Independientemente de la trayectoria que siguieran más tarde, como individuos pertenecientes a una determinada clase social, los estudiantes en su conjunto retomaron los principios democráticos y antiimperialistas que habían definido la Reforma y los devolvieron a la calle como aspiración popular. En este sentido, la Federación Universitaria Argentina (FUA) jugó un importante papel en favor de la celebración de elecciones libres como vía de rescate de una soberanía popular secuestrada por los "herederos del 6 de septiembre". Su activismo no fue ajeno a la creación en 1935 de FORJA, Fuerza de Orientación Radical de la Juventud Argentina, organización juvenil de la UCR, que defendía la democracia y la soberanía populares y que reanimó a las fuerzas partidarias para que volviesen a la lucha electoral por el poder. La celebración conjunta en 1937 del Primero de Mayo por organizaciones obreras, estudiantiles y partidos de la oposición bajo la consigna de "libertad y democracia" fue un síntoma evidente de que los principios democráticos habían calado, aunque fuese superficialmente, en el pensamiento de la ciudadanía como signos de modernidad y por ello rechazaba la ficción democrática surgida del golpe militar de 1930.

El "fraude patriótico" fue el talón de Aquiles del régimen oligárquico-conservador. Su ilegitimidad no sólo viciaba las instituciones del Estado sino que relativizaba los aciertos logrados en materia económica y ponía bajo sospecha todas las acciones de gobierno. Si bien el gobierno de Justo no se plegó más a los intereses extranjeros que todos los gobiernos anteriores habidos desde la Revolución de Mayo, la percepción de su ilegitimidad lo identificaba con ellos. El escándalo Duhau, que estalló en 1935, fue interpretado por la sociedad como la punta de un iceberg de corrupción y connivencia con el capital foráneo.

El tratado anglo-argentino Roca-Runciman de 1933, que aseguraba el mantenimiento de una cuota de venta de carne argentina a la Gran Bretaña a cambio, entre otras contraprestaciones, de un "tratamiento benévolo" para las empresas británicas, ya había sido cuestionado por los productores, quienes se veían perjudicados por el control de las exportaciones que seguían ejerciendo los frigoríficos, la mayoría de capital británico y estadounidense. Lisandro de la Torre, representante de los intereses ganaderos de su provincia –Santa Fe–, pidió una investigación. Los resultados de ésta pusieron al descubierto las prácticas delictivas llevadas a cabo por los frigoríficos –creación de un consorcio secreto anglo-norteamericano para fijar los precios en perjuicio de los productores, evasión de impuestos, fraude contable, ocultación de beneficios, etc.–, con la complicidad de miembros del gobierno, en particular del ministro de Agricultura, Luis Duhau, ex presidente de la Sociedad Rural. El debate acabó sin conclusiones después de que un asesino a sueldo, presuntamente vinculado a Duhau, asesinara al senador Enzo Bordabehere al pretender acabar con la vida de Lisandro de la Torre.

El escándalo y el posterior asesinato sacudieron los cimientos del régimen, pero entonces fue el radicalismo el que le dio cierta credibilidad para mantener la ficción democrática volviendo a intervenir en la lucha electoral. Difícilmente, la UCR podía conferir ni al régimen ni al Estado el mínimo grado de legitimidad cuando la esencia del poder legislativo, la soberanía popular, había sido desnaturalizada por el fraude y la exclusión, ésta tanto por el carácter represivo del régimen como por los límites del sufragio vigente.

Mientras tanto, Marcelo T. de Alvear, con la bendición de Yrigoyen, había iniciado en 1931 la reorganización de la UCR, la cual siguió una política abstencionista como rechazo al sistemático fraude electoral hasta 1935. Es sintomático que ese mismo año Enrique Santos Discépolo diera a conocer uno de los tangos más emblemáticos, *Cambalache*, cuya letra expresa el profundo fatalismo que se habían instalado en el sentimiento de la población porteña respecto de la vida y el futuro. También señala algunas constantes negativas de la conducta social argentina que, tras la experiencia de la dictadura militar que asoló el país entre 1976 y 1983, afloraron impregnando a todo el tejido social: "el que no llora no mama y el que no afana es un gil".

Por entonces era palpable que el radicalismo había recuperado el apoyo de las clases medias y que de no mediar el "fraude patriótico" hubiese accedido al poder e iniciado una nueva experiencia democrática. Sin embargo, la UCR seguía siendo un partido sustentado en una base social ideológicamente frágil y en una organización condicionada por el caudillismo, tensado por las continuas disensiones entre los caciques regionales y carente de un programa y de una actitud diferentes del conservador, lo cual lo llevó a apoyar la aprobación de medidas polémicas, como la renovación de las concesiones eléctricas a la Capital, que redundaron indirectamente en beneficio de su financiación. Tampoco los socialistas habían modernizado su programa fundacional y seguían atentos a las necesidades de los obreros consumidores, y los comunistas adolecían de un discurso retórico ajeno a la sensibilidad de las clases trabajadoras.

Con todo, la UCR, en tanto que punto de confluencia de algunos sectores de las élites y las clases medias, disponía de recursos electorales que hizo valer en las elecciones legislativas de la capital, Mendoza, Santa Fe, que fue intervenida, y Córdoba, donde también triunfó

Amadeo Sabattini, su candidato a la gobernación. Los grupos conservadores más recalcitrantes percibieron con aprehensión este avance de las "masas ciegas" y en adelante llevaron el ejercicio del "fraude patriótico" a su máxima expresión. Paralelamente, el gobierno reaccionó valiéndose del Senado para sancionar la Ley de Represión del Comunismo, que los diputados radicales y socialistas pudieron bloquear, y recurriendo a los grupos nacionalistas para evitar que la oposición le ganase la calle. A partir de este momento, la polarización de las fuerzas políticas argentinas fue acomodándose progresiva y confusamente a las alineaciones ideológicas que tenían lugar en Europa.

ACIERTO Y DESCONCIERTO DE LA POLÍTICA ECONÓMICA

Las medidas económicas tomadas por el equipo tecnocrático encabezado por Federico Pinedo y Raúl Prebisch para combatir la recesión económica se revelaron coyunturalmente acertadas. La creación del Banco Central, el control de cambios y del comercio exterior a través de juntas reguladoras de precios, y el impulso dado a las "industrias naturales", entre otras disposiciones, permitieron paliar los efectos de la crisis y reactivar la producción.

Sin dejar de lado su convicción agroexportadora, el equipo económico del régimen conservador promovió las industrias que empleaban materia prima local y cuyas manufacturas fueron destinadas en principio al mercado doméstico. Merced a incentivos, los fabricantes argentinos adquirieron a los países industrializados maquinaria y material de segunda mano para equipar su fábricas, al mismo tiempo que se beneficiaban de los bajos salarios y de la creciente demanda laboral causada por la emigración rural.

No obstante, este proceso industrializador estuvo desde el principio condicionado por su vinculación a la producción agropecuaria y, sobre todo, por la falta de una verdadera vocación industrial. Los industriales argentinos se comportaban como mercaderes y como tales se apoyaban más en la especulación que en la inversión, a fin de obtener grandes beneficios a corto plazo y con el menor costo. Esta actitud mezquina no era ajena a los obstáculos que se pusieron para el desarrollo de una industria pesada si bien estos obstáculos existían, como la escasez de algunas materias primas básicas, la lejanía de los yacimientos mineros de los centros de producción y la existencia de una red ferroviaria diseñada exclusivamente para el transporte al puerto de los productos agrarios, podían haberse superado de haber existido un propósito serio.

En la mayoría de los fabricantes seguía pesando la secular tradición consumista y la carencia de una cultura del trabajo industrial. En este sentido, era "lógico" de que un alto porcentaje de la producción manufacturera estuviese en manos de británicos y estadounidenses, quienes aumentaron su presencia a través de filiales a causa de las medidas proteccionistas del gobierno. Para éste, la industrialización manufacturera, vinculada a materias primas propias y baratas, podía contribuir a corregir positivamente la balanza de pagos, pero la escasez de energía, las deficiencias del transporte, la poca disponibilidad de carbón y hierro y la limitada capacidad del mercado nacional para absorber una gran producción hacían inviable un proyecto industrializador a gran escala, además de que el incremento del poder adquisitivo y el consiguiente riesgo inflacionario resultarían, en su opinión, desastrosos para el futuro del país. De aquí que el verdadero objetivo de la política económica gubernamental no fuese crear una industria nacional sino favorecer las exportaciones de materias primas y productos derivados y fomentar las inversiones extranjeras. Es decir, que los tecnócratas "progresistas", a tenor de la inspiración keynesiana de su política, seguían anclados en esquemas ideológicos coloniales que les impedía cuestionar un modelo económico estructuralmente dependiente. La élite seguía siendo virreinal.

Aparte de la ya tradicional industria frigorífica, las industrias textil y de la construcción surgieron como las más potentes y dinámicas, al lado de otras como la conservera, de bebidas y de ensamblaje de automóviles y electrodomésticos, la mayoría ligadas al capital extranjero ya sea a través de filiales –General Motors, Ford Motors, Standard Electric, Union Carbide, etc.–, o de licencias, Sociedad Industrial Americana de Maquinarias SIAM. La industria textil aprovechó para su desarrollo los excedentes de lana y el aumento de la producción algodonera, que a su vez propició la extensión de tierras de cultivo en el norte del país. Por su parte, la industria de la construcción fue promocionada para absorber la ingente mano de obra que se acumulaba en la ciudad capital a raíz del fenómeno migratorio del campo a la ciudad.

Aún con sus limitaciones, la expansión industrial obligó al gobierno, contra la opinión de los industriales, a realizar una redistribución de la renta a fin de dar mayor poder adquisitivo a los trabajadores y ampliar el mercado consumidor. Las organizaciones sindicales urbanas constataron enseguida, que la creación de industrias era una vía fundamental para combatir el desempleo y mejorar las condiciones de vida de los trabajadores, pero la patronal, que desconfiaba de esta posibilidad, combatió con dureza la posición sindical como causante de la dislocación del mercado de trabajo. Dado que las organizaciones patronales y obreras y la elite política no pactaron ni concibieron un plan de desarrollo industrial sostenido, la situación de fondo apenas cambió cuando la Unión Industrial Argentina (UIA), exigió al gobierno medidas que redujesen los aranceles que gravaban las materias primas industriales y combatiesen el sistemático *dumping*[1] de las compañías extranjeras, para favorecer la industrial nacional.

La expansión industrial urbana también se vio favorecida por la inmigración rural. Pero este flujo poblacional procedente del campo tenía su origen, tanto en la coyuntura recesiva, como en deficiencias estructurales que seguían condicionando la vida integral del país. Si la recesión económica mundial afectó tan profundamente a las capas bajas y medias de la sociedad rural, esto se debió fundamentalmente a que la situación del campo no había variado sustancialmente desde el "grito de Alcorta", en 1912. La tenencia de la tierra seguía monopolizada por los terratenientes y el comercio agropecuario controlado por las compañías agroexportadoras y frigoríficas. Unos fijaban las condiciones de arriendo y otros los precios de los productos atendiendo a su exclusivo beneficio y en detrimento de los intereses de chacareros y arrendatarios. La

---

[1] *Dumping*: venta de mercancías en los mercados exteriores a precios sensiblemente más bajos que los vigentes en el mercado exterior y en el mercado interior (N. del E.).

situación se agravó todavía más cuando los terratenientes, a fin de contrarrestar los efectos de la recesión en sus propiedades y fortunas personales, recurrieron a la formación de sociedades, las cuales hicieron más impersonal aún la relación con los arrendatarios y los trabajadores rurales. Asimismo, la mecanización del campo liquidó en pocos años a los pequeños agricultores y dejó sin trabajo a miles de jornaleros, los cuales aparecieron una vez más en el discurso de las élites como bandas de vagos que amenazaban la seguridad de sus haciendas.

La población rural desocupada o que vivía en muy precarias condiciones comenzó a emigrar en busca de trabajo hacia las grandes ciudades, especialmente hacia Buenos Aires y su área metropolitana, donde se concentraban las fábricas y talleres. Este nuevo movimiento poblacional acentuó los existentes desequilibrios demográficos del país ampliando un sustrato popular urbano, cuya fuerza social y potencialidad política no fueron inicialmente percibidas en sus verdaderas dimensiones. Ni siquiera Ezequiel Martínez Estrada observó entonces que la "cabeza de Goliat", como había definido acertadamente a Buenos Aires, sufría de un nuevo ataque de elefantiasis que traería serias consecuencias. Muy atrás quedaba el espíritu del *Contrato social*, de Jean-Jacques Rousseau, que había inspirado a los librepensadores como Esteban Echeverría, Juan B. Alberti y Domingo F. Sarmiento, y en el que se lee "poblad igualmente el territorio, extended por todas partes el mismo derecho, llevad por todos lados la abundancia y la vida, así es como el Estado llegará a ser, a la vez, el más fuerte y el mejor gobernado posible. Acordaos de que los muros de las ciudades se construyen con las ruinas de las casas de campo. Por cada palacio que veo edificar en la capital, me parece ver derrumbarse todo un país".

Argentina ya mostraba entonces los signos de un largo proceso de derrumbamiento, cuyos efectos se agravaban en la medida que los viejos males estructurales seguían gravitando en la formación de una sociedad civil divorciada del Estado. De aquí que la reactivación económica y la suavización de los efectos de la crisis mundial fuesen coyunturales y no fueran aprovechadas para crear las condiciones favorables para un desarrollo sostenido y menos vulnerable a las conmociones de la economía mundial.

El ejemplo más sintomático de la mentalidad colonizada de la élite política argentina fue entonces el célebre acuerdo Roca-Runciman de 1933. Este tratado, concebido como parte de una política orientada a reforzar los lazos mercantiles anglo-argentinos vinculados a la economía de base agraria, aseguró a Argentina las exportaciones de carnes a Gran Bretaña, con una cuota del quince por ciento para los frigoríficos de capital argentino, y de cereales después de que, en la conferencia de Ottawa, los ingleses hubiesen decidido comprar sólo a los países de su órbita imperial, como Australia, Sudáfrica y Nueva Zelanda. Las contraprestaciones argentinas fueron asegurar un "trato benévolo" a las compañías británicas asentadas en el país, a través de medidas como eximirlas de los impuestos a las importaciones de carbón y otras materias primas; librar a las empresas ferroviarias de las aportaciones para los planes de pensiones de los trabajadores, y permitirles deducir de las ganancias de las exportaciones argentinas a Gran Bretaña el pago de sus remesas, de modo que cualquier cantidad retenida se consideraba crédito con intereses y protegido de las fluctuaciones a la baja de la moneda nacional. En consecuencia, el tratado, que se renovó en 1936 mediante el tratado Eden-Malbrán, no fue más allá de asegurar a Argentina las exportaciones de carne y, en menor medida, de cereales en condiciones altamente ventajosas para Gran Bretaña, la cual también se benefició de los fletes marítimos.

El tratado Roca-Runciman reforzó indudablemente los tradicionales lazos argentino-británicos, pero a costa de las relaciones con Estados Unidos. Es cierto que la política proteccionista de éstos era desconsiderada con respecto a Argentina, pero la élite nacional se dejó llevar más por el "resentimiento patriótico" que por el cálculo que hubiese reportado mejores condiciones para una negociación futura. La reacción estadounidense fue la de aumentar el número de filiales de sus compañías a través de las cuales no tardaron en controlar el mercado doméstico y a desplazar progresivamente a los británicos, a quienes el estallido de la Segunda Guerra Mundial dejó prácticamente fuera de juego, sin que Argentina aprovechase el momento para una emancipación económica.

La fragilidad de la economía nacional quedó de nuevo patente tras el estallido de la conflagración europea. Las conquistas militares alemanas y el bloqueo comercial del continente tuvieron graves efectos para las exportaciones cerealeras, si bien siguió activo el mercado de carnes con Gran Bretaña. Como consecuencia de ello, la producción cerealera se vino abajo, que fue en parte sustituida por el cultivo de plantas forrajeras e industriales, y se mantuvo, y hasta se extendió, la producción ganadera al mismo tiempo que desplazaba a muchos jornaleros a buscar trabajo en las industrias localizadas en la ciudad.

LA OPORTUNIDAD INDUSTRIAL

La situación bélica mundial también afectó la importación de carbón y petróleo y obligó a la industria argentina a aumentar la producción de sus yacimientos petrolíferos patagónicos y a utilizar madera de quebracho como combustible, con el consiguiente arrasamiento de bosques y desequilibrios ecológicos. Asimismo, a causa de su escasa vocación productiva, los industriales argentinos tampoco se habían provisto de maquinarias, ni de equipos, ni de repuestos para potenciar la actividad industrial de sustitución de importaciones en la que se vieron involucrados a raíz de las condiciones bélicas internacionales.

El desarrollo industrial, aunque marcado por la improvisación y la cortedad de miras de los fabricantes locales, se produjo, a pesar de todo, beneficiado por la reducción de las importaciones de manufacturas británicas. Además, merced a su intensidad, el proceso industrializador manufacturero pudo absorber una gran cantidad de mano de obra e hizo soportable la vida en la ciudad, no así la del campo, que se empobreció todavía más con el consiguiente ahondamiento de los desequilibrios entre el litoral y el interior.

El régimen conservador-liberal reaccionó diseñando el Plan de Reactivación Económica que, aunque lastrado por su concepción colonial y por la supeditación de la industria al agro, fue el primer intento racional de promover una economía sobre bases más armónicas. Este plan, elaborado por el ministro Pinedo, se proponía mejorar las condiciones productivas del sector agrario mediante la regulación de precios y las compras estatales, a través de las "juntas reguladoras" ya creadas; la financiación de las actividades agrarias y la contención de los arriendos;

la potenciación de la industria de sustitución de importaciones y promoción de las exportaciones de manufacturas reduciendo gravámenes sobre las materias primas y bienes de capital importados; la firma de acuerdos de libre comercio con otros países del continente, y, finalmente, el apoyo a la industria de la construcción para atender tanto el problema de la mano de obra como el de la vivienda.

Al iniciarse la década de los cuarenta, el vínculo mercantil angloargentino ya estaba agotado. Ante la imposibilidad de Gran Bretaña de seguir proveyendo de carbón, maquinarias y manufacturas a Argentina, las exportaciones de ésta produjeron un saldo favorable que, merced a los acuerdos Roca-Runciman, quedó retenido en Londres sin que los argentinos pudieran disponer de él para saldar su deuda, cuyos intereses seguían sumándose, o canjearlo por los activos de las empresas británicas en el país.

El curso de la guerra situó a Estados Unidos como nueva metrópolis económica y financiera y el plan Pinedo contempló la posibilidad de negociar con ella la sustitución de Gran Bretaña para asegurarse los suministros industriales –materias primas y maquinarias– y la expansión de la industria manufacturera. Pero hubo varios factores que obstaculizaron los planes del régimen. Por un lado, Gran Bretaña siguió defendiendo "su territorio" y mantuvo bloqueados los saldos favorables a Argentina, que al final de la guerra superaban los ochenta millones de libras esterlinas, a fin de que no se empleasen en comprar manufacturas a los estadounidenses. Por otro lado, los terratenientes seguían siendo hostiles a Estados Unidos por su política proteccionista y la poca sensibilidad mostrada en el trato comercial.

La ley estadounidense Hawley-Smoor, que aumentaba a partir de 1930 las restricciones para las compras de carnes, cereales y pieles argentinas, no contribuyó precisamente a paliar el resentimiento argentino, el cual acaso no fue ajeno a la firma del acuerdo Roca-Runciman de 1933 y su posterior renovación, y la sistemática oposición a la política panamericana de Estados Unidos. Éstos, no obstante la política de "buena vecindad" proclamada por Franklin D. Roosevelt, no sólo no cedieron nunca en sus posiciones, sino que se mostraron poco diplomáticos aún en momentos críticos. Uno de estos momentos se dio en 1941, cuando la ley estadounidense de Préstamos y Arriendos fue utilizada por Washington para proporcionar armas y equipos estratégicos a Gran Bretaña y países amigos, entre ellos los latinoamericanos. En el contexto sudamericano, la manifiesta preferencia de Estados Unidos por Brasil en detrimento de Argentina no sólo amenazó con romper el equilibrio geoestratégico de la zona, sino que extendió los sentimientos nacionalistas y antiimperialistas, que se identificaban con los intereses estadounidenses, al seno del Ejército. Tras un fallido intento de negociar un tratado comercial equilibrado con Estados Unidos, sectores militares, que desde la época radical abogaban por una "autarquía" estratégica, impulsaron con financiación del Estado y a través de la Dirección General de Fabricaciones Militares una industria siderúrgica y armamentística, que suponía el primer paso hacia una economía de escala.

Si bien este proceso de industrialización superior bajo la tutela militar se puso en marcha, las actitudes británica y estadounidense y los sentimientos antinorteamericanos de la oligarquía argentina por una parte y por otra los intereses partidistas de conservadores y radicales condenaron el plan Pinedo. De este modo se frustró una gran oportunidad para crear las condiciones básicas para una economía diversificada, cuya propia dinámica probablemente hubiese cambiado los esquemas mentales coloniales de una clase dirigente tan mezquina como soberbia. Lo que resultó en cambio fue una burguesía industrial surgida de la oligarquía terrateniente y ligada a las Fuerzas Armadas, que debió reconocer a la clase trabajadora como parte no excluible del proceso y, llegado el momento, susceptible de ser utilizada como fuerza de coerción. Esto implicaba propiciar un cambio controlado del paisaje social bajo los principios del tradicional gatopardismo.

Nacionalismo de escarapela

El nacionalismo argentino se convirtió, tras la experiencia democrática radical y durante la "década infame", en una influyente corriente política y social, cuya retórica fue utilizada por grupos ideológicos contrapuestos con igual éxito.

Este nacionalismo surgido a finales del siglo xix como un recurso integrador de las masas inmigradas era el resultado de una "educación patriótica" acorde con el modelo de país diseñado por las élites dirigentes. Pero sobre este sustrato común identificado con la "nación argentina" actuaron diversos factores políticos, económicos, sociales e ideológicos que dieron lugar a dos corrientes principales que, con el peronismo, acabaron por confluir en un solo cauce.

La primera de las corrientes nacionalistas arranca con el grupo fundacional de la Liga Patriótica que recoge la idea de las élites oligárquicas de una Argentina vista como una nación predestinada a ser una gran potencia mundial. Ese "pertinaz sentimiento de la futura grandeza del país", de la que hablan Juan Agustín García y José Ortega y Gasset, a partir de 1930 ya no se percibía como una certeza. Sin embargo, este sentimiento y el mito de la excepcionalidad argentina en el contexto latinoamericano eran utilizados por los grupos conservadores más reaccionarios como efectiva arma ideológica contra el fracaso.

Al mismo tiempo, los nacionalistas volvieron su vista al pasado para sentar las bases de un "revisionismo histórico", que recuperaba la figura de Juan Manuel de Rosas y los antiguos caudillos federales como héroes nacionales y antiimperialistas y señalaba a los librepensadores, principalmente a Sarmiento, como los culpables del fracaso de su Argentina y que ellos identificaban con el fracaso argentino. La figura de De Rosas encarnaba la tradición colonial hispana que había sido capaz de fraguar una sociedad jerarquizada y católica, en cuyo punto más alto se hallaba una elite patricia capaz de velar por el bien de la nación. Esta tradición nacionalista, que encontró apoyo ideológico en el fascismo italiano y en el nacional socialismo alemán por una parte y en el integrismo católico por otra, mistificaba el campo –hábitat natural de los intereses ganaderos– como expresión de las más altas virtudes al mismo tiempo que condenaba la ciudad como territorio de corrupción, cuyos agentes eran los extranjeros, los judíos y los marxistas. Los judíos fueron señalados como los "inventores" tanto del liberalismo como del comunismo, a través de los cuales controlaban las masas populares, y al mismo tiempo como los cerebros que controlaban el capitalismo mundial. En su delirio llegaron a difundir la idea de que la explotación del campo por la ciudad o, lo que es lo mismo, del interior por la capital se debía al poder que los judíos ejercían en ésta.

Sobre estos pilares se fundó una tradición conspirativa que ha servido a la ultraderecha argentina para justificar sus fracasos, sus debilidades, sus crímenes y su propia perversión ideológica. Este nacionalismo es el que alimenta la existencia de un supuesto enigma –trasladado luego al peronismo– que impide comprender racionalmente el derrumbe de un país "excepcional", rico en recursos naturales y humanos, un nacionalismo que sólo atina a recurrir a la conspiración internacional como causa principal y definitiva de fracaso. De ser cierta la teoría de la conspiración extranjera contra Argentina, cabría preguntar a los sabios nacionalistas cómo es que una sociedad tan informada, culta e inteligente como la argentina ha podido dejarse engañar tanto por sus dirigentes corruptos como por los perversores extranjeros.

El nacionalismo ultraderechista, xenófobo y católico integrista vio incluso el régimen conservador del general Justo y de su sucesor, Roberto María Ortiz, como instrumento del imperialismo por su política próxima a los intereses británicos y de acercamiento a los estadounidenses después. Para estos nacionalistas, el triunfo del Eje en Europa significaba liberarse de la tutela británica y dar a Argentina la posibilidad de transformarse en una gran potencia continental. El pertinaz sueño de grandeza hecho realidad.

La segunda corriente corresponde a un nacionalismo popular que se gestó en el seno del movimiento radical vinculada al arielismo, el cual defendía la reconciliación con la tradición hispana, como factor de identidad y de oposición ideológica al depredador imperialismo anglosajón. Fue este pensamiento el que en 1917 llevó a Yrigoyen a establecer el 12 de octubre como Día de la Raza, que se sobreentendía hispánica, en oposición al Columbus Day estadounidense. También fue esta idea la que dio al movimiento de Reforma universitaria de 1918 su carácter antiimperialista, que se prolongó en los años treinta en la FORJA, organización juvenil del radicalismo que defendía la democracia y la soberanía populares y la independencia económica del país. Incluso antes que ella, la campaña yrigoyenista en favor de la nacionalización del petróleo ya había abierto la vía de un nacionalismo económico orientado, aunque con tibia convicción, a crear a través de la industrialización nuevas fuentes de trabajo para las clases medias sin pretender reformar las estructuras productivas.

Las clases medias fueron permeables a las consignas nacionalistas de uno y otro signo tamizadas por el influjo del catolicismo, el cual había reforzado la doctrina social perfilada en 1891 por el papa León XIII en su *Rerum novarum* con la nueva encíclica de Pío XI, *Quadragesimo anno,* de 1931, que abogaba por una sociedad orgánica sustentada en la armonía de clases y la justicia social. Las clases medias, aunque el régimen conservador había tratado de impedir su acceso al poder y el "disfrute de las prebendas" que había recibido durante el periodo radical, continuaron ocupadas sectorialmente en los servicios, la administración pública, el pequeño comercio y las profesiones liberales, y controlando los resortes de una enseñanza liberal y laica que producía "ciudadanos educados" y consumistas. Pero, aunque políticamente endebles y fácilmente manipulables por los grupos dominantes, en el imaginario de estas clases leídas y con un relativo poder adquisitivo prevalecían ideas democráticas y su aspiración a conformar un régimen democrático empezó a pesar en toda la sociedad y a influir en las acciones del gobierno conservador, a algunos de cuyos miembros incomodaba su ilegitimidad.

Aunque este nacionalismo popular de corte democrático tomaba cuerpo en los estratos medios de la sociedad, no calaba todavía en las clases trabajadoras. Por un lado los inmigrantes seguían constituyendo un porcentaje bastante alto de la masa obrera en relación con sus hijos y con los criollos, y por otro seguían dominando las ideas internacionalistas de los dirigentes sindicales comunistas y anarquistas o las meramente reivindicativas de los socialistas. No fue hasta que el proceso industrializador se halló bastante avanzado y en el contexto de las tensiones surgidas entre los grupos de poder a raíz del estallido de la Segunda Guerra Mundial, cuando las ideas nacionalistas populares comenzaron a arraigar entre los trabajadores.

La "tentación" democrática

Todas estas corrientes y tensiones que atravesaban el cuerpo social de la capital y modulaban una identidad nacional distorsionada por el escaso calado de su amalgama, los desequilibrios demográficos, las disfunciones de sus estructuras productivas, la exclusión de sectores sociales de la vida política y el divorcio entre el Estado y la sociedad civil, aparecían como fuerzas apenas percibidas o controlables por las élites dirigentes.

En la primera mitad de la década de los treinta aparecieron tres ensayos que, aunque contradictorios en diversos aspectos, coincidieron en detectar la formación de un ser nacional marcado por la desazón de una irrealidad y la evidencia de su soledad. En *El hombre que está solo y espera,* publicado en 1931, Raúl Scalabrini Ortiz prefiguraba un individuo urbano, intuitivo y pasional, resultado genésico de la inmigración, para quien, en su perplejidad existencial, lo que realmente valía era la imagen que de sí proyectaban sus deseos y no la evidencia que le devolvía el espejo.

Dos años más tarde Ezequiel Martínez Estrada vio en su *Radiografía de la Pampa* como componentes de la sociedad argentina a unas élites criollas que, ocupadas en reproducir los gestos de las elites europeas, habían creado una impostura sobre la verdadera realidad colectiva, y a unas masas populares desarticuladas, anárquicas y resentidas que no encontraban cabida en el proyecto de aquéllas. "En una sociedad mal constituida, o constituida con descontento, el elemento antisocial representa una gran parte de los sentimientos reprimidos de la misma sociedad: la soledad latente", escribió con lucidez Martínez Estrada. Poco después, en 1935, Eduardo Mallea en su *Historia de una pasión argentina* informaba no sin amargura de una "Argentina invisible", a la que pertenecían las elites ilustradas, y de una "Argentina visible", que dominaba el paisaje social.

A mediados de la década de los treinta, el régimen conservador percibió estas tendencias sociales y vio la oportunidad de asumir un programa democratizador que le permitiese salvaguardar el dominio político de la clase que representaba. Para llevarlo a cabo, el general Justo, cuya presidencia llegaba a su fin, impuso al antipersonalista

Roberto María Ortiz, pero debió aceptar que lo acompañara el ultra-conservador Ramón S. Castillo.

El "fraude patriótico" hizo, de Ortiz, el primer presidente hijo de inmigrantes y surgido de la clase media urbana. Aunque apoyado por el general Justo, pero sin la autoridad de éste para controlar los grupos más conservadores de su propio partido y mantener a raya a los nacionalistas, que actuaban tanto en la calle como en el Ejército, Ortiz buscó el apoyo de los radicales. Éstos tuvieron entonces la ocasión histórica de encauzar las aspiraciones democráticas de su propio electorado de la clase media y de algunos sectores obreros no sólo para recuperar el poder sino también para dar contenido al sistema. Les bastaba con ejercer una oposición seria y responsable sustentada sobre los enunciados de la constitución republicana para desplazar un gobierno fraudulento. Sin embargo, y a pesar de la presión ejercida por la FORJA, los radicales encabezados por Marcelo T. de Alvear optaron por negociar y legitimar con su acción un régimen espurio. Al entregar, de este modo, la conducción de la restauración democrática a un gobierno ilegítimo, los radicales causaron un daño muy grave en la sociedad argentina. Con su falta de nobleza y coherencia democrática, los radicales, como antes que ellos los socialistas, contribuyeron a certificar en la conciencia popular un vínculo natural entre el fraude y la política, a alimentar la desconfianza en sus representantes y con ello, a fomentar el inmovilismo de las fuerzas sociales.

Inicialmente los pactos parecieron funcionar y el gobierno de Ortiz dio muestras de combatir el fraude electoral, cuando en febrero de 1940 intervino la provincia de Catamarca, feudo oligarca del vicepresidente Castillo, y al mes siguiente tomó la misma medida para impedir que el gobernador Manuel Fresco pasase el cargo mediante el consabido "fraude patriótico" a Alberto Barceló. La limpieza hizo posible que en las elecciones legislativas celebradas en el mes de mayo, la UCR obtuviera una rotunda victoria que le permitió dominar la Cámara de diputados. Fue todo un espejismo.

La persistencia del personalismo es uno de los factores determinantes de la debilidad del Estado en la medida que éste no se constituye como una comunidad social articulada institucionalmente, sino como una entidad que funciona según los impulsos de un individuo que controla los resortes del poder. En esta ocasión, la irreversible enfermedad del presidente Ortiz dejó el proyecto restaurador de la democracia en manos del vicepresidente Castillo, declarado opositor del mismo. De modo que en pocos meses la "tentación" democrática del régimen conservador fue abortada sin miramientos. Volvió a recurrirse al "fraude patriótico" y sólo quedó en el aire el plan Pinedo para hacer frente a la crisis económica, que los radicales, no obstante ver sus ventajas para el país, no quisieron aprobar en el Congreso.

LOS FRENTES DE LA GUERRA

El estallido en 1939 de la Segunda Guerra Mundial trastocó el ordenamiento político y provocó no pocas contradicciones y confusiones en las fuerzas sociales argentinas. El Frente Popular, formado a raíz de la Guerra Civil española por los sectores democráticos, sufrió un rudo golpe cuando el pacto germano-soviético descolocó al PC y sembró el desconcierto entre sus seguidores, los cuales no volvieron a resituarse hasta 1941, cuando la Alemania nazi invadió la URSS y Japón bombardeó Pearl Harbour. Entonces el Frente popular recobró fuerzas con la aproximación de sectores conservadores, que veían con aprehensión la opción nazi-fascista. En la Cámara de Diputados, los partidos de la oposición crearon la Comisión de Investigación de Actividades Antiargentinas destinada a denunciar el nazismo, tal como lo venía haciendo desde 1940 la Acción Argentina, organización formada por los antiguos miembros del Frente popular, algunos conservadores e intelectuales. Mientras los comunistas y forjistas denunciaban el carácter imperialista de la guerra y se pronunciaban, coincidiendo con algunos nacionalistas, por la neutralidad, los rupturistas defendían una aproximación efectiva a Estados Unidos y la ruptura con los países del Eje. En este contexto de intensas discusiones y reposicionamientos, la oposición mostró en general una tendencia afín al bando aliado como parte de su discurso contra el fraude electoral y el autoritarismo gubernamental. Con esta táctica se tendía a identificar la ilegitimidad del régimen con la barbarie nazi y a recuperar la bandera de la restauración democrática.

En respuesta a esta actividad, los grupos ultraderechistas constituyeron el Frente Nacional para combatir el comunismo y el judaísmo y defender el neutralismo, con la esperanza de que el triunfo de la Alemania nazi permitiera a Argentina ocupar un lugar preponderante en el continente americano. Pero entre estos dos bloques antagónicos, el nacionalismo actuaba como una fuerza que generaba no pocas contradicciones y ambigüedades en el seno de los partidos, sindicatos, asociaciones profesionales y la Iglesia.

El nacionalismo, no tanto como producto de una ideología sino como expresión de una creciente y vaga sensibilidad nacional, definía un programa en el que coincidían desde sectores conservadores hasta de izquierdas, conformando un amplio espectro que incluía a las clases medias. Las consignas básicas de dicho programa eran la soberanía económica, el antiimperialismo, encarnado en un sentimiento de rechazo a los intereses británicos y estadounidenses y de la "oligarquía entreguista", y la justicia social. En este heterogéneo conglomerado "sentimental" que era el movimiento nacionalista, muchos nacionalistas de derechas comulgaban con las ideas nazifascistas, pero otros, especialmente los hispanófilos o aquéllos ligados a la Iglesia católica, las repudiaban como expresión de la "apostasía protestante". Unos y otros, no obstante, podían coincidir entre sí y a su vez con los nacionalistas populares, como los de FORJA, en abanderar la lucha antiimperialista y la "neutralidad activa", que no necesariamente debía interpretarse como favorable al Eje.

Tras la obligada retirada del presidente Ortiz en julio de 1940, el equipo liberal-conservador que abogaba por la aproximación a Estados Unidos empezó a perder influencia y al año siguiente quedó definitivamente apartado del gobierno del presidente Castillo. Los nacionalistas más conservadores ocuparon el espacio vacante e hicieron efectiva la "neutralidad activa". Estados Unidos, que pretendía comprometer a todo el continente americano en un frente militar contra las potencias del Eje, reaccionó airadamente haciendo inviable la negociación de un tratado comercial bilateral y casi excluyendo a Argentina de los suministros militares, los cuales se dirigieron a Brasil.

Ante la política de neutralidad del gobierno también reaccionaron con encono los sectores democráticos de la clase dominante ligados afectivamente a Gran Bretaña. Estos sectores interpretaban como necesario un mayor compromiso con esta potencia y sus aliados. A Gran Bretaña por su parte le preocupaban más los avances de Estados Unidos en su feudo que la neutralidad argentina y de aquí que minimizara las denuncias de infiltración nazi que hacían la embajada y los servicios secretos estadounidenses. Por otra parte, los británicos sabían que si bien los alemanes financiaban algunas publicaciones argentinas, los aliados también lo hacían y además conocían cada movimiento, dado que sus compañías controlaban los sistemas de comunicación y transporte, como telégrafos, teléfonos y ferrocarriles.

La progresiva presión y el aislamiento que amenazaba al régimen indujeron al gobierno de Castillo a radicalizar su tendencia autoritaria y a buscar el apoyo de los militares, los cuales por su parte también se hallaban divididos entre los que apoyaban a los conservadores-liberales y los que defendían posiciones nacionalistas. Fueron éstos quienes entraron en el gobierno y emprendieron una política regresiva que condenó definitivamente el experimento conservador-liberal y el proceso democratizador. El presidente Castillo decretó el estado de sitio, disolvió el Consejo deliberante y convirtió el Parlamento en un mero club político. Al mismo tiempo, puso en marcha la industria armamentista a través de la Dirección General de Fabricaciones Militares y, con la fundación del Instituto Geográfico Militar, amplió el campo de acción de las Fuerzas Armadas.

A partir de este momento, los militares tomaron posiciones claves en la dirección del Estado llevando sus intereses al plano institucional y político. Este paso recesivo ahondó aún más la escisión que el golpe de 1930 había causado entre la ciudadanía y el Estado. Éste, al quedar sin el soporte maestro de la Constitución republicana, pasó a ser el aparato que facilitó el vaciamiento de las creencias públicas y la apropiación indebida de la historia, las tradiciones y los símbolos por parte de quienes se arrogaban el papel de directores supremos. La usurpación y enajenación de la soberanía popular condujeron irremediablemente a la degradación y a la ruina del Estado que, como diría Rousseau, "es una persona moral".

La política represiva del régimen tuvo su correlato en la actividad callejera de los ultranacionalistas, que reclamaban la constitución de un

Estado corporativo. Asimismo, el temor que provocaban la creciente movilización del Frente popular y los avances de la influencia comunista entre los trabajadores movió en 1941 a los nacionalistas, agrupados en la Alianza Libertadora Nacionalista (ALN), a lanzar una ofensiva para asumir el "liderazgo de las masas proletarias". Al año siguiente la Federación Patriótica Argentina (FPA) lanzó una campaña de apropiación de los sindicatos para contener, desde ellos y con el apoyo del Estado, los avances del comunismo. Los grupos nacionalistas extremistas llegaron incluso a pedir la expropiación inmediata de los servicios públicos que se hallaban en manos extranjeras y, entre otros delirios, a proponer apoderarse del hierro de Brasil y a desencadenar una guerra de conquista para reconstituir el territorio del virreinato del Río de la Plata.

Pero el régimen ya había empezado a resquebrajarse y el gobierno de Castillo no pudo resistir. Las desavenencias alrededor del candidato sucesor y la corrupción gubernamental fueron el pretexto de las Fuerzas Armadas para derrocar al presidente Castillo y acabar el 4 de junio de 1943 con la ficción democrática instaurada en 1930. Estados Unidos saludó el golpe con beneplácito al mismo tiempo que la Embajada alemana se apresuraba a destruir una ingente cantidad de documentos secretos.

El río revuelto y el pescador

Las disputas por el poder entre liberales y nacionalistas, que habían alcanzado el seno del Ejército, y la miopía diplomática de Estados Unidos condicionaron los sucesos posteriores que desembocaron en el nacimiento de un nuevo y poderoso régimen populista encabezado por el coronel Juan Domingo Perón.

Tras el golpe que derrocó al presidente Castillo, los militares nacionalistas y liberales, encabezados por el general Pedro Pablo Ramírez, se repartieron el poder sin renunciar a sus respectivos objetivos. Los liberales pretendían formar un gobierno moderado y capaz de llevar una política de aproximación a Estados Unidos, mientras que los nacionalistas optaban por mantener la neutralidad, resistir las presiones estadounidenses e incentivar la industria armamentística.

Por entonces, un reducido número de militares nacionalistas había formado una pequeña asociación secreta para actuar como grupo de poder. El llamado GOU –probablemente Grupo Obra de Unificación o Grupo de Oficiales Unidos–, se constituyó como una logia mesiánica, cuyos miembros –coroneles y oficiales de menor graduación– se sentían los elegidos para influir en partidos y clases sociales, emprender una cruzada anticomunista y provocar una "revolución espiritual" que situara a Argentina entre las grandes naciones del planeta.

El general Ramírez, quien se hallaba vinculado al GOU, cedió no obstante a la tentación de convertirse en presidente legitimado por el voto, encabezando una coalición formada por radicales y conservadores liberales. La decisión de Ramírez provocó que los militares nacionalistas se lanzaran a una abierta lucha por el poder, para impedir la celebración de unas elecciones que, según ellos, daría paso al Frente popular y a los comunistas. Ramírez, alineado con los liberales, buscó el apoyo de Estados Unidos haciéndole saber a través de una carta del almirante Segundo Storni, ministro de Relaciones exteriores, la intención del gobierno de romper relaciones con el Eje, la alineación con el cual ya era por entonces inviable, con la condición previa de que Washington levantase el embargo de armas para ganarse la confianza de todas las Fuerzas Armadas. Pero el gobierno estadounidense, empecinado en imponer sus propios criterios de potencia hegemónica, no sólo rechazó la razonable propuesta del gobierno de Ramírez, sino que se lanzó a una encarnizada campaña contra el Ejército argentino al tiempo que exigía la ruptura de relaciones con el Eje. La jugada del general Ramírez se volvió así en su contra y los nacionalistas se hicieron con el poder mediante un golpe palaciego en junio de 1943, que situó como vicepresidente al general Edelmiro J. Farrell.

El nuevo régimen constituyó una dictadura clerical-fascista que disolvió el Parlamento e ilegalizó los partidos; intervino militarmente las provincias; reprimió y persiguió comunistas y judíos, lo que provocó la disolución de la FONC, el sindicato de la construcción, y de una sección de la CGT; instituyó la enseñanza religiosa en las escuelas, para "cristianizar el país", lo que rompía con la tradición laica fundada durante la república oligárquico-liberal, y decretó el cierre temporal de algunas universidades.

La política nacionalista, sustentada en la consigna "Honradez, Justicia y Deber", implementó una campaña contra la corrupción y tomó medidas de corte populista consistentes en reducir las tarifas del transporte público y los arriendos rurales, congelar los alquileres de la vivienda urbana y nacionalizar la británica Primitiva Gas Co. En octubre, la designación como jefe del Departamento Nacional de Trabajo –poco después Secretaría– del coronel Juan Domingo Perón, influyente miembro fundador del GOU, significó un hecho más importante de lo que en principio pareció.

El coronel Perón, convencido del papel tutelar que debía desempeñar el Ejército en la dirección del Estado, no tardó en revelar que su misión era la "organización de los sindicatos", fomentar su unidad y arbitrar en los conflictos laborales a fin de controlar, por el bien de la sociedad, al movimiento obrero. En el diario nacionalista *Cabildo* del 11 de noviembre de 1943, según la cita recogida por David Rock, Perón declaraba:

> "Nuestra revolución es esencialmente espiritualista. En Argentina la riqueza del pueblo [debería permanecer] en nuestras manos, de manera que cada argentino pueda percibir el mejor rendimiento de sus esfuerzos. Yo mismo soy sindicalista y como tal soy anticomunista, pero también creo que el trabajo debería organizarse en forma de sindicatos, para que los propios trabajadores, y no los agitadores que los controlan, sean los que cosechen los beneficios de sus esfuerzos. (...) No daré carta blanca a los agentes de la destrucción y la agitación, que con frecuencia ni siquiera son argentinos, sino extranjeros. Tengo los asuntos obreros totalmente controlados, y no por la fuerza sino por la conciliación... No crea usted que somos anticapitalistas. Nada de eso. [Pero] el capitalismo internacional está muy equivocado si cree que puede vencer el espíritu nacional de Argentina que este gobierno encarna".

Redundando en su propósito de dirigir el movimiento obrero para evitar una revolución comunista y sacar el máximo provecho de su fuerza productiva, Perón, en un discurso pronunciado en la Bolsa de Comercio de Buenos Aries, en agosto de 1944, dijo: "Señores capitalistas, no se asusten de mi sindicalismo, nunca mejor que ahora estaría seguro el capitalismo... Lo que quiero es organizar estatalmente a los trabajadores, para que el Estado los dirija y les marque rumbos y de esta manera se neutralizaría en su seno las corrientes ideológicas y revoluciones que puedan poner en peligro nuestra sociedad capitalista en la posguerra...". Quedaba claro que uno de los objetivos principales de la "revolución espiritual" nacionalista era organizar a los trabajadores e integrarlos en la "comunidad organizada", para optimizar su fuerza de trabajo y evitar que se convirtieran en una amenaza para el sistema capitalista. De este modo, la clase trabajadora también se convertía en un eficaz elemento de presión social complementario al papel tutelar de las Fuerzas Armadas, las cuales a su vez podían actuar junto con las cúpulas sindicales contra las mismas bases obreras si éstas se rebelaban. Es decir, una alianza sindical-militar que más tarde acabó de definir Augusto Vandor con la "Patria metalúrgica".

Desde el primer momento las medidas y el discurso de Perón parecían responder a una estrategia y a un programa cuidadosamente elaborados desde hacía tiempo, acaso en el seno del GOU, del cual Robert A. Potash (citado por Rock, en *Perón y el G.O.U: Los documentos de una logia secreta*) atribuye la recurrencia a una cita de *De libero arbitrarie*, de san Agustín, para justificar el golpe de 1943:

> "Cuando [el pueblo] poco a poco empieza a poner el interés particular por encima del bien común, y si es corrompido por hombres ambiciosos, cae en la costumbre de vender sus votos y entregar el gobierno a los depravados, es justo que el hombre de buena voluntad, aunque sea un solo hombre poseedor de influencia o de la fuerza necesaria, pueda quitar el derecho de escoger gobierno y pueda someter el pueblo a la autoridad de un solo hombre".

Abrevando en los principios del Estado corporativo fascista y de la doctrina social de la Iglesia y haciendo suyos los reclamos de la

Alianza Libertadora Argentina relativos al control sindical, el coronel Perón actuó rápidamente respondiendo a las reivindicaciones obreras. Convocó a los dirigentes sindicales, excluyendo y luego persiguiendo a los comunistas, y dio casi inmediata satisfacción a sus reclamaciones, arbitrando en los conflictos, ampliando el régimen jubilatorio, estableciendo las vacaciones pagadas, las indemnizaciones por accidente y el pago de una mensualidad extra por Navidad, y sancionando el estatuto del peón, que supuso la primera regulación de las relaciones obreras rurales. Aunque el presidente Ramírez, evocando el viejo mito nacionalista, considerase al hombre de campo limpio de "las ideas exóticas de las ciudades" y por lo tanto digno del mejor de los tratos, los estancieros y agricultores, agrupados en la Sociedad Rural, reaccionaron enconadamente, del mismo modo que los industriales reunidos en la Unión Industrial.

En el plano internacional, las relaciones con Estados Unidos se tensaron aún más por la insistencia del gobierno nacionalista de mantener la "neutralidad activa", proseguir con su política armamentística e incluso en promover un golpe de Estado en Bolivia para instaurar un régimen favorable a sus tesis. La respuesta de Washington fue la de congelar fondos argentinos depositados en los bancos estadounidenses, el boicot económico y desatar una fuerte campaña de desprestigio "demostrando" las connivencias de Argentina con la Alemania nazi y sus conspiraciones para instaurar un régimen adicto en Uruguay. La situación llegó a su punto crítico cuando Ramírez, ante el embargo de armas impuesto por Estados Unidos, intentó comprárselas a Hitler. El error fue aprovechado por Washington y el presidente Ramírez se vio obligado, en enero de 1944, a romper sorpresivamente relaciones con el Eje ante la perplejidad de sus acólitos. Un mes más tarde, los nacionalistas lo apartaron del poder mediante otro golpe palaciego y pusieron en su lugar al vicepresidente y ministro de Guerra, el general Edelmiro Farrell.

Los cambios que se produjeron en la cúpula del régimen militar no mejoraron las relaciones con Estados Unidos. A pesar de la oposición que mostró Gran Bretaña, Washington intensificó sus ataques económicos al país, prohibiendo el suministro de todo tipo de maquinarias, equipos petrolíferos y ferroviarios, repuestos automovilísticos, etc., y acusando a Argentina de dar refugio a nazis y planear una guerra de expansión continental.

En medio de este río revuelto, la ganancia fue para el coronel Perón, quien pasó a ocupar el Ministerio de Guerra y más tarde la vicepresidencia sin abandonar la Secretaria de Trabajo. Esta acumulación del poder dejó en segundo plano al presidente Farrell y permitió a Perón, el "solo hombre poseedor de influencia o de la fuerza necesaria", asumir la dirección de una política nacional conforme a la coyuntura mundial. Desde la Secretaría de Trabajo, Perón intensificó su política favorable a los trabajadores y de control de sus organizaciones, desplazando a los elementos comunistas, socialistas y anarquistas, y exigiendo a los sindicatos "personería gremial", que el gobierno sólo otorgaba a los dirigentes afines, para tratar oficialmente con ellos. Al mismo tiempo, desde el Ministerio de Guerra propició la creación del Banco Industrial y dio un fuerte impulso a la industria armamentística y de sustitución en respuesta al embargo estadounidense. En un discurso pronunciado en junio de 1944, Perón justificó esta política para una "nación en armas" con una frase de Julio Cesar: "Si deseas la paz, prepárate para la guerra".

El explosivo crecimiento de los efectivos militares aumentó el gasto público, pero al mismo tiempo el personal militar participó en la exploración de minerales, construcción de carreteras y de nuevas plantas fabriles, etc. En este proceso las Fuerzas Armadas consolidaron su vínculo con algunos sectores de la oligarquía terrateniente "industrializada", la incipiente burguesía industrial, al mismo tiempo que aumentaron su protagonismo en la vida civil y en el aparato productivo del Estado. También el caudillismo reapareció con fuerza, como parte de este proceso y en el marco de un orden institucional pervertido, para intermediar entre el Estado y la sociedad civil.

La militarización definió una estructura más autoritaria del régimen que restringió la libertad de prensa y acentuó la represión. Al mismo tiempo dio el patronazgo de las Fuerzas Armadas a la Virgen María, como símbolo de la continuidad de la tradición hispano-católica reivindicada por los nacionalistas, y consagración de la "alianza espiritual" con la Iglesia, y convocó al pueblo porteño a una masiva concentración para dar a conocer la "Declaración de Soberanía". Con esta maniobra pretendía demostrar que la movilización popular revelaba "la existencia de una poderosa fuerza nacional que va en pos de objetivos que son puramente nacionales y que, por tanto, no puede ser un partido político, porque no defiende los intereses de ninguna 'parte' contra parte cualquiera, sino la grandeza de toda la nación".

A mediados de 1944, la hábil política de Perón no podía sin embargo contrarrestar los efectos del autoritarismo del régimen, los cuales sirvieron para aglutinar a una oposición hasta entonces bastante desorientada. Esta oposición, que reunía a radicales, socialistas, comunistas y algunos conservadores, lanzó una fuerte campaña en favor de las libertades democráticas. A esta oposición, también se sumaron los estancieros afiliados a la Sociedad Rural y los empresarios de la Unión Industrial afectados por la política laboral del régimen. Con el pretexto de la liberación de París en agosto de 1944, la oposición de las fuerzas civiles promovió una multitudinaria manifestación antigubernamental, que se correspondió con el aumento de la presión política y económica de Estados Unidos, que dos meses antes ya había retirado a su embajador.

Los esfuerzos de Perón por convencer a los empresarios y ganaderos de que su política en favor de los trabajadores y de control de los sindicatos tendía a asegurar la continuidad del sistema no fueron suficientes para evitar la polarización de las fuerzas sociales y el activismo de los partidos en favor de la restauración del orden constitucional. A finales de año, la situación del gobierno de Farrell era inestable, pero la renuncia del intransigente secretario de Estado norteamericano, Cordell Hull, y su sustitución por Nelson Rockefeller le dio un giro favorable a los intereses del régimen. Como consecuencia de ello y en virtud del desarrollo de la guerra, en febrero de 1945 Argentina firmó el Acta de Chapultepec, por la que se adhería al sistema de comercio y defensa mutua americano, paso previo para la integración en las Naciones Unidas, y al mes siguiente declaró la guerra a Alemania y a Japón.

La distensión duró muy poco. En mayo, tras la rendición alemana, el nuevo gobierno estadounidense presidido por Harry S. Truman designó embajador en Buenos Aires a Spruille Braden. Éste, partidario de la línea dura, restableció las sanciones, exigió la convocatoria de elecciones y animó abiertamente a la oposición a que se rebelara contra el gobierno de facto. La UCR impulsó la formación de la Unión Democrática (UD), frente opositor integrado por comunistas, socialistas y demoprogresistas, que se presentó a la sociedad como emblema de los principios constitucionales y de los valores democráticos defendidos con éxito por los Aliados en la cruenta guerra mundial. La UD, que contaba con el apoyo tácito de los conservadores, solicitó que el gobierno entregara el poder a la Corte Suprema, única institución que se reconocía como depositaria de la legalidad constitucional. Al mismo tiempo, los comerciantes e industriales se movilizaron rechazando la legislación social y laboral del régimen promovida por Perón desde la Secretaría de Trabajo. El "Manifiesto de las Fuerzas Vivas" tuvo una virulenta respuesta sindical, que indicó el creciente proceso de polarización de las posiciones entre las fuerzas trabajadoras y las del capital.

El 19 de septiembre, los opositores llevaron a cabo una multitudinaria "Marcha por la Constitución y la Libertad", que puso contra las cuerdas al régimen. Poco después, tras un fallido golpe militar encabezado por el general Arturo Rawson en Córdoba, la Marina se pronunció en favor de la restauración constitucional y el presidente Farrell se vio obligado a prometer elecciones y dispuesto a ceder el poder a la Corte Suprema. En estos momentos, las Fuerzas Armadas se dividieron entre los partidarios de Perón y sus opositores. Fueron éstos quienes se impusieron y, el 9 de octubre, Perón fue destituido y encarcelado en la isla rioplatense Martín García.

La oposición tenía así todo a favor para organizar el proceso de restauración democrática. Sin embargo, las mezquindades partidistas por un lado y la negativa del Ejército a entregar el poder a la Corte Suprema, lo que suponía echar por tierra los principios nacionalistas instaurados con la revolución de 1943 y perder las posiciones políticas y económicas que había logrado, impidieron la formación de un gobierno provisional.

La movilización obrera del 17 de octubre de 1945 enterró simbólicamente la Argentina de la oligarquía ilustrada y alumbró la Argentina de la oligarquía sindical-peronista. Como en 1910, una guerra internacional causaba la caída del régimen conservador local y la emergencia de una nueva sociedad y de un nuevo estilo de vida que marcarían el rumbo histórico de Argentina en la segunda mitad del siglo xx.

La sorprendente irrupción de las clases trabajadoras que encumbró a Juan Domingo Perón en el centro del poder reveló la verdadera fuerza de un grupo social que el mismo coronel había anunciado, pero que pocos habían considerado real. Hasta entonces ni los partidos políticos ni los intelectuales parecían haber percibido el rápido crecimiento de las masas trabajadoras en la periferia de las grandes ciudades –Buenos Aires, La Plata, Rosario, Córdoba– y la potencial fuerza política que representaban.

Eduardo Mallea había reconocido años antes en su *Historia de una pasión argentina* que la vieja clase patricia se hallaba oculta, conformando la "Argentina invisible", invisibilidad debida a los reflejos espurios de la modernización urbana representada por las clases medias, materialistas y mercantilizadas, y la inmigración, "muchedumbre de bárbaros", que conformaban la "Argentina visible". Ésta, según Mallea, era una Argentina superficial que ignoraba el tradicional orden jerárquico y degeneraba el acervo cultural de la "Argentina invisible". Por esta razón, Mallea consideraba necesaria la constitución de una "nueva Argentina" sustentada en el "pueblo real y no el político" capaz de invadir "las calles, en pos de la restauración de una salud en peligro". Pero Mallea, que pensaba en la oligarquía ilustrada como "pueblo real", excluía como tal, del mismo modo que los partidos democráticos la habían excluido de la "Marcha de la Constitución y la Libertad", a la clase trabajadora urbana, cuyo rápido e inadvertido crecimiento constituía la verdadera fuerza social "invisible" para patricios y clases medias.

En la respuesta de las clases trabajadoras "en defensa de los beneficios conquistados por medio de la Secretaría de Trabajo y Bienestar Social" no cabe hacer tanto una valoración política, pero sí una cultural, porque el nivel de politización de las masas era más bien bajo, salvo en el caso de los obreros de la desaparecida FONC, antiguo feudo comunista.

En primer lugar hay que considerar que las clases bajas perciben primariamente su situación como un estado injusto producto del egoísmo de los ricos. Enfrentadas a perentorias necesidades de supervivencia, sin recursos y con ideas confusas para ejercer una oposición "civilizada" contra ese sistema que las margina de los beneficios de la modernidad, las clases bajas no politizadas reaccionan espontánea y visceralmente al primer estímulo que reciben. En general, conforman grupos permeables a la demagogia populista de los caudillos, quienes a cambio de la satisfacción de sus necesidades básicas las emplean como fuerza de coacción contra el resto de la sociedad. Perón y sus herederos han hecho, en este sentido, un eficaz uso de los "cabecitas negras", los "villeros", los "humildes", los "descamisados" e incluso de los "piqueteros", como les dieron en llamar según los tiempos.

En segundo lugar, debe tenerse en cuenta que el proyecto peronista se concibió sobre la base de la alianza de la clase trabajadora con las Fuerzas Armadas, verdaderos ángeles tutelares de la nación, para llevar adelante un cambio modernizador de la vida política, económica y social argentina, sin que ese cambio significara alterar las estructuras productivas ni el sistema de tenencia de la tierra y de los medios de producción, así como el uso y disfrute de la riqueza.

El nacionalismo redentor del GOU que hizo suyo Perón, propiciaba una "revolución espiritual" que entroncaba con el espíritu paternalista de los caudillos federales, los cuales también habían utilizado a las masas populares y marginales como sustento de su poder autárquico. Pero, a diferencia de Rosas y otros caudillos de la etapa anterior a la Constitución de 1953, Perón ya no se encontró con masas marginales socialmente degradadas. En todo caso, éstas habían sido prácticamente absorbidas en esos momentos por miles de emigrantes del campo que buscaban trabajo en la ciudad. Estos trabajadores no eran desarraigados sociales, sino pobres "civilizados" esperanzados en una vida digna. Ellos eran fruto del programa civilizador liberal puesto en marcha por los padres de la república oligárquica, que confiaban en la instrucción pública para dotar de identidad nacional a una sociedad aluvional y asegurar la concreción del modelo de país que imaginaban. La enseñanza primaria obligatoria había actuado como agente cohesionador y había inculcado en la conciencia popular una idea de nación como entidad protectora bajo cuyo abrigo podían hallar la felicidad. Esta educación, sin embargo, había incidido más en la identificación de la nación con los símbolos patrios –bandera, escudo, himno, etc.– y en el culto a los héroes nacionales que con los enunciados constitucionales y su vigencia e incidencia en la vida diaria. Es decir, que había contribuido a crear una "religión patriótica" con sus santos –no es casualidad que al general San Martín se le llame "el santo de la Espada"– y pontífices encargados de la nación y de la administración del Estado, de cuyas instituciones de poder las clases populares estaban y se sentían excluidas y, lo que es peor, sin el sentimiento de tener que participar en ellas. Sin embargo el coronel Perón advirtió el peligro potencial de una masa poblacional marginada de la vida política e incontrolada desde el poder y le abrió las puertas para que entrara a la vida pública a través del brete de una sindicación digitada.

El sentimiento de ser por primera vez protagonista de la vida social explica, en parte, el comportamiento de la clase trabajadora apoyando al representante de un régimen ilegítimo, para defender los "beneficios conquistados por medio de la Secretaría de Trabajo" y la adhesión a él de los dirigentes obreros, obligados por sus bases algunos o convencidos otros, como el secretario de la CGT, José Doménech, quien llamó a Perón "Trabajador número uno de Argentina".

La astucia política de Perón consistió en dirigirse a las masas con un lenguaje que conectaba con ese nacionalismo primario generado por la educación patriótica, señalándoles la legitimidad de sus latentes aspiraciones de justicia social y exaltando el valor de su fuerza colectiva para ganar su ciudadanía política. La ambigüedad de su discurso asimismo reforzó con tonos mesiánicos su proyecto político, afín a la doctrina social de la Iglesia, y a la vez disimuló el verdadero propósito de su "revolución espiritual" para que todo siguiese igual.

El embajador impertinente

Tras el 17 de octubre, el sufragio reapareció en el horizonte político argentino como agente restaurador del orden constitucional republicano y todas las fuerzas políticas percibieron la importancia del momento histórico. La peculiaridad de la situación radicaba en que la movilización popular había polarizado las fuerzas políticas situando a un lado los partidos tradicionales, defensores del viejo orden liberal, y a otro un candidato "natural" de inspiración nacionalista, Perón, que abogaba por la "soberanía económica" y la "justicia social". La lucha política entre estos dos sectores adquirió un tinte de confrontación de clases, cuando la burguesía se sumó al frente opositor al no confiar en el programa de reformas peronista en favor de los trabajadores como propuesta de neutralización de una posible revolución social.

La UCR, el mayor partido nacional, encabezó con el apoyo de organizaciones patronales la UD, una amplia coalición con socialistas, comunistas y conservadores procedentes del PDN, que finalmente fueron excluidos por su complicidad con el "fraude patriótico". Por su parte, los partidarios de Perón se apresuraron a formar el Partido Laborista (PL), con el apoyo de los sindicatos, ahora encabezados por la CGT. Al PL se sumaron progresivamente facciones radicales disidentes, como FORJA y UCR-Junta Renovadora, encabezada por Hortensio Quijano, quien acompañó a Perón en su candidatura, nacionalistas de la Alianza Libertadora Nacionalista y caudillos ultraconservadores del interior del país. También dieron apoyo a Perón las Fuerzas Armadas y, tras su compromiso de respetar la enseñanza religiosa en las escuelas, la Iglesia católica, que además reconoció expresamente el anticomunismo militante del candidato.

A pocos días de la celebración de las elecciones previstas para febrero de 1946, los resultados electorales se presentaron difíciles de prever. Con unos programas sociales muy similares, las diferencias entre los partidos eran más simbólicas que reales. Mientras el PL hacía hincapié en la justicia social, el rechazo de los oligarcas y la lucha por la independencia económica, la UD incidía en su defensa de los valores democráticos y la condena del autoritarismo y la ilegitimidad del gobierno al cual pertenecía el candidato presidencial del PL. Fue entonces cuando tuvo lugar una intervención externa decisiva, que inclinó la balanza hacia el bando peronista.

El subsecretario de Estado estadounidense Spruille Braden, quien acababa de dejar la embajada en Buenos Aires, cometió el grave error diplomático de intervenir en la política local sin perspicacia ni tacto. Su torpe actuación dio la razón a las élites conservadoras que consideraban a los diplomáticos ingleses más inteligentes y lúcidos que los estadounidenses para analizar y comprender la realidad del país. A instancias de Braden, el gobierno de Estados Unidos dio a conocer por esas fechas el *Blue book* en el que se denunciaba la connivencia del gobierno argentino con Alemania y el vínculo directo de algunos militares, entre ellos Perón, con los nazis. Independientemente de la veracidad de algunas de las afirmaciones vertidas en el "libro azul", su inoportuna publicación fue interpretada como una burda injerencia extranjera en los asuntos nacionales, que resultó ofensiva incluso para aquellos a quienes pretendía beneficiar. Los sentimientos nacionalistas afloraron a la piel de la sociedad y cambiaron el signo de la confrontación electoral, la cual, al quedar reducida a la falsa disyuntiva Braden o Perón, dejó fuera de juego a la UD y con ella la posibilidad de inaugurar un proceso de cambio asentado en el equilibrio institucional.

La falsa opción Braden o Perón dejó otras secuelas graves para el futuro político del país, en la medida que descalificó a la izquierda y a sus partidos como alternativa revolucionaria e incluso reformista. Los partidos de izquierda y centristas que formaban el frente antifascista quedaron de pronto situados, a ojos de la clase trabajadora, en el bando cómplice del imperialismo, al mismo tiempo que la figura de Perón apareció enaltecida como paladín de la revolución social y la independencia nacional. Una distorsión de la realidad que permitiría al nuevo régimen prolongar el autoritarismo en el marco de la democracia formal y, en términos populistas, la ficción de la Argentina potencia sin atender a la Argentina real.

El arrollador triunfo del general Juan Domingo Perón el 24 de febrero de 1946 significó la consolidación del papel tutelar de las Fuerzas Armadas sobre la sociedad civil, el renacimiento de la figura del caudillo guiando los destinos de la nación y la entrada en la escena política de las masas populares, cuya fuerza sería controlada, manipulada y reprimida de allí en adelante a través de la burocracia sindical.

En un marco institucional vulnerado por acciones internas y externas, el redentorismo del voto popular fructificó en un gobierno formalmente democrático, que dispuso y se valió de todos los instrumentos políticos necesarios para concretar un Estado modelado según la voluntad de un caudillo. Es decir, un Estado que no surgía de un pacto colectivo de todos los actores sociales y políticos, que en ese momento hubiese sido factible dada la ampliación de la base social, sino de un plan previamente elaborado desde el poder y contaminado por la personalidad autoritaria de su mentor.

Apenas ganadas las elecciones, Perón, el primer afiliado del PL procedió a su disolución y a la marginación de sus dirigentes sindicales del campo político. El pretexto fue el conflicto surgido entre los laboristas y los radicales disidentes que integraban la coalición por la repartición de los cargos senatoriales y de los gobiernos provinciales. Los radicales, mediante sobornos y otros recursos tramposos, se hicieron con muchos de estos cargos con la aquiescencia de Perón, quien, apelando a la unidad del movimiento, ordenó la disolución de los dos partidos. Los laboristas aceptaron casi sin resistencia a cambio de puestos de relevancia en una nueva organización política que se concretó en junio de 1947 con el nombre de Partido Justicialista o Peronista, denominación esta que dio carta de naturaleza al caudillismo.

Perón asimismo ordenó actuar en el campo sindical, donde encontró la oposición de Cipriano Reyes a sus maniobras hegemónicas. Reyes, uno de los artífices de la movilización del 17 de octubre, fue entonces perseguido como lo fue Luis Gay, secretario general de la CGT, cuando intentó llevar una política autónoma. En tales circunstancias, obligada a renunciar o a aceptar las directrices del general Perón, la mayoría de los demás dirigentes obreros cedió a cambio de prebendas sindicales. Las masas trabajadoras, políticamente incultas, también prefirieron los beneficios que les daba el caudillo a costa de la independencia sindical.

Tras organizar su partido y hacerse con el control de los sindicatos, el general Perón volcó sus esfuerzos en acrecentar su influencia sobre las Fuerzas Armadas mediante aumentos salariales, ascensos, reparto de favores, un fuerte incremento de sus efectivos y la modernización del equipamiento militar. Las Fuerzas Armadas, cuyos oficiales coincidían en general con los principios nacionalistas, el proyecto industrializador que las tenía como impulsoras y las ideas de justicia social, respondieron manteniéndose apartadas de las decisiones políticas aunque desplegando una intensa actividad social.

Habiéndose asegurado el control las masas trabajadoras y los apoyos de las Fuerzas Armadas y de la Iglesia, y contando además con la mayoría absoluta en el Parlamento, Perón reforzó aún más su poder personal al margen de los mecanismos institucionales creando un equipo de secretarios que dependía directamente de él e interviniendo las provincias cuyos gobiernos le eran desafectos. También extendió su política represiva a otras instituciones de gobierno, como la Corte Suprema, cuyos miembros fueron destituidos tras un teatral juicio político en el Congreso, o el Parlamento, al que redujo a un papel de mero aprobador de leyes elaboradas por el Poder ejecutivo y donde desaforaba a los diputados opositores; a la Universidad, donde llevó a cabo una purga de miles de profesores que no le mostraron adhesión, y a los medios de comunicación, sector donde numerosas radios y diarios pasaron a manos de sus seguidores o de la CGT, que se benefició de la expropiación del diario *La Prensa,* o fueron presionados de diverso modo y todos fueron controlados férreamente desde la Secretaría de Prensa y Difusión.

Haciendo uso del carácter legitimador del voto, el régimen peronista vació de contenido y desvirtuó las instituciones democráticas, suprimió gradualmente las libertades públicas y edificó un Estado corporativo que extendió su poder a todos los ámbitos de la actividad social. La reforma constitucional de 1949 acabó por modelar este

Estado autoritario al establecer la reelección presidencial y dar preponderancia al poder Ejecutivo sobre las demás instituciones republicanas. De este modo se cerraban las puertas a la implementación de mecanismos de representatividad democrática y de desarrollo de una cultura cívica como soportes del pluralismo político y de una estructura social equilibrada. Por su misma naturaleza autoritaria y personalista el Estado peronista no permitió que las instituciones absorbieran con fluidez los cambios provocados por la ampliación de la base social.

La doctrina corporativa que lo inspiraba y que definía su propósito de construir una "comunidad organizada" indujo al régimen a implementar órganos de control de los distintos estamentos sociales y a imponer su ideario particular como ideología nacional a través del dogma "justicialista". De este modo, bajo la tutela del Estado encarnado en la figura del caudillo, al igual que la CGT era la organización a través de la cual se expresaban y actuaban los trabajadores, después de la reelección de 1951, la Confederación General Económica (CGE), la Confederación General de Profesionales (CGP), la Confederación General Universitaria (CGU), y la Unión de Estudiantes Secundarios (UES), fueron las organizaciones a través de las cuales lo hacían los empresarios, los profesionales y los estudiantes. Tampoco el estamento militar quedó al margen de esta penetración doctrinal.

La declaración del 17 de octubre como Día de la Lealtad santificó la fundación del movimiento y al mismo tiempo consagró la fidelidad al caudillo como virtud ciudadana sucedánea del deber constitucional. A partir de una decisión parlamentaria de 1952, la vida de los ciudadanos pasó a ser regida por los principios de la doctrina "justicialista", que se convirtió así en la columna ideológica que vertebraba la "comunidad organizada" en el cuerpo del Estado peronista bajo las consignas de "justicia social, independencia económica y soberanía política". La perversión del orden democrático y el vaciamiento de las instituciones republicanas llevaron, consecuentemente, a identificar el movimiento peronista con la nación y a ésta con la figura tutelar del general Perón. Los excesos autoritarios, junto a otros factores políticos y económicos domésticos y externos, fueron finalmente degradando el régimen y precipitando su caída.

La política social del peronismo constituyó el principal soporte de un régimen que cimentó su poder en el apoyo de las masas populares. De acuerdo con esto, la justicia social fue la consigna que inspiró como acción de gobierno una legislación laboral destinada a otorgar a la clase trabajadora los beneficios del bienestar a través de una redistribución más equitativa de la renta, mejora de las condiciones de trabajo y disfrute del tiempo libre, semanal y vacacional, derecho a pensiones, jubilaciones e indemnizaciones por despido, etc.

Por primera vez en la historia argentina, la clase trabajadora se sentía protagonista de la vida política de país y objeto de atención por parte de un gobierno. Guiada por el faro del Estado-peronista-benefactor, la clase trabajadora podía ocupar espacios sociales antes prohibidos para ella y hacerse visible a ojos de las clases oligárquica y media que hasta entonces la había ignorado. A través de la justicia social, el régimen peronista reimpulsó el proceso de integración social iniciado con la ley Roque Sáenz Peña favoreciendo con éste una identidad nacional más aproximada a la realidad. Los "cabecitas negras", como llamaban despectivamente las clases medias y altas a los inmigrantes del interior, ocuparon su lugar como "descamisados", individuos pobres dignificados socialmente por su acceso al trabajo. El reconocimiento del trabajo como valor social pudo ser un aspecto positivo para cambiar la percepción que de éste tenía históricamente la sociedad argentina. Sin embargo, el peronismo no hizo hincapié en el trabajo como valor dignificador de la cultura cívica, sino en el trabajo como factor intrínseco de la clase trabajadora, a la cual le asistía el derecho, por "justicia social", de disfrutar de los mismos bienes de las clases superiores. Lo que hizo el peronismo fue inculcar en la mente de los trabajadores la aceptación de su función productiva en el marco del sistema capitalista, por la que debían ser justamente retribuidos, pero soslayó crearles una conciencia ética del trabajo, en la que la responsabilidad y la eficiencia en el desempeño de las tareas fuesen claramente reconocidas como formas de dignidad personal y factores de desarrollo de la comunidad en su conjunto. Y esta carencia en el "desarrollo espiritual" de los trabajadores no tardó en ponerse de manifiesto, en cuanto los efectos de la crisis económica empezaron a hacerse sentir rompiendo la ilusoria burbuja nacional-populista.

La acción social no se detuvo en los trabajadores y alcanzó también a aquellos pobres y desocupados para quienes las ventajas laborales aún quedaban fuera de su alcance, pero que representaban una importante base clientelar. Los "humildes" fueron el objetivo principal de la red de servicios sociales que articuló su esposa, Eva Duarte, a través de la Fundación Eva Perón, cuya actividad superó con creces la desplegada por las organizaciones caritativas religiosas en manos de la clase alta.

Bajo el lema "Perón gobierna, Evita dignifica", la esposa del general Perón representó la cara del régimen sensible al sufrimiento de los desposeídos, "las víctimas de los ricos", como ella decía. Bajo su dirección, la Fundación fue un eficaz vehículo de propaganda entre los pobres que llegó hasta el último rincón del país. Al mismo tiempo que, desde su puesto en la Secretaría de Trabajo, servía de enlace con los sindicatos y marcaba a sus dirigentes las pautas de conducta que exigía el régimen. Eva Perón reivindicó el reconocimiento social y político de la mujer e impulsó una activa campaña en favor del voto femenino. Éste fue reconocido por ley –la "ley Evita"– en 1949, año en que se creó dentro del movimiento el Partido Peronista Femenino, según el modelo falangista español.

La esposa de Perón, Evita como la llamaban sus seguidores, constituyó una pieza clave para la extensión en el imaginario popular del concepto de justicia social y del paternalismo estatal personalizado en la figura del general Perón. Eva Perón dio rostro amable a un régimen que, a su muerte en 1952, quedó sin "cobertura humana" y se reveló como un descarnado aparato burocrático de control y represión.

LOS EQUÍVOCOS CULTURALES

La movilización social iniciada en 1945 fue un síntoma de la presión que se venía acumulando en las clases populares marginadas de la vida política y de los beneficios de la industrialización, la cual se había acentuado desde mediados de la década anterior. El peronismo encauzó y controló esas fuerzas potencialmente revolucionarias integrándolas en el sistema. "Mejor ofrecer el treinta por ciento ahora que dentro de años, o quizá incluso meses, arriesgarse a perder todo...", dijo Perón al explicar su proyecto de "revolución pacífica".

La ampliación de la base social del sistema impulsada por el peronismo implicó un proceso democratizador que, sin embargo, no desembocó en la concreción de una sociedad democrática y menos en un Estado institucionalmente estable. La reforma constitucional de 1949 es fiel reflejo de la verdadera orientación a la que apuntaba el peronismo, especialmente en los puntos que las libertades y derechos del individuo eran, de acuerdo con la doctrina social de la Iglesia, sustituidos por derechos corporativos emanados del Estado; que conferían al Estado la propiedad inalienable e imprescriptible de los recursos energéticos y el derecho de expropiación de empresas o tierras, y, con la modificación del artículo 77, autorizaban la reelección presidencial sin límites como vía de consolidación del régimen personalista y autárquico.

El reforzamiento del carácter tutelar del Estado permitió al peronismo gestionar la incorporación pacífica de las clases trabajadoras tanto a la vida política como a la sociedad establecida. En este sentido su política estuvo orientada a mantener, aunque de modo precario e inestable, el *statu quo* social facilitando a las mayorías el acceso a los bienes sociales y culturales. Como parte de esta política se dio un fuerte impulso a la educación, campo en el que al margen de la impartición de conocimientos generales, la instrucción cívica quedó desnaturalizada por el culto a la persona del caudillo y la exaltación de los principios del "justicialismo". La utilización del libro autobiográfico de Eva Perón, *La razón de mi vida,* como texto escolar de lectura obligatoria y la "peronización" de la sociedad ejemplifican una de las formas del proceso de beatificación personal y de mitificación del Estado peronista.

En consecuencia, en el marco de un Estado legitimado por el voto, pero con unas instituciones subordinadas a la voluntad del Poder ejecutivo, el peronismo no buscó crear una cultura popular desde las bases sino apropiarse de la existente, creada y monopolizada hasta entonces por las clases altas. De aquí su ataque constante a la oligarquía, a la que se presentaba como enemiga del pueblo, al cual pretendía excluir no sólo de los beneficios económicos y sociales sino también del disfrute de los bienes culturales. En consonancia, la propaganda del régimen presentaba casi siempre obreros aburguesados y los dirigentes sindicales trataban de imitar las clases altas con gestos ostentosos, comprándose grandes coches y estancias o comprando acciones de grandes empresas.

Convenientemente atizado desde la cúpula del peronismo, que tuvo en el lenguaje combativo de Eva Perón su arma principal, el conflicto cultural constituyó una forma de sublimación de las tensiones interclasistas originadas por la disparidad de intereses que el régimen buscaba armonizar de acuerdo con su proyecto de "comunidad organizada". Dado que el peronismo reconocía los cimientos espirituales de esta comunidad en la cultura establecida, su política se orientaba a la integración de las clases populares en ella. Pero el tono agresivo y exaltado con que la llevaba a la práctica era percibido por las clases altas y medias como una estrategia de ocupación territorial. Tal percepción del conflicto surgía, asimismo, del prejuicio y del menoscabo de las clases populares y el temor que sentía la "gente educada" ante la creciente contaminación de sus hábitos y costumbres. De hecho, lo que se planteaba como un conflicto cultural tenía para las clases altas mucho de conflicto estético. Rechazaban entonces la irrupción de las masas populares en "su" territorio, del mismo modo que antes habían rechazado a los inversores estadounidenses por sus modales torpes en comparación con los de los *gentlemen* ingleses. Es decir que, en combinación con sus intereses económicos y sus privilegios sociales, prevalecía en las clases altas y en las clases medias que las imitaban un esnobismo aristocratizante que les impedía reconocer y aceptar el proceso de democratización social que vivía el país.

Frente a la nueva dirigencia política, cuyos métodos populistas se acomodaban a la grosería "natural" de las clases bajas, las clases superiores, o que se consideraban tales, reaccionaron utilizando su conocimiento y dominio de las claves e instrumentos culturales tanto para descalificar a aquéllas, como para atacar el régimen, con lo que el conflicto pasó a ser fuente de argumentaciones políticas de los sectores desplazados del poder. A éstos les horrorizaba la idea de la "chusma" ejerciendo el poder, igualándose a las clases patricias e incluso a las clases medias, y socavando los valores de la cultura tradicional. Y este horror prejuicioso no les dejó ver que el peronismo no implicaba ningún cambio revolucionario sino una adecuación del sistema exigido por los cambios sociales que se venían produciendo en el mundo desde principios del siglo XX.

El proceso de democratización social había sido asumido por el peronismo desde el principio como algo inevitable que debía ser controlado para mantener el sistema establecido. Ni siquiera había permitido que sirviera para revitalizar las instituciones democráticas y mucho menos para alterar la propiedad de la tierra y de los medios de producción. El hecho de que el partido fuese cuna de caudillejos de extracción popular subordinados al caudillo y las organizaciones obreras verticales de burócratas sindicales, unos y otros con intereses y comportamientos más próximos a la oligarquía tradicional que a los de la clase trabajadora, revela la naturaleza gatoparda del peronismo. El Estado peronista era en realidad la reproducción del modelo oligárquico en el que la oligarquía tradicional, merced al proceso de industrialización y a la necesidad de introducir reformas que permitiesen el control de las fuerzas de trabajo, había sido desplazada del poder por otra oligarquía que usufructuó la representatividad de las masas populares.

El totalitarismo peronista, haciendo un uso perverso de la legitimación obtenida mediante el voto, impidió la restauración del orden constitucional interrumpido en 1930, y la evolución de las instituciones democráticas, a las que dejó en su mero esqueleto enunciativo. Aun así, este totalitarismo podría tomarse como un exabrupto más de la "era infame" si no fuese porque su doctrina nacional-caudillista envileció la educación cívica de los ciudadanos y los incapacitó para crear un Estado institucional y políticamente sano. La verticalidad del movimiento y su ideología excluyente actuaron como un poderoso y contagioso virus antidemocrático que infectó desde entonces el cuerpo político de la sociedad argentina.

Tampoco la oposición tuvo recursos para generar corrientes civiles de acción democrática. La UCR, que mantenía una importante cuota de apoyo en las clases medias, no supo aprovechar los arrestos progresistas que aún quedaban en algunos sectores de éstas ni encontrar los medios para neutralizar la propaganda ideológica del peronismo, ni siquiera cuando la muerte de Eva Perón dejó al descubierto todos los vicios políticos del régimen y la crisis económica limitó sus márgenes de maniobra. Del mismo modo que la oligarquía no veía que el peronismo en el fondo la beneficiaba, tampoco la oposición partidista en general vio las salidas políticas conducentes a la restauración democrática sin los previos aldabonazos en las puertas de los cuarteles.

EL FIN DE LA PRIMAVERA ECONÓMICA

El general Perón, de acuerdo con el lema de "una Patria justa, libre y soberana" implementó un nacionalismo económico que enlazó con las líneas básicas del keynesiano Plan Pinedo sustentado por la industrialización como principal vía de la independencia económica.

La política económica del peronismo se basó en la expansión del gasto público, una redistribución más equitativa de la renta y la promoción de actividades destinadas a satisfacer las demandas del mercado interno. Durante los tres primeros años, esta política se benefició de la coincidencia excepcional en la historia económica argentina de circunstancias favorables, tanto domésticas como internacionales.

Al acabar la Segunda Guerra Mundial, Argentina no sólo se hallaba libre de deuda externa, sino que poseía importantes reservas de divisas extranjeras y cuantiosas sumas favorables en libras esterlinas bloqueadas en el Banco de Inglaterra. Asimismo, el aumento del comercio exterior y el elevado precio de los productos exportados en combinación con el crecimiento del sector industrial contribuían a la dinámica de prosperidad que vivía el país y al objetivo redistributivo de la renta necesario para asegurar la paz social.

Fue en este periodo, que no duró más de tres años, cuando se fraguó en el imaginario popular el mito de la prosperidad peronista. La nacionalización del Banco Central y la creación del Instituto Argentino de

Promoción del Intercambio (IAPI), que suponían el control del sistema financiero y del comercio exterior, fueron las puntas de lanza del intervencionismo estatal. En este contexto se inscribió la nacionalización de los ferrocarriles de propiedad británica y de la Unión Telefónica, filial de la ITT norteamericana, que fue una operación que respondió más a la presión de los sectores nacionalistas y a la necesidad de consolidar su control sobre los sindicatos y, en el caso británico, de liquidar los saldos retenidos, que a un verdadero propósito nacionalizador. Asimismo, la expropiación de las compañías extranjeras sirvió eficazmente a la propaganda del régimen, que apareció como adalid de la causa antiimperialista. Estas nacionalizaciones, a las que se sumaron las de la marina mercante, las líneas aéreas, los recursos energéticos, principalmente el petróleo, etc., junto con las partidas destinadas a asistencia y previsión social, la política cambiaria y la restricción de las importaciones determinaron un desarrollo económico "hacia dentro", según la expresión del economista Raúl Prebisch, tutelado por el Estado.

Mientras dejaba de lado la industria pesada, que las Fuerzas Armadas habían promovido como parte de una política de defensa nacional, el peronismo, condicionado por las bases sociales, a las que debía su sustento político, impulsó el desarrollo de la industria ligera, la cual le permitía más fácilmente responder a las demandas de empleo y asegurar la redistribución de la renta y el nivel de los salarios y del consumo. Sobre estas premisas, el peronismo identificó desde el principio la salud del Estado con el desarrollo económico y, consecuentemente, vinculó el proceso industrializador con el bienestar social. No obstante, este proceso siguió atado al sistema agroexportador, ya que dependía de las divisas proporcionadas por el campo para pagar las importaciones de combustible, maquinarias, repuestos y materias primas, como acero, papel, etc. De modo que, a pesar de enarbolar las banderas de "una Patria socialmente justa, económicamente libre y políticamente soberana", las estructuras neocoloniales siguieron intactas, con amplios sectores de la población marginados, vigentes y agravadas las diferencias regionales entre puerto e interior, y el país vulnerable a las presiones de las potencias económicas.

A partir de 1949, la caída de los precios de los cereales y de las carnes y la contracción de los mercados internacionales, factores a los que se sumaron dos malas cosechas, marcaron el fin de la época de vacas gordas y el principio de un nuevo periodo recesivo. El gobierno peronista reaccionó con celeridad para afrontar los ajustes necesarios y logró no sin dificultades un cierto control de la situación. Aunque agotadas las divisas acumuladas durante la guerra, la redistribución de la renta "siguió siendo posible –afirma Carlos Malamud–, aunque en menor cuantía, gracias a los recursos que se obtenían de la agricultura exportadora y que no se reinvertían en el sector. La inflación y el endeudamiento fueron los mecanismos que permitieron, durante años, mantener de un modo artificial el nivel de vida de los trabajadores argentinos, pese a la baja que se estaba operando en sus salarios...".

Acaso inspirándose en los planes económicos soviéticos, el gobierno peronista puso en práctica, a partir de 1953, el Segundo Plan Quinquenal tendente a reducir la inflación mediante restricciones al consumo interior al tiempo que alentaba las exportaciones agropecuarias y las importaciones de maquinaria agrícola. Pero para entonces, el sector industrial había perdido el impulso inicial y empezaban a aflorar los errores estratégicos de la política económica, que hasta entonces habían quedado ocultos por la favorable coyuntura internacional. En este sentido, la reducción de las medidas proteccionistas y de los subsidios dejaron al descubierto la obsolescencia de maquinarias y equipos, la deficiencia de los transportes y de las infraestructuras viales, las carencias energéticas, los elevados costos de producción, la ineficiencia de la mano de obra y el absentismo laboral, etc.

La situación de crisis obligó al gobierno a un profundo replanteamiento de su política económica y de su doctrina nacionalista, a la vez que a aumentar su presión represiva. La carencia de divisas y las dificultades para obtener suministros industriales determinaron que el régimen peronista sancionase en 1953 la Ley de Radicación de Capitales, que contradecía fehacientemente los principios del nacionalismo económico. Esta ley abrió las puertas a las inversiones extranjeras y a la radicación posterior de compañías, entre ellas FIAT, Mercedes Benz y Kaiser Motors, la cual acabó instalando en Córdoba una fábrica ya desmantelada en Estados Unidos. Incluso, en correspondencia con su nueva actitud política, el general Perón llegó a proponer, en una clara maniobra anticonstitucional, una concesión de explotación petrolífera a la Standard Oil Co. No obstante la voluntad "pragmática" de Perón, la propuesta finalmente no prosperó por las exigencias de la compañía estadounidense y el rechazo del Parlamento.

Por otra parte, si bien las medidas adoptadas por el régimen lograron una relativa estabilización de la economía, las mismas no fueron suficientes para mantener el precario equilibrio en el que se movían los actores sociales. Los obreros, a pesar del control sindical, no tardaron en empezar a mostrar su descontento. En 1949, los trabajadores tucumanos del azúcar agrupados en la FOTIA (Federación de Obreros y Trabajadores de la Industria Azucarera) se declararon por dos veces en huelga, la última de las cuales fue declarada ilegal por el gobierno, el cual ordenó además la intervención del sindicato y el arresto de sus dirigentes. Posteriormente, se sucedieron huelgas de empleados bancarios y de trabajadores gráficos y ferroviarios, que desbordaron a sus obsecuentes cúpulas sindicales y, tras fracasar una emotiva apelación a la solidaridad peronista de Eva Perón, fueron duramente reprimidos y sujetos a reclutamiento militar.

También el partido militar empezó a mostrar sus inquietudes en la cúpula, cuyos integrantes veían con aprensión la "apertura de cuadros", que significaba la posibilidad de ascenso de los suboficiales a la oficialidad, el adoctrinamiento justicialista y la movilidad del escalafón vinculada a las muestras de adhesión al general. Pero, para la mentalidad militar, lo más irritante era el protagonismo y el estilo de Eva Perón. Para el cuerpo castrense resultaba insoportable que una mujer se desenvolviese en las más altas instancias del poder y mucho menos que ocupase un puesto en el gobierno. De aquí que, al anunciarse la candidatura de Eva Perón a la vicepresidencia, los altos mandos militares presionasen al general Perón para que dejara de lado la fórmula "Perón-Evita". Eva Perón renunció, pero aún así, el 29 de septiembre de 1951, el general Benjamín Menéndez encabezó una intentona de golpe. El hecho fue aprovechado por Perón para declarar el "estado de guerra interno", hacer efectiva una exhaustiva purga de los mandos militares y reducir la actividad política de la oposición, lo cual le supuso una rotunda victoria al año siguiente. Eva Perón, "jefa espiritual de la Nación", conspiró por su parte para formar una milicia obrera.

El cuento de la "tercera posición"

La llamada "tercera posición" fue apenas una artimaña peronista para negociar en mejores condiciones políticas el apoyo internacional de Argentina a Estados Unidos. "Es un recurso político para usar en tiempo de paz... no tendría ninguna aplicación y ni siquiera existiría en caso de guerra entre los Estados Unidos y Rusia", le dijo el mismo Perón al embajador estadounidense en Buenos Aires, James Bruce, según el informe de éste al Departamento de Estado, que cita David Rock.

Tras el final de la Segunda Guerra Mundial y la división del mundo en dos bloques ideológicos, Perón, influido por el movimiento de no alineación, elaboró como parte de su política nacionalista y antiimperialista la llamada doctrina de la "tercera posición", de acuerdo con la cual se situó en un punto equidistante del comunismo y del capitalismo o lo que es lo mismo de la Unión Soviética y de Estados Unidos. Pero los norteamericanos seguían obsesionados con la presunta afinidad argentina con el Eje durante la guerra y el presunto refugio que el país daba a criminales nazis. En realidad, Perón, como las grandes potencias, buscaba entre los alemanes expertos nucleares capaces de desarrollar la bomba atómica y dar contenido veraz a su "tercera posición". Acaso siguiendo la cínica frase hitleriana "la masa cree más en la gran mentira que en la pequeña", Perón mantuvo un discurso nacionalista beligerante negándose a aceptar las condiciones del Fondo Monetario Internacional (FMI), y del General Agreement on Tariffs and Trade (GATT) es decir Acuerdo General sobre Aranceles y Comercio, mientras por otro lado ofrecía gestos de buena voluntad, como la ratificación parlamentaria a la adhesión a las Actas de Chapultepec y al Tratado Interamericano de Asistencia Recíproca. A pesar de esto, Estados Unidos no modificó su actitud hostil hacia Argentina.

Ante la creciente escasez de divisas, el régimen peronista trató por todos los medios de descongelar los fondos en libras esterlinas acumulados en el Banco de Inglaterra. Gran Bretaña no aceptó desbloquear los fondos, pero mediante el tratado Eady-Miranda se comprometió a no bloquear los futuros beneficios argentinos, lo cual dio un ligero respiro al régimen. Poco después Gran Bretaña, inducida por Estados Unidos, accedió a liquidar los saldos bloqueados vendiendo a Argentina sus deficitarios y viejos ferrocarriles, lo cual fue presentado por el peronismo como una soberbia victoria. En otras palabras, Gran Bretaña dio a Argentina "hierro viejo", en palabras del mismo Perón, y se quedó con el dinero argentino depositado en sus bancos.

La alegría duró poco, ya que en agosto de 1947 Gran Bretaña volvió a suspender la convertibilidad de la libra esterlina y Argentina se quedó nuevamente casi sin disponibilidad de divisas para la compra de insumos industriales. Al mismo tiempo, los ingresos procedentes de las exportaciones agrarias a los países europeos también sufrieron una fuerte caída, cuando Estados Unidos prohibió que se utilizara el dinero del Plan Marshall para pagar los productos argentinos, a fin de beneficiar sus propios productos subsidiados y los de Canadá y países de la Commonwealth. La política estadounidense de acoso a Argentina se complementó con la restricción al abastecimiento de combustibles y otros productos básicos para la industria.

La crisis de Berlín de 1949 y la amenaza de guerra dieron nuevas esperanzas al gobierno peronista para recuperar la economía. En ese contexto de tensión internacional, Perón redobló sus esfuerzos de aproximación a Estados Unidos llegando casi hasta la súplica, para ganar tiempo, de un préstamo que debía ser llamado "crédito" para no descubrir su debilidad ante la opinión pública argentina.

En 1949, la tensión bélica internacional remitió al mismo tiempo que aumentaba la tensión política interior. El gobierno peronista consiguió un acuerdo comercial con Gran Bretaña por el que le vendía carne a cambio de petróleo árabe en condiciones que dejaban en entredicho la proclamada soberanía económica. Para afrontar estos cambios en la política económica, el régimen recurrió a la oligarquía terrateniente y nombró ministro de Agricultura a un miembro de la denostada Sociedad Rural. Al mismo tiempo, si bien la Constitución de 1949 facultaba al poder Ejecutivo a expropiar empresas y tierras para darles un "pleno uso productivo", el gobierno no sólo mantuvo intacto el régimen de tenencia de la tierra, sino que aseguró a los terratenientes que no había intención de llevar a cabo ninguna reforma agraria. Los furibundos ataques contra la "oligarquía antipatria" no tuvieron más consecuencia que las mejoras salariales y asistenciales sancionadas por el Estatuto del peón, el cual, por otra parte, tendía a reducir el flujo migratorio del campo a la ciudad sin mayores costos políticos. Pero para entonces, el vínculo mercantil anglo-argentino ya estaba herido de muerte y Argentina no lo había sustituido por otro.

El estallido de la guerra de Corea en 1950 abrió un resquicio favorable. Perón se apresuró a apoyar a Estados Unidos y éstos le recompensaron aumentando las cuotas de compra de lana, que en realidad necesitaban para sus tropas en Corea, pero no se avinieron a adquirirle otros productos agropecuarios. Incluso inundaron el mercado con sus cereales almacenados provocando la caída de los precios en el mercado internacional. Fue entonces cuando Perón obtuvo del Export-Import Bank de Nueva York el préstamo, que debía llamarse "crédito", de 125 millones de dólares sin "cortarse las manos", como había prometido si llegaba a tal extremo.

El doble juego del general Perón, con un discurso público antiimperialista por un lado y vergonzantes gestos de aproximación a Estados Unidos por otro, apenas si pudo mantenerse poco tiempo más. En 1954, apoyó abiertamente la intervención estadounidense en Guatemala, para derrocar al régimen nacionalista de Jacobo Arbenz, quien había llevado a cabo una reforma agraria que perjudicaba los intereses de la United Fruit Co., y al año siguiente, tras firmar un acuerdo para que los estadounidenses construyesen una fábrica de acero en San Nicolás, hizo que el Congreso sancionase la Ley 14.226, por la que se permitía a las compañías extranjeras la repatriación de los beneficios y se les conferían importantes prebendas.

El fin de la "Revolución peronista"

Los cada vez más insuperables obstáculos que surgían en la estructuración de una economía basada en una industrialización limitada por la dependencia tecnológica del país, orientaron al régimen peronista hacia formas cada vez más autárquicas de gobierno. Junto a estos factores, como afirma Luis Alberto Romero "había otras fuerzas que empujaban al mantenimiento y acentuación del rumbo autoritario: el propio desenvolvimiento de la maquinaria puesta en marcha, que avanzaba inexorablemente sobre las zonas no controladas, y la poca predisposición para reconstruir espacios democráticos por parte de muchos de los opositores, jugados a la eliminación del líder".

El creciente malestar que se manifestaba en las bases obreras indujo al régimen a acentuar el control sobre los sindicatos mediante el principio jerárquico de "verticalidad", en cuyo extremo superior se hallaba la CGT. Este esquema piramidal de mando, al que se hallaban sujetos todos los trabajadores a través de sus respectivos sindicatos, constituyó la piedra angular de una burocracia sindical que, en adelante, ejerció como un nuevo grupo de poder en la vida política argentina. Los sindicatos, que por entonces permanecían independientes, fueron inmediatamente intervenidos y sometidos a una intensa "peronización", al mismo tiempo que los trabajadores que organizaban huelgas salvajes al margen de las directivas sindicales fueron sometidos a la justicia militar.

Los avances del autoritarismo se tradujeron en el ejercicio de una fuerte censura sobre los grandes diarios nacionales y el refuerzo de la acción policial mediante nuevos organismos de control político y métodos más brutales de represión. Asimismo, en 1950, el Congreso sancionó las leyes de traición y espionaje y de desacato, que fueron aplicadas indiscriminadamente para acallar a los opositores, incluidos los congresistas a pesar de su inmunidad parlamentaria.

Si bien el régimen valoraba más las formas plebiscitarias que suponían las grandes multitudes que iban a escuchar al caudillo que les hablaba desde el balcón de la Casa Rosada, el rotundo triunfo electoral de 1952 fue tomado como una "legitimización democrática" de los métodos autoritarios que utilizaba. Cabe pensar que esta victoria peronista en las urnas se debía menos a las restricciones impuestas por el régimen a la oposición, que a una pobre cultura democrática de la ciudadanía, formada en una tradición electoral fraudulenta y sometida en esos momentos al pernicioso influjo de la propaganda nacional-populista.

Las clases altas y medias parecieron despertar entonces y, a pesar del control ejercido sobre los medios de comunicación y la represión política, lanzaron una fuerte campaña antigubernamental denunciando tanto los abusos de poder como los casos de corrupción. El más sonado de éstos fue el que implicó en 1953 al cuñado del presidente, Juan Duarte, quien murió en extrañas circunstancias. Como respuesta, el gobierno aprovechó la explosión de varias bombas durante la manifestación en su apoyo organizada por la CGT para desencadenar una violenta represión seguida de actos de vandalismo por parte de los peronistas, quienes incendiaron las sedes de los partidos radical y socialista y el Jockey Club, centro de reunión de la oligarquía terrateniente.

Tras la muerte de Eva Perón, su nexo afectivo con las masas populares, el régimen quedó huérfano y casi sin capacidad para dar respuestas políticas a la presión social. El general Perón, aunque montado en la peana de su culto, se reveló entonces como un torpe operario de la maquinaria burocrática y represiva que había creado. La acentuación del autoritarismo en correlación inversa a la pérdida de iniciativa y de apoyos institucionales, como los del Ejército y la Iglesia, fue un claro síntoma de la inconsistencia del régimen y de la mala cimentación de todo Estado personalista.

Junto la manipulación política y las apelaciones a la "lealtad", el régimen reactivó su proyecto de "comunidad organizada" mediante la creación de nuevos órganos de adoctrinamiento y propaganda, selección de maestros y revisión de los planes de estudio, la "peronización" de las instituciones estudiantiles, profesionales y empresariales. En este contexto indujo a la sustitución de la Unión Industrial por la Confederación General de Empresarios (CGE), y de la Federación Universitaria Argentina (FUA), por la Confederación General Universitaria

(CGU), valiéndose incluso de la fuerza para reducir a los focos de resistencia que se dieron en esos ámbitos.

Durante el primer año de su segundo mandato, la burocracia sindical mantuvo más o menos controlado el malestar de los trabajadores. Pero en el otoño de 1954, los metalúrgicos declararon una sorpresiva huelga salvaje a la que sumaron otros sectores obreros y obligaron al régimen a descongelar los salarios. La medida, que desencadenó un rápido incremento de los precios y abrió las puertas a la inflación, provocó el descontento de los industriales cada vez más presionados por la nueva política impositiva y la acción de los sindicatos. Hasta entonces, los industriales habían "soportado" la ineficiencia y absentismo laborales y la caída de beneficios gracias a prebendas gubernamentales, pero sin éstas la débil entente con el régimen quedó rota.

Aún así, objetivamente el malestar social y la sensación de decadencia del régimen no derivaban tanto de la situación económica ni de las relaciones externas, principalmente con Estados Unidos con los cuales el acercamiento ya era manifiesto, como de su propia concepción autoritaria que hacía imposible la vigencia del pluralismo democrático. Fruto de esta dinámica de confrontación y de su transición a un estadio defensivo, se aceleró desde la Fundación Eva Perón la "invasión" del territorio eclesiástico a través de acciones caritativas que tendían a desplazar a la Iglesia como agente social. Igualmente irritante para la cúpula eclesiástica fue la difusión de la "doctrina" justicialista con un lenguaje místico que hacía del caudillo un "apóstol" y de su esposa una "mártir de los descamisados". El intento de canonización de Eva Perón fue un nuevo motivo de alejamiento de la curia, que se mostró favorable a la constitución de un Partido Demócrata Cristiano, semejante a los creados en Europa tras el final de la Guerra Mundial.

Algunos historiadores consideran que en esta situación el general Perón se mostró carente de reflejos para reconducir las relaciones con la Iglesia. Otros, sin embargo, suponen que decidió enfrentarse a ella para compensar las pérdidas políticas que le suponía abandonar su postura antiimperialista. El caso es que el régimen peronista tomó una serie de medidas claramente agresivas que comenzaron por la retirada de las subvenciones a las escuelas privadas controladas por el clero y la exigencia de personería jurídica a las organizaciones católicas, y continuaron con las legalizaciones de la prostitución y del divorcio, la supresión de la enseñanza religiosa en los colegios y la elaboración de un proyecto de enmienda constitucional para separar el Estado de la Iglesia. La escalada anticlerical incluyó el ataque furibundo desde la prensa oficial, la prohibición de procesiones y el encarcelamiento de sacerdotes al tiempo que el gobierno hacía ostentosas deferencias a otros cultos religiosos o pseudorreligiosos. La tensión alcanzó momentos críticos con manifestaciones y contramanifestaciones como la procesión de Corpus Christi del 11 de junio de 1955 y la movilización pro gubernamental de cinco días más tarde, que, tras ser bombardeada por un sector de las Fuerzas Armadas, desembocó en el saqueo e incendio de iglesias.

Después de estos graves acontecimientos, el general Perón intentó reencauzar la situación y abrir un diálogo con la oposición. Su anuncio, el 15 de julio, del fin de la "Revolución peronista" no dio los resultados que esperaba. Su palabra ya había perdido todo crédito y los opositores que se acercaron a él fueron al poco tiempo apartados por los aparatos de sus respectivos partidos. La UCR vio entonces la ocasión de erigirse como alternativa de poder, pero esta posibilidad, en lugar de generar un nuevo proyecto democratizador, fue causa de luchas intestinas y el poso de una errática conducta partidaria.

Por su parte el Ejército, que había percibido el apoyo eclesiástico al régimen como un aval de su conservadurismo, decidió recuperar la iniciativa. La burda intentona golpista del 16 de junio le sirvió para ocupar puestos estratégicos en el gobierno y hacer sentir su peso institucional. Con el régimen definitivamente tocado bajo su línea de flotación, Perón quedó hipotecado al partido militar. La presión opositora, canalizada sobre todo a través de protestas estudiantiles y de las clases medias, movieron al régimen a incrementar la represión policial y a recurrir a un explícito apoyo de las bases populares mediante la estratagema de ofrecer la renuncia a la CGT. Como era de esperar, la burocracia sindical convocó para el 31 de agosto una manifestación de apoyo frente al balcón de la Casa Rosada, desde el cual Perón proclamó el estado de sitio y su amenazador "cinco por uno" –caerán cinco enemigos por cada peronista– fue más una bravuconada castrense que un grito de guerra. El acto sirvió para constatar la debilidad del régimen y su incapacidad para dar una respuesta que no fuese la crispación social y política.

En tales circunstancias, una vez más el Ejército se preparó para tomar las riendas del país mediante una "revolución libertadora". Cuando el 16 de septiembre de 1955 estalló en Córdoba la rebelión militar encabezada por el general Eduardo Lonardi, las unidades del Ejército que permanecieron leales al gobierno y las organizaciones obreras mostraron una muy escasa convicción para la resistencia. Mientras la CGT llamaba a los obreros a permanecer en calma, el presidente Juan Domingo Perón, elegido tres años antes por abrumadora mayoría de votos, presentaba su renuncia para "evitar derramamiento de sangre" y huía en una cañonera paraguaya surta en el puerto de Buenos Aires.

El Estado peronista, como su fundador, no resistió la presión de las fuerzas sociales excluidas del "orden justicialista" y cayó. La caída no se debió tanto a las dificultades económicas por las que atravesaba el país y hasta puede decirse que tampoco a una decidida acción opositora, como a su inconsistencia institucional, a la corrupción de los mecanismos democráticos y a la dinámica de confrontación social a la que se vio arrastrado por su misma naturaleza dictatorial. Pero, aunque cayó víctima de su propia bastardía, el Estado peronista dejó en la sociedad un sustrato ideológico que ha continuado actuando como agente desestabilizador de la política argentina y, en tanto que heredero del golpe militar de 1930, foco séptico del pensamiento y comportamiento democráticos.

El derrocamiento del general Juan Domingo Perón en 1955 no se debió tanto a la situación económica, como a la necesidad de la élite conservadora tradicional de resituar el país en el contexto de las nuevas tendencias políticas occidentales, que agitaban la bandera de la democracia liberal frente al totalitarismo comunista.

En Argentina, la vieja élite agroexportadora aprovechó la coyuntura para culpar al peronismo de la subversión de la "economía natural" del país y de la abusiva incorporación a su costa de las masas populares al mercado de consumo. Su nuevo proyecto tras el derribo de Perón era reproducir las condiciones políticas, sociales y económicas anteriores a la Segunda Guerra Mundial. Por su parte, el estamento militar también vio la oportunidad de recuperar su protagonismo como institución tutelar del rumbo nacional, a pesar de las tensiones que la adhesión o el rechazo al peronismo originaban en su seno y lo dividían en facciones. Estos sectores y las clases medias representadas por los partidos políticos tradicionales, en particular por la UCR, constituyeron un frente político para "restablecer" la democracia. Un objetivo que se verificó inalcanzable tanto por las contradicciones como por la falta de convicción democrática de todos los grupos que componían el frente.

Asimismo, las mismas fuerzas sociales de extracción popular que Perón había movilizado como sustento de su régimen autárquico nacionalista, y que le habían impedido a partir de 1952 implementar una política acorde con las nuevas circunstancias internacionales, tampoco favorecieron la restauración y evolución de las instituciones democráticas. Las reformas sociales y económicas impulsadas por el peronismo en función de un desarrollo industrial urbano, por la misma naturaleza autárquica y populista del régimen, no habían sido orientadas a una verdadera democratización de la sociedad, sino a integrar las clases populares en el viejo orden jerárquico. Y en este sentido, los trabajadores, a través de los sindicatos controlados por dirigentes burócratas, entraron en el juego espurio que siguió dominando la vida política del país.

A estas miserias de la política local se sumaron las interferencias externas en el marco de la confrontación ideológica internacional que siguió a la conclusión de la Segunda Guerra Mundial. Por entonces, las potencias occidentales encabezadas por Estados Unidos promovieron una decidida fase de desarrollo económico en su área de influencia, dentro de la cual se hallaba Argentina, y constituyeron, acaso como una soberbia operación propagandística, el estado de bienestar bajo el rótulo de la democracia liberal.

En este contexto, las grandes empresas multinacionales reactivaron su objetivo de internacionalización del capital sobre la base de mantener las condiciones políticas, institucionales, ideológicas y de cualquier otra naturaleza que asegurasen la reproducción capitalista. Su alianza con el gobierno estadounidense se concretó así en un portentoso aparato de control y represión jamás conocido. Este aparato, que se hizo extensivo a otras potencias económicas occidentales, dispuso de poder económico, militar y de espionaje y de mecanismos de penetración ideológica formidables, que resultaron determinantes para la vida de todos los estados latinoamericanos.

Como parte de la política exigida por esta alianza, Estados Unidos buscó la connivencia de las clases dominantes locales para gestionar los intereses del capitalismo internacional y las instruyó en la "doctrina de seguridad nacional". De acuerdo con ésta, el enemigo que amenazaba al Estado se hallaba en el seno de la propia sociedad y lo personificaba todo aquel que se oponía a las políticas dictadas por Washington y los gobiernos afines.

Condicionados por las divisiones políticas y sociales domésticas, las limitaciones de la economía nacional y la acción hegemónica de Estados Unidos, los gobiernos militares y civiles que se sucedieron no sólo fueron incapaces de recuperar la prosperidad y el crecimiento que, aún con sus crónicas recesiones habían caracterizado la economía nacional de la primera mitad del siglo XX, sino que fracasaron en sus proclamados propósitos de institucionalizar la democracia y de dar al país una posición internacional estable acorde con su rango potencial.

La impostura del modelo cultural, que las élites dirigentes reproducían desde la Revolución de Mayo, se hacía cada vez más evidente en la dramática dificultad para armonizar el progreso económico con el sistema democrático. Como consecuencia de esta dificultad, el autoritarismo tomó carta de naturaleza en la sociedad y siguió modelando el comportamiento público y privado de los ciudadanos, cuya incultura democrática combinada con sus sentimientos de frustración e impotencia se sintetizaba en la invocación de "un gobierno fuerte" como solución a una ecuación irresoluble.

El atajo institucional

La llamada Revolución Libertadora de 1955, igual que el peronismo, continuó por el desvío institucional tomado por el golpe militar de 1930, alejando cada vez más al país de la senda democrática. Esta progresión por el rumbo equivocado fue fraguando una sociedad cada vez más tensa e inestable que los gobiernos, dada su carencia total o parcial de representatividad, no encontraron más instrumento que la violencia y la represión políticas para ejercer su autoridad sobre ella. En consecuencia, aumentaron por un lado los obstáculos para el crecimiento económico y la erosión del nivel de vida que había caracterizado al país, y por otro empezaron a manifestarse los primeros síntomas de una metástasis en el cuerpo cívico, que favoreció el golpe militar de 1976 y la democracia anoréxica instaurada en 1983. Cabe especular, entonces, que las negativas iniciativas de los grupos dirigentes prosperaron menos por la fuerza de éstos que por el tácito consenso de una sociedad carente, en su conjunto, de educación democrática.

En 1955, derrocado Perón, el general Eduardo Lonardi se apresuró a proclamar la provisionalidad del gobierno militar y el propósito de las Fuerzas Armadas de restablecer el orden constitucional. Asimismo, procurando establecer un nexo con los padres fundadores de la Argentina moderna tras el derrocamiento de Rosas en 1852, declaró entonces que no había "ni vencedores ni vencidos". La Revolución Libertadora se había producido, según la proclama, para instaurar la democracia y acomodar el país en el marco político y económico de las grandes naciones de Occidente. De acuerdo con esta declaración de propósitos, el efímero gobierno de Lonardi abrió el diálogo con los principales sectores comprometidos con el régimen peronista, cuya autarquía y corrupción se cuestionaba, pero no la validez de su legado político nacional y popular.

Salvo algunos pequeños conatos de resistencia en determinados barrios de Buenos Aires y Rosario, durante la revolución de septiembre que depuso a Perón, ni la CGT ni ninguna otra organización sindical se habían movilizado para defenderlo. Los dirigentes, acostumbrados a obedecer las órdenes del caudillo, carecían de iniciativa para tomar decisiones aún para la defensa del régimen que los sostenía o para elaborar política alguna. Estos sindicalistas, correveidiles de Perón antes que representantes de los trabajadores, al quedar huérfanos y aturdidos consideraron las palabras de Lonardi como una tabla de salvación que les permitiría seguir flotando sobre la nueva corriente.

Sin embargo, los promotores de la Revolución Libertadora no conformaban un bloque unitario y sus diferencias ante el peronismo bastaron para resquebrajarlo. La pugna se libró en el seno de las Fuerzas Armadas, divididas en un sector conciliador, que incluía a jefes peronistas, y otro visceralmente antiperonista, núcleo genésico de los llamados *gorilas*, y se decantó en favor de estos últimos. A los dos meses de asumir la presidencia, el general Lonardi debió cederla al general Pedro Eugenio Aramburu, quien fue encargado de desmantelar el peronismo y de reeducar a las masas para conducirlas al redil de los partidos democráticos reconocidos por las Fuerzas Armadas. El baile de los *gorilas* había comenzado y toda la sociedad argentina acabaría sometida a su torpe y trágica coreografía.

Ni peces ni pescadores

Suele decirse que "a río revuelto, ganancias de pescadores". Sin embargo, la historia argentina de este periodo demuestra que en las aguas revueltas dejadas por el peronismo, ni los pescadores ni los peces salieron ganando.

En el terreno político, el gobierno militar se centró en su objetivo de desmontar la maquinaria peronista y acabar con todo vestigio del movimiento. De acuerdo con este propósito, enarbolando la bandera de la regeneración democrática, Aramburu derogó por decreto la Constitución de 1949 e inició una violenta represión de los peronistas. Los sindicatos, principal bastión del peronismo, fueron ocupados por interventores militares y, en 1956, un conato de rebelión militar acabó con el fusilamiento del general Juan José Valle y otros cabecillas. La brutalidad de la represión antiperonista logró que algunos sectores de la clase media se pasaran al bando "democrático", pero provocó una reacción de rebote de la clase obrera. El ataque al peronismo fue identificado entonces como un ataque a los intereses de los obreros, de modo que ser trabajador acabó equivaliendo a ser peronista y, como tal, excluido de la ciudadanía.

Este marco político tan ficticio como ilegítimo no podía generar sino inestabilidad. Los dirigentes sindicales desplazados por la intervención militar dieron paso a una nueva camada de sindicalistas que, en la medida que había estado menos vinculada a la cúpula del régimen peronista, tendió a mitificar el paraíso perdido y a su líder, en nombre del cual se lanzó a la lucha. Los nuevos dirigentes sindicales, entre quienes se fue perfilando la figura de Augusto Vandor, promovieron un movimiento permanente de resistencia que aglutinó el peronismo sobre una base más sentimental que ideológica. Fue así como, con la CGT intervenida, el sindicalismo peronista formó en 1957 el bloque de las 62 Organizaciones que asumió la dirección de la lucha contra el gobierno y actuó como sustituto del desaparecido aparato del Partido Peronista.

Pero la forzada polarización de la sociedad entre peronistas y antiperonistas no es achacable sólo a la torpeza intelectual y política de los militares, sino también a la pobre visión del Estado democrático que demostró la clase política. Esta miopía explica que todos los partidos políticos, con la excepción del excluido Partido Comunista, aceptaran integrar la Junta Consultiva, como llamó el gobierno militar a una especie de pseudo parlamento, y apoyaran el "pacto de proscripción" de los peronistas condenando a la ilegitimidad la futura restauración del orden civil. En este absurdo cuadro político se llegó incluso a convertir el nombre del caudillo en impronunciable para el bando "democrático", el cual lo llamaba "tirano prófugo", "dictador depuesto", etc., y en invocación sacra para sus seguidores, quienes utilizaron el anagrama de "Perón vuelve" y la marcha peronista como consigna e himno de lucha. El general Perón, por su parte, aunque despojado del poder efectivo, se encontró con el inesperado regalo del poder simbólico, que con astucia de viejo Viscacha ejerció desde el exilio para seguir interviniendo en la vida política del país.

Secuelas de Bretton Woods

En relación con la situación internacional surgida al final de la guerra, la Revolución Libertadora estalló para resituar el país en el mapa de las democracias occidentales y acomodar su orden económico a las tendencias liberalizadoras surgidas de la conferencia de Bretton Woods, que en 1944 consagró la hegemonía económica de Estados Unidos. La celeridad con que los cabecillas revolucionarios proclamaron la provisionalidad del gobierno militar indicaba el propósito corrector en los campos político y económico que los alentaba. En el primero se trataba de depurar el peronismo de sus elementos espurios para facilitar la reinserción de la mayoría de sus seguidores en la "verdadera" democracia, y en el segundo de reducir el papel del Estado en la dirección de la economía.

Los acuerdos de Bretton Woods, que habían establecido un sistema monetario basado en el patrón oro con el dólar como moneda de reserva, facilitaron la liberalización de las relaciones económicas mundiales y con ella la movilidad internacional de los capitales. Esto significó que en el horizonte económico, las grandes corporaciones viesen los territorios nacionales como áreas de mercado a ocupar y colonizar. En consecuencia, los países que, como Argentina, habían desarrollado una economía más o menos potente merced a sus políticas nacionalistas debían abrirse al capital exterior. Para llevar a cabo esta política liberalizadora, el FMI, –organismo fundado en Bretton Woods– implementó para estos países planes de estabilización de las monedas nacionales, la apertura de sus mercados domésticos a los productos y capitales extranjeros, el abandono de las áreas de producción artificiales, es decir las de promoción de la industria, principalmente la de sustitución, y el impulso a las exportaciones de sus productos tradicionales.

Obviamente, Argentina, que había logrado "crecer hacia dentro" y contar con un relativamente potente sector industrial, debía buscar un camino alternativo que le evitara entrar en colisión con las grandes potencias industriales. Desde la Comisión Económica para América Latina (CEPAL), se elaboró por entonces una política económica que se presentó como complementaria de la doctrina monetarista del FMI. De acuerdo con ella, los países desarrollados debían contribuir al crecimiento económico de los países pobres invirtiendo en sectores claves de sus economías y apoyando reformas estructurales de sus sistemas productivos.

Ambas doctrinas, como no tardó en comprobarse, si bien podían ser compatibles derivaron en tendencias dispares que tuvieron dramáticas consecuencias políticas y sociales para el continente latinoamericano. El punto de conflicto se planteó en los objetivos últimos de una y otra doctrina, los cuales se revelaron radicalmente opuestos. Mientras la doctrina estructuralista propiciaba una reforma profunda del sistema de propiedad de la tierra, de los medios de producción y de distribución de la riqueza para alcanzar un orden democrático estable, la doctrina monetarista tenía como prioridad la estabilidad monetaria y la libertad de mercado para facilitar el libre flujo de los capitales y mercancías, independientemente del tipo de gobierno, lo cual llevaba a sus impulsores a recurrir a las oligarquías o burguesías locales y, en ciertas circunstancias, al apoyo de gobiernos dictatoriales, para contar con las condiciones más idóneas. Asimismo, lo que ambas doctrinas planteaban era la disyuntiva en organizar las economías locales sobre una base moderna, que potenciase la industrialización, o sobre el viejo sistema agroexportador.

El problema de Argentina, en tanto que país que había "crecido hacia dentro", era la disponibilidad de grandes recursos naturales en un contexto social en el que las clases medias y obreras urbanas prevalecían sobre una escasa población campesina. Es decir, que el país había generado una sociedad semejante a la de los países avanzados, pero sus estructuras productivas y su mapa demográfico presentaban los desequilibrios propios de los países subdesarrollados.

Los gobiernos de la Revolución Libertadora retomaron la política de reajuste económico iniciada por Perón y, con el asesoramiento de Raúl Prebisch, secretario de la CEPAL, trataron de insertar la economía nacional en el nuevo orden económico surgido de Bretton Woods. El informe Prebisch no afrontó la disyuntiva entre país agroexportador o industrializador y recomendó proseguir con el proceso de industrialización aunque favoreciendo las exportaciones agropecuarias para equilibrar la balanza de pagos. Al mismo tiempo, inspiró el desmantelamiento de los organismos de intervencionismo estatal, como el todopoderoso IAPI, la desnacionalización de los depósitos bancarios y el ingreso en las grandes organizaciones financieras mundiales, como el FMI y el Banco Mundial (BM).

El régimen militar se propuso, asimismo, devolver a la patronal arte del poder perdido durante el peronismo y, con este propósito implementaron políticas orientadas a reducir a los trabajadores parte de la renta y a aumentar su productividad bajo la bandera de la mayor racionalidad y competitividad exigida por el mercado. Sin embargo, estas políticas encontraron grandes dificultades para su aplicación tanto debido a las limitaciones políticas del régimen como a la reacción de los distintos actores sociales. Éstos mantenían una relación de fuerzas bastante equilibrada y como consecuencia de la división de opiniones que ofrecían, incluso dentro de cada sector, en relación a su mayor o menor compromiso con el nacionalismo o el antiimperialismo, a la aceptación del capital extranjero y a sus propios intereses de clase o de grupo.

Había empresarios e industriales que, beneficiados hasta entonces por el proteccionismo estatal, temían que la entrada de las grandes empresas multinacionales los desplazasen con facilidad o los obligasen a un sobresfuerzo para competir con ellas, y otros, entre los que no faltaban los resentidos con el régimen peronista, que veían en la alianza con capital extranjero un horizonte más prometedor para sus proyectos. Al mismo tiempo, en la oligarquía terrateniente había grupos que ya estaban vinculados al capital foráneo y otros que añoraban la dorada época agroexportadora de finales del siglo XIX y principios del XX. Por su parte, los trabajadores tampoco estaban dispuestos a ceder las ventajas sociales y los salarios que habían logrado durante el peronismo.

El plan elaborado por el gobierno, en consonancia con las instrucciones de la CEPAL y del FMI, acomodó la economía del país a las nuevas estrategias neocolonialistas del capitalismo. Al devolverse el mayor peso económico al sector agroexportador y favorecer la penetración de los consorcios multinacionales por libre o mediante el vínculo con la burguesía industrial local, Argentina dio pasos decisivos para resituarse en el rango de los países de economía dependiente y, por tanto, más vulnerable a la acción de los capitales internacionales. Como residual positivo de esta política económica favorable al sector agropecuario cabe señalar la creación del Instituto Nacional para la Tecnología Agraria (INTA), importante centro de investigaciones genéticas y biotecnológicas básicas para la modernidad y eficacia productivas que siguen distinguiendo el campo argentino.

En estas circunstancias, el escaso margen de maniobras del régimen militar que había derrocado a Perón, en nombre de la democracia y la modernidad, se vio aún más reducido por el compromiso de devolver el poder a los civiles que implicaba el objetivo prioritario de eliminar todo vestigio de peronismo de la sociedad argentina. En consecuencia, para no alterar bruscamente el precario equilibrio social y obstaculizar la "educación democrática" de los trabajadores peronistas antes de restaurar la democracia, el gobierno militar no tomó medidas económicas drásticas que redujeran el estatus de los trabajadores, pero sí intentó una profunda depuración sindical. Una depuración que también sacó a relucir las ambiciones personales de los dirigentes sindicales y las contradicciones de la izquierda.

El huevo de la serpiente

El régimen militar de la Revolución Libertadora se planteó como prioridad, incluso por delante de los reajustes económicos, una política de desperonización como condición previa a la restauración de la democracia. La piedra angular de esta política era mantener la cohesión del frente "democrático" mediante su adhesión al "pacto de proscripción" mientras se tomaban las medidas necesarias para favorecer la incorporación natural de las masas peronistas a la ciudadanía y al juego electoral. La obsesión por acabar con el peronismo y su herencia determinó que no sólo se descuidara el flanco económico, sino que se provocara en las masas trabajadoras una reacción totalmente opuesta a la esperada. Fue al calor de un régimen ilegítimo y de su perversa concepción de la democracia como se incubó el huevo de la serpiente, cuyo veneno acabó por envilecer aún más los comportamientos ciudadanos.

Tras la disolución del Partido Peronista, el régimen militar atacó el otro bastión del movimiento, la clase trabajadora, e intervino la CGT y las demás organizaciones obreras, si bien hasta entonces éstas habían hecho muy poco por defender a Perón y su gobierno. Los interventores militares de las organizaciones obreras trataron de implementar una actividad sindical menos combativa con los intereses de la patronal, al tiempo que purgaban las cúpulas sindicales mediante la inhabilitación o el encarcelamiento de sus principales dirigentes. Tras la limpieza, el gobierno castrense convocó elecciones sindicales a finales de 1956 como primer paso para la normalización, pero no calculó que la caída de los salarios, el aumento del costo de la vida y la represión habían contribuido a identificar plenamente al movimiento obrero con el peronismo.

La convocatoria de elecciones sindicales puede tomarse como referencia del renacer del peronismo y también de la aparición de tendencias personalistas dentro del movimiento sindical. La torpe política antiperonista del régimen militar había provocado finalmente que cada trabajador como tal se definiese peronista y esta identificación confirió al movimiento sindical una nueva y poderosa fuerza, que de allí en adelante sería hábilmente aprovechada por sus dirigentes para intervenir y condicionar la vida política del país.

Desde su exilio, el general Perón ordenó no participar en las elecciones y reclamar el reconocimiento de los dirigentes elegidos antes de 1955. Sin embargo, los nuevos dirigentes peronistas, los que habían asumido las riendas del movimiento obrero ante el abstencionismo de los anteriores, desobedecieron las órdenes de Perón y participaron en las elecciones haciéndose con el control de los principales gremios industriales. Por primera vez se visualizaba un peronismo sin Perón, el cual constituiría uno de los soportes ideológicos de la burocracia sindical, que se vería fortalecida legalmente por la Ley de Asociaciones Profesionales de 1958 y 1973.

La nueva directiva sindical, identificando las reivindicaciones obreras con la bandera peronista, promovió una serie de huelgas sectoriales y dos huelgas generales que elevaron la tensión social. Asesorado por sindicalistas estadounidenses –Serafino Romualdi, Robert Alexander, David Dubinsky y George Meany–, y con la pretensión de legalizar el control de los sindicatos, el gobierno militar convocó en agosto de 1957 un congreso de normalización de la CGT. Pero los peronistas no estaban dispuestos a ceder y, aliados con los comunistas, lograron hacerse con la mayoría de los representantes, lo cual provocó la suspensión del congreso. De esta fracasada reunión, el sindicalismo argentino salió dividido en los 32 Gremios Democráticos –radicales, anarquistas, socialistas y conservadores– y las 62 Organizaciones –peronistas, comunistas e independientes opuestos a los militares–, que se disputaron la conducción de la clase trabajadora.

Con el peronismo proscrito, las 62 Organizaciones actuaron tanto en el frente sindical como en el político, convertidas en la "columna vertebral" del movimiento peronista. Perón, obligado por las circunstancias a aceptar la nueva situación, tuvo la astucia de actuar como esos santones que se valen de tópicos y ambigüedades para continuar manteniendo su influencia. Merced al éxito de su operación, los nuevos dirigentes obreros peronistas se consolidaron como intermediarios entre las masas trabajadoras y Perón, y se revelaron de aquí en adelante como hábiles gestores del malestar social.

La cúpula dirigente se valió del verticalismo de la organización sindical y de la mitificación del caudillo, favorecida ésta por su extrañamiento de la escena política, para consolidar su poder como casta burocrática. Como tal, la directiva sindical de extracción peronista utilizó desde entonces la fuerza social de los trabajadores como arma disuasoria contra un poder político, débil por su propia ilegitimidad, y a éste contra las masas cuando lo creyó oportuno. Como afirman

Lesseps y Traveler citando a Francisco Delich, los burócratas sindicales exhibían como logros reivindicaciones inmediatas, como "el incremento salarial, el reconocimiento de insalubridad o la disminución del ritmo de producción", que les permitían afianzarse gracias "al monopolio de la habilidad". Pero para los burócratas sindicales, quienes controlaban los millonarios ingresos por cuotas sindicales, las reivindicaciones fueron desde entonces, antes que legítimas reclamaciones obreras, un instrumento de presión para mantener a salvo sus privilegios. De aquí que, cuando lo creían oportuno, pactasen con los gobiernos y, con la complicidad de éstos, se eternizaran en sus puestos mediante el fraude electoral o el uso de la violencia, y poseyesen estancias, inmobiliarias, acciones en entidades financieras y grandes empresas, etc.

Aun en este contexto dominado por la burocracia sindical, la clase trabajadora argentina ha mostrado en determinados momentos históricos su rechazo y hasta ha conseguido formar núcleos más combativos y afines a sus intereses de clase. Pero estas formaciones no han podido romper la estructura vertical ni acabar con la hegemonía de la burocracia sostenida emocionalmente por la mística peronista y materialmente por el control de las cuotas sindicales.

BAJO LA ALFOMBRA DEMOCRÁTICA

El aumento de la tensión social y las dificultades políticas apresuraron la convocatoria de elecciones para febrero de 1958. El régimen militar no había logrado eliminar el peronismo de la escena política, pero mantuvo su proscripción. Como un mal sirviente condicionado por su propia ineptitud, las prisas y las apariencias, el gobierno militar acabó metiendo lo que pretendía barrer bajo la alfombra. De este modo, la restauración democrática se prefiguró contaminada de ilegitimidad y en consecuencia el gobierno civil condenado a afrontar la inestabilidad social y a aceptar la tutela militar como guardián institucional.

La marginación del peronismo del juego electoral planteó serios problemas a los partidos políticos "democráticos" ligados por el pacto de proscripción. A ningún dirigente escapaba la distorsión de la realidad y los peligros que acarreaba su aceptación, pero las cúpulas partidarias, aún considerando la relación de fuerzas de ese momento, parecieron carecer tanto de verdaderas convicciones democráticas como de valor político para sacudir la alfombra. Algunos políticos se escudaron en una futura e hipotética "regeneración democrática" de los peronistas y otros, tras ganarse su apoyo electoral, en su acción redentora para devolverlos al rebaño ciudadano del cual se habían descarriado.

Si el peronismo ya había inoculado en el cuerpo político argentino ciertas dosis de confusión con sus postulados nacionalistas y populistas, su exaltación del caudillismo y la creación de un espacio pseudo democrático, la obcecación antiperonista del régimen militar, de algunos grupos católicos y de la oligarquía terrateniente contribuyó a convertir dicha confusión en un virus recidivo, que ha afectado la normal evolución de las relaciones sociales e instituciones políticas. Si por entonces quedaban algunas dudas acerca de la escasa inteligencia política de las Fuerzas Armadas y de los males que habían causado sus torpes y brutales intromisiones en la vida civil desde el golpe de Estado de 1930, los errores cometidos por los protagonistas de la Revolución Libertadora son suficientes para que no quede ninguna de tales dudas.

Los efectos corruptores del pacto de proscripción se hicieron sentir en las fuerzas políticas comprometidas con él y, casi enseguida, tales fuerzas acusaron sus contradicciones y su impotencia para resolverlas en el marco de una falseada realidad política. A raíz de esta situación, se produjo entonces una alteración interna, tanto en las formaciones de la derecha como de la izquierda, que llevó a muchos militantes de una y otra a coincidir en las filas peronistas. Nacionalistas y "conservadores populares", por ejemplo, se peronizaron atraídos por el discurso nacionalista del peronismo, mientras que los izquierdistas lo hicieron para obrerizarse, lo cual los movió a negar o justificar "históricamente" los ingredientes fascistas del movimiento. Con el tiempo se verá que fueron estos intelectuales izquierdistas quienes contribuyeron en gran medida a potenciar esa cualidad proteica del peronismo, que le ha permitido adoptar apariencias revolucionarias que han disfrazado su conservadurismo y obstaculizado el desarrollo normal de opciones progresistas.

En medio de una gran confusión ideológica, el Partido Socialista intentó presentarse como alternativa progresista, no obstante haber perdido en su trayectoria parte de su identidad y sufrido el drenaje de muchos de sus seguidores hacia la derecha más reaccionaria. La UCR también se vio conmovida por las contradicciones y las distintas tendencias que anidaban en su seno. La toma de posición frente a la Revolución Libertadora y la adhesión al pacto de proscripción fraguaron la división del partido en la Unión Cívica Radical del Pueblo (UCRP), liderada por Ricardo Balbín y favorable a la política antiperonista, y en la Unión Cívica Radical Intransigente (UCRI), encabezada por Arturo Frondizi y contraria a la proscripción de los peronistas.

Frondizi comprendió que la proscripción del peronismo no sólo desvirtuaba la representatividad, sino que creaba un "vacío" activo que podía y debía ser capitalizado. Las elecciones para la Convención Constituyente, cuyos miembros debían crear un nuevo texto constitucional que sustituyera la derogada Constitución de 1949 y modernizara la de 1953, resultaron un fiasco para el régimen militar. Los votos en blanco emitidos por orden de Perón, si bien eran menos de la mitad de los obtenidos por el peronismo en las elecciones anteriores, fueron mayoritarios y dejaron descolocados a los demás partidos concurrentes, en particular a la UCRP, que se había presentado como cabeza del antiperonismo. Para Frondizi, el resultado fue la confirmación de su análisis. Mientras el peronismo se mantuviera proscrito, el partido que aspirara al triunfo electoral debía contar con el voto peronista para asegurar una cierta paz social y gobernar con algún margen de maniobra político. Así lo hizo la UCRI y ganó las elecciones del 23 de febrero de 1958.

El precio del oportunismo

Arturo Frondizi se reveló como un político hábil e imaginativo, cuyo discurso tecnocrático rompió con los esquemas retóricos tradicionales y conectó enseguida con las clases medias que aspiraban a la modernidad.

El primer paso del jefe de la UCRI fue pactar en secreto con el general Perón el préstamo de los votos peronistas a cambio de "restablecer las conquistas logradas por el pueblo en los órdenes social, económico y político", lo que equivalía, según el documento del acuerdo, al "levantamiento de las inhabilitaciones gremiales y normalización de los sindicatos y de la Confederación General del Trabajo" en el plazo de ciento veinte días una vez asumido el gobierno. Asimismo, Frondizi también se comprometió a decretar una amnistía, aumentar los salarios y derogar las leyes antiperonistas.

Mientras se sustanciaba este pacto, Frondizi elaboró un plan político orientado no sólo a distanciar su formación de las posturas reaccionarias de los militares y sus acólitos civiles, sino también a desacralizar la influencia peronista. Su estrategia consistió en cambiar los términos del conflicto social y político generado por la Revolución Libertadora y exponer a la sociedad argentina una disyuntiva más racional y pragmática. Los términos antitéticos de la ecuación política a resolver no eran peronismo y antiperonismo, sino desarrollo y subdesarrollo.

Decidido a recoger lo que de positivo había dejado el peronismo, Frondizi propuso un desarrollo económico sostenido por el consenso de las distintas clases sociales y la integración política. De este modo, a la oligarquía terrateniente, la burguesía industrial y mercantil y las clases trabajadoras les correspondía actuar como motores del desarrollo económico y a la Iglesia y las Fuerzas Armadas como referentes ideológicos cualificados. En ciertos aspectos, el lenguaje de Frondizi y su equipo tecnocrático tendió a transmitir una imagen racional de la acción de gobierno, la cual, a ojos de la sociedad, aparecía impulsada más por premisas de eficacia en la gestión que por especulaciones políticas. En realidad, Frondizi sabía que sólo una administración rigurosa podía darle los réditos suficientes como para saldar o al menos paliar las deudas políticas que hipotecaban su gobierno. Pero la aplicación de esta estrategia requería tiempo y los acreedores no se mostraron dispuestos a dárselo y acabó contrayendo otros compromisos para apaciguar las prontas reclamaciones.

El gobierno de la UCRI, en cumplimiento de lo pactado con Perón, decretó una amnistía política, revocó la prohibición de actividades peronistas, devolvió los sindicatos intervenidos, restauró la estructura monopólica de los sindicatos en beneficio de la burocracia sindical, aumentó los salarios y congeló los precios. Sin embargo, ante el malestar de los sectores *gorilas* del Ejército, optó por no levantar la proscripción del Partido Peronista, con lo cual el peronismo siguió bajo la alfombra como una amenaza latente para la paz social.

En el orden económico, el gobierno frondizista hizo hincapié en el desarrollo de las industrias básicas –siderúrgica, petroquímica, automotriz, energética, petrolífera, etc.–, derivando hacia este sector las divisas procedentes de las exportaciones agropecuarias y valiéndose del apoyo del capital extranjero. La radicación de capitales foráneos precisamente y la gestión de los yacimientos petrolíferos se revelaron enseguida como los dos factores nucleares de la política económica y al cabo determinantes de las distorsiones que sufrió el plan original.

La concesión de extracción y explotación del petróleo a compañías extranjeras constituyó un mazazo para la opinión pública y los sectores nacionalistas, que habían visto en Frondizi un férreo defensor de los recursos nacionales. Si la sombra de una legitimidad malhabida ya se proyectaba sobre el gobierno, la flagrante contradicción que suponía la "batalla del petróleo" afeó, aún más, la conducta del presidente a ojos de la sociedad. La argumentación presidencial era de orden práctico. Para Frondizi "el principal obstáculo al avance del país es su extrema dependencia de la importación de combustibles y acero" y, por lo tanto, disponer de combustible propio era imprescindible para crear una industria nacional mejor estructurada y autónoma. Tampoco importaba el origen de los capitales, si el gobierno sabía conducir su inversión en los sectores industriales estratégicos.

Acuciado por el escaso margen de maniobra política y el poco tiempo que disponía para consolidar su posición con resultados concretos en la industrialización, el gobierno ucrista actuó contrarreloj. Por un lado se apresuró a contentar a las masas trabajadoras para ganarse el apoyo sindical, y por otro a atraer las inversiones extranjeras en condiciones que permearon aún más la economía del país, cuya autonomía se pretendía alcanzar.

Las leyes 14.780 y 15.803 de radicación de capitales y promoción industrial crearon condiciones privilegiadas por las inversiones extranjeras, que crecieron de 20 millones de dólares en 1957 a más de trescientos cincuenta millones en 1961. También fue espectacular el crecimiento industrial, especialmente en los campos de la siderurgia, la industria automotriz y la producción petrolífera, que casi llegó al autoabastecimiento. Pero el costo económico y social que se pagó por ello fue excesivo. El trato de favor que recibieron las compañías multinacionales, como la total libertad para repatriar sus beneficios a sus casas centrales y la garantía estatal de responder por las pérdidas, acabó por hundir las industrias nacionales que no se habían adherido a aquéllas y a acentuar el grado de dependencia económica del país. Cabe apuntar que la factura pagada por la extracción del petróleo argentino resultó más cara que si se hubiera importado, lo que indica el grado de candidez, si no de irresponsabilidad política, con que se gobernó.

Tampoco fue de gran ayuda la burguesía industrial que, dejando de lado los proyectos de una industria nacional, atisbó pingües beneficios sin correr grandes riesgos si se vinculaba a las corporaciones multinacionales. Una actitud que revalidaba en los hechos la vigencia de la mentalidad colonial en las élites criollas. Igualmente las demás fuerzas políticas, principalmente la UCRP, las Fuerzas Armadas, la Iglesia y la burocracia sindical se caracterizaron por su mezquindad e incapacidad para crear un clima constructivo. Así, antes de finalizar 1958, las dificultades económicas obligaron al gobierno a pedir créditos al FMI y a otras entidades financieras internacionales.

La hora de ajustarse el cinto

Rogelio Frigerio, ideólogo del proyecto económico del frondizismo, fue desplazado a instancias de los militares y sustituido por Álvaro Alsogaray, representante del monetarismo ortodoxo. Si Frigerio se propuso como meta romper con la dependencia económica del país sobre la base de un plan industrializador, Alsogaray miró más por cuadrar las cuentas reduciendo las rentas de las clases populares, a las cuales pidió "ajustarse el cinto", y liberar la movilidad de los capitales.

El plan de Estabilización que elaboró en la ocasión estuvo dirigido a contener los precios, abrir más las puertas a las inversiones extranjeras, eliminar las medidas proteccionistas, promover las exportaciones y solventar las dificultades de la balanza de pagos de acuerdo con las instrucciones del FMI, para conceder la ayuda financiera destinada a superar la crisis derivada del déficit comercial. La inmediata aplicación del plan no sólo no sirvió para superar la crisis económica, sino que aumentó los efectos recesivos e inflacionistas y provocó la drástica caída del poder adquisitivo de los trabajadores y, consecuentemente, puso fin a la tregua pactada con los sindicatos y a la alianza secreta con Perón, quien la sepultó al hacerla pública desde su exilio caribeño.

La huelga del Frigorífico Lisandro de la Torre, en enero de 1959, señaló la radicalización de la vasta movilización obrera que puso en jaque al gobierno. Aunque la situación social se presentaba difícil y la nueva orientación económica le dejaba escaso margen para la negociación con los sindicatos, el gobierno cometió entonces un grave error político. Declaró el estado de sitio y reprimió por la fuerza las protestas obreras recurriendo al Ejército, cuyos jefes *gorilas* obtuvieron así una clara posición de preponderancia.

Burocracia sindical y Fuerzas Armadas

La "pacificación" momentánea de la clase trabajadora no se debió tanto a la acción represiva de las Fuerzas Armadas como a la política implementada desde la directiva de las 62 Organizaciones, que boicoteó numerosos conflictos, especialmente en los sectores de la carne, metalúrgico y del petróleo.

Frondizi, siguiendo un plan trazado en Estados Unidos por dirigentes de la AFL-CIO –la central obrera estadounidense–, y, respondiendo a la presión militar, intervino en 1960 la CGT y constituyó una comisión provisoria con dirigentes sindicales peronistas "sensibles" a los intereses de las multinacionales y que habían colaborado activamente en el control de las huelgas y movilizaciones. Mientras los empresarios aprovechaban para despedir a los dirigentes más combativos y desprotegidos de sus sindicatos, cobraron especial relevancia los nombres de José Alonso, del Sindicato de Obreros de la Industria del Vestido y Afines (SOIVA), y, sobre todo, Augusto Vandor, de la poderosa Unión Obrera Metalúrgica (UOM).

La intervención de la CGT favoreció la consolidación de la burocracia sindical, cuyos dirigentes veían con aprehensión la posibilidad de una izquierdización del movimiento obrero, que por otro lado era muy hipotética a pesar del impacto causado por la revolución cubana. Este temor está en el origen de las connivencias de las cúpulas dirigentes de la burocracia sindical argentina con las Fuerzas Armadas y los grandes grupos de poder económico, tanto nacionales como extranjeros. Los nombres de Augusto Vandor, José Rucci y Lorenzo Miguel, dirigentes de la UOM, han estado siempre detrás de la llamada Patria Metalúrgica, alianza entre la burocracia sindical y las Fuerzas Armadas vinculada a los intereses multinacionales y destinada a controlar la clase obrera y asegurar su productividad.

El mismo temor al comunismo, asociado al visceral antiperonismo de los sectores *gorilas* y de la Iglesia, indujo a las Fuerzas Armadas a requerir del gobierno la aplicación del plan Conmoción Interna del Estado (CONINTES), el cual se hallaba formalizado en el decreto secreto 9.880/1958 del gobierno militar. Este instrumento represivo, cuyas raíces ideológicas están en el macarthismo estadounidense, definía la figura del enemigo interior y permitía al Estado a través de sus fuerzas policiales y militares arrestar e interrogar a cualquier ciudadano sospechoso de ser "elemento subversivo". El plan CONINTES constituía la entrada de Argentina en la guerra fría y la carta de adhesión de las Fuerzas Armadas a las tesis ideológicas de Estados Unidos, que justificaba y consolidaba su papel pretoriano bajo la bandera de la seguridad nacional. Su mentor fue el general Carlos Severo Toranzo Montero, comandante en jefe del Ejército, quien había sido en Washington delegado de la Junta de Defensa Interamericana y quien había ganado su "prestigio" de caudillo militar merced a sus exitosos desafíos al poder presidencial. Cabe precisar que el plan CONINTES, promulgado originalmente para combatir el peronismo –"conglomerado de delincuentes vinculados entre sí, con sentido de poder y cuyo objetivo es retornar al Estado totalitario", en palabras de Toranzo Montero–, se inspiraba a su vez en la Ley 13.234 o Ley de Organización de la Nación para Tiempos de Guerra, sancionada por el gobierno peronista en 1948. Esta ley, que confería facultades judiciales al Poder Ejecutivo y autorizaba la participación de las Fuerzas Armadas en la represión interna, respondía a la creciente idea, en determinados círculos militares, de que el país estaba en guerra interior contra el comunismo. En 1951, el general Perón la utilizó por primera vez para reprimir una huelga de obreros ferroviarios, del mismo modo que en 1959, Frondizi empleó el plan CONINTES para reprimir la huelga del Frigorífico Lisandro de la Torre.

LAS AGUAS BAJAN TURBIAS

En este marco institucional viciado por errores domésticos y circunstancias internacionales, el gobierno ucrista, a merced de los militares, decretó la proscripción del Partido Comunista. Sin embargo, para afrontar las elecciones de gobernadores y legislativas de 1962 y una vez descartado un nuevo pacto con los peronistas, Frondizi decidió poner fin a su proscripción en contra de la opinión de las Fuerzas Armadas y reorientar su política económica. Con este propósito destituyó, no sin habilidad política, al general Toranzo Montero y al ministro Álvaro Alsogaray.

La burocracia sindical jugó entonces un papel hegemónico en el movimiento peronista. A través de las 62 Organizaciones lanzó, a partir de 1961, una campaña de paros y huelgas para desgastar al gobierno, al mismo tiempo que situaba a políticos afectos en las listas electorales y consagraba a algunos caudillos del interior. El nuevo peronismo sin Perón quedó definido como un movimiento político gobernado por taifas aliados con la burocracia sindical, lo cual ha tenido nefastas consecuencias para el movimiento obrero, identificado a su vez con la cúpula sindical, entonces encabezada por Augusto Vandor, y para la vida política del país.

Después de algunos triunfos parciales, la victoria pareció factible para el partido gobernante, pero el 18 de marzo los peronistas ganaron en diez de las catorce provincias en las que hubo elecciones, incluida la hegemónica provincia de Buenos Aires. Se ha dicho que este triunfo peronista se debió a un error de cálculo de Frondizi que acabó condenando a su gobierno. Independientemente de las turbias circunstancias que concurrieron en estos comicios propiciadas por la falsa legitimidad institucional –la manipulación de la clase trabajadora y el uso político de las huelgas por parte de la burocracia sindical, la presión militar y la incultura política de gran parte del electorado argentino–, la decisión del presidente Frondizi de levantar la prohibición del peronismo debe valorarse positivamente desde el punto de vista del juego democrático. De hecho fue un valeroso intento de devolver al gobierno civil una representatividad democrática de la que carecía y que lo hacía tan vulnerable a las presiones de los grupos de poder.

Paralelamente, el gobierno de Frondizi había jugado otras bazas de autonomía en el plano internacional, que tampoco lo favorecieron. La Revolución Cubana, cuyo triunfo había causado un gran impacto en todo continente, fue utilizada por Estados Unidos para recabar lealtades en el contexto de la confrontación este-oeste. El gobierno frondizista quiso mostrar sobre el particular una clara posición de independencia. De acuerdo con este propósito, en agosto de 1960, durante una reunión de ministros de Relaciones Exteriores celebrada en Costa Rica, la delegación argentina denunció los avances comunistas en América Latina como consecuencia de la situación de subdesarrollo del continente. Con los mismos argumentos que un año más tarde darían contenido a la carta fundacional de la Alianza para el Progreso patrocinada por Washington, la representación argentina animó a Estados Unidos y demás países americanos a combatir el comunismo combatiendo la pobreza.

Coherente con esta política, en 1961, el gobierno de Frondizi ofreció, sin éxito, sus buenos oficios para solventar el contencioso cubano-estadounidense. Pero si este fallido ofrecimiento exacerbó las críticas de sus opositores, la firma de un tratado de amistad con el Brasil de Jânio Quadros provocó la ira de los militares, quienes veían un peligroso gesto de simpatía e incluso de posicionamiento izquierdista. Poco después, la ira se convirtió en indignación al descubrirse la reunión secreta que mantuvo el presidente Frondizi con el entonces ministro de Industrias de Cuba, Ernesto *Che* Guevara. Y la gota que colmó la paciencia de los militares fue la negativa del gobierno argentino a secundar, en los primeros meses de 1962, en el seno de la OEA, la propuesta estadounidense de romper relaciones con Cuba, que ellos habían consentido previamente en la reunión de la Junta de Defensa Interamericana. La presión de las Fuerzas Armadas se hizo entonces irresistible y el gobierno de Frondizi finalmente acabó firmando la ruptura de relaciones con el régimen de Fidel Castro.

En marzo de 1962, el triunfo electoral de los peronistas llevó nuevamente a los militares al despacho presidencial para exigir con el sable en alto la anulación de las elecciones. Una vez más, Arturo Frondizi cedió a la fuerza visceral de los militares, vetó las elecciones e intervino las provincias ganadas por los peronistas, quienes se mostraron, a pesar de todo, muy sosegados. Al mismo tiempo, el presidente comisionó al general Pedro Eugenio Aramburu para que mediara una salida política con los partidos, pero éstos, mirando sus propios intereses, no sólo no movieron un dedo para defender al presidente sino que pareció serles indiferente la suerte del gobierno civil y de las instituciones democráticas. Con el presidente Frondizi completamente desguarnecido, las Fuerzas Armadas no tuvieron inconveniente alguno en deponerlo el 28 de marzo de 1962.

La factura del pecado original

La caída del presidente fue consecuencia natural de un proceso institucional minado desde el principio por la perversión de las reglas del juego democrático. La clase política había mostrado que carecía de una concepción seria del Estado y del propósito de consolidar un régimen democrático institucionalmente sólido. De contar con esta concepción y este propósito nunca hubiese aceptado la proscripción expresa de un partido, pues era de perogrullo que ello suponía dejar el poder en manos de las fuerzas desafectas de los intereses generales y del bien público que operaban al margen de las instituciones republicanas.

El gobierno de la UCRI, aunque tuviese un proyecto racional de desarrollo económico e incluso objetivos políticos progresistas, no controló nunca los resortes del poder ni dispuso de una base de apoyo leal que le permitiese abrir un espacio de maniobras. Los demás partidos políticos tampoco tuvieron –ni la tendrían más tarde– la generosidad necesaria para conformar un frente cívico capaz de restituir legitimidad democrática a las instituciones del Estado. Así, el vergonzante pacto Frondizi-Perón sirvió a la UCRI para ganar las elecciones, pero no para fortalecer un sistema democrático representativo. Dicho pacto, en tanto fruto de una situación de violencia y de un intento de usufructuar la representatividad del partido excluido, agravó las fallas originales que se pretendía encubrir con él. A su vez, la clase trabajadora fue utilizada como moneda de cambio por el Partido Peronista a través del movimiento sindical, cuyos jerarcas aprovecharon la ocasión para consolidar sus posiciones de privilegio.

Quedó demostrado entonces que la extracción obrera de los sindicalistas no garantizaba que su actuación respondiera a los intereses de la clase trabajadora, en la medida que, en el marco de la estructura vertical de las organizaciones obreras diseñadas por el peronismo, éstos eran supeditados a los objetivos políticos del partido y a las ambiciones de poder de sus dirigentes. Los sindicalistas peronistas, con el visto bueno interesado de su caudillo, en ningún momento se hicieron cargo de las dificultades, cuando no de la imposibilidad, que implicaba para el gobierno el cumplimiento de todo lo pactado. Antes bien, en lugar de buscar salidas orientadas a reforzar el poder civil, radicalizaron sus posiciones y movilizaron a los trabajadores para fortalecer la burocracia sindical, según el modelo estadounidense, y el caudillismo provincial. Una vasta e insidiosa operación que, al tiempo que situaba a Perón más como santón en el limbo que como general en el campo de batalla, dio al movimiento peronista el carácter de fuerza social y política difícilmente controlable. Incluso para los mismos burócratas y caudillos, quienes sustentaban su poder mediante complejas alianzas y, sobre todo, a su habilidad para ganarse la bendición del general.

Cabe conjeturar que Arturo Frondizi, en su intento de debilitar la influencia de Perón, no valoró suficientemente la deriva posterior del Partido Peronista enquistado en el movimiento sindical y menos aún las consecuencias de la ley de Asociaciones Profesionales. Esta ley, contaminada por el sentimiento de ilegitimidad que había movido al pacto, al consagrar el sindicato único cerró las puertas a un sistema sindical democrático e institucionalizó la burocracia sindical, la cual fortaleció su posición como grupo de presión.

Asimismo, aunque intentó obtener una cierta legitimidad para su gobierno llamando a empresarios y trabajadores a comprometerse con el desarrollo del país con la ayuda del capital extranjero, y manteniendo a raya a la Iglesia y las Fuerzas Armadas mediante un hábil juego político, Frondizi mostró más fe en su plan racional de base económica que en dar contenido a las instituciones democráticas. Tampoco, los demás partidos políticos, en particular la UCRP, hicieron nada en este mismo sentido al considerar fraudulenta su elección, no por la exclusión del peronismo, sino por el uso que la UCRI había hecho de él. De aquí que el gobierno estuviera cada vez más expuesto a la presión de los distintos grupos de poder y no diera a sus proyectos el tiempo necesario para su desarrollo. Así, cuando se hicieron sentir los primeros efectos de la recesión económica, la burocracia sindical lanzó una amplia campaña de desestabilización. El presidente Frondizi, sin poder institucional real, recurrió al Ejército para reprimir el movimiento huelguístico y ello supuso reconocer su autoridad en el campo civil.

De aquí en adelante, su gobierno quedó declaradamente hipotecado al poder militar. Fueron inútiles sus gestos de autonomía en política internacional y desesperado el propósito de luchar a campo abierto con el peronismo. El triunfo de éste lo dejó sin opciones y, al parecer, también sin defensas personales. Arturo Frondizi, perdió en esos momentos la oportunidad de recurrir a la ética como dique de contención a los despropósitos que siguieron marcando la historia del país. Al ceder a las presiones militares y vetar el triunfo peronista, el presidente violó su juramento constitucional de hacer respetar la ley y de este modo quedó inerme personal e institucionalmente. No se trata de responsabilizar únicamente al presidente Frondizi de este nuevo fracaso político del país. También cabe recordar que la conducta individual y colectiva de los ciudadanos en función de sus valores éticos determina la gestión del bien común. Es cierto que el quebrantamiento del juramento constitucional en este caso vulneró la voluntad popular y propició, además, que el presidente ya no tuviese argumentos morales para oponerse a la transferencia del gobierno al presidente del Senado, José María Guido, que mantenía la ficción democrática, ni para apelar a la ciudadanía, pero ésta siguió estática y alejada de todo compromiso.

Con la destitución de Frondizi, la UCRI perdió la oportunidad de convertirse en un partido político moderado y moderno capaz de liderar la reorganización del país sobre la base de un sistema democrático. El diseño de su política económica y su intento de hacer efectiva la participación de los peronistas en la vida política del país deben considerarse positivamente. Sin embargo, las limitaciones ideológicas y la falta de claridad expositiva de su proyecto por su parte y por otra la mezquindad de la clase política, la insolidaridad corporativa de los demás sectores sociales, no poco comprometidos con intereses foráneos, y la indiferencia de la sociedad, condujeron a un nuevo fracaso institucional.

La mascarada democrática

Si el gobierno de la UCRI –o el de cualquier partido que hubiese ganado las elecciones en las mismas condiciones– podía ser discutido desde el punto de vista de la representatividad democrática, el de José María Guido, un representante de la burguesía terrateniente, no admitía discusión alguna: era una farsa. El hecho de que los militares acosaran al presidente Frondizi sin derrocarle se debió fundamentalmente a la necesidad de mantener las apariencias formales de un gobierno democrático. Tal necesidad, también manifiesta al recurrir al tecnicismo constitucional para transferir la presidencia al presidente del Senado, respondía a la orientación de la política exterior estadounidense que, bajo el mandato de John F. Kennedy y en el marco de la Alianza para el Progreso, tendía a apoyar las democracias representativas frente al "comunismo totalitario". De hecho, el embajador estadounidense había participado activamente en favor de Frondizi y el orden constitucional, cerrando el paso a una junta militar.

Pero la mascarada democrática no consiguió disimular la inestabilidad política del país y Estados Unidos optó por continuar confiando en Brasil como aliado preferente en el continente, cosa que confirmó en 1964 al propiciar el golpe de estado que derrocó al presidente izquierdista Joâo Goulart. Las tensiones derivadas del tutelaje militar se agravaron y con ello potenciaron los errores políticos y los efectos de la recesión económica.

El gobierno de Guido, inicialmente integrado por ex frondizistas favorables a una solución pactada del problema peronista, pronto fue ocupado por representantes *gorilas*. Inicialmente, la gestión económica fue confiada a Federico Pinedo, quien tomó medidas para hacer frente a la crisis económica y a la presión del FMI, que reclamaba a Argentina el cumplimiento efectivo de sus compromisos. Pinedo ordenó inmediatamente una fuerte devaluación de la moneda con favorables efectos sobre el sector agropecuario, pero su gestión apenas duró dos semanas. Su sustituto fue Álvaro Alsogaray, quien renegoció la deuda con el FMI y, según sus instrucciones, aplicó una serie de medidas de corte monetarista y de liberación del mercado inéditas hasta entonces en el país que, sin embargo, no evitaron que la inflación se disparase hasta casi el 30 por ciento anual, tuvieran efectos negativos sobre el sector industrial y redujesen drásticamente el poder adquisitivo del grueso de la población. Pero, el rumbo de la economía no parecía preocupar demasiado a los *gorilas* instalados en el gobierno, obsesionados como estaban con la persecución del peronismo.

Un dicho popular enuncia que no hay nada más peligroso que un mono con navaja, aserto que parece inspirar *Los crímenes de la rúe Morgue,* el célebre cuento de Edgar Allan Poe. Pues bien, los *gorilas* con sable se mostraron en Argentina tan peligrosos como sus congéneres hasta para sus camaradas de armas, algunos de los cuales comenzaron a formar corrillos de disensión. El faccionalismo dividió las cúpulas de las tres armas y trasladaron todas sus tensiones a la vida política del país.

La elección del secretario de Guerra, cuyo titular había sido obligado a renunciar por el sector *gorila,* desencadenó una fuerte pugna en el seno de las Fuerzas Armadas que tuvo en vilo a toda la sociedad. En medio de un clima de gran incertidumbre, los "legalistas" lograron imponer a su candidato, pero ante la amenaza de un enfrentamiento armado entre las dos banderías castrenses, el presidente Guido satisfizo a los *gorilas* para evitar el choque. No lo consiguió. Los "legalistas", autodenominados "azules", más afines a la política exterior estadounidense, reaccionaron pidiendo la convocatoria de elecciones. El general Juan Carlos Onganía encabezó entonces una rebelión militar declarando enfáticamente: "Estamos dispuestos a luchar por el derecho del pueblo a votar". La adhesión de la fuerza aérea y su amenaza de bombardear las bases de los "colorados", como eran llamados entre ellos los *gorilas*, indujo a éstos a bajarse del carro de combate, deponer las armas y a aceptar una purga de oficiales de alta graduación.

El deplorable intervencionismo de las Fuerzas Armadas era en cierto modo potenciado por el inmovilismo social, la venalidad de la burocracia sindical y la cobardía cívica de la clase política. Siguiendo instrucciones de la facción azul, el Ministerio del Interior, ocupado por Rodolfo Martínez, impulsó la reintegración del peronismo a la escena institucional de acuerdo con un plan que preveía la exclusión de sus principales dirigentes y la incorporación de sus masas en otras fuerzas políticas. Ante esta maniobra que daba continuidad a un sistema ilegítimo, las agrupaciones políticas y sindicales y sus dirigentes una vez más no estuvieron a la altura de las circunstancias y se acomodaron con cierta docilidad a los planteamientos tutelares de las Fuerzas Armadas.

Mientras, desde el gobierno, se instaba a pequeños partidos a formar un frente para usufructuar los votos peronistas y se reconocía a la Unión Popular, Perón y Frondizi, éste también proscrito, maniobraban conjuntamente entre bastidores para mantener el control. El caudillo peronista a su vez, al advertir ciertas tendencias izquierdistas en el sindicalista Andrés Framini, gobernador electo de la provincia de Buenos Aires en las elecciones de 1962, lo apartó de la cabeza de su movimiento y situó en su lugar a Raúl Matera.

Aunque forzadamente, en marzo de 1963 todo parecía desarrollarse de acuerdo a los planes del sector más legalista de los azules. Pero, el ministro del Interior, en un intento de forzar aún más la situación cometió un burdo error. Con el ánimo de llevar legalmente al gobierno a un militar no se le ocurrió nada mejor que proponer a Miguel Ángel Zabala Ortiz, dirigente conservador antiperonista de la UCRP, secundando una fórmula encabezada por el general Onganía. La denuncia de la propuesta causó, más por inconveniencia política que por ética democrática, un escándalo que se llevó por delante al ministro y al castillo de naipes que había construido.

La desconfianza mutua entre empresarios, peronistas, frondizistas y militares también imposibilitó cualquier acuerdo y alentó el cuartelazo gorila de la Marina, cuyas bases fueron bombardeadas. La victoria de los azules marcó el principio del fin de los colorados, pero reconduja la situación a posturas más radicalmente antiperonistas. El general Osiris Villegas, nuevo ministro del Interior, cortó por lo sano y proscribió toda agrupación peronista o sospechosa de serlo, empezando por la UP.

Los hechos tomaron por sorpresa tanto a Perón como a Frondizi. El caudillo peronista, que parecía llevar la iniciativa, prescindió entonces de Matera y puso en su lugar al conservador Vicente Solano Lima con el apoyo del proscrito jefe ucrista. Sin embargo, estos reacomodos políticos fueron cuestionados en el seno de los dos partidos. En el peronista, el sector demócratacristiano mantuvo la candidatura de Matera haciendo caso omiso a la orden del jefe del movimiento, y en la UCRI se impuso el grupo disidente encabezado por Óscar Alende. Descolocados de este modo por sus propias organizaciones, Perón y Frondizi propusieron en consecuencia el voto en blanco.

AQUILES Y LA TORTUGA

Las elecciones de julio de 1963 constituyeron un acto muscular reflejo de un cuerpo eviscerado. Como si no advirtieran la responsabilidad que pesaba sobre ellos, los partidos concurrentes aceptaron las reglas adulteradas y caprichosas impuestas por la reacción enquistada en las Fuerzas Armadas. De este modo, sin que se considerase siquiera la formación de un frente civil contra una anomalía institucional que imposibilitaba una convivencia social estable y la constitución de un Estado democrático, todas las fuerzas políticas se lanzaron con avidez a la captación del voto proscrito. En consecuencia, los resultados reflejaron el desconcierto de un electorado convocado sólo para cumplimentar un trámite que, por otra parte, no implicaba para él ningún vínculo ni responsabilidad política.

Pero aún en estas condiciones, hubo tendencias dentro de los electores que mostraron una voluntad de romper con la dinámica impuesta y las acomodaticias directrices de algunos dirigentes. El ejemplo más palpable se dio en la derivación del voto peronista y ucrista, que Perón y Frondizi habían pedido blanco, hacia candidatos que mostraban un talante democráticamente "respetable". Beneficiarios directos de estos votos fueron el candidato rebelde de la UCRI, Óscar Alende, y el de la UCRP, Arturo Umberto Illia. Éste fue quien, sorprendentemente, ganó las elecciones.

La segunda experiencia constitucional tras el derrocamiento de Perón se verificó en condiciones institucionales y económicas más precarias que la frondizista. A su vez, la UCRP, como vestigio del vetusto aparato radical yrigoyenista, se movía, según sus rivales, con extrema lentitud para responder a las exigencias de velocidad de un país moderno. Sin embargo, la conducta gubernamental del nuevo presidente pareció querer demostrar en la práctica la paradoja de Zenón de Elea, según la cual Aquiles nunca alcanzaría a la tortuga.

El aspecto más positivo y destacable del comportamiento político del gobierno presidido por Arturo Illia fue el de devolver al Parlamento su espacio institucional. A pesar de no contar con mayoría y de requerir constantemente apoyos coyunturales, el gobierno pareció encontrar una mayor energía con la reactivación de la vida parlamentaria. Es cierto que ésta se dio en un momento en que las fuerzas corporativas se habían retirado —los militares a sus cuarteles y los sindicalistas, empresarios y terratenientes a un reposo táctico, que les permitiese ganar tiempo para elaborar una alternativa sectorial—, pero, aún así, quedaba claro el propósito presidencial de reconstruir el edificio democrático derribado en 1930. Lamentablemente, ni las demás organizaciones políticas parecieron advertir de que estaban ante una situación favorable para restaurar debidamente el orden constitucional, ni la UCRP supo elaborar un discurso claro al respecto.

Acaso consciente de que la debilidad de su gobierno se debía tanto a su limitada representatividad como a la ilegitimidad del sistema, el presidente radical fue tomando medidas favorables a un proceso real de democratización. El talante de su gestión se caracterizó por la serenidad y la racionalidad para afrontar los problemas y evitar, mediante el diálogo, las confrontaciones de mero desgaste político.

Siempre con la meta de la paz y la estabilidad social, el presidente Illia emprendió una política social y económica de corte keynesiano que le dio inicialmente buenos resultados. Esta política, asentada en el reforzamiento del papel regulador del Estado, estuvo orientada a lograr una mejor distribución de la renta, favorecer el desarrollo del capital nacional y fijar límites y controles razonables a las inversiones extranjeras. La medida más espectacular que tomó en este último sector fue la de anular y renegociar en mejores condiciones para el país los contratos con las compañías petrolíferas multinacionales.

Favorecido por un nuevo ciclo progresivo, aumentó los salarios y logró que el Congreso aprobase una ley de salario mínimo; congeló los precios y los arrendamientos agrícolas, y consiguió, entre otros logros, un notable incremento del consumo, especialmente en las capas medias de la sociedad. Sin embargo, todas sus medidas fueron cuestionadas por las organizaciones corporativas y por algunos sectores de la clase media que reclamaban un difuso cambio de estructuras. Todos, desde sus propios reductos e intereses particulares, coincidieron en confundir interesadamente la mesura del gobierno con lentitud y en acusar la gestión de ineficaz. Fue tan formidable y cruel la campaña propagandística desatada desde todos los frentes contra el presidente Illia, que su gobierno ha pasado injustamente a la historia y al imaginario popular como ejemplo de inoperancia.

El mayor "error" del presidente Illia fue creer que el funcionamiento del Estado, aún en aquellas condiciones de precariedad democrática, podía sustentarse en el equilibrio de poder emanado de sus instituciones y en el respeto efectivo de las formas democráticas. De acuerdo con esta premisa, Illia gestionó la estrecha franja legal que le dejaban el tutelaje militar y la presión de las demás fuerzas corporativas con sobria habilidad e introdujo, para el tratamiento de los conflictos, un *tempo* político calmo como antídoto de la crispación. Pero a una sociedad como la argentina, forjada en la viveza criolla, que festejaba la trampa o el daño del otro como rasgo de ingenio, cuando no de inteligencia, y habituada al paternalismo caudillista, le resultaba chocante un estilo de gobierno caracterizado por la templanza y la honradez cívica. Para esta sociedad de vivos, Illia no respondía al perfil de caudillo demagógico y astuto capaz de dirigir "los destinos de la nación", sino al del "boludo caído del catre" que no convenía a nadie.

Apenas la economía comenzó a dar síntomas recesivos, las fuerzas corporativas iniciaron una inmisericorde campaña de acoso y derribo. La Sociedad Rural y la Unión Industrial reunieron sus fuerzas en la Asociación para la defensa de la libre empresa. Desde esta organización, la oligarquía terrateniente y la burguesía industrial atacaron la política estatalista del gobierno que obstaculizaba el desarrollo de la libertad de mercado y atentaba seriamente, desde sus posiciones ideológicas, contra la libre iniciativa de las empresas privadas. Un punto de vista también compartido por los burócratas de los sindicatos y de la CGT.

Los dirigentes sindicales, quienes veían con aprehensión el interés del gobierno por impulsar elecciones sindicales que podían acabar con la hegemonía peronista y dar al radicalismo un espacio entre la clase obrera, pero sobre todo acabar con sus posiciones de privilegio, se lanzaron a un ataque sin cuartel. El Plan de lucha, ya elaborado antes de la elección de Illia y originado en el Programa de Huerta Grande de 1962, se puso en práctica entre 1964 y 1965. La CGT liderada por Augusto Vandor movilizó entonces a casi cuatro millones de trabajadores que participaron en huelgas selectivas y ocupaciones pacíficas de fábricas con el propósito de desgastar el gobierno. La respuesta dialogante del gobierno y su negativa a utilizar el Ejército para reprimir a los huelguistas no fue bien vista por las Fuerzas Armadas ni tampoco por los empresarios. Pero todo ello estaba perfectamente calculado por la burocracia sindical que dio el golpe de gracia organizando la Operación retorno de Perón con el propósito, entre otros, de reavivar la cuestión de la proscripción del peronismo ante las elecciones legislativas de 1965. Como era de esperar, el caudillo fue devuelto a España desde Brasil y el gobierno quedó en una difícil posición y los militares renovaron su negativa a que los peronistas participasen en las elecciones. El gobierno radical se vio impelido a prohibir el Partido Justicialista, nombre con el que ahora se presentaban los peronistas, pero el presidente Illia los autorizó a participar bajo las siglas de la UP.

Dada la situación de conflictividad social, Illia necesitaba asimismo de un triunfo electoral que reforzara su autoridad sobre la base de la legitimidad representativa. Su arriesgada decisión de autorizar la participación peronista, además de coherente con sus principios éticos, era necesaria para dar contenido a las instituciones democráticas y al mismo tiempo profundizar las contradicciones surgidas en el seno del movimiento entre Perón y los dirigentes sindicales, y liberarse del apoyo espurio de las Fuerzas Armadas. Entre éstas, el malestar que suscitó la "rebelión" del presidente, se agudizó cuando la UP ganó las elecciones. La tensión fue cada vez mayor en la medida que los peronistas no utilizaron el Congreso para legislar sino para abrir un nuevo frente contra el gobierno y hacer patente una atmósfera caótica.

Las Fuerzas Armadas, que veían en la UCRP un aliado residual de la ya neutralizada facción colorada, cuyo antiperonismo cerril había sido atenuado por la conducta legalista del presidente, acabaron retirando el apoyo al gobierno y dejándolo a merced de un rápido desgaste. Otro incidente también contribuía a este cambio de postura. Los militares argentinos, que veían cómo sus colegas brasileños tomaban la delantera en la lucha anticomunista derrocando al presidente Goulart, vieron en la crisis política de la República Dominicana una oportunidad para manifestarse como claros aliados de Estados Unidos En este sentido, exigieron al gobierno que apoyase la intervención estadounidense, pero el presidente Illia, sin llegar a contradecirlos abiertamente, consintió la creación de una fuerza interamericana bajo bandera de la OEA, pero no autorizó la participación de tropas argentinas en ella, cosa que tampoco cayó bien en Washington.

La obligada dimisión del general Onganía, comandante en jefe del Ejército y cabecilla de la facción azul, en noviembre de 1965, no alteró la política militar, pero acentuó la soledad del gobierno. La campaña antigubernamental arreció desde los estamentos militares y sindicales arrastrando a una opinión pública vulnerable al mensaje de ley y orden. La revista *Primera Plana,* órgano oficioso de la bandería militar azul, se encargó de desacreditar y ridiculizar al presidente Illia de un modo tan perverso como eficaz. Así, las caricaturas de un anciano Illia con una paloma en la cabeza y, promovida por la burocracia sindical, la suelta de tortugas en la porteña plaza de Mayo como símbolos del inmovilismo gubernamental fueron graciosamente festejadas por una mayoría ciudadana, que también aplaudió como una broma canchera, es decir, de individuos que se las saben todas, que el presidente fuese desalojado de la Casa Rosada por un destacamento policial. Apenas un reducido grupo de allegados al presidente Arturo Umberto Illia se preocupó de su suerte política y particular, y a muy pocos les importó la nueva quiebra del orden constitucional, del cual él decía "es la ley y la ley es la fuerza de todos". Al irse dejó el país con menor deuda externa y menor desocupación y, personalmente, según consta en su declaración notarial de bienes del 29 de junio, con menos de lo que tenía cuando fue elegido. Sólo le quedaba su casa de Cruz del Eje. Ni siquiera había hecho uso durante todo su gobierno de los fondos reservados, los cuales fueron efectivamente devueltos al Estado.

Dos días más tarde de aquel vergonzoso 26 de junio de 1966, la Junta de comandantes de los tres ejércitos disolvió oficialmente el gobierno y el Parlamento nacional y los provinciales, destituyó a los jueces de la Corte Suprema, a los gobernadores y a los intendentes municipales, y proscribió todos los partidos políticos, cuyos patrimonios fueron incautados y después vendidos para demostrar que la vida política había sido definitivamente sepultada. Tras la proclamación del Acta de la Revolución, de acuerdo con la cual las Fuerzas Armadas se hacían cargo de los "destinos de la patria" por tiempo indeterminado, se designó presidente al general Juan Carlos Onganía.

La proscripción efectiva del peronismo como partido había determinado, como ya se ha dicho, que la burocracia sindical patrimonializara su herencia. Inicialmente la identificación entre el caudillo exiliado y los burócratas fue estrecho. Con el paso de tiempo y las vicisitudes políticas que vivía el país fueron cambiando los términos de la relación y generándose una oscura lucha por el poder. El punto crucial de esta pugna se centró en la naturaleza de la relación que los sindicalistas y caudillos políticos podían establecer con el general Perón, quien a su vez se resistía a perder influencia y convertirse en cadáver político. Su gran recurso para mantenerse vivo y potenciar el perfil mítico, que su figura había adquirido en el imaginario de las masas trabajadoras, fue desarrollar una estrategia oracular, que obligó a sus pretendidos herederos políticos a peregrinar a Madrid.

Al iniciarse la década de los sesenta, en el seno del peronismo se podían advertir varias tendencias. En el interior del país prevalecían las patrocinadas por caudillos locales, con una clientela localizada tanto en sectores obreros como de la clase media, que defendían una acción más autónoma respecto de Perón, aunque conservando el discurso y la simbología peronistas. Es decir, un prudente peronismo sin Perón. En Buenos Aires y las ciudades más industrializadas, el peronismo impulsado por la burocracia sindical buscó consolidarse como fuerza social y política inserta en el sistema de poder y con capacidad de influir cualquiera que fuera el carácter del gobierno vigente. Fue este peronismo vertebrado en las organizaciones sindicales el que escenificó las principales luchas por el poder y señaló las principales pugnas intestinas del movimiento. Pugnas, en general fomentadas por el mismo Perón para mantener vigente su liderazgo, a las que muchos, unos con ingenuidad y otros con malicia, han dado carácter de contradicciones ideológicas fomentando, de este modo, una falsa idea de incomprensibilidad del peronismo. La lectura de "Las veinte verdades del justicialismo", formuladas por el general Juan Perón en 1950, no da lugar a contradicciones ideológicas. Otra cosa son las ambigüedades interesadas de un caudillo ladino, más preocupado por el ejercicio del poder que por las consecuencias dañinas que sus palabras y su conducta podían ocasionar entre sus seguidores y quienes no lo eran.

Las rentas políticas logradas por la estrategia implementada por los dirigentes sindicales peronistas, llevó a algunos de ellos a considerar la posibilidad de liberarse de la tutela del caudillo. Augusto Vandor, quien ejercía un férreo control del aparato sindical, fue el principal impulsor de un peronismo sin Perón también en el campo político. El éxito del plan de lucha contra el gobierno de Illia lo consolidó como pieza clave de negociación con empresarios y militares y al mismo tiempo le dio la fuerza necesaria para desafiar a Perón. En la primera mitad de 1964, cuando el gobierno radical dio señales de una eventual legalización del peronismo, los sindicatos se apresuraron a organizar el Partido Justicialista. Los términos del conflicto por el control del poder político quedaron establecidos, pero Vandor debía despejar las dudas de su liderazgo desactivando la amenaza de un inminente regreso del caudillo. Fue entonces cuando, en diciembre de 1964, recurrió a la "operación retorno" de Perón, la cual apuntaba, dado su previsible fracaso, al desgaste del gobierno, obligado por la proscripción militar a impedirla, y a demostrar a las masas que había llegado la hora de un peronismo sin Perón.

La "operación retorno" no dio sin embargo los réditos que Vandor esperaba, ya que Perón también se aprovechó de su previsto fracaso para debilitar la posición de aquél dentro del movimiento. Con maquiavélica habilidad comenzó a mover sus peones y a recibir en su residencia madrileña de Puerta de Hierro a dirigentes críticos con Vandor e incluso a prohijar sindicalistas y políticos izquierdistas. Fruto de sus maniobras fue la escisión que se produjo a principios de 1965 en las 62 Organizaciones que, desde 1963, eran controladas por la CGT, encabezada por Augusto Vandor y José Alonso. Los partidarios de éste y sectores combativos integraron las 62 de Pie Junto a Perón y los vandoristas las 62 Leales a Perón, que definían las banderías sindicales que luchaban por la hegemonía en el movimiento peronista.

Las elecciones parlamentarias de marzo de 1965 dieron un triunfo relativo a la UP, controlada por el vandorismo aliado con caudillos neoperonistas del interior. Mientras los parlamentarios vandoristas utilizaban el Parlamento como nuevo frente de desgaste del gobierno y como plataforma para sus intereses políticos, Vandor, alentado por los resultados obtenidos, convocó un congreso del partido que votó por impulsar una nueva organización menos sujeta al servicio de mensajería del viejo caudillo. Perón, no obstante, reaccionó rápidamente y envió como emisaria a su nueva esposa, María Estela Martínez, Isabel, para recomponer su autoridad. Siguiendo precisas instrucciones del general, Isabel Perón movilizó las 62 de Pie Junto a Perón y buscó el apoyo de los grupos contrarios al vandorismo para dirimir el liderazgo del movimiento. La oportunidad se presentó a principios de 1966, cuando se celebraron las elecciones a gobernador de la provincia de Mendoza. El mayor número de votos obtenidos por el candidato isabelista estableció el equilibrio de fuerzas entre Perón y Vandor, quienes se repartieron tácitamente sus territorios.

Pero más allá de esta circunstancia doméstica del peronismo, el resultado de la elección provincial puso de manifiesto que Perón seguía políticamente vivo y que, para el sistema surgido de la Revolución Libertadora, el problema peronista no tenía solución "democrática". Ante la evidente impotencia de los partidos políticos para neutralizar a Perón y el peronismo, sólo quedaba la alternativa de un gobierno fuerte, eficaz y moderno en un marco sociopolítico que excluyese el sistema electoral. Vandor y otros dirigentes sindicales afines vieron en esta posibilidad la gran oportunidad de sacudirse la tutela de Perón y ejercer, mediante el control del aparato sindical, su poder de influencia. De este modo, cuando la figura del general Juan Carlos Onganía empezó a perfilarse como cabecilla de una facción militar profesionalizada, la burocracia sindical no dudó en negociar su apoyo al futuro régimen autoritario y acelerar la caída del presidente Illia.

LA PROFESIONALIDAD COMO ARMA

El proceso de desarrollo económico y de modernización cultural y técnica iniciado con el gobierno de Arturo Frondizi produjo importantes y profundos cambios en la sociedad argentina. Las ideas de profesionalidad y eficacia se fijaron en amplios sectores de las clases medias como factores de progreso económico y social contra el cual actuaba la crónica inestabilidad política. Por entonces no se consideró que el origen de esta inestabilidad se hallaba en la debilidad de las instituciones democráticas y en la ilegitimidad de los regímenes políticos tutelados por las fuerzas orgánicas, sino en las limitaciones de la clase política que daban lugar a una partidocracia inoperante. Los segmentos más "modernos" de la sociedad argentina interpretaron, entonces, que el avance del país sólo era posible con un gobierno profesional capaz de "cambiar las estructuras" y fundar un nuevo Estado sobre la base de la ley, el orden y la eficacia.

Las Fuerzas Armadas argentinas, desde el golpe del general Uriburu de 1930, habían mostrado una fuerte tendencia al faccionalismo, el último de cuyos capítulos los ejemplificaban las disputas entre azules y colorados. Esta participación continuada en los contenciosos políticos amenazaba con atomizar el poder militar al mismo tiempo que le restaba crédito ante la sociedad, en consecuencia, de acuerdo con el clima social y, sobre todo, siguiendo pautas vinculadas a la política exterior estadounidense, los militares consideraron imprescindible profesionalizarse y acabar con el faccionalismo interno. Para el cumplimiento de este fin, el primer paso que debía darse consistía en disciplinar las Fuerzas Armadas y transmitir a la sociedad una imagen de seriedad y eficacia en su cometido.

Una vez purgada la bandería colorada casi por completo del seno del Ejército, la facción azul acaudillada por el general Juan Carlos Onganía impulsó la reorganización de las Fuerzas Armadas sobre la base de la disciplina y el inexcusable respeto al orden jerárquico. En agosto de 1964 se celebró en la academia militar estadounidense de West Point la V Conferencia de Ejércitos Americanos. En esa ocasión, el general Juan Carlos Onganía pronunció un discurso programático en el que expuso con meridiana claridad el papel que debían jugar en Argentina unas Fuerzas Armadas profesionalizadas. Según Onganía, el poder militar debía estar por encima de la acción política y, en tanto que "brazo armado de la Constitución", servir con lealtad a ésta aunque no a los hombres o partidos que ejercían eventualmente el poder político, cuando desvirtuaban los principios de aquélla "por exceso de autoridad" inspirado por "ideologías exóticas". Para Onganía la función primordial de las Fuerzas Armadas como cuerpo armado era garantizar "el orden público y la paz interior" y como institución velar por "la soberanía y la integridad territorial de la nación" además de "preservar la moral y los valores espirituales de la civilización occidental y cristiana".

La Iglesia católica, del mismo modo que la burocracia sindical aunque por distintos motivos, recibió con beneplácito el programa de la nueva élite militar y su propósito de profesionalizar las Fuerzas Armadas. La curia integrista argentina, con enorme influencia entre militares y altos empresarios, consideraba que la modernización de las costumbres, propiciada por la democracia liberal y los avances científicos y tecnológicos, era una amenaza seria para los valores tradicionales –Dios, Patria y Hogar–. La defensa de estos valores sólo podía hacerse efectiva, según la Iglesia argentina, por medio de un Estado sustentado en los poderes fácticos reales y de un gobierno fuerte, capaz de imponer el orden público y organizar eficazmente la vida social y económica del país.

El onganiato y la enfermedad del orden

El general Juan Carlos Onganía, presidente de facto entre 1966 y 1970, proclamó la Revolución Argentina para imponer la paz social, ordenar la vida económica y asegurar la integración del país en la órbita ideológica de Estados Unidos de acuerdo a las pautas de la doctrina de "seguridad nacional". La sociedad, que por entonces había experimentado notables cambios sociales y culturales, recibió el golpe militar con alivio después de haber sido bombardeada por la propaganda de desprestigio del gobierno civil.

El gobierno de Onganía, "la última alternativa de orden y autoridad", según escribió Mariano Grondona en *Primera Plana,* se caracterizó por su corte absolutista, su política favorable a los intereses económicos y geoestratégicos estadounidenses en detrimento de los nacionales, y por una dura e indiscriminada represión social y política inédita hasta entonces en la vida del país. La enorme presión social e ideológica que, durante el onganiato, se ejerció sobre la población tuvo un efecto contrario al esperado al provocar en ella un sentimiento generalizado de rechazo a la dictadura y la virulenta reacción y movilización de sectores estudiantiles y obreros. Estos sectores encabezaron en mayo de 1969, en la ciudad de Córdoba, el llamado *Cordobazo,* insurrección popular que sacudió los cimientos de la sociedad argentina y liberó tensiones comprimidas, cuya onda expansiva alteró irremediablemente las reglas del juego político.

Cruzados de la guerra fría

El acceso de John Fitgerald Kennedy a la presidencia de Estados Unidos en 1960 y el triunfo de la Revolución Cubana el año anterior actuaron como revulsivos ideológicos en el subcontinente latinoamericano llevando a primer plano las tensiones de la guerra fría. Hasta entonces, la política estadounidense había respondido a la propaganda soviética en el continente de modo más o menos convencional, pero el triunfo de la guerrilla cubana y el apoyo efectivo de la Unión Soviética al régimen encabezado por Fidel Castro constituía un flagrante desafío a la hegemonía de los Estados Unidos.

En relación con América Latina, la victoria castrista ponía de manifiesto que la disuasión nuclear era efectiva contra un ataque soviético convencional a Estados Unidos, pero no para impedir el triunfo de los ejércitos guerrilleros, como también había ocurrido en Indochina. "El enfoque exclusivo en una acción de iniciativa soviética ignora la posibilidad real de que las dos terceras partes de la población mundial fuera de la Cortina de Hierro que acaba de adquirir conciencia política y económica puedan convertirse en una fuente independiente de agitación y cambio", dijo en 1961 ante el Senado de Estados Unidos Max Millikan, profesor del Instituto Tecnológico de Massachussetts. En consecuencia, también los criterios del Programa de Ayuda Militar (MAP), a través del cual se proporcionaba armas, adiestramiento y subvenciones a las fuerzas armadas latinoamericanas para hacer frente a un ataque externo, debían ser modificados.

Era necesario, por tanto, para la administración Kennedy buscar una alternativa de estrategia contrainsurgente que incluyera acciones militares, paramilitares, políticas, económicas, psicológicas y cívicas para vencer la subversión. De modo que, mientras el Pentágono desarrollaba nuevas estrategias para aumentar la capacidad de los ejércitos locales en su lucha contra las guerrillas, Kennedy y su equipo de asesores comprendieron que la estabilización de Latinoamérica y la neutralización de los movimientos subversivos dependían de su desarrollo económico y social. Estados Unidos no podía limitarse a restaurar su influencia sobre Cuba, sino a desactivar en el continente los factores de subdesarrollo. Consecuentemente era necesario promover un proceso de reformas de las estructuras sociopolíticas favorable al desarrollo económico e industrial; a la extensión del bienestar a amplias capas de la población, y a facilitar el encuadramiento y control de las masas populares. De este razonamiento, al que también contribuyeron las teorías expuestas por su asesor Walt W. Rostow en *Las etapas del desarrollo económico*, surgió la Alianza para el Progreso (AP). A través de la AP comenzó a realizarse una importante transferencia de fondos al continente para promover la seguridad y el desarrollo sostenido de los países latinoamericanos y con ello a concretarse un espectacular giro de la política exterior norteamericana respecto a Latinoamérica.

Pero el propósito de la AP no era eliminar las causas de la subversión, sino atenuarlas para proteger los intereses económicos y geoestratégicos estadounidenses. De aquí la relevancia que en ella tenía la vigencia de la ley y el orden y el papel que se atribuyó a las fuerzas armadas tanto en los programas de "acción cívica" como en la estrategia represiva. Inicialmente, Washington consideró más viable el cumplimiento de sus objetivos apoyando regímenes democráticos que autoritarios. Pero, aunque ya se habían producido algunas excepciones, como el apoyo dado en 1962 al golpe militar que en Perú dejó sin efecto el resultado electoral, tras el asesinato de Kennedy, al año siguiente, la política exterior estadounidense dio un brusco giro en este aspecto. La administración Johnson, al enfatizar la seguridad como objetivo inmediato, relegó el desarrollo económico y la democracia representativa a metas secundarias. El golpe militar que en 1964, con claro apoyo estadounidense, derrocó al presidente brasileño João Goulart consagró la nueva política intervencionista de Washington. Al año siguiente, el alzamiento de militares constitucionalistas dominicanos contra quienes habían derrocado al presidente Juan Bosch en 1963, movió a Estados Unidos a entrar en el conflicto, aunque lo hizo valiéndose de una "fuerza panamericana" comandada por un general brasileño bajo bandera de la OEA.

El cambio más notable que se verificaba en el nuevo intervencionismo estadounidense radicaba en que ya no necesitaba contar exclusivamente con los marines para asegurar sus intereses en Latinoamérica. La hostilidad hacia el comunismo de los sectores conservadores latinoamericanos, a los que las fuerzas armadas estaban tradicionalmente vinculados, surgieron como poderosos aliados locales capaces de encargarse de la vigilancia y seguridad de los intereses geoestratégicos de Estados Unidos.

Si desde su creación el programa de la Alianza para el Progreso había derivado ingentes partidas de dinero a los ejércitos latinoamericanos para su modernización, tales partidas se incrementaron notablemente a partir de 1964. Al mismo tiempo, los programas de "acción cívica" que tendían a lograr una mayor identificación de las fuerzas armadas con la población, se convirtieron en programas de adiestramiento para combatir la subversión comunista y la "neutralización" de elementos sospechosos de serlo.

La doctrina de seguridad nacional instrumentada desde Washington dio a los ejércitos latinoamericanos un papel protagónico que legitimaba su pretorianismo, pero sobre todo les dio un sentido real de utilidad. Estos ejércitos, que en el pasado habían intervenido decisivamente en la organización de sus países, se sentían en gran medida frustrados. Preparados para hipotéticas guerras convencionales con sus vecinos, con quienes su ansiedad de guerra creaba efímeras crisis, encontraron en las premisas de la seguridad nacional una "alta misión" que cumplir. Merced a ésta volvían al primer plano de la política doméstica y, sobre todo, entraban al plano internacional y en el contexto de la guerra fría como piezas fundamentales de la lucha contra el comunismo. El concepto de guerra interna que entonces se impuso y que definió un enemigo escurridizo, perceptible por sus ideas no fascistas o por sus reivindicaciones, justificaba moralmente en los militares el uso de recursos excepcionales para su represión y eliminación, incluidos el asesinato, la tortura y el terror. Todo les era válido para preservar los valores de la civilización occidental y cristiana amenazados por las "ideologías exóticas". Y para neutralizar los escrúpulos que algunos podían llegar a manifestar, allí estuvo la Iglesia católica continental, metodológicamente más próxima a la doctrina de seguridad nacional que al ideario del concilio Vaticano II. La mayoría de las curias nacionales no dudó, llegada la ocasión, en dar el espaldarazo eclesiástico a los nuevos cruzados y concederles el escudo moral para la comisión de actividades antisubversivas.

Es altamente significativo que, en agosto de 1964, el general Juan Carlos Onganía, comandante en jefe del Ejército argentino, eligiera la elitista academia estadounidense de West Point como tribuna para su discurso programático. Alden Partridge, antiguo director de esta academia, según la cita de Klare y Stein en *Armas y poder en América Latina,* afirmó que "no hay en todo el planeta una institución más monárquica, corrupta y corruptora que ésta, cuya misma organización es una violación palpable de la Constitución y de las leyes del país y cuya tendencia directa es la de introducir y construir un orden privilegiado de la peor clase –una aristocracia militar– en Estados Unidos...". Puede añadirse que, una vez que aceptó alumnos extranjeros para combatir los movimientos izquierdistas o nacionalistas, extendió ese objetivo a otros países del Tercer Mundo bajo el lema de "Deber, Honor y Patria".

West Point ejerció una fuerte influencia sobre las instituciones militares latinoamericanas, cuyos alumnos enviados crearon dentro de la academia sus propias "sociedades", para cultivar la camaradería y los "ideales, valores y dedicación al deber" y, a través de ellos, mantener los lazos entre los graduados, los "líderes del futuro", como los llamó McNamara, secretario de Defensa estadounidense.

La formación de esta "aristocracia militar" latinoamericana implicaba inculcar conductas de rechazo al comunismo, pero sobre todo elementos para favorecer actitudes políticas pronorteamericanas. Estados Unidos dispuso para esta formación de numerosos centros, entre los cuales figuran la Escuela Militar de las Américas, verdadera escuela de torturadores localizada primero en la Zona del Canal de Panamá y, entre 1984 y 2000, año en que fue cerrada, en Fort Benning; Escuela del Ejército Norteamericano de Infantería y Rangers, en Fort Benning, Georgia, dedicada a la formación de *rangers* o cuerpos especiales creados para la lucha contrainsurgente; Escuela de Asuntos Civiles y Gobierno Militar, en Fort Gordon, Georgia, en la que se adiestra para la acción cívica militar en condiciones de insurgencia, operaciones sicológicas y administración gubernamental; Escuela de Ayuda Militar, en Fort Bragg, Carolina del Norte, especializada en guerra psicológica; Colegio de Comando y Estado Mayor, en Fort Leavenworth, Kansas, para instrucción de oficiales de alto rango, cuyo entrenamiento se prolonga en los "clubs Leavenworth", asociaciones en las que, como en las West Point, los graduados renuevan y estrechan sus lazos de camaradería periódicamente, y el Colegio Interamericano de Defensa, en Fort Lesley McNair, Washington DC, fundado en 1962 para instrucción de oficiales latinoamericanos de alto rango.

Con esta poderosa infraestructura educativa Estados Unidos transformó profundamente el cuerpo y la mentalidad de las fuerzas armadas latinoamericanas asegurándolas como apéndices locales de su formidable aparato político-militar. De aquí que la profesionalización de la institución militar en Latinoamérica supusiera al mismo tiempo el reforzamiento de la identidad corporativa y una suerte del blindaje frente al miedo que les producía la posible extensión de la Revolución Cubana. En adelante, las fuerzas armadas ya no actuaron en la vida política siguiendo la estela de algún caudillo propio, sino como entidad corporativa que, como tal, dispone quién y cuándo tiene la titularidad de la gestión política. El discurso pronunciado por el general Onganía, en la V Conferencia de Ejércitos Americanos reunida en West Point, fue emblemático en este sentido.

La misión pretoriana del Ejército argentino en adelante, y por extensión de los demás ejércitos continentales a tenor del escenario donde se exponía, era la de prevenir y eliminar la subversión comunista en tanto que "brazo armado de la Constitución". Al vincular la seguridad nacional al progreso económico y a la eficacia de la gestión gubernamental, Onganía consagró insidiosamente a las Fuerzas Armadas como institución legitimada para actuar no sólo por encima del poder civil sino al margen de la política y de la voluntad popular.

El golpe de Estado del 28 de junio de 1966 inauguró en Argentina la era del profesionalismo armado y marcó el comienzo de una sórdida guerra contra la población. "La guerra se desarrolla ya dentro de nuestras fronteras", se afirmaba en el prólogo de *Guerra revolucionaria comunista*, publicado en 1962 por el general Osiris Villegas. En dicho prólogo, según la cita de César Tcach en su artículo de la revista *Umbrales*, se consideraba además al sistema democrático como una forma de "coexistencia pacífica inadmisible y suicida con el enemigo declarado de la nacionalidad. (…) Esta ideología antinacional, cuando cuenta con la inoperancia y pasividad de las autoridades, va infiltrándose gradualmente en todas las estructuras del poder nacional. Por vía de este proceso, ejecutado sutilmente en el ámbito del Estado y partidos políticos, organizaciones económicas y financieras, entidades gremiales, institutos de enseñanza, etc., puede ser que la mayor parte de este poder esté en manos del enemigo".

La conexión sindical

La Revolución Cubana y las simpatías que despertó en el subcontinente latinoamericano indujeron a Estados Unidos a movilizar una amplia gama de recursos para asegurarse su hegemonía en él. Esta necesidad de aumentar de un modo decisivo su gravitación en Latinoamérica propició, como ya se ha dicho, la creación de la AP. Dada la naturaleza de los objetivos de este programa, su organización se concibió para una mayor y más eficaz operatividad, a través de acuerdos interestatales que implicaban a gobiernos y sus principales ramas administrativas y también a organizaciones no gubernamentales con fuerte inserción en los diversos sectores sociales. En este marco cabe situar la conexión de la burocracia sindical argentina con las corporaciones sindicales estadounidenses.

Tras el derrocamiento de Perón, las primeras incursiones de sindicalistas estadounidenses en Argentina se verificaron en 1956. Ese año, los nuevos dirigentes sindicales argentinos que habían ocupado los puestos dejados vacantes por la espantada de los burócratas peronistas, intentaron forzar un espacio de negociación convocando una huelga general. El gobierno militar presidido por el general Aramburu reaccionó con contundencia e intervino la CGT. Sin embargo, el gobierno de Estados Unidos preocupado por la posible radicalización de la clase obrera argentina, envió a Buenos Aires a cuatro altos dirigentes de la AFL-CIO, la central obrera estadounidense. Inmediatamente se entrevistaron con el general Aramburu, George Meany, quien poco después presidiría la AFL-CIO; Serafino Romualdi, comisionado por el gobierno estadounidense para organizar en América Latina organizaciones sindicales pronorteamericanas y para neutralizar las opositoras; Robert Alexander, encargado de contactar y asesorar grupos sindicales pronorteamericanos, y David Dubinsky, presidente del sindicato del Vestido. Fruto de estos primeros contactos fue el intento gubernamental de normalizar la CGT en agosto de 1957, que si bien fracasó en su propósito inicial, logró dividir el movimiento sindical en los 32 Gremios Democráticos, que agrupaban a radicales, socialistas, anarquistas y antiperonistas, y las 62 Organizaciones, que reunían a la nueva camada de dirigentes sindicales peronistas y también a comunistas y grupos de obreros combativos. Esta escisión acabó favoreciendo la consolidación de la oligarquía sindical neoperonista y, consecuentemente, a los intereses estadounidenses.

Dos años más tarde, se produjo el triunfo de la Revolución Cubana y su influjo fue un nuevo factor de preocupación para Washington. Pero esta vez fue el gobierno argentino el que buscó ayuda en Estados Unidos para contrarrestar la campaña de paros y huelgas puesta en marcha por las organizaciones sindicales. El presidente Arturo Frondizi viajó a Miami y aquí se reunió con George Meany, ya presidente de la AFL-CIO, y con Serafino Romualdi. Este último fue el encargado de elaborar un plan de acción para desactivar los conflictos obreros, especialmente el de los ferroviarios, y debilitar la ascendencia de los dirigentes peronistas. El plan Romualdi recomendaba fortalecer a los 32 Gremios y entregarles la conducción del movimiento obrero para tener un mayor control de él. Pero los 32 Gremios no respondieron a los objetivos y acabaron disolviéndose debido a rencillas internas y a su escasa inserción entre los trabajadores. Esto benefició a las 62 Organizaciones y, como no tardó en comprobarse, también a los propósitos estadounidenses.

En 1960, debido al rumbo que tomaban los acontecimientos e incómodo por haber recurrido al Ejército bajo el paraguas del plan CONINTES, Frondizi se vio obligado a intervenir la CGT, cuya comisión provisoria quedó integrada por Augusto Vandor, José Alonso, Rogelio Coria y Armando March. Todos ellos de extracción peronista y pilares de la nueva oligarquía sindical, bajo cuya dirección el movimiento obrero argentino fue embretado[1] ideológicamente y utilizado como fuerza de gestión del malestar.

---

[1] Embretar: de brete. Encerrado, acorralado. Véase Diccionario de hispanoamericanismos, Cátedra. Voz rural que alude al ganado que se mete en el brete para conducirlo al corral o a un camión. En este caso, el movimiento obrero fue colocado en el brete ideológico del peronismo para facilitar su conducción o manipulación (N. del E.).

Los contactos entre la cúpula sindical argentina y sus pares estadounidenses no tardaron en producirse para beneficio del aparato burocrático, el cual potenció las prácticas mafiosas para imponer su hegemonía. No obstante, en esos momentos, ciertos sectores combativos de las bases presionaron a sus dirigentes para que adoptaran posiciones más radicales frente a la patronal y a la penetración del imperialismo norteamericano. Como consecuencia de esta presión, en 1962, las 62 Organizaciones elaboraron el Programa de Huerta Grande, que incluía reivindicaciones radicales, como la nacionalización de los bancos extranjeros, los frigoríficos, el hierro y el petróleo, el control de la exportación de carnes y la expropiación de los latifundios. La burocracia sindical se encontró entonces en una situación extremadamente comprometida y a punto de ser desbordada por grupos combativos que presionaban desde abajo. La reacción se produjo a principios de 1963, cuando la CGT y las 62 Organizaciones aprobaron el Plan de lucha, cuya aplicación posterior para desgastar el gobierno de Arturo Illia movilizó a casi cuatro millones de trabajadores.

Tanto el contenido del Programa de Huerta Grande como la estrategia del Plan de lucha causaron gran alarma en Washington, donde se temió que la radicalización de la clase obrera argentina pudiera convertir al país en una segunda y más peligrosa Cuba. Casi de inmediato Serafino Romualdi viajó nuevamente a Buenos Aires. Esta vez lo hizo como Director ejecutivo del Instituto Americano para el Libre Desarrollo Laboral (AIFLD), organismo creado por la administración Kennedy para canalizar la ayuda económica a individuos y grupos sindicales pronorteamericanos e impedir que los movimientos obreros latinoamericanos siguieran un rumbo revolucionario.

Financiado por el gobierno y entidades privadas, entre ellas First National City Bank, Mobil Oil Co., United Fruit & Co., Kennecott Copper Co., etc., el AIFLD contaba con una escuela especial para la formación y adiestramiento de sindicalistas latinoamericanos. Asimismo, dado su objetivo de penetración ideológica, poco después el AIFLD quedó vinculado a la Oficina Internacional de Desarrollo (OID), y, a través de ésta, a la central de espionaje estadounidense, la Central Intelligence Agency (CIA). Con la tapadera de encauzar fondos para el desarrollo, la OID tenía la función de adiestrar, con la colaboración de instructores de la CIA, policías extranjeros en el diseño, fabricación y utilización de bombas y artefactos explosivos caseros. Alumnos de esta escuela fueron, juntamente con elementos de los servicios de inteligencia civil y militar, el embrión de los "escuadrones de la muerte" que sembraron el terror colocando bombas y secuestrando, torturando y asesinando desde delincuentes comunes hasta estudiantes, políticos, intelectuales, artistas, profesionales y obreros, con el propósito de intimidar a la población y desalentar la disidencia al régimen establecido.

En la sede de la CGT, Seferino Romualdi expuso a su Secretario general, José Alonso, la preocupación estadounidense por los contenidos y objetivos "revolucionarios" del Programa de Huerta Grande y del Plan de lucha. Poco después de este encuentro, con el beneplácito de Augusto Vandor, el programa quedó olvidado y el Plan ajustó las movilizaciones a reivindicaciones salariales y al objetivo concreto de desgastar al gobierno de Illia. Los acuerdos Romualdi-Alonso concretaron al mismo tiempo la provisión de fondos para obras sociales y la instrucción de dirigentes sindicales en la escuela de la OID. Merced a esta asistencia económica, la CGT construyó en una primera fase poco más de mil quinientas viviendas que, debido a los precios inaccesibles para los sueldos de los trabajadores argentinos, acabaron ocupando los miembros de la cúpula sindical. Por otro lado, decenas de sindicalistas fueron enviados a Estados Unidos en 1966, cuando Augusto Vandor disputaba el liderazgo político a Perón habiendo provocado la escisión de la CGT y proyectaba una alianza con las Fuerzas Armadas para construir la Patria Metalúrgica, doce de sus principales dirigentes habían sido instruidos por la AIFLD.

EL REYEZUELO IMPERTINENTE

El 28 de junio de 1966, el general Juan Carlos Onganía fue investido presidente de la República Argentina por la Junta militar que había derrocado al presidente constitucional, Arturo Illia. Rodeaban al general, además de los altos mandos de las tres armas, prelados de la cúpula eclesiástica, grandes empresarios y terratenientes y miembros destacados de la burocracia sindical. Esta vez, de acuerdo con la estrategia profesional aprendida en las escuelas militares de Estados Unidos, las Fuerzas Armadas argentinas no asumían el poder para normalizar una situación de caos creada por la partidocracia, como despectivamente llamaban al orden civil, o para aplacar las tensiones sociales y luego volver a los cuarteles. Ahora lo hacían corporativamente con un programa político y económico genuinamente militar destinado a crear un nuevo Estado que situara de una vez el país en un lugar destacado del sistema capitalista mundial.

La tesis de guerra interior y la doctrina de seguridad nacional sobre las que se fundó la militarización de la sociedad argentina sirvieron a las Fuerzas Armadas para legitimar su intervención corporativa en la vida política del país; borrar el peronismo y con él todo vestigio de actividad política; reprimir la clases trabajadoras y populares en beneficio de los intereses económicos de las grandes corporaciones, e intervenir en la guerra fría como aliadas de los Estados Unidos. Por estas razones corporativas, el general Onganía asumió el cargo con el sentimiento de ser el fundador de una nueva era para la nación. Acaso envalentonado por haber sido distinguido entre sus pares en West Point, el general Onganía, con la errónea convicción de que su poder emanaba de un mandato divino y no de las Fuerzas Armadas, comenzó a actuar como un reyezuelo impertinente que llevó al país a una situación altamente explosiva.

Con el fin de acentuar el carácter profesional de las Fuerzas Armadas y al mismo tiempo preservarlas de las contingencias de la vida política, el Estatuto de la Revolución Argentina anexado a la Constitución las eximió de intervenir en las tareas gubernamentales. De este modo, Onganía dispuso de plenos poderes para desmantelar la partidocracia y hacer realidad la Revolución Argentina. Teniendo como modelos el régimen militar brasileño y la figura del dictador español Francisco Franco, el general Onganía se impuso crear un sistema de gobierno autocrático y autosuficiente para restaurar el orden y la moral en una sociedad argentina víctima de la modernización de las costumbres y de la infiltración de ideas ajenas al pensamiento occidental y cristiano.

Con el beneplácito inicial de una sociedad que esperaba un régimen fuerte que gestionase con eficacia los recursos económicos y pusiese en su sitio a sus responsables –trabajadores y empresarios–, Onganía tomó las primeras medidas represivas. Con el apoyo de las fuerzas políticas, salvo los partidos radical, comunista y socialista; grupos de extrema derecha; las cúpulas empresarial y sindical; la Iglesia e incluso del general Perón, quien aconsejó a sus seguidores "desensillar hasta que aclare", Onganía lanzó su primer ataque contra las universidades, a las que intervino para acabar con el principal nido de comunistas y de ideas subversivas.

El 29 de julio de 1966, en la llamada "noche de los bastones largos", la policía tomó la Facultad de Ciencias Exactas de la Universidad de Buenos Aires y apaleó a estudiantes y profesores. La elección de este centro no fue casual. Era el más prestigioso centro de estudios científicos del país valorado internacionalmente. De este modo la dictadura avisó de su firme disposición a regenerar una sociedad y limpiarla de elementos extraños. La "noche de los bastones largos" fue el prolegómeno de una purga de izquierdistas o sospechosos de serlo, que dio entrada y preponderancia en la Universidad a elementos nacionalistas, clericales y tradicionalistas. El brazo purificador del onganiato se volvió inmediatamente después contra artistas e intelectuales de vanguardia acusados de ser agentes de corrupción moral. En pertinencia con este análisis, la censura se extendió al terreno de los hábitos y costumbres, persiguiendo a las mujeres que usaban minifalda y a los varones que llevaban barba o pelo largo y condenando el divorcio, la pornografía, la homosexualidad y el amor libre como amenazas flagrantes para la familia. Aunque el régimen no les pedía su consenso, amplios sectores de la sociedad mostraron su coincidencia con la campaña moralizadora.

Antes de que el ministro Salimei, un rico empresario ultracatólico, definiese un plan económico, Onganía abrió un nuevo frente al ordenar el despido masivo de empleados públicos y de empresas estatales; cancelar los subsidios a los ingenios azucareros de Tucumán, lo cual provocó una ola de despidos, y reprimir la huelga de portuarios, cuyo dirigente sindical, Eustaquio Tolosa, fue encarcelado. Asimismo, para mostrar su prescindencia de la burocracia sindical, sancionó la ley de Arbritraje Obligatorio, que dejó en manos del gobierno la autorización de las huelgas y la resolución de los conflictos laborales. La burocracia sindical, despojada del mecanismo para movilizar las masas y crear espacios de negociación, se encontró brutalmente excluida por el régimen que había apoyado.

Pero pasados seis meses, el onganiato sólo tenía en su haber declaraciones grandilocuentes de objetivos. La situación económica había empeorado, los estudiantes y obreros eran reprimidos violentamente y la burocracia sindical y las grandes empresas nacionales y extranjeras mostraban serias inquietudes. "Onganía se inspiraba en Franco para ejercer una autoridad personal, pero a la vez, adoptaba determinaciones prescindiendo virtualmente de la opinión del Ejército, como si fuera el gobernante constitucional de una República parlamentaria...", escribió en *Mi testimonio,* el general Alejandro Agustín Lanusse.

El general Onganía trataba de conformar a su modo una suerte de monarquía, pomposa y autosuficiente, creyendo que con ello podría reproducir en la sociedad argentina el efecto de poder omnímodo como los antiguos soberanos ante sus pueblos. Pero el Ejército, verdadero detentador del poder, tomó las medidas correctoras necesarias dentro de su profesionalidad y, en diciembre de 1966, designó comandante en jefe al general Julio Alsogaray, partidario de los grupos liberales y vinculado a través de su hermano Álvaro con las grandes empresas. Ese mismo mes la CGT anunció un Plan de Acción que debía culminar en marzo siguiente con una huelga general y Onganía se vio obligado a sustituir a su ministro de Economía por Adalbert Krieger Vasena, hombre vinculado a grandes consorcios multinacionales y a organismos mundiales, entre ellos el Banco Mundial.

Desnacionalización de la economía

Una vez reajustado su gabinete de gobierno y oída la llamada al orden de las Fuerzas Armadas, el general Onganía anunció con gran pompa que la Revolución Argentina era un proceso dividido en tres etapas sucesivas. La primera, económica y destinada a conseguir la estabilidad y la modernización de las estructuras productivas; la segunda, social y orientada a redistribuir los frutos de la etapa anterior para lograr la "paz social", y la tercera, consecuencia de las dos anteriores, política, en la que se realizaría la transferencia del poder a las organizaciones sociales que realmente articulaban el Estado y sustentaban la "democracia verdadera". Aunque Onganía no había fijado plazo para su gobierno, se calculaba que este proceso llevaría entre diez y veinte años. La previsión de un periodo de realizaciones a largo plazo, dio al nuevo ministro la posibilidad de desarrollar su estrategia económica, la cual tuvo el camino expedito una vez eliminada toda oposición política y sindical.

La gestión del ministro de Economía Krieger Vasena incidió negativamente en el poder adquisitivo de los asalariados y, al mismo tiempo que alentaba la concentración industrial en Buenos Aires, favoreció la transferencia de empresas industriales nacionales al capital extranjero. Coincidiendo con el fin del ciclo recesivo y la neutralización de la oposición sindical, Krieger Vasena logró con sus primeras medidas la estabilización monetaria, que constituía el escalón básico para encarar la racionalización de las estructuras productivas y del funcionamiento de las empresas. Para la consecución de este objetivo y promover las inversiones a largo plazo que interesaban al capital extranjero, el ministro de Onganía recurrió a los despidos masivos, el congelamiento de los salarios, el control de los precios, el aumento de impuestos, el uso de los beneficios del campo para subsidiar la industria y el recurso al crédito externo. Asimismo, eliminó los subsidios a las pequeñas y medianas industrias y derivó los créditos hacia las grandes corporaciones extranjeras, muchas de las cuales fueron encargadas de grandes obras públicas, como la gigantesca presa hidroeléctrica de Chocón-Cerros Colorados, en Neuquén. Con esta política abierta al capital extranjero, las compañías multinacionales fueron tomando posiciones y absorbiendo a las empresas de capital nacional en todos los sectores estratégicos. Basta decir que, entre 1967 y 1969, casi una veintena de instituciones financieras argentinas pasó a ser controlada por bancos extranjeros.

El punto de conflicto de la política económica de Krieger Vasena con el capital extranjero surgió en relación con el plan industrializador del país. A cambio de grandes concesiones y prebendas a las compañías extranjeras, el ministro pretendía un caudal de inversiones que le permitiesen impulsar un fuerte proceso industrial y tecnológico mediante el cual Argentina lograse una gran autonomía económica y se colocara como potencia en el sistema capitalista internacional. Su buena disponibilidad para lograr un acuerdo con el capital foráneo lo ejemplifica cabalmente la Ley 17.319 de Hidrocarburos. De acuerdo con esta ley, el gobierno podía ceder a una compañía petrolífera extranjera hasta 7 millones de hectáreas para prospección y explotación durante un plazo de catorce años. A su vez, Argentina pagaría a estas compañías el petróleo que extrajeran al mismo precio que rigiese en esos momentos en el mercado internacional. De este modo, se repitió lo que ya había sucedido en tiempos de Frondizi. Argentina pagó a precio de oro su propio petróleo. La ley también otorgaba asimismo a las petroleras derechos sobre cualquier mineral que descubrieran en sus prospecciones –cosa difícil de que ocurriera pues perforaban sobre seguro utilizando los planos estratégicos de YPF–, las eximía de pagar nuevos impuestos y las autorizaba, en caso de conflicto con el Estado, a litigar ante tribunales formados por sus propios representantes.

Pero a pesar de todas las facilidades que recibía, el capital extranjero, mayoritariamente estadounidense, veía a Argentina como un posible rival si lograba una verdadera transformación y en el futuro llegaba a contar con una industria pesada y a disponer de tecnología propia y capacidad para exportarla. En consecuencia, Krieger Vasena no logró la cantidad de inversiones extranjeras necesarias para impulsar la industrialización que deseaba, pero sí las suficientes a corto plazo para que las compañías multinacionales conquistaran el mercado interior y formalizaran la alianza con la élite industrial y financiera argentina.

En 1969, la economía, cuya desnacionalización se había consumado, mostró síntomas de recuperación y Washington saludó el "plan Krieger Vasena", según recogió *La Razón* en su edición del 16 de febrero, como "una de las historias de mayor éxito económico de la posguerra". Sin embargo, el tipo de cambio había caído a niveles de 1967, los precios de los productos agrícolas habían empeorado a pesar de las reducciones impositivas para compensar los efectos inflacionarios, lo cual agravaba a los sectores rurales, ya castigados por el impuesto a la "renta potencial", y los salarios, congelados desde 1966, seguían perdiendo poder adquisitivo y ahogando a la población asalariada. Además, mientras los créditos del FMI y otras instituciones financieras mundiales habían elevado considerablemente la deuda externa argentina, los empresarios nacionales agrupados en la Confederación General Económica (CGE), protestaron por la desnacionalización de la economía, y varias provincias del interior, principalmente Tucumán, Chaco y Corrientes, lo hicieron por el grave perjuicio que les ocasionaba la supresión de los aranceles proteccionistas.

El creciente malestar social que causaban los factores económicos y la represión política no era aún visible, pero la presión que se había ido acumulando acabó por hacer saltar la espita de la marmita. En marzo, los estudiantes universitarios de Corrientes salieron a la calle y la represión policial se cobró una víctima. Poco después, en Córdoba, donde ya se respiraba un clima de agitación por la política corporativista de su gobernador Carlos Caballero, la reforma de la ley de descanso laboral y la derogación del "sábado inglés" fueron la chispa que provocó la explosión popular. A partir del 15 de mayo las protestas obreras y los enfrentamientos con la policía fueron agravándose hasta que los días 29 y 30, trabajadores y estudiantes apoyados por la población ocuparon las calles de la ciudad, donde chocaron con fuerzas policiales y militares. El *Cordobazo*, como se conoce esta insurrección popular, marcó el principio del fin del onganiato, pero no de la dictadura militar.

El general Onganía, cuestionado por sus excesos por algunos sectores militares y sociales próximos al poder, prescindió de Krieger Vasena, sobre quien hizo recaer la responsabilidad de la tensión social. Su sustituto, sin embargo, no pudo controlar los resortes económicos con la misma eficacia y perdió la confianza de los grandes grupos económicos. Comenzó entonces una fuga masiva de capitales y, aunque Onganía trató de contenerla anunciando el inicio de la segunda fase de la Revolución Argentina, se dispararon la inflación –la Ley 18.188/1970 redujo en dos dígitos las cifras monetarias–, y los precios, y el cambio fijo no pudo mantenerse.

La imposibilidad de controlar la situación económica aumentó la agitación social que fue reprimida militarmente. La mayor participación de las Fuerzas Armadas en la represión las indujo a solicitar un mayor papel en la gestión de gobierno, pero la negativa del general Onganía determinó su reemplazo en junio de 1970. El sustituto designado fue el general Roberto Levingston, quien debió viajar desde Estados Unidos, donde se hallaba como miembro del Consejo Interamericano de Defensa.

El paisaje urbano

Al llegar 1969, la sociedad argentina había pasado de recibir con satisfacción la llegada de un "gobierno fuerte" para imponer la ley y el orden y la regeneración moral de los sectores, que amenazaban los valores tradicionales a manifestar cada vez con mayor violencia su malestar. No puede decirse que la sociedad hubiese cambiado de un modo tan radical en unos pocos años, sino que entonces afloraron con virulencia las contradicciones de las clases medias y las reivindicaciones de una clase obrera hasta entonces controlada por la burocracia sindical. Es decir, que en la sociedad argentina subyacían tensiones que permanecieron aletargadas mientras se daba un cierto espacio de movilidad y expresión políticas, pero que estallaron cuando el poder clausuró este espacio.

Desde el primer gobierno de Perón, coincidente con el final de la Segunda Guerra Mundial, la sociedad argentina había entrado en un proceso de modernización que la aproximaba a las sociedades de los países desarrollados occidentales y la hacía partícipe del llamado estado de bienestar. A esa franja ocupada por las masas de clase media también se habían sumado importantes sectores de la clase obrera, especialmente en Buenos Aires, Córdoba y Rosario, merced a la política peronista. De hecho, el proceso industrializador impulsado por el peronismo aceleró la urbanización social a costa de la despoblación del campo y la concentración demográfica en el Gran Buenos Aires, a la que también afluyeron inmigrantes de Uruguay, Paraguay, Bolivia y Chile.

Durante unos años la industria, la construcción, los servicios y el pequeño comercio pudieron absorber los grandes contingentes migratorios que fluían a las grandes ciudades atraídos tanto por la posibilidad de un empleo como de las comodidades de la vida urbana. Pero al final de la época peronista ya se observó un desbordamiento de las ciudades industriales y que la ausencia de una política demográfica aumentaba los desequilibrios geoeconómicos del país. En el Gran Buenos Aires y en menor medida también en Córdoba y Rosario, la población marginal ocupó los suburbios levantando entre basurales las llamadas "villas miserias", cuyas antenas de televisión sobre los techos de sus casas de lata y cartón aparecían como una patética incongruencia. Estas "villas miserias", bolsas de pobreza y delincuencia, han sido campos preferenciales para el cultivo del clientelismo político y viveros de matones utilizados tanto por los caudillos peronistas y burócratas sindicales como por el aparato represivo militar.

La clase asalariada gozó de las ventajas de la evolución económica del país y, como afirma Luis A. Romero, al mismo tiempo acusó en diversos grados las políticas sociales regresivas de los gobiernos que siguieron al derrocamiento de Perón, con la excepción del gobierno radical de Umberto Illia. Los trabajadores —en su mayoría encuadrados en los sindicatos mayoritarios controlados por la burocracia sindical— tendieron a estratificarse en función de sus remuneraciones salariales, cuya escala estaba determinada por los niveles de cualificación o la pertenencia a empresas más o menos modernas o al pequeño y mediano comercio. Dentro de este cuadro, también cabe incluir a los trabajadores por cuenta propia, a los que la precariedad de los empleos, la desprotección sindical y estatal hacía muy vulnerables. Estos trabajadores, si bien carecían de los medios necesarios para hacer efectivas sus reivindicaciones, eran con frecuencia vehículos individuales de las tensiones sociales que afloraban en los periodos de recesión económica.

Las clases altas también se vieron afectadas por las transformaciones sociales iniciadas con el mayor protagonismo de las clases medias desde los tiempos de la Ley Roque Sáenz Peña y los primeros gobiernos radicales, y de las clases trabajadoras a partir del primer gobierno de Perón. Este proceso implicó que la vieja elite oligárquica terrateniente y ganadera se abriera a la burguesía empresarial e industrial, cuyo vínculo fue, en no pocos casos, el estamento militar, comprometido en la industrialización del país desde la década de los cuarenta. De este modo, las clases altas siguieron estrechamente ligadas al poder, pero perdieron a ojos de la ciudadanía gran parte de su antiguo prestigio social.

Entre las clases altas y las trabajadoras, las clases medias ampliaron notablemente su segmento social, el cual integraba desde los asalariados de distinto rango remunerativo hasta los profesionales autónomos. En particular estas clases, cuyos torpes gestos imitativos de las clases pudientes les valieron los apelativos herederos del *parvenu* —recién llegado—, como *rastacueros* [1], *mersas* [2], *mediopelo, caches* [3], *grasas, gronchos,* etc., experimentaron más profundamente los cambios de costumbres y hábitos acarreados por el estado de bienestar y la sociedad de consumo.

La mayor participación de la mujer en el mercado laboral, la institución del voto femenino, la difusión de la píldora anticonceptiva, con la consiguiente liberación de las relaciones sexuales, y la extensión del consumo cambiaron las formas del trato social y familiar. Aunque atenuados en las clases alta y trabajadora y rechazados por la Iglesia católica y los sectores más conservadores, estos cambios alcanzaron a todo el conjunto de la sociedad. El televisor y el automóvil se convirtieron en emblemas sociales de modernidad de las clases populares, para las cuales la vivienda propia, tanto por sus altos costes como por el largo plazo de concreción, pasó a ser más una posibilidad lejana cuando no una mera ilusión. La radio a transistores, el tocadiscos portátil, los electrodomésticos y la cultura del ocio generaron y acentuaron las tendencias consumistas de una sociedad que adoptó enseguida y de un modo superficial los cambios que todos estos factores traían consigo.

Asimismo el sustrato educativo y cultural contribuyó a que la producción cultural, artística e intelectual en general también fuese

---

[1] Rastacuero: vividor, advenedizo. Véase DRAE (N. del E.).

[2] Mersa: voz despectiva y coloquial. Dícese de la persona que tiene gustos y costumbres vulgares. Véase el DRAE (N. del E.).

[3] Caches, grasas, gronsos: personas con hábitos y costumbres vulgares. Véase DRAE (N. del E.).

consumida masivamente y que de algún modo sirviese como signo de distinción entre quienes se consideraban estar en la onda de los nuevos tiempos y ocupando lugares distinguidos en la sociedad. La revista *Primera Plana*, financiada por los profesionalistas del Ejército, y más tarde el semanario *Gente* actuaron como órganos intérpretes y difusores de la cultura identificada con la modernidad. Mafalda, personaje protagonista de la tira humorística de Quino, retrató con acidez no exenta de ternura a través de su familia y sus amigos la candidez y las limitaciones ideológicas de la clase media argentina.

Esta clase media, constituida por profesionales liberales y mayoritariamente por asalariados –funcionarios, ejecutivos y técnicos de grandes empresas principalmente–, siguió respetando la educación como principal vía de ascenso social. La enseñanza media fue en principio un escalón importante para acceder a los departamentos administrativos de las grandes empresas y al escalafón medio o alto del funcionariado público. Pero el incremento de las titulaciones secundarias y universitarias fue mayor que la evolución del empleo, lo cual determinó el aumento de las exigencias profesionales y la devaluación de muchos títulos de grado medio y terciario.

Desde el acceso de Frondizi la modernidad cultural se potenciaba a través de las vanguardias artísticas nucleadas, en la capital, en el famoso Instituto Di Tella y en grupos independientes o vinculados a la Universidad. Todas las expresiones artísticas e intelectuales manifestaban un extraordinario dinamismo conectado con los grandes centros culturales del mundo, que suscitaba en los argentinos, especialmente entre los porteños, la creencia de estar en el ojo del huracán de la cultura occidental y la pretensión de que Buenos Aires dirimía con París y Nueva York la capitalidad intelectual del mundo.

Tras las negativas experiencias de la Revolución Peronista y la Revolución Libertadora, el gobierno radical de Frondizi devolvió a la Universidad la autonomía conquistada por la Reforma de 1918. La restauración del rigor académico y de la confianza en el saber científico y tecnológico como vehículo de modernidad y progreso confirmó a la Universidad como reducto del pensamiento liberal democrático en el país. Las nuevas carreras técnicas y el espíritu de profesionalidad y eficacia articularon asimismo en ciertos sectores la fe en el mecanicismo de ciertas teorías en favor de las tendencias económicas y en detrimento del factor humano. No obstante, la Universidad también operó como un núcleo humanista crítico con el poder y centro de reacción de los gobiernos represivos y de los frentes más conservadores, como el de la Iglesia.

Mientras las ideas democráticas se diluían en la sociedad argentina, la Universidad se mantuvo como depositaria activa de las mismas. En respuesta a ello y, una vez desalojados los elementos tradicionalistas y nacionalistas de los claustros universitarios, la Iglesia católica negoció con el gobierno de Frondizi la institución de la enseñanza "libre". En la práctica, no obstante la oposición de los defensores de la enseñanza "laica", esto supuso entregar al clero y a los sectores más conservadores un importante factor de poder y formación ideológica. La medida resultó mucho más lesiva para la enseñanza pública dado que las universidades privadas quedaron categorizadas como las universidades estatales, lo que equivalió a la desviación de fondos públicos hacia aquéllas.

A pesar de todos estos obstáculos, el dinamismo de la Universidad pública generó un fuerte activismo cultural que se tradujo en el debate de ideas acerca de la identidad nacional y latinoamericana, el papel de la ciencia, la solidaridad con el Tercer Mundo y la Revolución Cubana, etc. Asimismo, la fundación de una potente editorial en la Universidad de Buenos Aires —EUDEBA—, que publicó una gran cantidad de libros a bajo precio contribuyó decisivamente a la extensión de la cultura en amplias capas de la sociedad.

Pero este progresismo universitario y su radicalización de tendencia izquierdista contrastaban con el talante acomodaticio y un cierto "apoliticismo" del resto de la sociedad que denotaban la calidad epidérmica de los cambios. Éstos aparecían así como causas de las fuerzas consumistas y la propaganda, pero no como fruto de una toma de conciencia pública sobre el progreso en base a un proyecto colectivo sustentado en la justicia y el bienestar común. La falta de un sentimiento de compromiso de la mayoría social con las instituciones de gobierno suponía en los hechos la subrogación del ejercicio de la política en favor de las élites de poder o de los caudillos, los cuales quedaban "autorizados" para actuar según sus intereses sectoriales e incluso personales y para desprestigiar y vaciar de contenido la idea de un Estado democrático. En ese contexto, la Universidad mantuvo, dentro de su territorio académico, la capacidad pensante y cuestionadora del sistema, que la retrataba como un foco de resistencia democrática. La bulla estudiantil –si bien muchos de sus protagonistas una vez titulados pasaban a engrosar el ejército de "analistas comprensivos"– era un grito de la razón contra las acciones predadoras de los gobiernos ilegítimos; un grito de rebeldía adolescente contra la autoridad omnipotente de los "padres de la patria". No fue caprichoso que una de las primeras medidas del gobierno de Onganía fuese suspender la autonomía universitaria y lo hiciese de un modo brutalmente ejemplar en la "noche de los bastones largos". También respondió a un plan de contraataque de la Iglesia la imposición a Frondizi de la "enseñanza libre", merced a la cual la Universidad Católica y la Universidad del Salvador empezaron la formación de los llamados "tecnócratas de sacristía", y la organización de los "retiros espirituales" y "cursillos de cristiandad" para militares, empresarios y sindicalistas, que se multiplicaron durante el onganiato.

Para los militares como para la Iglesia y los grupos más tradicionalistas, los claustros universitarios eran "nidos revolucionarios", donde se incubaban las ideas comunistas, se cuestionaban los valores tradicionales occidentales y cristianos, y se formaban los "infiltrados" que, bajo la bandera de la lucha contra el "imperialismo yanki", difundían en la sociedad los ideales de la Revolución Cubana, la libertad sexual y el "perverso" arte de vanguardia. En cierto modo, la población universitaria argentina participaba de las mismas inquietudes que agitaban la vida estudiantil de Francia, Alemania, Estados Unidos, Checoslovaquia y México y cuya primera gran eclosión se produjo en mayo de 1968 en París. Una reacción que, con las referencias de los ejemplos cubano y vietnamita, enarbolaban las banderas de la libertad y la imaginación contra el autoritarismo y la opresión.

La dictadura de Onganía oficializó el "estado de beligerancia" y sacó las tropas y todos los medios a su alcance para reprimir la infiltración comunista "sin transacciones ni treguas" en todos los sectores de la sociedad. Con los trabajadores inicialmente controlados por la burocracia sindical, su primer objetivo fueron los estudiantes universitarios. No en vano, los militares argentinos egresados en 1964 de la Escuela de las Américas habían sido despedidos, según recogió ese mismo año el diputado Juan Carlos Toral, como "soldados de un Ejército que es baluarte de la libertad y del orden, no sólo de su propio país sino también del mundo entero". Así, alentado por este espíritu de cruzada, el general Onganía lanzó una feroz represión que, tras la emblemática Noche de los Bastones Largos en la Universidad de Buenos Aires, se extendió a todos los centros de altos estudios del país, en los que se suprimieron los organismos estudiantiles y, tras una exhaustiva purga, se obligó a autoridades académicas y profesores a firmar el acta de la Revolución Argentina.

En Córdoba, la dureza de la represión se correspondió con la aguerrida resistencia estudiantil, en cuyo transcurso cayó el estudiante Santiago Pampillón. Como cuenta en *Umbrales*, Francisco Delich, antiguo rector de la Universidad de Córdoba, "los estudiantes fueron doblemente afectados. Por una parte se instaló entre 1966 y 1969 un clima opresivo dentro de los claustros. La reunión de autoritarismo y mediocridad suele ser letal para las universidades. La mediocridad no es poca cosa. El autoritarismo es peor. Pero la reunión de ambos es insoportable". En un clima semejante, el mínimo incidente podía encender la revuelta. Y así fue. Bastó que, en marzo de 1969, el rectorado de la Universidad de Corrientes arrendara los comedores universitarios a firmas privadas e impusiera una fuerte subida de las comidas, para que los estudiantes se rebelaran y salieran a la calle. El asesinato de un estudiante a manos de la policía propagó la protesta primero a Rosario y de allí a Córdoba. La alianza entre estudiantes, convencidos de que sólo la vía revolucionaria les daría una universidad libre, y obreros contagió a la población de esta ciudad "enferma de orden", según la recordó el general Lanusse, y la arrastró al *Cordobazo*, la insurrección que estalló el 29 de mayo y se propagó a Rosario, Cipolletti y otras ciudades del interior del país.

La marginación del Tercer Mundo alcanza la nariz de Dios

Desde los tiempos de la emancipación, la Iglesia católica argentina ha tenido siempre una directa participación en la vida institucional del país. Inicialmente, con Gorriti, Deán Funes, Santa María de Oro, etc. discutió desde posiciones ilustradas los fundamentos constitutivos del Estado y el papel de la Iglesia en él. Posteriormente, con el avance de las tendencias liberales de pensamiento, la jerarquía eclesiástica libró no pocas batallas contra la laicización del Estado. Una de las primeras fue durante el gobierno de Rivadavia, contra el cual movilizó a los caudillos federales al grito de "Religión o muerte". Los gobiernos oligárquico-liberales surgidos de la Constitución de 1853 consumaron la separación del Estado y la Iglesia, pero ésta siguió bregando por institucionalizar su poder en el aparato estatal o mantener su influencia en asuntos sensibles como la familia y la enseñanza pública. En este campo, no fue hasta 1943 cuando un decreto-ley del gobierno militar autorizó nuevamente la enseñanza religiosa en las escuelas. Una disposición que Perón, en virtud de su "alianza espiritual" con la Iglesia, convirtió en ley. Tal como antes con su apoyo a la dictadura de Rosas, en esta ocasión la Iglesia hizo lo propio con Perón, quien proclamó su reconocimiento a la doctrina social de la Iglesia. No obstante, cuando Perón siguió una línea divergente, la Iglesia se convirtió en uno de sus peores enemigos y una de las fuerzas que acabaron con su dictadura. Más tarde, presionó exitosamente al presidente Frondizi para que sancionara la "enseñanza libre" con patrocinio financiero del Estado. De modo que llegada la dictadura militar de Onganía, su intervención en la política puritana y represiva tuvo una gran relevancia desde sus plataformas de formación ideológica.

En 1958, tras la muerte del papa Pío XII, cuya política se había caracterizado por su condescendencia con los regímenes totalitarios y por el fuerte centralismo y verticalismo del Vaticano, fue elegido Juan XXIII. Para sorpresa de la nomenclatura vaticana, el anciano pontífice apenas sentado en el solio de Pedro proclamó su intención de "abrir las ventanas para que entre aire fresco en la Iglesia". La celebración del

Concilio Vaticano II, entre 1962 y 1965, abrió de par en par esas ventanas y podría decirse que el olor de la miseria y marginación del Tercer Mundo alcanzó la nariz de dios. Como consecuencia el partido eclesiástico se escindió en dos facciones. La de la Iglesia autoritaria y verticalista, apegada a las élites del poder, independientemente de su naturaleza, y de la de la Iglesia identificada con los desheredados, la llamada "Iglesia de los pobres".

En Argentina, tras la celebración del Concilio Vaticano II, la Iglesia católica argentina osciló entre hacer caso omiso o reducir a retórica las nuevas orientaciones evangélicas surgidas de él, conforme con su papel estabilizador de una sociedad civil dividida en clases sociales confrontadas y dominada por un sistema político-económico represor. Sin embargo, una parte importante del cuerpo eclesial empezó a tomar firmes posiciones discrepantes de las jerarquías, cuestionando su connivencia con los poderosos. Las tendencias reformistas conciliares calaron y se desarrollaron muy pronto en un amplio sector de la Iglesia argentina. En 1964, un grupo de sacerdotes docentes del Seminario Diocesano y de la Universidad Católica de Córdoba fue el primero en manifestar claramente su adhesión a las tesis surgidas del Concilio Vaticano II. En un manifiesto publicado en el anticlerical diario cordobés *Los Principios*, el grupo no sólo atacó a la Iglesia preconciliar argentina por su insensibilidad social y su alianza con las oligarquías y por la educación clasista y represiva que impartían sus casas de estudio, sino que proclamó su identificación con una sociedad socialista y democrática. La reacción de las jerarquías nacional y provincial no logró sofocar el movimiento reformador de los curas cordobeses, al que, hacia 1966, ya se llamaba Movimiento de Sacerdotes para el Tercer Mundo (MSTM).

Los obispos del Tercer Mundo, uno de cuyos principales exponentes era el brasileño Helder Camara, dieron en 1967 el siguiente paso cualitativo al proclamar su compromiso con los pobres y la necesidad de una reforma social. Al año siguiente, la Conferencia Episcopal Latinoamericana celebrada en Medellín, Colombia, avaló esta línea pastoral a partir de la cual se elaboró la llamada "teología de la liberación". Uno de los puntos más polémicos de esta doctrina fue su análisis de la violencia, de acuerdo con el cual la injusticia social era una forma de "violencia de arriba" que justificaba la "violencia de abajo". Esto pareció autorizar la radicalización del compromiso, que algunos curas tomaron al pie de la letra pasando a la acción armada, como ya lo había hecho el colombiano Camilo Torres, muerto en combate en 1966.

En Argentina, los religiosos del MSTM se desplegaron en misión por los barrios obreros y "villas miserias" de Buenos Aires, Córdoba, Rosario y otras ciudades industrializadas, formando comunidades católicas y fomentando prácticas solidarias y asamblearias abiertas, como formas de un ecumenismo vivo, realista y tolerante. La radicalización del discurso evangélico pronto traspasó los límites pastorales y entró en territorios de la política activa convirtiendo las manifestaciones y huelgas de hambre en acciones de protesta contra las injusticias sociales. Para estos religiosos el pueblo estaba representado por esos marginados, entre quienes también había calado profundamente el misticismo político del peronismo.

La acción doctrinal del MSTM, que defendía el "diálogo entre cristianos y marxistas", abrió una brecha en la Iglesia católica argentina, aunque menos profunda de lo que se supuso, al situar a la jerarquía en el bando de los poderosos. Su mensaje evangélico moderno y comprometido fascinó a centenares de jóvenes católicos que se identificaron con la suerte de los pobres y no desdeñaron aproximarse al peronismo o a la izquierda marxista. Asimismo, el MSTM contribuyó a que barrios obreros y marginales adquirieran una cierta conciencia política de su realidad social y objetivaran la dictadura militar de Onganía como instrumento represor del imperialismo capitalista. De aquí que resultara casi lógico que en Córdoba, "ciudad monacal y reaccionaria" como la calificaba Sarmiento, el estudiantado más radical en las jornadas del *Cordobazo* fuese el de la Universidad Católica.

SINDICATOS Y OBREROS, CARTAS Y PALOS

Las cartas marcadas que pretendió jugar la burocracia sindical apoyando el gobierno militar pronto se revelaron inútiles. El general Onganía mostró casi inmediatamente después de proclamar la Revolución Argentina su nula disposición a jugar partida alguna con los sindicatos.

En agosto de 1966 Onganía dictó la Ley de Arbitraje Obligatorio (LAO), que dejó en manos del gobierno el veto de las huelgas, y ese mismo mes intervino los ingenios azucareros de Tucumán, cuyos obreros fueron reprimidos violentamente. Otro tanto hizo poco después con los obreros portuarios de Buenos Aires encarcelando a sus cabecillas, entre ellos al sindicalista Eustaquio Tolosa, por tiempo indeterminado.

Estas primeras acciones contundentes del gobierno dejaron a los burócratas de la CGT totalmente sorprendidos y descolocados. Aun así, se apresuraron a preparar un Plan de acción, semejante al Plan de lucha que habían utilizado contra el presidente Illia, con la intención de ponerlo en práctica a partir de marzo de 1967. El solo anuncio de este plan motivó la drástica respuesta del gobierno militar. A través de su ministro de Economía, Krieger Vasena, reajustó los salarios y los congeló por dos años, intervino las cuentas bancarias de los principales sindicatos, anuló las convenciones colectivas de trabajo, con lo que dejó a los dirigentes sindicales también sin instrumento de negociación, y amenazó con disolver la CGT. Vandor y sus adláteres no supieron cómo responder al duro golpe gubernamental y el 6 de marzo cancelaron el Plan de acción.

Anulados por el gobierno, los burócratas sindicales optaron por retirarse a sus cuarteles de invierno y, como recomendaba Perón desde su exilio madrileño a sus seguidores, decidieron "desensillar hasta que aclare", frase proverbial gauchesca que significa "quitar la montura o silla al caballo y esperar hasta que pase la tormenta", y en gráfico argentino coloquial moderno, "quedarse en el molde". Y en el molde se dieron las peleas intestinas por la estrategia a seguir. Augusto Vandor, líder de la UOM, al quedarse sin espacio de acción política, encabezó el sector neutralista, el cual proponía mantenerse a la expectativa a fin de establecer en el futuro una alianza entre sindicatos y Fuerzas Armadas o una salida política pactada. Su viejo sueño de la Patria Metalúrgica. Por su parte, José Alonso, secretario general del Sindicato del Vestido, agrupó el sector participacionista que propiciaba fórmulas de colaboración con la dictadura.

Pero mientras la cúpula burocrática se debatía en estrategias de conveniencia, la tensión de las bases obreras fue asumida por sindicatos independientes, como el Movimiento de Unión y Coordinación Sindical (MUCS), fundado en tiempos de Frondizi por comunistas escindidos de las 62 Organizaciones, y grupos peronistas radicalizados y opuestos a la burocracia. Frente a ellos, los participacionistas adoptaron una posición decididamente hostil, mientras que los vandoristas oscilaron entre alentarlos y boicotearlos con el fin de recuperar su espacio propio de negociación.

En marzo de 1968, justo un año después de la vergonzosa desactivación del Plan de acción, los sindicatos combativos intervenidos por el gobierno militar convocaron un Congreso normalizador de la CGT. Augusto Vandor, Rogelio Coria y José Alonso, entre otros altos burócratas, no asistieron a fin de salvaguardar sus "prestigios" frente al gobierno militar. De este congreso surgió entonces la Confederación General del Trabajo de los Argentinos (CGTA), encabezada por el dirigente gráfico Raimundo Ongaro. La CGTA se proclamó antiburocrática y presentó un programa de lucha de inspiración socialista y talante democrático, en el que convocaba a obreros, estudiantes, profesionales y pequeños comerciantes para formar un frente antiimperialista. La capacidad de acción de esta rama no burocrática de la CGT era no obstante limitada por la carencia de aportes sindicales, cuya recaudación seguía controlada por la burocracia. Asimismo, la CGTA se vio condicionada y mermada en su accionar a causa de la fidelidad de sus dirigentes a Perón, quien no dudó en alentar epistolarmente su posición combativa tras su constitución y, poco después, en recomendar su integración en las 62 Organizaciones. Finalmente, la represión militar y las maniobras de Perón y Vandor acabaron debilitándola y reduciéndole su campo de influencia.

Fue en la ciudad de Córdoba donde se dio un nuevo y vigoroso movimiento sindical que abanderó la oposición obrera contra la dictadura. Desde 1956 se había desarrollado en esta ciudad una importante industria automotriz y con ella la formación de sindicatos independientes y combativos, como SMATA, que agrupaba a los mecánicos, UTA, a los conductores y transportistas, Luz y Fuerza, y SITRAC-SITRAM, sindicatos de las fábricas Concorde y Materfer, del grupo

FIAT. El quebrantamiento inicial del aparato sindical nacional y la política de las grandes empresas orientada a descentralizar la negociación de las convenciones favorecieron en las organizaciones sindicales provinciales una base de poder autónomo, que se sustentó en fórmulas y estructuras participativas y democráticas y en una gran capacidad de movilización. La democracia de base y la legitimidad representativa de los dirigentes, reforzadas por un fuerte sentimiento antiporteño, fueron las principales armas de defensa de la autonomía sindical cordobesa frente a la burocracia sindical de Buenos Aires.

La autonomía, la combatividad, la concienciación política y la organización de sus sindicatos fueron los principales elementos distintivos del movimiento obrero cordobés. En primer lugar, los afiliados a estos sindicatos eran en su mayoría obreros cualificados y, en palabras de Krieger Vasena, "los mejor pagados del país". Entre ellos había, además, no pocos estudiantes que trabajaban en los turnos de noche y obreros que estudiaban en escuelas nocturnas, lo cual producía un trasvase de ideas e inquietudes entre dos grupos de distintos intereses, preocupaciones y, tradicionalmente, de diferente extracción social, que ampliaba el horizonte reivindicativo. En segundo lugar, el haberse desarrollado tras el derrocamiento de Perón y fuera de la regimentación orgánica y verticalista de la CGT, los sindicatos, aún los de afinidad peronista como SMATA, se articularon sobre mecanismos más abiertos, participativos y democráticos y dotaron a su acción de un contenido político que trascendía las premisas partidarias. Como afirma Lucio Garzón Maceda, ex abogado asesor de SMATA, en una entrevista realizada por Guillermo Posada en la revista *Umbrales,* "la mayor fuerza de la organización no residía en la figura de su secretario general sino en los cuerpos de delegados de los tres turnos. SMATA (…) se caracterizaba por la masividad de su convocatoria entre los obreros de planta. Ello no era el resultado de un caudillismo sino de una dinámica social muy importante. Había una cohesión, un sentido de unidad y una conciencia de la propia fuerza muy grande…". La condición de obreros bien pagados, politizados y conscientes "de su propia fuerza" fueron factores determinantes para superar el marco reivindicativo salarial, propio de los sindicatos tradicionales, y trascender a otros objetivos, como las condiciones de trabajo, definición de categorías, sistemas de incentivo, etc. Esta tendencia reivindicativa soportada en actitudes políticas e impulsada por éstas radicalizó el movimiento proyectándolo sobre la población en su conjunto. Incluso sindicatos originalmente amarillos, como SITRAC-SITRAM, pasaron a autodefinirse, en este caso a partir de 1970, como sindicatos clasistas y, conducidos por dirigentes comunistas, a definir un programa de lucha antiimperialista, antioligárquica y antiburocrática y a exigir la expropiación de los monopolios, romper con el FMI y repudiar la deuda externa.

Con su combatividad y su discurso social, estos sindicatos fueron capaces de conectar con el estudiantado y grandes sectores de la población cordobesa y convertirse en esa poderosa fuerza que estalló en el *Cordobazo*. Los burócratas sindicales poco pudieron hacer para evitar o contener el "paro activo". Vandor tuvo suerte de hallar sitio en el poderoso SMATA, pero el colaboracionista Alonso debió conformarse con encontrarlo entre los empleados de comercio, cuyos dirigentes eran tan cortos de miras como timoratos.

EL *CORDOBAZO*

El carácter autárquico y autosuficiente que imprimió el general Onganía a su gobierno le permitió inicialmente neutralizar las fuerzas sociales que podían obstaculizar el programa de la Revolución Argentina. Su pretensión de adhesión y pleitesía sin condiciones estableció una distancia cada vez mayor tanto con la sociedad civil, sobre la que recaía su política moralizante y represiva, como con sus propios adeptos y sus patrocinadores, las Fuerzas Armadas.

En tanto que profesionalizadas, "las Fuerzas Armadas ni gobiernan ni cogobiernan", decía para justificar su negativa a escuchar a los altos mandos preocupados por la enorme presión ideológica y social que el régimen ejercía sobre la población y el creciente malestar que empezaba a percibirse. En agosto de 1968, Onganía, valiéndose de su "concepción absolutista y personal de la autoridad", en palabras del general Julio Alsogaray, sustituyó a éste por el general Alejandro

Agustín Lanusse. Este gesto de soberbia irritó aún más a las Fuerzas Armadas, que poco a poco fueron dándole la espalda y perfilando la idea de una salida política encabezada por el general Pedro Eugenio Aramburu. Los burócratas sindicales y Jorge Daniel Paladino, delegado de Perón, vieron con buenos ojos esta posibilidad. Pero fue en ese momento en que estalló el *Cordobazo* y la *pax* del onganiato quedó en entredicho.

"Como el organismo que enferma de remedios, Córdoba estaba enferma de orden", escribió el general Lanusse en *Mi testimonio,* su autobiografía. El clima represivo, el descarado centralismo porteño y la sensación de ahogo fueron "los remedios" que enfermaron la ciudad. Las espoletas que finalmente causaron el estallido fueron las decisiones del interventor Carlos Caballero, fascista confeso, de crear un Consejo económico social, organismo corporativo que, como en la Alemania nazi y la Italia fascista, debía sustituir en su función representativa a los partidos políticos y otras asociaciones de carácter democrático, y del gobierno de Onganía de nombrar como rector a Rogelio Nores Martínez, antiguo interventor federal de la provincia tras el golpe que derrocó a Frondizi, y de suprimir el festivo sabatino, el tradicional "sábado inglés", y aumentar a cincuenta y dos las horas de trabajo semanales.

Los sindicatos SMATA, UTA y Luz y Fuerza, conducidos por los peronistas Elpidio Torres y Atilio López y el independiente Agustín Tosco respectivamente, fueron los principales artífices del "paro activo" del 29 de mayo de 1969 que desembocó en el *Cordobazo.* Torres, López y Tosco habían constituido, poco después de la formación de la CGT Regional en 1957, una mesa sindical que controlaba el movimiento obrero y las relaciones políticas de Córdoba. No obstante sus diferencias políticas e ideológicas, los tres sindicalistas coincidieron en la importancia de la "unidad de acción" en la lucha sindical. Elpidio Torres, aunque llamado el "Vandor cordobés", era un serio defensor de la democracia interna de SMATA y progresista en muchas de sus actitudes políticas. De hecho Garzón Maceda sostiene que la posterior campaña de descrédito que lo llevó al ostracismo fue digitada desde el poder para evitar que "el peronismo se movilizara hacia la izquierda por vía sindical", dado que resultaba más peligroso "un cambio radical dentro del peronismo que fuera de él". Atilio López, era un peronista sentimental y combativo que creía honestamente en la justicia social, lo cual acabó enfrentándolo a la cúpula del partido y costándole la vida a manos de la Triple A en 1974. Por último, Agustín Tosco era un sindicalista independiente e intelectualizado que, desde posiciones de izquierda, reivindicaba la construcción de una nueva moral social. Su talante ético y su carisma fueron determinantes para establecer los puentes entre los trabajadores y estudiantes que participaron en las históricas jornadas del *Cordobazo*.

El *Cordobazo* no fue una insurrección espontánea de las masas populares contra la dictadura, sino una acción perfectamente planificada para golpearla. Lo que hizo que se convirtiera en una revuelta violenta fue el sentimiento de opresión que experimentaba la población. El brutal asesinato policial de Máximo Mena, obrero afiliado de SMATA, fue el detonante que movió a los manifestantes a cargar contra la policía y, desbordándola, a tomar violentamente el centro de la ciudad. Las fuerzas militares tardaron en reaccionar y cuando lo hicieron fueron resistidas, especialmente en el barrio Clínicas, con barricadas y francotiradores. Dos días más tarde, el orden fue restablecido, pero el onganiato había sido gravemente dañado bajo su línea de flotación.

Clausuradas todas las vías de participación social y política, neutralizada la cúpula sindical que hubiese podido controlar el movimiento obrero, y aislado de las Fuerzas Armadas, Onganía se encontró sin mecanismos ni recursos para contener una movilización social que liquidó el mito del orden, con el que había cambiado las tácitas y tradicionales reglas del juego social y político. La soberbia, la autosuficiencia y la beatería, que entonces mostró el general Juan Carlos Onganía como banderas de su cruzada ideológica y moral, no eran sino la costra de su ineptitud política y de su debilidad espiritual y de quienes él representaba.

El *Cordobazo* fue sofocado mediante una extraordinaria represión que costó la vida a una treintena de personas y mandó a la cárcel a centenares, entre ellas los cabecillas sindicales y estudiantiles que fueron juzgados por un Consejo de Guerra. Pero la onda expansiva que generó hizo sentir sus efectos en Rosario y Cipolletti poco después, y favoreció el desarrollo de la guerrilla. Su magnitud fue de tal alcance que sacudió a toda la sociedad argentina y sus efectos radicales se prolongaron hasta 1975. En el imaginario de los grupos juveniles más radicalizados, incluido un sector del peronismo, que se miraban en los espejos de las revoluciones china y cubana y en los rostros del cura Camilo Torres y del Che Guevara, la revolución apareció como algo posible.

La reacción de Onganía fue aumentar la represión, en cuyo contexto aparecieron los primeros grupos parapoliciales que actuaron a semejanza de los "escuadrones de la muerte" brasileños. Por otra parte, su decisión de sustituir a Krieger Vasena para reducir la tensión provocó la precipitada evasión de capitales y el agravamiento de la situación económica. En una fuga hacia adelante, su siguiente paso fue anunciar que había llegado el momento de la "fase social" de la Revolución Argentina, la cual comenzaría con la restauración de la negociación colectiva y la devolución del control de los fondos sociales a los dirigentes sindicales, lo cual fue interpretado como una invitación a los participacionistas a controlar a los trabajadores. Pero ya era tarde. Todos los caminos aparecían cerrados para el régimen. Los productores rurales y los empresarios también le hicieron notar su descontento.

En esas circunstancias, Augusto Vandor, reforzado por el apoyo dado por SMATA y deseoso de recuperar el control sindical, renovó sus esfuerzos por concretar una salida política. De acuerdo con Paladino, delegado de Perón, impulsó un pacto para restaurar "la democracia" en virtud del cual, con el consenso de las demás fuerzas políticas y sociales, y de las Fuerzas Armadas, sería elegido presidente el general Pedro Eugenio Aramburu. Pero poco después del Cordobazo, en el mes de junio, un grupo desconocido asesinó primero a Vandor y después al participacionista José Alonso y, en mayo de 1970, el grupo guerrillero peronista Montoneros hizo lo propio con el general Aramburu. Las sospechas de que ambos asesinatos habían sido digitados por Onganía e incluso por Perón, o sus respectivos entornos, nunca fueron debidamente esclarecidas.

Las muertes de Vandor y Aramburu clausuraron el proyecto vandorista de "democracia pactada" y condenaron definitivamente el onganiato. A principios de junio de 1970, la Junta de comandantes de las Fuerzas Armadas solicitó la renuncia del general Onganía y, ante su negativa, sencillamente lo desalojó del sillón presidencial. La cúpula de las tres armas designó al general Roberto Marcelo Levingston como nuevo presidente del país y, en prevención de otro "caso Onganía", se reservó la potestad de intervenir en los asuntos de Estado que creyese necesario.

La caja de Pandora

La explosión del *Cordobazo* reveló la existencia en el país de fuerzas y tensiones sociales que hasta ese momento habían permanecido en letargo y que el onganiato, con su predisposición autoritaria y su obsesión enfermiza por destruir al "escurridizo enemigo interior", no hizo sino potenciar. El onganiato había abierto la caja de Pandora y los sectores más conservadores, incluido el militar, llegaron a pensar que estaban ante una "situación irreversible", tal como el general Lanusse lo expresó en su libro de memorias.

Por el clima de agitación social que vivía el país, al que no eran ajenos los aires de rebelión contra el poder constituido que corrían por el mundo, Argentina pareció haber llegado a un punto en que la posibilidad de un cambio radical era posible. Sin embargo, quienes así lo creyeron, quizás arrebatados por la dinámica de los acontecimientos o seducidos por la sensualidad de la acción, tuvieron una visión distorsionada de la realidad y de la actitud de la mayoría de la población y tampoco calibraron suficientemente el verdadero poder de las fuerzas con las que habrían de enfrentarse.

Lo que no supieron ver quienes se ilusionaron con una "sociedad nueva" es que el grueso de la población –clases medias, obreros y marginados– era el que había permitido con su inmovilismo los sucesivos golpes militares dados desde 1930 y que los obreros, además, mayoritariamente identificados con el peronismo, no salían a luchar para hacer la revolución, sino para mejorar sus salarios y condiciones de vida y, de ser posible, entrar en el limbo de la clase media. Este error de percepción y de cálculo operó a partir del *Cordobazo* como un decisivo factor desestabilizador que dio pábulo a la cultura de la violencia que entonces salió a la superficie. De este modo, lo que parecía el amanecer de una nueva era se convirtió en el ocaso que precedía a una noche terrible.

La izquierda argentina nunca pudo reponerse de los golpes represivos sufridos, como los de la Semana Trágica y de la Patagonia, ni de su descalificación como alternativa revolucionaria por el peronismo. De aquí que acabara resignándose y sumándose a las filas de éste o, en un intento de tener su propia identidad, situándose en posiciones extremas que limitaron su acción e influencia en las capas más amplias de la sociedad.

A mediados de los años sesenta las formaciones tradicionales de la izquierda se habían casi mimetizado en el orden burgués, dentro del cual, perdido el apoyo de la política exterior estadounidense a las democracias representativas, las élites ligadas al capital monopólico hicieron suya la doctrina de la seguridad nacional como estrategia de desarrollo. Para quienes se oponían a esta concepción autoritaria no quedaba otra alternativa que la revolución, tal como la cercana experiencia cubana lo había demostrado. Hasta la UCR, en el Congreso celebrado en La Cumbre en 1969, proclamó que, ante la crisis del sistema capitalista, la salida era "la revolucionaria, con sentido antiimperialista, nacional y popular".

También la izquierda tradicional vio en la revolución la única alternativa al sistema autoritario, pero seguía acalambrada por su esquematismo ideológico y su perplejidad ante el fenómeno peronista. Sin imaginación ni ideas para desarrollar un proyecto independiente o crear un partido de vanguardia, la izquierda argentina de los años sesenta aparecía ignorada por los trabajadores y menospreciada por la burguesía.

No obstante, en el seno de las universidades fue generándose una nueva izquierda en la que confluyeron los discursos ideológicos marxista, peronista y cristiano tercermundista. Los distintos grupos de izquierda radical que surgieron –incluidos algunos que buscaron el palenque peronista– se caracterizaron por el esquematismo de sus análisis, que los llevó a establecer una división maniquea de la sociedad entre revolucionarios y reaccionarios y a considerar que la opresión y la injusticia social sólo emanaban del poder constituido. De modo que, según ese análisis reduccionista, la conquista de dicho poder debía ser el objetivo prioritario y exclusivo de la lucha revolucionaria, la cual no implicaba necesariamente una vía violenta. Pero, el autoritarismo del régimen militar al clausurar totalmente los conductos del diálogo democrático, hizo que la lucha armada se presentara para la extrema izquierda como una alternativa lógica e ineludible, criterio que acabó imponiendo y cuyo desarrollo desembocó en un dramático proceso de violencia.

Fue esta izquierda heterogénea y contradictoria la que finalmente asumió a pesar de todo la responsabilidad de luchar contra el sistema. Y lo hizo con más voluntad que realismo, y sin más proyecto político que la consigna de la "liberación". Para ella había llegado la hora de los caños y los fierros, el de las bombas y las armas, y formalizó un formidable movimiento de resistencia contra el autoritarismo militar y la inoperancia de los partidos políticos tradicionales.

Ante la "violencia de arriba", enunciada por los "teólogos de la liberación", la nueva izquierda consideró legítimo oponer la "violencia de abajo". El *Cordobazo* le hizo pensar que la acción de masas constituía la principal arma de la revolución y que su vanguardia era la clase trabajadora. Tarde y trágicamente, la izquierda radical comprobó que entre revolucionarios y reaccionarios estaba esa masa indefinida, genéricamente llamada "pueblo", que observaba los sucesos que sacudían el país como si fuesen ajenos a ella. Si bien algunos sectores de este "pueblo" simpatizaron con la causa revolucionaria, tal simpatía fue más por esnobismo –sobre todo de las clases medias, a su vez principal vivero de la izquierda radical– que por una razonada toma de conciencia política. La mayoría siguió considerando la necesidad de "un gobierno fuerte" que pudiese acabar con los "loquitos sueltos" que alteraban la paz social.

La confluencia de distintos discursos políticos, desde el marxista al católico tercermundista o el nacionalista, configuró diversas tendencias de la izquierda radical, que finalmente se perfilaron en dos ramas claramente definidas. Una, caracterizada por su soporte ideológico marxista–leninista y desmarcada tanto de la izquierda tradicional aburguesada como del peronismo, y otra, identificada y desarrollada en el seno de éste. La primera abogó por convertirse en vanguardia de la clase trabajadora, tenida por punta de lanza de la revolución, y la segunda por guiar al pueblo a la restauración del peronismo y la fundación de la "patria peronista".

Tras el *Cordobazo*, la izquierda radical hizo del clasismo sindical el principal mecanismo de movilización y concienciación revolucionaria y tuvo, a partir de 1970, en el sindicato cordobés SITRAC-SITRAM su principal foco de activismo. Pero aun así esta izquierda liderada por el Partido Revolucionario de los Trabajadores (PRT), pronto comprobó que la masa obrera, al margen de la ideologización y politización de sus dirigentes, no tenía intenciones de derribar el sistema y que el mensaje populista del peronismo se acomodaba mejor a sus aspiraciones. De este modo, desde el principio y a pesar de todos sus esfuerzos, el sino de la izquierda argentina siguió siendo el de la frustración.

El fraude de la izquierda peronista

Nunca hubo una izquierda peronista. Hubo oportunistas e ilusos bien intencionados de izquierda que se subieron al carro peronista y que finalmente fueron aplastados por éste. Aceptada por la izquierda en su conjunto la idea de que la clase trabajadora era factor esencial para la construcción del socialismo y constatado el hecho de que la mayoría de los trabajadores argentinos era peronista, un sector de esta izquierda buscó acomodo en el seno del movimiento creado por Perón con la pretensión de hacer una hipotética revolución. Elementos procedentes del marxismo y del nacionalismo afinaron sus discursos hasta encontrar las justificaciones doctrinales que identificaban el socialismo con la "patria peronista". No en vano, en plena vorágine activista los miembros de las izquierdistas Juventudes Peronistas (JP), elevaron a la categoría de consigna el eslogan "Perón, Evita, la patria socialista". Un eslogan que los no peronistas utilizaron convirtiendo el nombre de Evita en verbo.

Un grupo de intelectuales –Abelardo Ramos, Arturo Jauretche, José María Rosa, José Hernández Arregui, etc.– se abocó a una apresurada revisión histórica con el fin de establecer la línea de continuidad entre las antiguas luchas populares y de liberación nacional y el peronismo. Este grupo logró crear una burbuja de pensamiento favorable a esta tesis, pero el gran artífice de la izquierdización del peronismo y de su conversión en "movimiento de liberación nacional" fue John William Cooke.

Cooke, quien se jactaba de haber asistido armado a la manifestación del 17 de octubre de 1945 para defender a Perón "hasta la muerte", mezcló hábilmente ideas marxistas y nacional–populistas para establecer una línea de identificación entre el proceso revolucionario cubano y la experiencia peronista. Una vez establecida esta línea inventó la tesis del peronismo como "movimiento de liberación nacional" y, por tanto, legitimado para usar las armas contra los "antipatrias". La "doctrina" Cooke prolongaba en cierto modo la tendencia izquierdizante del Programa de Huerta Grande, dado a conocer en 1962 por sindicalistas peronistas combativos opuestos a la burocracia sindical y asumido en parte por la CGTA. Esto explica en parte también que la CGTA obtuviera durante el *Cordobazo* el apoyo del sindicato Luz y Fuerza, conducido por Agustín Tosco, más tarde protegido del PRT.

Paralelamente, jóvenes sacerdotes integrantes del MSTM que habían llevado su prédica evangélica a las "villas miserias" encontraron entre los villeros[1] el verdadero rostro del "pueblo" y la identificación de éste con el peronismo. A medida que su discurso se radicalizaba y descubría la legitimidad de la "violencia de abajo", los sacerdotes tercermundistas promovieron asociaciones de solidaridad y movilizaciones reivindicativas que abrieron las puertas a los jóvenes católicos nacionalistas. Algunos de estos sacerdotes eran, como el cura Carlos Mugica, confesores de jóvenes que participaban del "diálogo entre cristianos y marxistas" que comulgaban con la defensa de los pobres y que, bajo el influjo de las ideas de Che Guevara, Franz Fanon y, sobre todo, John William Cooke, fundaron los grupos armados peronistas, entre ellos los Montoneros.

---

[1] Villero: individuo que vive en las "villas miseria", poblados equivalentes a las chabolas españolas o las favelas brasileñas (N. del E.).

El papel que jugó el general Perón en este proceso de radicalización por la izquierda de su movimiento constituye uno de los ejemplos más inescrupulosos de manipulación política. Desde su exilio madrileño, Perón, atento a los cambios y corrientes movilizadoras que se producían en el mundo, había profundizado su política pendular como estrategia de resistencia y pervivencia política. Mediante un discurso deliberadamente ambivalente que daba patente de permeabilidad al movimiento, consiguió que en éste coincidieran grupos y sectores de un amplio espectro ideológico. Cerradas las vías políticas convencionales por el régimen de Onganía e imposibilitado de actuar a través los sindicatos burocráticos, a los cuales aconsejó "desensillar", Perón prohijó a los sindicalistas más combativos, como Elpidio Torres, a quien poco antes del *Cordobazo* dio precisas instrucciones de "forzar la máquina para tratar de terminar con Onganía", Atilio López y Raimundo Ongaro, y aprobó la formación de grupos armados. Como se constató tras su regreso a Argentina en 1973, su apoyo a una izquierda dentro del peronismo no fue sincero.

LAS ORGANIZACIONES GUERRILLERAS

El *Cordobazo*, por sus características insurrecionales, dio un fuerte y decisivo impulso a las tesis que defendían la lucha armada como camino de liberación nacional. Antes de la revuelta cordobesa ya se había constatado la existencia de algunos grupos insurreccionales integrados fundamentalmente, como todos los que surgieron más tarde, por jóvenes de las clases media y alta, estudiantes y profesionales, influidos tanto por la Revolución Cubana como por el peronismo.

Las primeras experiencias guerrilleras estuvieron guiadas por el ejemplo castrista y se verificaron en las zonas rurales montañosas de Tucumán y Salta, en el noroeste del país. En 1959 John W. Cooke formó, por encargo de Perón, el grupo Uturunco –"Hombres Tigres"–; en 1963, Jorge R. Masseti dirigió hasta 1965 el Grupo Guerrillero del Pueblo tratando de llevar a la práctica la táctica del foquismo, cuyo principal teórico era el francés Régis Debray, y en 1968, también influidos por las tesis foquistas, actuaron en la zona tucumana de Taco Ralo las Fuerzas Armadas Peronistas (FAP), pero su fracaso las llevó como guerrilla urbana a Buenos Aires. Aquí, en 1964, ya se había dado a conocer el derechista grupo nacionalista-católico Tacuara, cuya consigna era "religión o muerte". Algunos miembros de Tacuara –Fernando Abal Medina y Carlos Gustavo Ramus– integraron más tarde el núcleo fundacional de los Montoneros. Inmediatamente después del *Cordobazo* se formaron los grupos armados Fuerzas Armadas Revolucionarias (FAR), Fuerzas Argentinas de Liberación (FAL), Montoneros y Ejército Revolucionario del Pueblo (ERP).

Las FAR estaban integradas por elementos radicalizados de la izquierda tradicional y del peronismo y activistas políticos de nuevo cuño. Si bien se dieron a conocer en julio de 1970 con la toma del pueblo bonaerense de Garín, su fundación data de años antes, cuando conformaban un grupo destinado a sumarse a la guerrilla del *Che* Guevara en Bolivia. Tras el asesinato del emblemático guerrillero, las FAR abandonaron la tesis de crear "dos, tres, muchos Vietnams" en las zonas rurales y volvieron a la ciudad. La necesidad de llevar la lucha revolucionaria a la clase trabajadora indujo a la conducción a asumir el peronismo e integrarse en este movimiento resignando su "marxismo-leninismo como método para el examen de una realidad". Tres años más tarde, la organización se pasó con armas y bagajes a Montoneros.

Las FAL surgieron de la izquierda tradicional y concretamente del PC tras la crisis ideológica provocada por las revoluciones china y cubana. Consideraban que el peronismo había producido en el país la emergencia de las masas trabajadoras en el proceso político, pero que también había dejado una herencia negativa, como la conciliación de clases y el paternalismo. Su radicalismo y la imposibilidad de elaborar un mensaje asimilable por los trabajadores acabaron aislándolas y llevándolas a fundirse con otros grupos armados.

Montoneros se formó en 1970 con elementos universitarios vinculados al integralismo católico y al cristianismo populista que evolucionaron hacia el peronismo. Algunos de ellos, como los que procedían de Tacuara, eran nacionalistas de ultraderecha vinculados a los servicios de información del Ejército. Este dato ha dado pábulo a la sospecha de que la primera acción de Montoneros, el asesinato de Aramburu, estuvo instigada por ellos. Resulta llamativo que el general Lanusse, rival político de Onganía dentro de las Fuerzas Armadas, escribiera en sus memorias que el secuestro fue obra de una "banda subversiva, formada por algunos hombres instruidos por la extrema derecha".

La mayoría de los miembros fundadores de Montoneros, tanto los de Buenos Aires como los de Córdoba, procedía de grupos activistas católicos que tuvieron entre sus principales mentores espirituales a los sacerdotes Menvielle, un visceral filofascista, y Múgica, afín a la teología de la liberación. A estas contradictorias influencias del cristianismo católico, el grupo fundacional sumó las combativas reivindicaciones del Programa de Huerta Grande y la artificiosa tesis de John William Cooke que presentaba al peronismo como un "movimiento de liberación nacional".

Evidentemente, desde 1955 el peronismo se había comportado como un movimiento de oposición, pero ni entonces ni después se puede decir que lo hiciera como un movimiento revolucionario. De acuerdo con la concepción izquierdizada que había fraguado Cooke del peronismo y las consignas básicas de la doctrina justicialista –independencia económica, justicia social y soberanía política–, Montoneros declaró la guerra "total, nacional y prolongada" al capitalismo, al dominio extranjero, al Ejército y a la burocracia sindical. Al mismo tiempo dio fe de su sectarismo político al plantear a la sociedad argentina la disyuntiva "peronismo o antiperonismo", que recogía una de las "Veinte verdades del justicialismo" según la cual "para un peronista no puede haber nada mejor que otro peronista".

En el extremo opuesto surgió el ERP como un grupo revolucionario de la izquierda marxista que no atribuía al peronismo el carácter de movimiento revolucionario sino meramente el de "reformista burgués". En consecuencia su objetivo no era valerse de él para movilizar las masas, sino crear un núcleo de vanguardia integrado tanto por obreros y sindicatos combativos, campesinos de zonas muy golpeadas por la represión, como los de Tucumán, y marginados de las villas de emergencia. Sus filas se nutrieron principalmente de estudiantes y profesionales universitarios de clase media pertenecientes a ciudades del interior, como Córdoba, Rosario y Tucumán, así como de obreros concienciados políticamente, como los del sindicato cordobés SITRAC-SITRAM.

Sus orígenes están relacionados con la fundación, en 1965, del PRT tras la fusión de las organizaciones marxistas Palabra Obrera y Frente Revolucionario Indo Americano encabezadas por los hermanos René y Mario Santucho, oriundos de Tucumán. La dirección, tras definir su objetivo de movilizar a las clases trabajadora y campesina y consciente del origen pequeño burgués de sus militantes, decidió entonces una campaña de proletarización de sus cuadros a fin de que tuvieran una participación activa en las luchas sindicales y pudiera abrirse una vía socialista al margen del peronismo.

Equivocadamente, el PRT creyó que bastaría la inmersión en el sudor obrero para ser obrero y asumir como tal la lucha revolucionaria. El debate que suscitó esta cuestión se agrió tras el *Cordobazo*, cuyo análisis dividió el partido en dos tendencias, la PRT "La verdad partidaria de la lucha política y de entrar en el peronismo y radicalizarlo desde dentro", y la PRT "Combatiente, que se inclinó por la legitimidad de la lucha armada y la continuidad de la proletarización". De acuerdo con esta decisión, en julio de 1970, durante la celebración del V Congreso del PRT se constituyó el ERP. En esa ocasión se concluyó que "el peronismo representó un estadio en el desarrollo capitalista de la Argentina, que fracasó en lograr su objetivo inicial de desarrollo independiente, evitando los riesgos de una explosión revolucionaria", por tanto, este movimiento era un factor de distorsión para la clase trabajadora y, como afirmará el PRT más tarde, "el último bastión de defensa del sistema capitalista en Argentina".

El PRT y el ERP salieron del V Congreso como dos organizaciones autónomas aunque vinculadas. El ERP se había constituido como una organización armada con su propia dirección y, si bien seguía la estrategia política del PRT, no compartía su programa político. Así, mientras el programa del PRT era socialista, el del ERP era antiimperialista, anticapitalista y democrático, de modo que no se consideraba el brazo armado de aquél. De acuerdo con este planteamiento en el ERP no sólo tenían cabida los militantes del PRT que así lo decidieran, sino también todos aquellos que quisiesen sumarse a sus filas como combatientes.

Con extraordinaria rapidez, el PRT logró una sólida vinculación con los trabajadores agrícolas tucumanos, los cañeros del azúcar, y en sindicatos del sector automotriz, especialmente de Rosario y Córdoba, ciudad esta última donde tomó posiciones en SITRAC-SITRAM, que a su vez aportaron un buen número de cuadros al ERP.

ERP y Montoneros representaron las dos principales tendencias de la oposición radicalizada al orden constituido, y también, aunque menos evidente, la tradicional dicotomía entre las fuerzas del interior y la metrópolis. El desarrollo de la lucha armada y la respuesta de las élites dirigentes, incluida una acción represiva cada vez más eficaz, fueron poniendo al descubierto las contradicciones, la perversión o la ligereza de los análisis, la frivolidad de muchos militantes y, sobre todo, la falta de un programa político racional capaz de movilizar a una sociedad que seguía divorciada de los asuntos públicos.

En la orilla opuesta, la dictadura militar acentuó su doctrina contrainsurgente y dio nombre a algunos de sus "escuadrones de la muerte". En 1970, se dio a conocer MANO, un grupo parapolicial de extrema derecha que secuestró al embajador soviético en Buenos Aires. Otros grupos parapoliciales y paramilitares incrementaron sus acciones «disuasorias» secuestrando, torturando y asesinando estudiantes, sindicalistas, profesionales e intelectuales de izquierda o peronistas, y colocando bombas en lugares sospechosos de ser "nidos de subversivos".

La "hora del pueblo"

La designación, el 8 de junio de 1970, del general Levingston como presidente de la República en sustitución del general Onganía, no modificó la situación de agitación social. Sus primeras medidas económicas de estabilización no dieron fruto inmediato y en vano intentó cambiar de política para calmar los sindicatos, la tensión antiporteña y las protestas contra la penetración del capital extranjero. El reajuste de salarios, la equiparación entre las retribuciones percibidas en Buenos Aires y en el interior y la ley "compre argentino", patrocinada por su ministro de Economía Aldo Ferrer, no dieron los resultados esperados.

Levingston, quien había sido encargado por la Junta de comandantes presidida por el general Lanusse de constituir "un sistema político eficiente, estable y democrático", optó por poner en práctica su propio proyecto nacional basado en la exclusión de los partidos políticos y el desarrollo de una democracia "jerárquica y ordenada", según la concepción de los oficiales nacionalistas. Los sindicatos y los partidos políticos, hasta entonces en "prudente retiro", interpretaron esto como una nueva provocación. En octubre, para la mayoría de la sociedad argentina pasó casi desapercibida la concesión del premio Nobel de Química a Luis Federico Leloir por sus investigaciones sobre el metabolismo de los glúcidos en la Universidad de Buenos Aires; también había sido casi ignorada la muerte –el 26 de junio– del poeta y narrador Leopoldo Marechal, autor de *Adán Buenosayres,* obra maestra de la literatura universal. Ese mes de octubre, la CGT puso en marcha su plan de lucha y los partidos políticos, previo aldabonazo al domicilio de un disgustado general Lanusse, se reunieron para entrar nuevamente en acción. El resultado de este cónclave fue la constitución de una alianza cuyo manifiesto se dio a conocer en noviembre con el título de la "hora del pueblo".

El objetivo de esta alianza, cuyos principales promotores fueron el radical Arturo Mor Roig y el peronista Jorge Daniel Paladino, delegado de Perón, era forzar el fin de la proscripción de los partidos y la restauración del orden constitucional. La experiencia dictatorial había logrado que, por primera vez desde 1955, los partidos políticos buscaran conjuntamente una salida civil sin pretender recostarse alguno de ellos en el poder militar.

La vuelta a la escena política de los partidos puso en un serio aprieto al gobierno de Levingston. Éste, además, en febrero de 1971, mientras la guerrilla aumentaba sus golpes de efecto, cometió un grave error político. A fin de asegurar su modelo de democracia "jerárquica y ordenada", nombró gobernador de Córdoba a Camilo José Uriburu, un fascista exaltado que apenas llegado amenazó con aplastar como "víboras" a los agitadores. La reacción social no se hizo esperar y, al parecer, instigado por el ERP, se produjo un levantamiento popular tan violento como el de 1969 al que popularmente se llamó *Viborazo*. La Junta de comandantes no esperó más y el 22 de marzo destituyó a Levingston y el general Alejandro Agustín Lanusse asumió el puesto tres días más tarde.

Toque de retirada en orden

Con la banda presidencial recién puesta, Lanusse anunció la legalización de los partidos políticos con miras a la retirada de las Fuerzas Armadas del poder y el "restablecimiento de las instituciones democráticas". Para Lanusse, quien dejó de lado las cuestiones económicas y ordenó la disolución del Ministerio de Economía, la prioridad del gobierno en esas circunstancias era la seguridad nacional, a la cual veía amenazada por la creciente agitación social. Las huelgas, disturbios y golpes de la guerrilla sacudían al país sin que al parecer las Fuerzas Armadas pudieran controlar la situación. En Córdoba, el sindicato SITRAC-SITRAM dio a conocer un programa en el que propugnaba romper con el FMI y no pagar la deuda externa, expropiar los monopolios y luchar contra la burocracia sindical y la oligarquía. Mientras la guerrilla asestaba golpes más o menos espectaculares, las revueltas y manifestaciones callejeras y los estallidos de violencia se extendieron a ciudades de las provincias de Santa Fe, Río Negro y Neuquén y también a las de Chaco, Formosa y Misiones, donde los arrendatarios y colonos se fueron organizando en ligas agrarias.

Esta situación de crisis que dificultaba la aplicación de las políticas del FMI y de los grupos monopólicos preocupó seriamente a Washington, que envió a Buenos Aires emisarios para que "refrescaran" a las Fuerzas Armadas argentinas las medidas de contrainsurgencia aprendidas en las escuelas estadounidenses. Como consecuencia del toque de atención norteamericano, la represión militar se endureció. Los atentados con bombas "caseras", los secuestros y las torturas se generalizaron, y las "desapariciones" comenzaron a hacerse sistemáticas.

Paralelamente, el gobierno de Lanusse consideró limitado el Código Penal y constituyó un fuero antisubversivo y tribunales especiales para juzgar a los guerrilleros que capturaran las fuerzas de seguridad. En el curso de 1972 el endurecimiento de la política represiva se hizo sentir. Si bien no acabó con la acción guerrillera, principalmente la de Montoneros y ERP, el gobierno consiguió importantes réditos. Dos hechos marcaron ese año la gravedad de la situación social, el *Mendozazo*, sublevación popular a causa del abusivo aumento de las tarifas eléctricas ocurrido en abril, y la matanza de Trelew de 22 de agosto. En la ocasión, dieciséis guerrilleros del ERP y otros grupos armados detenidos en la base naval Almirante Zar fueron asesinados durante un intento de fuga.

La constatación de que jóvenes de las clases medias e incluso altas protagonizaban la radicalización social e integraban los grupos de resistencia tanto peronistas como de izquierda, preocupó seriamente al gobierno de Lanusse y le dio más argumentos para avanzar en la apertura política. Pero los grupos de jóvenes radicales eran más bulliciosos que numerosos, dado que la mayoría de la sociedad seguía observando la situación con cierto distanciamiento y asimilando las posiciones y el vocabulario de la represión. Voces como "infiltrado", "zurdo", "bolche", "subversivo", etc. se incorporaron al habla cotidiana de la población urbana y también a la de los peronistas izquierdizados para descalificar a la izquierda no peronista. La población argentina no vivía entonces un estado de insurrección, sino de insubordinación, como dice Eduardo Luis Duhalde en *El estado terrorista argentino*.

Lanusse, quien había nombrado ministro del Interior a Mor Roig, uno de los artífices de la "hora del pueblo", dio pasos decisivos para continuar con una retirada militar ordenada y el establecimiento de un gobierno democrático de transición para el cual se autopostuló. Consecuentemente, el gobierno proclamó el GAN, Gran Acuerdo Nacional, con la participación de todas las "fuerzas democráticas" –partidos políticos, burocracia sindical y Fuerzas Armadas–, y fijó para marzo de 1973 la fecha de las elecciones. Como gesto de buena voluntad y en respuesta a una solicitud de la burocracia sindical, en septiembre de 1971, Lanusse ordenó devolver el cadáver de Eva Perón a su viudo, lo cual irritó a un grupo de militares que intentó alzarse al mes siguiente.

Perón, por su parte, aprovechó esta circunstancia para consolidar su posición y aumentar la presión sobre el régimen. En este sentido, por una parte alentó decididamente a la guerrilla y en especial a la "maravillosa juventud" que integraba Montoneros, cuyas acciones y la bendición del caudillo fueron dándole preponderancia sobre los otros grupos armados peronistas. Por otra parte, estableció un pacto bilateral de "no agresión" con la UCR y, con la ayuda de Frondizi, envió un mensaje tranquilizador a la oligarquía terrateniente y a la burguesía industrial.

A través de esta política pendular, Perón logró también que las clases populares vieran con cierta secreta simpatía los golpes contra el régimen militar. Refiriéndose a las condiciones ambientales que habían propiciado el *Cordobazo*, Lanusse escribió más tarde en sus memorias: "Por lo que pude ver y escuchar, así como por lo que vieron y escucharon los jefes y oficiales de la guarnición, puedo decirle [se dirige a Onganía] que fue la población de Córdoba, en forma activa o pasiva, la que demostró que estaba en contra del Gobierno Nacional en general y del Gobierno Provincial en particular". Quizás esta percepción de la revuelta cordobesa siguió viva en el ánimo de Lanusse y abonó en él el temor a que el descontento popular acabara encontrando cauce en la oposición radical de los jóvenes y, sobre todo, en la guerrilla. En consecuencia incrementó la represión y algunas ciudades, principalmente Córdoba, fueron literalmente ocupadas por tropas del Ejército. Al mismo tiempo, Lanusse hizo concesiones a la burocracia sindical para que ésta recuperase el control del movimiento obrero, y ordenó favorecer el debate sobre la reforma agraria y repartir comida entre los pobres.

Pero los grupos guerrilleros no cedieron y respondieron con nuevas y espectaculares acciones. La persistencia de la tensión social redujo aún más los márgenes de maniobra gubernamental y el tiempo para la ejecución del proyecto institucionalizador. Lanusse pidió a "las fuerzas democráticas" reunidas en el GAN un mayor y más decidido esfuerzo en la lucha antisubversiva, pero aquéllas siguieron en su tesitura de no ceder más allá de lo "conveniente". La UCR, encabezada por Ricardo Balbín, jugó sus bazas para lograr una posición política privilegiada en la línea electoral, y Perón hizo lo propio desde Madrid.

A mediados de 1972, el caudillo peronista, tal como había hecho en su momento con Frondizi, hizo públicos los contactos secretos que había mantenido con el gobierno militar. La maniobra dejó en evidencia a Lanusse, quien, ante la irritación de sus camaradas, se vio obligado a retirar su candidatura no sin antes asegurarse la exclusión de Perón de la puja electoral.

Paralelamente, su política empezó a dar algunos resultados en los campos represivo y sindical. En agosto de 1972 el asesinato de dieciséis guerrilleros del ERP, Montoneros y FAR en la base naval de Trelew constituyó un golpe grave para la primera de las estas organizaciones, sobre la que se había incrementado la presión, particularmente en Córdoba. Aquí el gobierno logró reducir el activismo del sindicalismo combativo de SITRAC-SITRAM vinculado al PRT-ERP y reconducir el movimiento obrero hacia el ámbito de influencia de la CGT cordobesa, de cuya dirección el combativo Elpidio Torres había sido desplazado. En el ámbito nacional, la burocracia sindical también había recuperado el control de la CGT tras la celebración de un Congreso Normalizador y, para tranquilidad del régimen militar, la mayoría de los miembros de la nueva conducción encabezada por el vandorista José Rucci había sido adiestrada en Estados Unidos, en la escuela sindical de la AIFLD.

Con el consentimiento de Lanusse, quien pretendía "utilizarlo" para contener el avance de la izquierda independiente, Juan Perón visitó Argentina en noviembre de 1972. El viejo caudillo se movió con presteza y con aires de patriarca. "Regreso como pacificador de espíritus", declaró, según la cita de Liliana de Riz en *Retorno y derrumbe: el último gobierno peronista*. Perón se reunió con sus adversarios políticos, los empresarios y sus seguidores, y bendijo la CGT de Rucci, a quien agradeció su apoyo y lo alentó a formalizar una alianza con la Confederación General de Empresarios (CGE); a la Juventud Peronista (JP), a cuyo frente colocó a Rodolfo *Loco* Galimberti, y a la "formación especial" Montoneros, a la que insinuó dejarle su herencia política. Antes de marcharse y con el aporte de frondizistas, popular-cristianos y viejos socialistas, Perón fundó el Frente Justicialista de Liberación (FREJULI), la formación política con la que su movimiento entraría en la liza electoral. Con habilidad no exenta de inescrupuloso oportunismo político, Perón logró proyectar la imagen de estadista restaurador del viejo orden para unos y de prócer de la liberación nacional para otros, según el retrato artificial fraguado por John William Cooke.

De regreso a Madrid, Perón sustituyó a su delegado personal, Paladino, por Héctor J. Cámpora, a quien impuso como su candidato presidencial. La decisión disgustó a conservadores y burócratas sindicales, por la fidelidad acrítica de Cámpora con el caudillo y, sobre todo, por sus vínculos con la JP. Por su parte, las juventudes peronistas, en el colmo de su entusiasmo, conducidas por el *Loco* Galimberti, iniciaron una histérica campaña electoral al grito de "¡Cámpora al gobierno, Perón al poder!", que constituía una verdadera provocación al gobierno militar. No obstante, el general Lanusse la pasó por alto en el convencimiento de que el peronismo podía cumplir con el papel pacificador de la sociedad y permitir a las Fuerzas Militares seguir cumpliendo su papel tutelar desde los cuarteles.

El espejismo democrático

El 11 de marzo de 1973, el FREJULI ganó las elecciones con el cuarenta y nueve por ciento de los votos. Las mayorías habían votado masivamente como una demostración de repudio al régimen militar. Estas elecciones, en tanto que fruto de una generalizada movilización social contra la dictadura, crearon en la sociedad la ilusión de que se había logrado restaurar la legitimidad democrática. Los electores de todo el país habían ejercido libremente su derecho al voto y cabía esperar la pacificación social, la revitalización de las instituciones civiles y la potenciación de la economía nacional. Sin embargo, muchos factores intervinieron para frustrar una vez más la experiencia democrática.

En el marco de un modelo cultural que prolongaba y reactualizaba una concepción colonial del Estado, la sociedad argentina seguía mostrando graves carencias en su conducta social y política. La tendencia de la sociedad a delegar el ejercicio del gobierno en las élites dirigentes y éstas –incluido el estamento militar– a identificar sus propios intereses con los del Estado, seguían imposibilitando la definición y el desarrollo de un proyecto común. De aquí que éste acabara siempre relegado a un segundo plano por los intereses sectoriales. La cultura del individualismo de partes continuaba –y continúa– prevaleciendo y condicionando el ejercicio de la política y obstruyendo cualquier identificación y relación armónica entre la sociedad y el Estado. Este divorcio entre la sociedad y el Estado constituye una grieta por la que se fugan las energías sociales y desestabilizan el edificio estatal.

En ese momento crucial, cuando las Fuerzas Armadas, en su doble papel pretoriano y de aliadas estratégicas de Estados Unidos, habían intentado fundar un Estado militar clausurando la vida política y sindical proscribiendo partidos y sindicatos, un, proporcionalmente, pequeño núcleo localizado en las capas medias y obreras de la población había reaccionado y provocado una gran movilización social, que se extendía desde las fábricas y las universidades hasta los suburbios y las zonas rurales. El fenómeno era esperanzador y, aparentemente, había creado las condiciones básicas para corregir el rumbo equívoco que llevaba el país. Sin embargo, esta dinámica participativa que hubiese dado legítima representatividad al sistema fue por un lado obstruida por la falta de una cultura democrática en amplias capas de la sociedad, y por otro, malversada precisamente por las principales fuerzas depositarias de la representatividad.

Los partidos políticos en general se mostraron esclerosados, carentes de reflejos y huérfanos de imaginación para captar los mensajes sociales. El PJ no era sino el mero sello de un movimiento peronista ideológicamente confuso y sujeto a la deriva mental de su caudillo, y los demás, encabezados por la UCR, adolecían de un sentimiento de culpa por su participación en el "pacto de proscripción" que adulteraba sus comportamientos hasta el punto de aceptar el papel de segundones frente al peronismo y desatender a sus propias bases. La "hora del pueblo" pareció inaugurar un marco de diálogo amplio y serio, pero las torpezas y mezquindades de sus signatarios acabaron reduciendo su tiempo. El GAN, que surgió de él, ya fue un producto hecho a la medida de los intereses de Perón con la connivencia pusilánime de los partidos y el visto bueno de las Fuerzas Armadas, a las que sólo les preocupaba su retirada en orden, la seguridad nacional y el reconocimiento de su tutelaje.

La nueva defección de los partidos políticos, en este caso frente a la "autoridad política" de Perón, no sólo no contribuyó a establecer mecanismos de control y alternativas democráticas, sino que fomentó la continuidad de caudillismo y, lo que es más grave aún, impidió la conciliación entre la sociedad y el poder. El sentimiento de exclusión que experimentó una parte de la sociedad y la pervivencia de los mismos errores que impedían una convivencia armónica no fueron ajenos a la renuncia de un sector a utilizar recursos democráticos que siempre acababan bastardeados. En este sentido, contra lo que opinan quienes se han subido al carro de la "corrección política", la lucha armada en ese momento y en esas circunstancias, si no fue legítima –porque ninguna violencia lo es–, sí fue comprensible. Tampoco fue esta "violencia de abajo" la que provocó la feroz represión posterior, sino el propósito del poder de acabar definitivamente con todo signo de oposición que obstaculizara la aplicación de las tesis monetaristas y la reconversión de las estructuras del capitalismo argentino, de acuerdo con el nuevo mapa de distribución internacional del trabajo. En Chile, el general Pinochet no necesitó de la "violencia de abajo" para justificar su golpe de Estado, con el que derrocó y provocó la muerte del presidente Salvador Allende, el 11 de septiembre de 1973. Los poderes monopólicos nacionales e internacionales amenazados por la política social y económica de la Unidad Popular se encargaron de crear el clima de violencia e inestabilidad para justificar la intervención de las Fuerzas Armadas.

El triunfo peronista en las elecciones del 11 de marzo de 1973 abrió un periodo de tensas expectativas, durante el cual se mantuvo la movilización popular. La sensación general era que por fin, después de casi veinte años, se entraba en un territorio de legitimidad democrática. Sin embargo, la consigna "Cámpora al gobierno, Perón al poder" ya proyectaba una sombra inquietante sobre el desarrollo institucional del país.

La histeria de las masas peronistas ante la proximidad del retorno del mitificado caudillo bloqueaba y postergaba cualquier reflexión colectiva sobre la organización del país. Ni siquiera se trató racionalmente sobre la conveniencia de celebrar nuevas elecciones para "entregar" el poder al general Perón. En su autismo político, Perón y los peronistas no pensaron ni un segundo en los asuntos de la República, sino en sí mismos como "pueblo peronista". No advirtieron, por ignorancia o por conveniencia, que al imponer a la sociedad la disyuntiva "peronismo o antiperonismo" socavaban la legitimidad de su representatividad y con ello quedaban incapacitados para pacificar la sociedad y consolidar las instituciones civiles republicanas. En este sentido, independientemente de la intervención y protagonismo de las Fuerzas Armadas y de otros sectores socio-políticos, a Perón y al peronismo les cabe gran parte de la responsabilidad de los hechos que llevaron al país hacia una noche terrible, durante la cual el pueblo argentino vivió una de las más atroces pesadillas de su historia.

Malversación del capital democrático

Aun con sus carencias políticas, la sociedad argentina había hecho un soberbio esfuerzo en favor del orden constitucional. Incluso la izquierda radical dio su voto de confianza al proceso electoral y al gobierno que surgiera de las urnas. El ERP supo estar a la altura de las circunstancias y aceptó, no sin declarar su desconfianza al populismo peronista, suspender las acciones armadas. Todo pareció auspicioso para que el gobierno peronista inaugurara una nueva y próspera era para el país.

Héctor J. Cámpora fue investido presidente de la República el 25 de mayo de 1973 y ese mismo día estallaron los conflictos intestinos del movimiento. Las juventudes peronistas radicales, encabezadas por Montoneros y alentadas por Perón a arropar a Cámpora, abrieron las puertas de las cárceles y liberaron a los presos políticos de la dictadura militar. Y mientras la multitud enardecida gritaba a los militares "se van, se van y nunca volverán", Galimberti, jefe de Montoneros, proclamó la formación de milicias populares. Superados por los acontecimientos, los militares nada pudieron hacer en ese momento, pero el Parlamento se apresuró a dictar una ley de amnistía y Perón a destituir a su exaltado jefe montonero, gesto que fue el primer indicio de sus verdaderas intenciones.

La JP, con el aval del gobierno de Cámpora y al grito de "Perón, Evita, la Patria Socialista", continuó con su política de movilización social y su particular guerra contra la burocracia sindical. Las tensiones internas hasta entonces larvadas salieron a la luz con especial virulencia. La CGT, que había pactado con la CGE las bases económicas del seudo nacionalista Programa de Reconstrucción y Liberación Nacional, vio con temor la radicalización del movimiento. Perón, sabedor de que era él quien movía los hilos, ya había colocado a hombres claves en el gobierno de Cámpora. En el Ministerio de Economía situó un dirigente de la organización empresarial, José Ber Gelbard, y en el Ministerio de Bienestar Social, a uno de sus íntimos colaboradores, José López Rega, ex cabo de policía aficionado a las ciencias ocultas.

El 20 de junio –día institucional de la Bandera– Perón regresó a Argentina. En el aeropuerto de Ezeiza lo esperaban cerca de dos millones de peronistas procedentes de todo el país movilizados mayoritariamente por la JP y otras organizaciones del ala radical. Pero la vieja guardia del partido y de la burocracia sindical no estaban dispuestas a permitir que los jóvenes radicales del movimiento capitalizaran el regreso del caudillo y ganasen las bases populares. De modo que valiéndose de grupos armados ordenaron disparar sobre la multitud, desde la cual, cuadros armados de Montoneros respondieron el fuego. Las cifras de la matanza de Ezeiza nunca fueron confirmadas y, según las fuentes, oscilan entre doscientos y seiscientos muertos. El avión que transportaba a Perón fue desviado a la base militar de Morón. Esa misma noche, el discurso del caudillo repitiendo la consigna desmovilizadora "de casa al trabajo y del trabajo a casa" y la advertencia de que "no hay rótulos que califiquen a nuestra doctrina. Los que ingenuamente piensan que pueden copar a nuestro movimiento o tomar el poder que el pueblo ha conquistado se equivocan", desconcertó a la juventud radical de su movimiento que él mismo había alentado.

El cerco alrededor de Cámpora se estrechó. Poco después, tras quedarse sin el apoyo de Perón, quien a su vez contaba con el consentimiento del jefe de la UCR, Ricardo Balbín, el presidente Cámpora se vio inducido a renunciar y a convocar nuevas elecciones para el mes de septiembre. El suyo no fue un acto de lealtad, sino de impotencia ante las maniobras del viejo caudillo. De este modo, Perón y el peronismo endosaron sus disputas intestinas a la sociedad en su conjunto y comprometieron en ellas las instituciones públicas. El caudillo se presentó a las elecciones con la fórmula "Perón-Perón", que incorporaba a su esposa María Estela Martínez, llamada Isabel Perón, una mujer inepta para la práctica política y permeable a la influencia del siniestro López Rega. El gesto no sólo fue un ejercicio de narcisismo del anciano caudillo, sino un torpe parche para encubrir las disputas de sus servidores.

Como era de esperar, el 23 de septiembre la fórmula "Perón-Perón" ganó las elecciones y lo hizo con el 62 por ciento de los votos. Una mayoría que daba al caudillo suficiente margen de maniobra, pero que dilapidó al revelarse atrapado por las limitaciones doctrinales de su movimiento y sobre todo por su falta de honestidad política. Dos días más tarde de su elección, José Rucci, secretario general de la CGT, fue asesinado por Montoneros, que le enviaron de esta forma un inequívoco mensaje. Perón, quien había de alguna manera justificado el golpe de Estado pinochetista en Chile diciendo que Allende se había equivocado, pues debería haber ido "paso a paso y armoniosamente", lanzó una fuerte ofensiva contra los sectores radicales de su movimiento, cuya existencia ya no consideraba útil, y al mismo tiempo ajustó las medidas económicas del Pacto Social, pilar básico de la Argentina potencia que prometía.

Con las miras puestas en el Estado orgánico de 1946 y para compensar a la burocracia sindical por los costos políticos del pacto y mantener su apoyo, Perón hizo sancionar una ley que restablecía la organización vertical de los sindicatos y autorizaba a la CGT a incorporar a ella todos los gremios hasta entonces autónomos o surgidos fuera de la órbita de la confederación.

Inicialmente las medidas económicas surgidas del Pacto Social dieron, no sin generar tensiones entre las partes, buenos resultados. Con los salarios regulados por debajo de las expectativas obreras y los precios subidos generosamente, las empresas obtuvieron altos beneficios. Asimismo, aumentaron las exportaciones del campo, donde lo más peligroso de la Ley de Reforma agraria para los terratenientes era la amenaza de expropiar las tierras incultivadas.

Sin embargo, estos buenos indicios no eran suficientemente sólidos como para concretar la ilusión peronista de la Argentina potencia y en diciembre de ese mismo año se pudo constatar la fantasía del eslogan. La crisis petrolera desencadenada por la guerra de Yom Kippur pasó factura a la economía argentina. La caída de los precios de los productos de exportación y la subida de los costos de importación generaron un brusco desequilibrio de la balanza comercial, dispararon la deuda externa −7.000 millones de dólares− y el déficit público −30.000 millones de dólares−, menguaron los beneficios empresariales y redujeron el poder adquisitivo de los salarios.

El frágil edificio económico construido por el Pacto Social empezó entonces a resquebrajarse. Ante las graves dificultades económicas, la creciente agitación obrera y la incapacidad de sindicatos y empresarios para hallar una solución, Perón intervino dejando en mal lugar a su ministro de Economía, quien había autorizado una subida de precios sin la correspondiente subida de los salarios. La "solución" de Perón fue recurrir a las reservas de divisas y autorizar las subidas de los salarios y de los precios.

Desde la presidencia, Perón redobló sus ataques contra la izquierda en general. Por un lado proscribió al PRT-ERP, que ante el cariz que tomaban los acontecimiento había decidido volver a la lucha armada, y por otro ordenó cambios en el Código Penal endureciendo las penas por terrorismo, a pesar de la oposición de la UCR y de sectores de su propio partido.

El espectacular asalto que el ERP llevó a cabo en enero de 1974 al Regimiento de Blindados de Azul fue asimismo aprovechado por Perón para destituir al gobernador de Buenos Aires, perteneciente al ala izquierdizada del partido, a la que acusaba de estar detrás de la agitación social. Por este mismo motivo alentó en Córdoba el *Navarrazo*, insurrección policial encabezada por el comisario Navarro que, el 23 de febrero, derrocó al gobierno provincial "marxista" encabezado por Ricardo Obregón Cano, y destituyó personalmente al gobernador de Mendoza, Alberto Martínez Baca. Meses más tarde, el 15 de septiembre, el ya ex vicegobernador de Córdoba, el sindicalista Atilio López, fue secuestrado y asesinado por la recién creada Triple A, Asociación Anticomunista Argentina.

Ante los primeros síntomas de este ataque frontal, JP-Montoneros imaginó la teoría del cerco, según la cual una camarilla traidora "aísla al general de su pueblo". Había en JP-Montoneros tal desorientación que tentó incluso alianzas con sectores de la burocracia sindical y "progresistas" de las Fuerzas Armadas para mantener su proyecto de "liberación nacional". Pero la realidad era otra. Un chiste que por entonces hacían correr los no peronistas decía que Perón conducía su coche poniendo el guiño (intermitente) a la izquierda para doblar a la derecha.

Del mismo modo que en 1946 se había librado de aliados molestos, como los dirigentes del Partido Laborista o los sindicalistas Cipriano Reyes y Luis Gay, Perón se dispuso a hacer lo mismo con el ala izquierdizada de su partido según un plan de aniquilación de toda la izquierda del país, que contaba con el beneplácito de la CGT, la CGE y las Fuerzas Armadas. "Superaremos la subversión, aislaremos a los violentos e inadaptados", dijo en su discurso al Parlamento el Primero de mayo, Fiesta de los Trabajadores. Horas más tarde salió al balcón de la Casa Rosada, pero en esta ocasión no tenía ante sí una multitud complaciente. Pancartas y gritos hostiles de la JP, Montoneros y organizaciones barriales del peronismo izquierdizado acabaron con su paciencia. Perón, tan dado al consejo de "desensillar hasta que aclare", perdió los estribos e insultó a su "juventud maravillosa". Tras oír que el venerado caudillo los llamaba "infiltrados", "mercenarios pagados por el extranjero", "imberbes y estúpidos", los jóvenes abandonaron la plaza de Mayo dejándola casi vacía. La senilidad al fin le había aflojado los músculos del disimulo y dejaba ver el verdadero rostro que se ocultaba detrás de la falsa imagen de líder revolucionario del Tercer Mundo y de la "Patria Grande Latinoamericana". Mientras sus seguidores emocionales seguían vitoreando al anciano caudillo, muchos otros quizás vieron en ese mismo momento al viejo Viscacha escupiendo el asado y más allá de plaza de Mayo, en un bar de clase media, al fantasma de un domesticado Martín Fierro recordando a los rebeldes que "el que obedeciendo vive / nunca tiene suerte blanda; / mas con su soberbia agranda / el rigor en que padece; / obedezca el que obedece y será bueno el que manda".

Un mes más tarde la inoperancia del gobierno era manifiesta. Olvidado por completo de los asuntos públicos y enzarzado en las luchas intestinas del movimiento peronista, dejaba que la situación económica e institucional se degradara vertiginosamente. Los trabajadores y los empresarios empezaron a negociar prescindiendo tanto de los sindicatos burócratas como del Ministerio de Economía y la guerrilla marxista y montonera aumentó considerablemente su presión en todos los frentes.

Para Montoneros la ruptura con el "padre espiritual" constituía un trauma difícil de digerir, de modo que sus acciones estaban condicionadas por el confusionismo ideológico y la necesidad de definir su nueva identidad y ganar su propio espacio político. Con su diatriba Perón les había señalado que no era el conductor estratégico de la revolución que Cooke y otros intelectuales les habían vendido, y, consecuentemente, que tampoco ellos, dentro de su movimiento, podían ser vanguardia revolucionaria. Montoneros ya no podía seguir sosteniendo la teoría del cerco. Ahora sus dirigentes sabían que nadie aislaba a Perón y que era él quien en realidad ordenaba su persecución.

"Debemos tener presente que no es lo mismo caracterizar una clase o sector social, que caracterizar un individuo. Tratándose de un individuo como Perón esto es especialmente así, por cuanto él no está ligado a intereses económicos específicos, por lo tanto adquiere mayor importancia su caracterización ideológica. En este caso su ideología es la determinante en última instancia de su comportamiento político, pero a la vez esto está determinando por su propia experiencia y formación personal, como así también por la relación de fuerzas en que se encuentra con demás factores de poder" [sic]. Con este galimatías, fragmento de un documento de Montoneros citado por Lesseps y Traveler en *Argentina un país entregado,* la organización armada peronista mostraba su profunda desorientación y la necesidad del autoengaño para explicar su existencia y ocultar la malformación genética de su discurso revolucionario. Perón "se negó –continúa el documento redactado inmediatamente después del Primero de Mayo– a construir conscientemente la vanguardia; más aún toda pocsibilidad de que la clase obrera se constituyese en poder de sí misma, la destruyó o trató de hacerlo; sin embargo no es un traidor a la clase obrera sino un «equivocado» [pues] enfrenta la realidad, con las mismas herramientas ideológicas que en 1945".

Despreciada por Perón, la tendencia revolucionaria, como se autodenominaba JP-Montoneros, empezó a buscar soluciones alternativas al peronismo ortodoxo aunque sin renunciar del todo al vínculo peronista. Mientras JP organizaba el Partido (Peronista) Auténtico (PA), Montoneros por su parte convirtió la lucha que había pretendido ser revolucionaria en lucha facciosa. Una posibilidad ya contemplada por la organización según lo testimonian las palabras del jefe montonero Mario Firmenich, en el *Descamisado* del 11 de septiembre de 1973: (…) "el poder político sale de la boca del fusil. Si hemos llegado hasta aquí es porque teníamos fusiles y los usábamos. Si los abandonáramos, sufriríamos un revés en nuestra posición política". Ante la carencia de una ideología racional, ésta era una forma de consagrar la cultura del fierro (fusil) como sustento ideológico y de inocular nuevas perversiones en el comportamiento político y personal de los militantes del peronismo izquierdizado.

El malicioso uso que Perón había hecho de la tendencia permitió a ésta desarrollarse en su nombre en amplias capas de la sociedad. La capacidad de JP-Montoneros para movilizar a miles de estudiantes, obreros, empleados y villeros tuvo como correlato la fuerza movilizadora del propio Perón y la burocracia sindical. De este modo, la confrontación entre ambas facciones peronistas por el control de los aparatos de poder se dirimió en la calle a través de manifestaciones y contramanifestaciones que, al grito de "patria socialista" y "patria peronista", contribuyeron a aumentar la crispación social, involucraron a toda la población y comprometieron en ella no sólo al gobierno sino también al Estado.

La muerte de Juan Perón, el 1 de ulio de 1974, dejó el gobierno en manos de Isabel Perón y de la siniestra camarilla de José López Rega el Brujo, como se le apelaba por su afición a las ciencias ocultas. La tendencia constató que su opción del PA carecía de atractivo para la mayoría de las masas peronistas y se pasó casi en bloque a la clandestinidad bajo el sello de Montoneros. Huérfanos de padre, expulsados del movimiento e incapaces de reconocer que habían sido engañados o se habían dejado engañar, los dirigentes montoneros mostraron una ética muy poco revolucionaria.

La muerte del caudillo también aflojó las sujeciones en el seno de la derecha peronista, donde empezó a librarse una virulenta lucha por el poder. Al mismo tiempo, la situación económica, política y social se degradó irremediablemente y los militares se prepararon nuevamente para "restaurar el orden y acabar definitivamente con la violencia subversiva".

ISABEL, ISABEL

Muerto Perón, su viuda actuó como una marioneta de López Rega, a instancias de quien trató de organizar su propio grupo de poder. El descarado nepotismo de Isabel agrió aún más las pugnas faccionales en la derecha del peronismo y condenaron definitivamente los acuerdos políticos con los otros partidos y el Pacto Social. Pacto que, por otro lado, ninguna de las partes cumplía en realidad. Tanto la CGT como la CGE, estructuradas en función del principio verticalista impuesto por Perón, no representaban fielmente los intereses de sus afiliados y muchos de éstos actuaban por su cuenta. Los trabajadores, por su parte, en estado de movilización permanente, presionaban para obtener mejores salarios, y los pequeños y medianos empresarios se las arreglaban para especular, subir los precios, mercadear en negro y contrabandear.

En tales circunstancias, la burocracia sindical tomó posiciones y consiguió la destitución del ministro de Economía, José Ber Gelbard, lo que, en la práctica, significó la ruptura de relaciones entre el gobierno y la CGE. Al mismo tiempo, mediante la aplicación de las leyes de Asociaciones Profesionales y de Seguridad Nacional, la CGT, liderada desde la UOM por el vandorista Lorenzo Miguel, se hizo con el control de los sindicatos desalojando de ellos a sindicalistas combativos como Raimundo Ongaro, Agustín Tosco y René Salamanca, entre otros.

Los últimos vestigios del Pacto Social fueron barridos durante 1975, cuando las repercusiones de la recesión mundial, agravadas por el comportamiento anómalo de la economía nacional inducido por la inestabilidad social y política, no tuvieron una respuesta coherente desde el gobierno. Las dificultades de la balanza de pagos y la imposibilidad de contener la inflación movieron a la CGT a entablar negociaciones paritarias a raíz de las cuales se lograron incrementos salariales de hasta el cuarenta por ciento. Pero antes de que se aplicaran, el lopezrreguista ministro de Economía, Celestino Rodrigo, devaluó la moneda en un cien por ciento, autorizó una subida en las tarifas y en los precios del combustible en un porcentaje similar y hasta superior en algunos casos, y puso el cincuenta por ciento como límite de los aumentos salariales.

El llamado *rodrigazo* acabó por derrumbar los restos del pacto sindical y, mientras los sindicalistas exigían medidas paritarias, los trabajadores desbordaron a sus conducciones[1] obligándolas a luchar tanto

---

[1] Conducción: dirección. Cuerpo colegiado formado por los máximos dirigentes de un partido político o de un sindicato (N. del E.).

por los salarios como por su propia supervivencia. La dureza de las medidas del gobierno de Isabel no estaba tan relacionada con la situación económica como con la pugna entre López Rega y la burocracia sindical. Es así que el *rodrigazo*, sustancialmente irresponsable e inmoral sobre todo por sus consecuencias en la población, tenía como objetivo final debilitar la influencia de los jerarcas de la CGT en favor de la secta de poder representada por López Rega.

El contraataque burócrata fue negociar con los empresarios, quienes, con menos resistencia de la esperada, aceptaron pagar un incremento salarial del 160 por ciento al tiempo que se reservaban "el derecho" de subir los precios a su libre albedrío. En defensa de su grupo valedor, Isabel decretó nulo el acuerdo sindical-empresario y puso a los burócratas sindicales encabezados por Casildo Herreras y Lorenzo Miguel ante la disyuntiva de elegir entre el gobierno o ellos. El choque fue inevitable y, después de una semana de inactividad laboral espontánea, la CGT convocó una huelga general de cuarenta y ocho horas para el 7 de julio. Isabel no resistió y López Rega y Rodrigo debieron renunciar a sus cargos y el primero abandonar el país. Isabel, afectada por la tensión, pidió una "licencia presidencial" y fue sustituida temporalmente por el presidente del Senado, Ítalo Luder.

En el Ejército también se verificaron movimientos en la cúpula, donde el general Numa Laplane fue sustituido por el profesionalista general Jorge Rafael Videla, quien, como nuevo comandante en jefe, recibió el encargo de Luder de hacerse cargo de la lucha antisubversiva. Por entonces la crisis económica ya era ingobernable para un gobierno cautivo de su propia inoperancia y de una concepción mezquina del ejercicio del poder público. Los limitados intentos de los partidos políticos de buscar una salida institucional quedaron abortados con el regreso de la viuda de Perón a la presidencia. Pero para entonces su suerte ya estaba echada. El 24 de marzo de 1976 los militares desviaron el helicóptero que la trasladaba a su residencia y la arrestaron. El mito de la Argentina potencia y la farsa de la argentinización del petróleo –a la que con ácido humor algunos llamaron "nacionalización de las mangueras"– habían pasado a la historia.

El golpe de Estado del general Onganía en 1966 había significado la instauración oficial de la doctrina de "seguridad nacional" y con ella la implementación de los métodos contrainsurgentes diseñados por EE.UU. La radicalización de los mecanismos represivos fue paralela a la agitación social y, tras el *Cordobazo*, al desarrollo de la actividad guerrillera. La retirada de los militares a sus cuarteles en 1973 y la subida del peronismo no supusieron ningún cambio estratégico por parte del poder. Antes bien, fue en el seno del peronismo donde se articuló el terrorismo paraestatal como fase previa a la constitución del Estado terrorista.

En febrero de 1974 llegó a Buenos Aires como nuevo embajador de Estados Unidos Robert Hill, con la especial misión de "asesorar" al gobierno peronista sobre cuestiones de seguridad. Hill contaba entre sus logros haber colaborado con los derrocamientos del guatemalteco Jacobo Arbens en 1954, del brasileño João Goulart en 1964 como funcionario de la AIFLD, y del chileno Salvador Allende en 1973 como Secretario de Defensa para Asuntos de Seguridad Internacional del gobierno de Richard Nixon. En 1969, siendo embajador en España, Hill conoció a Perón y López Rega y mantuvo con ellos una estrecha relación, que se renovó a su llegada a Buenos Aires. Aquí desembarcó con todo un equipo de expertos para asesorar al gobierno de Perón y a las fuerzas de seguridad argentinas en la formación de "grupos civiles e irregulares de constrainsurgencia". Formaba parte de este equipo Kenneth Millian, quien había tenido una destacada participación en la firma de los contratos petroleros durante la presidencia de Frondizi.

Apenas presentadas sus cartas credenciales, el embajador Robert Hill firmó con el ministro de Bienestar Social, José López Rega, un acuerdo para combatir el tráfico de drogas y la drogadicción. Según un informe del Tribunal Russell II de 1974, William Colby, director de la CIA, había admitido que los planes antidrogas estaban diseñados para obtener información sobre "terrorismo internacional y secuestros". El acuerdo Hill-López Rega fue seguido inmediatamente de una campaña del Ministerio de Bienestar Social según la cual la guerrilla utilizaba la droga para corromper la sociedad, y de una mayor y más sostenida actividad terrorista de la Triple A.

Con el apoyo de los sectores derechistas del peronismo, de la policía y de las Fuerzas Armadas, López Rega ya contaba con un grupo de choque cuya primera acción pública fue la matanza de Ezeiza, el 20 de junio de 1973, cuando sus francotiradores dispararon sobre la multitud que esperaba a Perón. Poco después, López Rega y el comisario Alberto Villar –recién egresado de la Escuela de las Américas y en septiembre nombrado por Perón jefe de la Policía Federal–, acordaron fusionar sus grupos para lograr una mayor operatividad. Nació así la Alianza Anticomunista Argentina, la siniestra Triple A. Desde ese momento y hasta el golpe de Estado de marzo de 1976, cuando pasó a integrar los llamados "grupos de tarea" policíaco-militares, la Triple A torturó, asesinó y expulsó del país impunemente a centenares de ciudadanos.

La constitución de la Triple A contó con el decidido apoyo del general Numa Laplane, quien dispuso al coronel Seneyldin como enlace de las Fuerzas Armadas con la organización terrorista. Oficiales en actividad de la Policía Federal y de las Fuerzas Armadas, ex policías, delincuentes y también matones sindicales y jóvenes de la Juventud Sindical Peronista (JSP), y la Juventud Peronista de la República Argentina (JPRA), las contrarréplicas derechistas de las izquierdizadas Juventud Trabajadora Peronista (JTP), y JP, fueron reclutados para integrar la banda terrorista. Disponiendo de las importantes partidas presupuestarias del Ministerio de Bienestar Social y de los fondos reservados del Estado, López Rega pudo proveer a la Triple A de gran cantidad de armamento y material explosivo y además pagar a sus miembros por los asesinatos y atentados que cometían, tal como explica detalladamente Eduardo Luis Duhalde en *El estado terrorista argentino*.

La Triple A contó asimismo con sus propios órganos de propaganda, como fueron las revistas *El Caudillo* y *Las Bases,* desde las cuales se proclamaba que "aquí [en Argentina] hace falta un millón de muertos como en España". Una declaración que conectaba con la del general Jorge Rafael Videla, quien, en la XI Conferencia de Ejércitos Americanos, celebrada en octubre de 1975 en Montevideo, anunció que "en la Argentina tendrá que morir la gente que sea necesaria para lograr la seguridad del país".

Pero mientras llegaba el momento en que las Fuerzas Armadas se ocuparían "de hacer morir la gente necesaria", la Triple A extendió el terror mediante amenazas escritas, telefónicas y con bombas–panfleto, dando plazos para abandonar el país a algunos y torturando y asesinando brutalmente a los incrédulos y a quienes consideraban verdaderamente peligrosos. La elección aparentemente caprichosa de sus víctimas –desde militantes y opositores políticos hasta ciudadanos sin adscripción política, pero connotados por su profesión, su aspecto o cualquier otra cosa– estaba destinada a generalizar la sensación de terror en la población.

La campaña terrorista de la Triple A se hizo aún más intensa y brutal cuando el gobierno de Isabel, apenas sostenido por la camarilla sindical, creyó poder erradicar con ella la oposición izquierdista, especialmente la atrincherada en las universidades y medios periodísticos y artísticos, y evitar que las Fuerzas Armadas lo derrocaran. Inicialmente, el plan contó con el apoyo táctico del general Numa Laplane, quien también creía en el "terror blanco" como recurso capaz de ahorrar a las Fuerzas Armadas su intervención directa. De acuerdo con esta política, poco después de la creación de la Triple A, el Ejército creó en Córdoba su propio grupo terrorista, el Comando Libertadores de América. Teniendo su base de operaciones en el III Cuerpo de Ejército, el Comando Libertadores de América, al mando del capitán Bergez, actuó en todo el país –a veces con otros nombres circunstanciales– cometiendo más de trescientos asesinatos y secuestros.

Tras la forzada renuncia de López Rega como ministro de Bienestar Social y secretario privado de la presidenta, hecho que tuvo lugar el 11 de agosto de 1975, las Fuerzas Armadas no permitieron que se quedara en el país. Ocho días más tarde, coincidiendo con una filtración a la prensa de acuerdo con la cual las Fuerzas Armadas tenían "pruebas" de su vinculación con la Triple A, López Rega fue embarcado rumbo a Madrid con la acreditación de "embajador". La Triple A siguió operando algunos meses más.

La persecución que se llevó a cabo contra los trabajadores opuestos a las medidas gubernamentales peronistas y los intentos "normalizadores" de la CGT constituyeron el prolegómeno de la feroz represión militar. Las disputas por cuotas de poder entre la facción lopezrreguista y la cúpula burocrática, encabezada por Casildo Herrera y Lorenzo Miguel, tuvieron como víctimas propiciatorias a los trabajadores. Mientras los lopezrreguistas intentaban desarticular el movimiento obrero para dejar sin sustento a la burocracia sindical, ésta se defendió acentuando el verticalismo de la CGT y persiguiendo a los sectores sindicales que les negaban obediencia.

Desde 1974, la agitación laboral había empezado a desbordar a los burócratas, quienes se vieron casi impotentes para contenerla. Las manifestaciones, las huelgas, las ocupaciones de fábricas, etc., que paralizaban y cuestionaban la autoridad del gobierno nacional, pusieron contra las cuerdas a la CGT. La situación, si bien convenía a los lopezrreguistas, resultaba altamente peligrosa para el gobierno y para la burocracia sindical. En Córdoba y en la santafecina Villa Constitución, el sindicalismo combativo resistía tanto la presión empresarial como los ataques de las bandas armadas de la burocracia sindical. A empresarios y burócratas los respaldaban las leyes de Prescindibilidad, por la que cualquier trabajador podía ser despedido libremente, y de Asociaciones Profesionales, que consagraba el verticalismo gremial y obligaba a todos los sindicatos a entrar en la órbita de la CGT.

Los obreros rebeldes resistieron desde el Movimiento Sindical de Base (MSB), y del Movimiento Sindical Combativo (MSC), plataformas creadas en enero de 1974 para coordinar la lucha obrera. Ese mismo mes el gobierno de Perón introdujo reformas en el Código Penal de acuerdo con las cuales endureció las penas contra los guerrilleros y tipificó como delitos las huelgas y las noticias sobre ellas. Aún así, tres meses más tarde, en Córdoba, las elecciones de SMATA fueron ganadas por René Salamanca, candidato del Partido Comunista Revolucionario (PCR). La creciente agitación obrera y el vacío de poder que manifestaban la burocracia sindical y el propio gobierno llevaron a Perón a salir por última vez al balcón de la Casa Rosada el 12 de junio. Ese día pronunció acaso su discurso más torpe y desesperado. Amenazó de un modo patético con renunciar al tiempo que acusaba a la "sinarquía internacional" de conspirar para derrocarlo. Ese mismo día también se ilegalizó toda protesta laboral no autorizada por el Ministerio de Trabajo.

La muerte de Perón, dos semanas después, no alteró el clima de agitación y SMATA, con el apoyo de Luz y Fuerza, sindicato dirigido por Agustín Tosco, y otros gremios y partidos, como el PST, PRT, PCR, etc., iniciaron una serie de paros en demanda de mejoras salariales y en protesta por la represión. Ante esta acción sindical, las empresas automovilísticas respondieron con un *lock-out* y el gobierno puso fuera de la ley a los dirigentes obreros. La CGT tuvo entonces ocasión de colocar a sus hombres entrenados mayoritariamente en escuelas estadounidenses en SMATA y Luz y Fuerza de Córdoba, FOTIA, que reunía a los obreros del azúcar de las provincias norteñas de Tucumán, Salta y Jujuy, y en la Federación Gráfico Bonaerense (PCR), que dirigía Raimundo Ongaro.

Paralelamente, la Triple A y las bandas armadas del sindicalismo burócrata incrementaron los secuestros y asesinatos de obreros, estudiantes y periodistas y la colocación de bombas en las redacciones y talleres de diarios y revistas de tradición y tendencia democráticas, como *La Voz del Interior, El Mundo* y *Noticias,* entre otros. No obstante, las masas trabajadoras no cedieron. En marzo de 1975, los obreros metalúrgicos de Villa Constitución tomaron las fábricas y formaron grupos armados hasta que fueron brutalmente reprimidos y desalojados por las bandas de la burocracia sindical y tropas del Ejército, después de que el gobierno declarara el área zona de emergencia y vedara el acceso de la prensa a ella. Casi simultáneamente ferroviarios, metalúrgicos, maestros, empleados telefónicos, navales y judiciales, sanitarios, textiles, mineros campesinos, etc., protagonizaron otros virulentos conflictos. En junio, la Confederación de Trabajadores de la Educación Argentina (CTERA), convocó un paro nacional docente que el ministro de Educación, Carlos Frattini, catalogó de "crimen de lesa majestad" y a los miembros del sindicato de "drogadictos subversivos". Al mismo tiempo la CTERA fue declarada ilegal y sustituida por la Unión Docentes Argentinos (UDA), cuyos dirigentes estaban digitados por la CGT y las 62 Organizaciones de Casildo Herrera y Lorenzo Miguel respectivamente. Otro tanto sucedió con las huelgas de mineros de Sierra Grande y Río Turbio, en la provincias patagónicas de Río Negro y Santa Cruz, que fueron calificadas de "revolucionarias" según las leyes de Seguridad Nacional. Desde ese momento comenzó a hablarse de "guerrilla industrial", expresión a la que también se adhirió el jefe de la UCR, Ricardo Balbín.

En ese contexto, la burocracia sindical pactó con los empresarios nuevos aumentos salariales que reforzaban su posición política frente al clan de López Rega y las bases. Pero Isabel los anuló y dio curso al *Rodrigazo*. La CGT no tuvo más remedio que convocar una huelga cuyos efectos más inmediatos fueron las renuncias de López Rega y Rodrigo y las denuncias en el Parlamento de malversación de fondos y asesinatos por parte de aquél con la complicidad de la presidenta. Por entonces, en el seno de la CGT se habían perfilado las tendencias verticalistas, favorables a gobernar con Isabel en su puesto, y antiverticalista. El plan de los antiverticalistas y las Fuerzas Armadas, tenía como fin provocar la renuncia de Isabel y colocar en su lugar a alguien afín. El candidato de las Fuerzas Armadas era Victorio Calabró, burócrata procedente de la UOM que había accedido a la gobernación de Buenos Aires, o bien podía valerse del Movimiento de Integración y Desarrollo (MID), presidido por Arturo Frondizi, con quien Casildo Herreras también había entrado en contacto.

Para ganar tiempo y lograr una cierta distensión, Herrera y Lorenzo Miguel acordaron dar una "licencia" a Isabel y sustituirla por Ítalo Luder, presidente del Senado y amigo del segundo. Una vez recibido el poder, Luder inició una rápida depuración de lopezrreguistas y tomó posiciones en favor del partido militar con miras a poner orden en medio del caos. Con este propósito creó el Consejo de Defensa Nacional, organismo integrado por funcionarios del gobierno y militares, encargado de coordinar las fuerzas represivas. Asimismo, el general Numa Laplane, a quien sus camaradas cuestionaban el apoyo dado a López Rega, fue desplazado por el general Jorge R. Videla, firme defensor de la línea profesionalista del Ejército. Pero los vertica-listas de la CGT no tardaron en hacer regresar a Isabel y a su camari-lla haciendo inevitable el regreso de los militares.

LA DEFECCIÓN DE LOS PARTIDOS POLÍTICOS

Tras la muerte de Perón, el proceso de fascistización del gobierno encabezado por Isabel se aceleró. Mientras que las "fuerzas del orden", las bandas parapoliciales y paramilitares sembraban el terror y los matones de la burocracia sindical imponían su ley a los gremios rebeldes, los partidos políticos "institucionales" apenas si dieron se-ñales de vida.

Junto al obrero, el estudiantil fue el otro gran foco de resistencia contra el implacable avance de las fuerzas negativas que desquiciaban la sociedad argentina. La Universidad, considerada desde los tiempos de Onganía como "nido de subversivos", apenas elegido Perón fue li-teralmente entregada a individuos de la extrema derecha. Ellos se en-cargaron de purgar las aulas de profesores y estudiantes "marxistas", que a su vez fueron perseguidos, encarcelados, torturados y asesinados por la Triple A o la policía.

Al mismo tiempo, el Ministerio de Educación impuso restriccio-nes de matriculación y la exigencia de presentar para inscribirse un "certificado de buena conducta" concedido por la Policía Federal. También ordenó clausurar centros de investigación, censurar carreras y autores considerados peligrosos e instruyó a las autoridades univer-sitarias y de colegios e institutos secundarios prohibir melenas, barbas, minifaldas, etc. en profesores y alumnos.

En tales circunstancias, los partidos políticos revelaron su total inoperancia para llevar a cabo una oposición firme y coherente. A todos ellos también les cabe la responsabilidad de no haber sabido asu-mir su papel institucional y adoptar posiciones activas contra los abu-sos de poder y la conculcación de los derechos civiles que ya se verifi-caban. La esperanza que despertó el manifiesto de la "hora del pueblo" resultó así mero espejismo. La actuación de los partidos en el Parla-mento Nacional dejó mucho que desear y su tibieza, cuando no el silencio pusilánime, frente al terrorismo paraestatal llegó a ser escandalosamente inmoral. Más aún cuando dejaron sin cobertura partidaria a algunos diputados que se pronunciaron individualmente y que acabaron siendo asesinados o simplemente cuando Perón se burló de los suyos que se opusieron a la reforma del Código Penal y los obligó a renunciar. Tampoco hicieron nada para evitar la especulación, la prevaricación, el contrabando y la evasión de divisas. También dejaron sin cobertura política al movimiento obrero, al cual no supieron ofrecer salidas institucionales y lo dejaron en sus luchas reivindicativas librado a su suerte, como también lo dejó el PJ, entregado como estaba a sus propias miserias faccionales.

Por su parte, los partidos de la izquierda legal —PC, que en las elecciones había recomendado votar por los peronistas, PS, el Frente de Izquierda Popular (FIP), y el PST—, carecían además de implantación entre los trabajadores y apenas contaban para éstos. Los partidos de la izquierda radical —PRT, Vanguardia Comunista, Movimiento de Izquierda Revolucionaria (MIR), etc.— tuvieron, a pesar de su dogmatismo doctrinal no exento de sectarismo, una actitud más digna. Pero su influencia quedó limitada a los sindicatos combativos y a las zonas rurales de Tucumán, y nunca llegaron a proyectarse como partidos de amplia base social.

A finales de 1975, cuando la desintegración del régimen peronista ya era manifiesta, los partidos políticos comenzaron a moverse buscando una tabla de salvación. Con el FREJULI en vías de extinción, el frodizista MID lo abandonó y, como la UCR de Balbín y otras formaciones menores, exigió elecciones anticipadas mientras buscaban alianzas con los militares, la Iglesia y la burocracia sindical. Con vistas a la nueva consulta electoral, los peronistas derechistas patrimonializaron el nombre y los símbolos del movimiento y se agruparon en el Partido Justicialista (PJ), mientras que los izquierdizados lo hicieron en el Partido Auténtico (PA).

El gobierno de Isabel aceptó convocar las elecciones para finales de 1976 y las Fuerzas Armadas parecieron no oponerse. Incluso Videla, el nuevo comandante en jefe, dio señales de contar con Victorio Calabró cuando le agradeció su colaboración durante la represión que siguió al ataque guerrillero a Monte Chingolo, el 23 de diciembre de 1975. Sin embargo, dos días antes, el llamado "Comando Azul" de las Fuerzas Aéreas intentó un golpe que resultó una prueba para los militares. Éstos constataron que la CGT, tal como había actuado con el derrocamiento de Perón en 1955, no movilizó a los trabajadores según había amenazado, además el país ya vivía en "huelga estructural"; de la que los medios de comunicación informaron con un tono pasmosamente rutinario, y que la población, en particular la clase media, pareció estar esperando y acaso deseando que algo así sucediera. Esto les bastó para saber que no necesitaban de los partidos políticos y que no debían correr el riesgo de que las elecciones las ganara algún partido izquierdista en un momento que consideraban crucial de la lucha contra la guerrilla. "Quebrar el orden constitucional sería un trágico error" advirtió la UCR sin convicción y tardíamente.

LA INSURRECCIÓN ARMADA

ERP y Montoneros llevaron el peso de la lucha armada en Argentina después de la tregua impuesta por las elecciones de marzo de 1973. Ambas formaciones armadas reclamaron para sí la condición de vanguardias y sobre este supuesto encauzaron sus actuaciones y su rivalidad.

La organización izquierdista retomó las armas cuando el ala derechista del peronismo provocó la renuncia del presidente Cámpora y se vislumbró el ataque frontal desde el nuevo gobierno a las fuerzas sociales democráticas. Desde el espectacular asalto al cuartel militar de Azul, en la provincia de Buenos Aires, el ERP desplegó una intensa actividad armada al mismo tiempo que el PRT, la organización política ampliaba su base en villas de emergencia y en sindicatos, principalmente en los cordobeses SITRAC-SITRAM y Luz y Fuerza. Pero acaso el mayor avance de la lucha guerrillera del ERP se dio en las zonas rurales de Tucumán, donde llegó a constituir "zonas liberadas", desde las cuales ofreció una fuerte resistencia a la represión militar.

Montoneros, que llamaba despectivamente *erpios* y *perros*, a los militantes de ERP y PRT, aglutinó a partir de 1973 al resto de las organizaciones armadas peronistas y marxistas pro peronistas. La ruptura con Perón, en mayo de 1974, llevó a la organización a un profundo replanteamiento ideológico para seguir contando con aquellos jóvenes que, desilusionados le habían gritado al caudillo "¡Nos pasa por boludos, nos pasa por boludos, por votar a una puta y a un cornudo!" mientras dejaban casi vacía la histórica plaza de Mayo.

El problema fundamental para ellos era recomponer la tesis del peronismo como movimiento de liberación nacional, aliado táctico de la burguesía nacional, de hecho, siempre connivente con capital monopólico extranjero y no su víctima. Su confusionismo ideológico y su negativa a realizar una revisión racional de su discurso, los llevó en cierto modo a plantearse, tal como había pretendido Vandor, un peronismo, en este caso "revolucionario", sin Perón.

La inconsistencia ideológica y, sobre todo, ética de los máximos dirigentes de Montoneros no pudo sino generar un proceso de radicalización pervertido. La lucha revolucionaria fue en realidad lucha faccional. Un tipo de acción que ellos mismos denominaron montonerismo y que evocaba a las montoneras, las bandas irregulares de los caudillos federales que sangraron el país durante buena parte del siglo XIX y retardaron su organización institucional. Fue sintomático que su primer gran operativo armado fuese el secuestro, en septiembre de 1974, de los hermanos Juan y Jorge Born, socios de Bunge y Born, el mayor grupo exportador de cereales. Por su liberación Montoneros cobró unos sesenta millones de dólares, pero lo más llamativo fue que uno de sus captores, Rodolfo Loco Galimberti, acabó años más tarde asociado a Jorge Born en una empresa, y a David Manners y Frank Anderson, dos ex agentes de la CIA, en otra.

Lo trágico de la conducta de la directiva de Montoneros no fue optar por la lucha armada, cuando el sistema hegemonizado por el extremismo conservador y el capital monopólico había cerrado todas las vías de salida, sino emprenderla desde el faccionalismo. Centenares de jóvenes ilusionados con la "liberación nacional" fueron engañados y conducidos inescrupulosamente al sacrificio. Mientras muchos de estos militantes montoneros eran secuestrados, torturados y asesinados por la dictadura militar, los máximos dirigentes, Rodolfo Galimberti y Mario Firmenich, huyeron al exterior poco después de producido el golpe. Las sospechas de un vínculo entre la cúpula dirigente de Montoneros, a la que también pertenecían Fernando Vaca Narvaja y Roberto Cirilo Perdía, y los servicios secretos militares volvieron a ponerse de manifiesto en 1980. Ese año se desarrolló la Operación Murciélago, de acuerdo con la cual la Conducción Nacional de Montoneros llamó a Argentina a la militancia superviviente para reanudar la luchar armada. Sin embargo, a medida que fueron llegando al país, unos veinte militantes peronistas fueron secuestrados, torturados y asesinados por el régimen militar. A raíz de la denuncia realizada en 1983 por los familiares de una de las víctimas contra la cúpula dirigente montonera, el juez federal Claudio Bonadío ordenó una investigación. De acuerdo con ella, el juez Bonadío halló indicios "de que en el secuestro, privación ilegal de la libertad y homicidios" de los montoneros que regresaron en 1980 "habrían tenido responsabilidad los integrantes de la conducción nacional de esa organización".

El ERP, cuyo máximo dirigente era el tucumano Roberto Mario Santucho, desarrolló su lucha condicionado ideológicamente por su desconfianza hacia el peronismo, lo cual lo llevó a tener una relación traumática con las masas trabajadoras, cuya expresión más grotesca fue la proletarización de sus militantes. Aparte de carecer, como Montoneros, de un proyecto de Estado para el futuro que no fuese el simple enunciado de "liberación nacional", todas las energías del ERP se volcaron en la lucha armada y en ampliar la base social a través del PRT. Esta necesidad, más acuciante a medida que se radicalizaba la lucha, hizo a la organización más vulnerable a la infiltración de agentes de las fuerzas de seguridad, tal como se constató en el ataque al Batallón 601 de Arsenales de Monte Chingolo, cuyo fracaso se debió a una delación. También a causa de una delación cayó Santucho en una emboscada el 19 julio de 1976. Sólo unos pocos dirigentes lograron salvarse de la aniquilación.

Las organizaciones izquierdistas que optaron por la lucha armada siguiendo la estela de Castro en Cuba y Ho Chi Min en Vietnam cometieron un grave y trágico error de análisis. En éste equivocaron tanto el cálculo de la relación de fuerzas con un adversario ideológica y materialmente potente, como el comportamiento de la sociedad.

Desde su autoconsideración de vanguardia, el ERP, por ejemplo, tuvo una percepción equivocada del nivel de concienciación política y del grado de compromiso social de los asalariados. Tal vez el espejismo de la "lucha revolucionaria" les impidió considerar que la combatividad obrera no tenía más objetivo que la satisfacción de las reivindicaciones laborales y que el grueso de la clase media, de la cual procedía la mayor parte de sus militantes, era esencialmente conservadora e inmovilista. Esta errónea percepción de la realidad, llevó a PRT-ERP a creer que en 1974 Argentina vivía una situación prerrevolucionaria y que, consecuentemente, debía "actuar como un catalizador, multiplicar su fuerza y experiencia y prepararse para ofrecer a nuestro pueblo una sólida vanguardia". Durante 1975, favorecido por los éxitos del ERP en el frente rural, el PRT declaró que era el momento de "intervenir con todas su fuerzas para lograr la más amplia apertura democrática" a través de la movilización de las masas y la actividad armada por un lado, y por otro ofreciendo una tregua al gobierno de Isabel a cambio de una amnistía política y del impulso de "amplias libertades democráticas". El fracaso de Monte Chingolo, la caída de Santucho y otros golpes que casi aniquilaron a la organización fueron reconocidos por el PRT como un "serio error en la implementación de la técnica frente al golpe militar" y "un error de apreciación táctica en cuanto a los ritmos de la generalización de la guerra". Como afirman Lesseps y Traveler, contrariamente a lo que el PRT esperaba, el incremento de la violencia provocó una retracción de las masas que sorprendió al aparato "demasiado pegado" a ellas y lo dejó expuesto al ataque de las fuerzas represoras.

LA HORA DEL LOBO

El 23 de marzo de 1976, el helicóptero que transportaba a Isabel de la Casa Rosada a la residencia de Olivos fue interceptado por aeronaves militares y desviado al aeroparque porteño. Desde allí fue trasladada a un confinamiento en el sur del país. Al día siguiente, la Junta de comandantes de las Fuerzas Armadas asumió el poder y designó presidente al general Jorge Rafael Videla. Comenzó así, de un modo casi rutinario, la dictadura más siniestra de la historia argentina del siglo XX y a la vez una de las más feroces de la América Latina.

Nadie osó discutir los argumentos que los militares esgrimieron para romper el orden constitucional. El caos social y económico y la violencia generalizados parecían darles la razón. Una vez más unos partidos políticos anquilosados y la proyección de sus miserias faccionales sobre la vida ciudadana habían desplazado a segundo plano las instituciones republicanas. Esta ineptitud para dar soluciones a los problemas de la nación activó los mecanismos tutelares de las Fuerzas Armadas para iniciar lo que dio en llamar Proceso de Reorganización Nacional.

El proceso, voz que será utilizada como eufemismo del sangriento periodo represivo, tuvo su origen en múltiples factores, internos y externos, y significó la puesta en práctica de un vasto plan de "regeneración" moral de la sociedad, pacificación social y reestructuración económica. Entre las motivaciones internas figuraba principalmente el decidido propósito militar de acabar para siempre con las lacras de la sociedad argentina que, según ellas, habían impedido su desarrollo económico, y entre las externas, la de situar a Argentina en el nuevo mapa internacional del trabajo dibujado por el capitalismo monopólico y asegurar la pertenencia del país al área de influencia ideológica de Estados Unidos.

El profesionalismo con que los militares implementaron el Estado terrorista para alcanzar sus propósitos fue de una eficacia atroz; tanto que las secuelas que dejó trastornaron profundamente la vida y la conducta de los ciudadanos. Admiradores institucionales de la Wehrmacht hitleriana, los militares argentinos superaron en muchos aspectos la perversión nazi hasta conseguir quebrar las barreras morales que separan al ser humano de la abyección. La derrota de la guerrilla, por ejemplo, no se debió tanto al poder de fuego como a la delación obtenida bajo las más refinadas torturas físicas y psicológicas practicadas a "subversivos" o a sus parientes.

La población, que en su mayoría había asistido con cierta indiferencia el esperado golpe militar, se refugió inicialmente en ese "yo, argentino", terrible frase de identificación y autoexclusión de todo compromiso. Quien la pronunciaba no se sentía culpable de nada de lo que sucedía a su alrededor y tenía derecho a zafar, es decir, a evadir o escapar de cualquier responsabilidad u obligación de actuar ante algo que "no le concernía". De este modo, a medida que la represión y el terror se fueron enseñoreando en la vida civil, el ciudadano argentino "apolítico", el que "no estaba metido", aconsejaba "no te metás", o se escudaba encogiéndose de hombros ante un allanamiento de morada, un arresto ilegal, un asesinato o una desaparición en el insidioso "algo habrá hecho". Sobre este sustrato civil pusilánime e innoble, los militares argentinos pudieron disponer de un espacio social para hacer profesionalmente su trabajo y eliminar no sólo a quienes habían optado por la lucha armada, sino también a miles de ciudadanos inermes, cuyo delito era disentir. "Un terrorista no es sólo el portador de una bomba o una pistola, sino también el que difunde ideas contrarias a la civilización occidental y cristiana", había dicho el general Videla.

El comportamiento de la Iglesia católica en la ocasión fue coherente con su tradición y dio apoyo al golpe de Estado que también había alentado y para el cual había preparado su propia estrategia. Como escribió el portavoz del partido militar, Mariano Grondona, en la revista *Mercado* del 16 de octubre de 1975, "la espada y la cruz velan por el sistema" y "en una hora de crisis estas dos instituciones (Ejército e Iglesia) deben celebrar su aproximación".

Unos días antes, el Episcopado argentino había pedido a las Fuerzas Armadas "un claro y positivo esfuerzo –hasta heroico si fuese necesario– para devolver la paz y la seguridad interior"; el arzobispo de Buenos Aires, monseñor Juan C. Aramburu había bendecido a la policía como "benefactora de la sociedad", y, el 23 de septiembre, en una homilía durante los funerales de un oficial muerto en acción, el vicario castrense, monseñor Victorino Bonamín, dijo: "El ejército está expiando la impureza de nuestro país. ¿No querrá Cristo que algún día las fuerzas armadas estén más allá de su función?".

En consonancia con esta tendencia de la alta jerarquía eclesiástica argentina, el Vaticano también dio sus propios pasos y nombró pro–prefecto de la Congregación para los Religiosos de la Santa Sede a monseñor Eduardo Pironio. De este modo sacó del país una voz que resultaba disonante para aquélla, lo que en la bizantina política pontificia significaba darle su aval.

LA MAQUINARIA DEL TERROR

La represión y el terrorismo desencadenados por la Junta de comandantes, compuesta por el general Jorge R. Videla, el almirante Emilio Massera y el brigadier general Orlando Agosti, se insertaron en el marco de una estrategia continental de aplicación de la "doctrina de seguridad nacional" instrumentalizada por la política exterior de Washington. La implementación nacional, pese a seguir patrones contrainsurgentes dictados en las escuelas estadounidenses, corrió a cargo de las Fuerzas Armadas locales y su mayor o menor eficacia dependió del celo con que se aplicó cada una.

En la XI Conferencia de Ejércitos Americanos, celebrada en Montevideo entre el 20 y 27 de octubre de 1975, las Fuerzas Armadas latinoamericanas y de Estados Unidos ajustaron la coordinación de una estrategia contrainsurgente continental y la creación de "una fuerza represiva y de un régimen de terror institucionalizado para «proteger al hemisferio de la conspiración comunista internacional»", como escribieron Klare y Stein en *Armas y poder en América Latina*.

Durante aquellas jornadas, los representantes de los ejércitos de los distintos países firmaron pactos secretos con Estados Unidos, de acuerdo con los cuales éste aumentó el número de "asesores" para combatir la subversión y, de modo concreto, en Argentina, el foco guerrillero de Tucumán. El general Videla, quien dijo en la ocasión que "en la Argentina tendrá que morir la gente que sea necesaria para lograr la seguridad del país", defendió la teoría del "profesionalismo castrense apartidista" y la necesidad de "concentrarse en la diagramación de una política antisubversiva coordinada por los quince países participantes".

La idea de actuar coordinadamente en la represión, que ya había sido discutida previamente en Paraguay, se acabó de perfilar en diciembre de 1975 en Santiago de Chile, donde, bajo la capa del general

Augusto Pinochet, se aprobó el llamado Operativo Cóndor. De acuerdo con este operativo quedó constituido en el continente un "espacio de libre represión", dentro del cual los agentes de seguridad pudieron perseguir, secuestrar y asesinar sin restricciones e impunemente a opositores refugiados en cualquiera de los paises del Cono Sur.

Ya en el poder, la Junta de comandantes puso en práctica su profesionalidad para acabar con la subversión y con los vicios sociales que impedían el desarrollo y la armonía del país. Como todo el mundo esperaba, suspendió todas las garantías constitucionales, pero nadie imaginó que "diagramara"[1] y pusiera en marcha la más compleja y eficaz maquinaria de terror, genocidio y desintegración del cuerpo social de cuyo funcionamiento ningún ciudadano argentino salió indemne. Ni siquiera sus operarios.

Obsesionadas por llevar a cabo una eficaz gestión de la represión y del nuevo orden social emanados del Proceso de Reorganización Nacional, las Fuerzas Armadas argentinas, por primera vez en su historia, se repartieron parcelas equitativas de poder y áreas de actuación autónoma coordinadas por la Junta de comandantes. El esquema de su organigrama represivo estaba orientado a la aniquilación de toda disidencia y a la desmembración de la sociedad civil. Con este fin, la Junta militar abolió los derechos constitucionales; suprimió los sindicatos, partidos políticos, entidades culturales y estudiantiles "marxistas" y otras formas de representación civil confiscando sus cuentas bancarias y bienes patrimoniales; intervino las universidades y reorganizó los planes de estudio; controló, censuró y manipuló todos los medios de comunicación, y, como informó la Comisión de Derechos Humanos (CIDHU) de la OEA, "prescindió del cuerpo jurídico encargado de la administración de la justicia" y persiguió a los abogados defensores de presos políticos, dejando a éstos sin defensa técnica ni jurídica.

La nueva legalidad dio soporte formal a la impunidad fáctica y jurídica de las Fuerzas Armadas, las cuales aplicaron su justicia sumaria a través de consejos de guerra especiales o bien mediante la "ley de

---

[1] Argentinismo. Equivale, según el DRAE, a "diseñar el formato de una publicación" (N. del E.).

fugas". Pero, aún así, este marco jurídico les resultó estrecho, pues como declaró en marzo de 1977 el teniente coronel Hugo Pascarelli, comandante del Grupo I de Artillería de Ciudadela, "la lucha que libramos no reconoce límites morales, se realiza más allá del bien y del mal". Las Fuerzas Armadas argentinas violaron todas las leyes morales y profanaron la dignidad de miles de personas. Poseídas de un espíritu de cruzada, construyeron un aparato estatal clandestino que puede figurar entre las obras más abyectas de la perversión humana. No es ocioso asegurar que los militares argentinos superaron ampliamente el sistema terrorista nazi.

La infraestructura represiva clandestina se basó en centros de detención o 'chupaderos', y la acción de unidades especiales o "grupos de tarea", encargadas de allanar moradas, secuestrar, interrogar, torturar y asesinar a "subversivos", miles de los cuales pasaron a engrosar las listas de desaparecidos. Los "grupos de tarea" estaban integrados por militares de las tres fuerzas armadas, policías y elementos de la Triple A y otros grupos terroristas parapoliciales y paramilitares que fueron absorbidos. Estas unidades, que dependían de los comandantes regionales, tenían sus propias jurisdicciones dentro de las cuales sus jefes eran amos absolutos.

Como afirma Eduardo Luis Duhalde, la columna vertebral del Estado terrorista se articuló en la aceptación de todos los mandos de los fundamentos doctrinales de control del Estado para obrar la desarticulación de la sociedad civil; la estructuración jerárquica y controlada de la actividad represiva ilegal, cuya eficacia se fundaba en la descentralización y en la preservación de su clandestinidad, y en la impunidad fáctica. De este modo, las Fuerzas Armadas argentinas fueron capaces de llevar adelante su plan genocida que diezmó a toda una generación y dejó terribles secuelas en toda la sociedad.

La aliada espiritual

La desmembración de la sociedad civil y política y el desarrollo del Estado terrorista fue posible también por el apreciable apoyo espiritual que la jerarquía católica argentina dio al Proceso de Reorganización

Nacional. Históricamente ligada a la oligarquía e identificada con la visión política y social de las Fuerzas Armadas, la Iglesia apoyó sin reparos morales la cruzada militar contra el "marxismo apátrida" que subvertía los valores occidentales y cristianos. Profundamente reaccionaria, la jerarquía eclesiástica argentina bendijo a quienes defendían las consignas de Dios, Patria y Hogar y Tradición, Familia y Propiedad.

El 4 de marzo de 1976, el mismo día de la ejecución del golpe de Estado encabezado por el general Videla, el presidente de la Conferencia Episcopal Argentina, arzobispo de Paraná y vicario castrense, monseñor Adolfo Servando Tortolo, hizo un llamamiento a la sociedad para que cooperase "positivamente" con el régimen militar para que éste pudiera "reinstaurar definitivamente el auténtico espíritu nacional y una convivencia que no pueden soslayarse con palabras sino que debe enfatizarse con hechos". Monseñor Victorio Bonamín, provicario castrense, a quien se conoció como el "profeta de la sangre" por su encendido verbo, en una homilía pronunciada el 23 de septiembre de 1975, definió a las Fuerzas Armadas como "una falange de gente honesta, pura. Hasta han llegado a purificarse en el Jordán de la sangre para poder ponerse al frente de todo el país, hacia grandes destinos futuros".

La jerarquía eclesiástica, además de brindar su apoyo político y servir de sostén espiritual a la alta oficialidad y librarla de cualquier sentimiento de culpa por los excesos que cometía, también se mostró dispuesta a "enfatizar con los hechos" sus mensajes de aliento y sus palabras de alivio. En este sentido, ya había pasado a la acción en 1973 ejerciendo una fuerte presión sobre los sacerdotes agrupados en el MSTM. Dos años más tarde el movimiento sacerdotal inspirado en la teología de la liberación había dejado de existir como grupo disidente. Los obispos y sacerdotes que continuaron con su labor pastoral según sus convicciones lo hicieron individualmente quedando sin cobertura institucional y expuestos a la acción represiva de las bandas terroristas primero y de las Fuerzas Armadas después.

Pero mientras la "Iglesia de los pobres" ofrecía en holocausto a sus pastores, curas, monjas, seminaristas, legos y también obispos, entre éstos Enrique Angelelli y Carlos Ponce de León, la Iglesia oficial dispuso personal para asistir a las víctimas en los centros de detención clandestina y animarlas a colaborar con la autoridades a través de la confesión. También bajaron a los sótanos de la represión los jerarcas de la Iglesia en visitas de caridad cristiana. Según los testimonios recogidos por la CADHU, los monseñores Bonamín, Aramburu, éste cardenal primado de Argentina, Leaden y Pío Laghi, nuncio apostólico de la Santa Sede, entre otros obispos, arzobispos y cardenales, se dignaron a dar misa a los "presos-desaparecidos", regalarles ejemplares de la Biblia y aconsejarles tener "fe y esperanza".

La política eclesiástica fue paralela a la evolución del proceso represivo del Estado terrorista y en este sentido se acomodó a sus distintas fases. Así, en 1979, cuando ya había sido aniquilada la oposición y bajó la intensidad de la represión, la Iglesia se alineó con las Fuerzas Armadas ante el "problema" de los "desaparecidos" preparando a la feligresía para la justificación militar del genocidio. El Episcopado, en la Declaración de la Comisión Permanente del 14 de diciembre de ese mismo año afirmaba que, a pesar de las pertinentes aclaraciones del gobierno, subsistía "el problema de personas desaparecidas, sea por la represión o también por libre determinación". De este modo la Iglesia católica asumió la tesis militar según la cual se reconocía la existencia de personas desaparecidas por la represión, pero también se descargaba a ésta al señalar que había otras desaparecidas "por libre determinación".

Tras instar en la misma declaración a las Fuerzas Armadas a dar solución al "problema" mediante "una actitud más comprensiva ante quienes sufren la desaparición de seres queridos", la Pastoral del 3 de mayo de 1980 fue más insidiosa aún. En esta pastoral el Episcopado insistía en la necesidad de resolver la cuestión pues las protestas "crean una desconfianza general y destruyen profundamente el tejido social, aquellos (Madres de Plaza de Mayo y organizaciones de derechos humanos) que instrumentan la tragedia y el dolor de otros con fines inconfesados".

Paralelamente, la jerarquía eclesiástica en sus distintos documentos animó a los ciudadanos argentinos a hacer "un esfuerzo personal y comunitario, para erradicar las divisiones y el odio e implorar la reconciliación que exige la justicia y que lleva a la civilización del amor". Influido por la Curia vaticana de Juan Pablo II y su experiencia con el sindicato polaco Solidaridad, pasado cierto tiempo el Episcopado argentino procuró una "apertura" social y empezó a marcar una estratégica distancia con el régimen militar. En consonancia, se aproximó a sindicalistas más o menos combativos para restablecer los lazos de la Iglesia con los trabajadores; organizó peregrinaciones, especialmente al santuario de la Virgen de Luján, fomentó la formación de grupos doctrinales; insistió en su preocupación por la fe, la moral y los derechos humanos e incluso llegó a publicar un documento en 1981 titulado *Iglesia y comunidad nacional* en el que reivindicaba su identificación con los principios y valores republicanos. La oposición de algunos miembros de esa jerarquía conservadora y acomodaticia, como la de los obispos Miguel Hesayne, Jaime de Nevares y Jorge Novack, entre muy pocos más, no fue suficiente para que la doctrina oficial –refrendada con la visita del papa Juan Pablo II en 1982– diera base ideológica al genocidio.

Con estos antecedentes, el 28 de abril de 1983, el general Reynaldo Bignone, nuevo presidente designado por las Fuerzas Armadas, dio a conocer el documento justificativo de la Junta que debía leerse "dentro del espíritu de pronunciamiento de los obispos". Este documento, tras argumentar las razones por las que las Fuerzas Armadas, de seguridad y policiales se vieron obligadas a intervenir "en defensa de la comunidad nacional cuyos derechos no estaban asegurados", destaca que la actuación fue llevada a cabo "con la aprobación expresa o tácita de la mayoría de la población" y "orgánicamente y bajo sus comandos naturales (...) en cumplimiento de órdenes propias del servicio". Tras hacer la salvedad de que "aquellas acciones que, como consecuencia del modo de operar, pudieron facilitar la comisión de hechos irregulares (...) han sido juzgadas y sancionadas por los consejos de guerra", el documento justifica el genocidio con una *goebeliana* conclusión: "En consecuencia, debe quedar definitivamente claro que quienes figuran en nóminas de desaparecidos y que no se encuentran exiliados o en la clandestinidad, a los efectos jurídicos y administrativos se consideran muertos, aún cuando no pueda precisarse hasta el momento la causa y oportunidad del eventual deceso, ni la ubicación de sus sepulturas".

LA VOZ DE SU AMO

En los años setenta, la recesión económica mundial provocada por las crisis petroleras generó importantes excedentes financieros que no podían ser absorbidos por la economía real o productiva. Los países industrializados habían echado mano a capital, en general procedente de créditos, para pagar a los países productores de la Organización de Países Exportadores de Petróleo (OPEP), los cuales inundaron el mercado financiero. Sus petrodólares facilitaron créditos a bajo interés que aprovecharon los países "en vías de desarrollo", los cuales no calcularon la verticalidad de la caída de los precios internacionales de sus productos de exportación y las dificultades que ello acarrearía para el pago de una crecida deuda externa.

El dinero no vinculado a la economía real afectó negativamente al crecimiento económico en todo el planeta y colapsó el sistema vigente de los tipos de cambio, lo cual originó un brusco desequilibrio en el crédito mundial, una fuerte espiral inflacionaria y despidos masivos de trabajadores en los países industrializados. Los efectos de la recesión en estos países miembros de la Organización para la Cooperación y el Desarrollo Económico (OCDE), alcanzaron a los países de economías intermedias, en proceso de industrialización y agroexportadores, a los que, como México, Brasil, Chile y Argentina, la caída de los precios de las materias primas tocó bajo su línea de flotación.

La contracción de la economía internacional fue otro de los factores que acentuaron en Argentina los efectos de sus cíclicos períodos recesivos y, consecuentemente, en combinación con factores políticos locales aumentaron la inestabilidad social. El Pacto Social peronista y, tras su fracaso, el golpe de Estado de 1976 están, desde esta perspectiva, vinculados a los movimientos de las multinacionales, que tomaban posiciones junto con los acreedores externos encabezados por el FMI, el Banco Mundial y el Club de París.

Paralelamente, las tensiones derivadas de la guerra fría movieron a Estados Unidos a acentuar la presión ideológica sobre los países latinoamericanos para integrar el continente a un "espacio vital". La hegemonía ideológica también implicaba la redefinición del mapa económico y la consiguiente atribución de distintos roles a los países latinoamericanos. Esta planificación de la economía latinoamericana suponía asimismo la total remodelación de las estructuras productivas y la elección de un determinado país como gerente continental. Argentina aspiraba a este cargo, pero Estados Unidos acabó inclinándose por Brasil ante su mayor potencialidad y "estabilidad" desde el golpe militar de 1964. Brasil se vio beneficiado por un importante flujo de inversiones procedente de Estados Unidos, Japón, Francia y Alemania Occidental. Este último país le proporcionó además la tecnología necesaria para producir energía nuclear, que Argentina ya poseía y que le había permitido inaugurar en 1974 la central atómica Atucha I. En correspondencia a su asignación de país industrializado dependiente, Brasil cumplió con eficacia su papel de gendarme continental y participó activamente en los golpes de Estado en Bolivia, en 1971, contra el general Juan José Torres, asesinado cinco años después en Buenos Aires siguiendo las directrices del Operativo Cóndor, y en Chile, en 1973, contra Salvador Allende.

El golpe del general Pinochet en Chile sirvió para eliminar una experiencia socialista democrática y al mismo tiempo disponer de un territorio idóneo para la experimentación de las tesis económicas monetaristas de la escuela de Chicago. De acuerdo con la ecuación de Fisher, fórmula matemática que establece las relaciones entre la oferta monetaria y su velocidad de circulación con respecto al nivel de precios, Milton Friedman elaboró sus tesis económicas monetaristas dentro de la más rigurosa ortodoxia liberal. El monetarismo interpreta que los cambios monetarios son independientes de los cambios de la actividad económica y, por tanto, no son necesariamente reflejos de la misma. En consecuencia, para el profesor de la Universidad de Chicago, basta con controlar la oferta de dinero para conseguir un crecimiento moderado del circulante del mismo y, acomodado al crecimiento de la actividad económica, para neutralizar los procesos recesivos y mantener el crecimiento de la economía. Para implementar esta política, el papel del Estado es secundario, salvo para crear las condiciones apropiadas dado su alto costo social. "Como conservador devoto y de principios, el profesor Friedman veía en la política monetaria la llave de la fe conservadora. No requería intervención directa del Estado en el mercado. Suprimía el manejo directo de los gastos y los impuestos, por no hablar del gran presupuesto, implícito en el sistema keynesiano. Era una fórmula para reducir al mínimo el papel del Gobierno, para volver al mundo maravillosamente más sencillo del pasado", afirma John K. Galbraith en su libro *El dinero*.

La aplicación de los mecanismos de la doctrina monetarista, con la que se pretendía afrontar en el futuro crisis similares a las de 1973, exigía en consecuencia a los países en vías de desarrollo una total libertad de movimientos para el capital extranjero, especialmente el financiero, para lo cual era "imprescindible" resignar la soberanía nacional y eliminar toda oposición social y política, dado que sus "daños colaterales" consistían en la reducción del consumo, la quiebra de las pequeñas y medianas empresas, el aumento del desempleo y el empobrecimiento de los asalariados.

Aunque relegada con respecto a Brasil, Argentina siguió defendiendo sus posiciones para mantener el equilibrio de fuerzas en la región. En 1975, el secretario general de la OEA, Alejandro Orfila, visitó el país e instruyó a empresarios y altos oficiales de las Fuerzas Armadas sobre el rol que Estados Unidos les tenía reservado. En aquella reunión que pasó casi inadvertida, los poderes fácticos supieron que a Argentina no le correspondía ser un país industrializado, sino agroexportador, "en combinación con otros países del área", importador de tecnología y abierto al capital financiero. El mensaje era claro. Quienes asumieran el poder debían clausurar las pretensiones de contar con una industria pesada nacional y, consecuentemente, dejar de soñar con la Argentina potencia.

La inversión de Robin Hood

Mientras el aparato represivo del Estado terrorista se ocupaba de eliminar toda forma de oposición, los sucesivos gobiernos militares afrontaron las reformas económicas de la "reorganización nacional".

El modelo resultante de la aplicación de la ortodoxia monetarista supuso la destrucción del aparato productivo, un espectacular aumento de la deuda interna y externa, la prevalencia de la economía financiera sobre la productiva y con ella el rápido empobrecimiento de la población. Como dato significativo basta considerar que entre 1976 y 1981 el crecimiento del sector industrial fue sólo del dos por ciento, mientras que el crecimiento del financiero fue del ciento cincuenta por ciento.

El hombre encargado por los militares para ejecutar la política económica del "proceso" fue José Alfredo Martínez de Hoz, descendiente de una familia de la oligarquía terrateniente, presidente de ACINDAR, la mayor compañía siderúrgica privada del país y estrechamente vinculado a las organizaciones financieras internacionales. Durante los cinco años que duró la presidencia del general Videla, Martínez de Hoz llevó a cabo una transformación tan profunda de las estructuras económicas del país que, a pesar de los obstáculos que le opusieron algunas facciones militares nacionalistas, resultó irreversible. Sobre el alcance y la naturaleza de la transformación puede decirse que Martínez de Hoz invirtió hasta tal punto los términos distributivos de la economía nacional que, en una irónica extrapolación de la leyenda inglesa de Robin de los Bosques, fue llamado popularmente Hood Robin, pues "robaba a los pobres para darle a los ricos".

Al hacerse cargo del ministerio, en marzo de 1976, Martínez de Hoz constató que las arcas del Estado estaban casi sin reservas para cumplir con la deuda internacional. No obstante, el FMI acudió en su auxilio con un crédito *stand–by* trescientos millones de dólares al que se sumó otro de mil millones de dólares concedido por un consorcio de bancos extranjeros encabezados por el Chase Manhattan. Inmediatamente, el ministro de Economía congeló los salarios y liberó los precios, que llegaron a subir hasta el trecientoscincuenta por ciento a final de ese mismo año en los artículos de primera necesidad. Paralelamente al genocidio de la población que llevaban a cabo los militares, la política económica de Martínez de Hoz materializó lo que André Gunder Frank llamó "genocidio económico". Las consecuencias de este genocidio fueron la pérdida generalizada del poder adquisitivo de la población; los despidos masivos, controlados y legalizados por la Ley de Prescindibilidad; la quiebra de centenares de pequeñas y medianas empresas; la aparición del subempleo; la extensión de la miseria y el hambre entre las capas más desfavorecidas de la sociedad y el consecuente aumento de la mortalidad infantil y de enfermedades originadas en las deficiencias nutricionales, etc. Todos, factores que conducían el país indefectiblemente no sólo a acabar con su pretensión de potencia, sino a convertirlo en un Estado impotente. Los beneficiarios del despojo social fueron las grandes corporaciones monopólicas multinacionales y los inversores extranjeros.

Controlada la crisis, Martínez de Hoz impulsó la segunda fase de su plan económico consistente en "crecer hacia fuera", expresión eufemística que disimulaba el desmantelamiento del Estado en favor del libre mercado. De acuerdo con las tesis monetaristas, el proteccionismo estatal estaba en el origen de la ineficiencia y, consecuentemente, de la escasa competitividad de la economía. Por lo tanto, argumentando impulsar una mayor competitividad, derogó la legislación proteccionista, lo que trajo aparejado el incremento de las importaciones y el debilitamiento de las empresas industriales nacionales. Éstas, ya afectadas por la drástica reducción del consumo y la transferencia de beneficios al sector agrario, se vieron obligadas a fusionarse a compañías multinacionales, las cuales tomaron el control de las producciones industrial y agropecuaria y de las exportaciones.

Por otra parte, la persistencia de la inflación se interpretó, de acuerdo con la ortodoxia monetarista, como causa de las deficiencias en el control de la oferta monetaria, por lo que se planteó como necesidad imperiosa la reforma financiera. Como parte de ésta se implementó una política monetaria restrictiva y al mismo tiempo se dio libertad a las entidades financieras para conceder empréstitos en función de la captación de depósitos. La competencia a la que quedaron librados los bancos determinó la liberación de las tasas de interés, pero curiosamente el Estado mantuvo las garantías no sólo sobre los títulos que emitía, sino también sobre todos los depósitos tomados por las entidades financieras privadas. De modo que, exentos de todo riesgo, los bancos se lanzaron a una irresponsable carrera de captación de depósitos a plazo fijo a tasas de interés cada vez más altas que indefectiblemente reventó el sistema financiero. Así, en 1980, al producirse la quiebra del Banco de Intercambio Regional (BIR), el más grande de los bancos privados, el Banco Central tuvo que resarcir los depósitos a los ahorradores y asumir todos los pasivos de la entidad, como tuvo que hacerlo con las otras veintisiete entidades bancarias que siguieron los pasos del BIR para evitar el hundimiento total del sistema financiero.

Otro factor importante de la reforma financiera, que tuvo nocivos efectos económicos y sociales fue la llamada "pauta cambiaria". A partir de diciembre de 1978, Martínez de Hoz estableció una tabla cambiaria de acuerdo con la cual la moneda se devaluaba mensualmente de modo gradual hasta llegar al punto cero. La "tablita", como se la denominó popularmente, tenía como propósito controlar y prever los efectos inflacionarios, pero dado que la inflación seguía siendo irreductible, el peso argentino empezó a sobrevalorarse con respecto al dólar estadounidense. Este proceso coincidió con el estallido de la segunda crisis petrolera y el súbito incremento de los precios del petróleo generó ingentes cantidades de dinero, que los bancos internacionales debían colocar en buenas condiciones. Argentina, que ofrecía inmejorables condiciones, como tasas libres y garantía estatal del valor de recompra, recibió un importante caudal de dólares desde el exterior, que al mismo tiempo incrementaron los montos de la deuda internacional. Al llegar 1982 necesitaba para pagar el principal y sus intereses, el doble de las divisas que ese año ingresó por sus exportaciones. Una deuda que más tarde se vio agravada por el cambio de política de los países industrializados para atacar los efectos de la nueva crisis petrolera.

Si en 1973, los países industrializados habían optado por atacar la recesión, en 1980, tras el estallido de la guerra Irak–Irán, optaron por combatir directamente la inflación reduciendo drásticamente el circulante y el consumo, aumentando las tasas de interés del crédito internacional y provocando la caída de los precios de las materias primas. En Argentina, por ejemplo, el precio de la carne vacuna pasó de 2,25 dólares/kilo en 1980 a 1,60 dólares/kilo al año siguiente.

Pero, a pesar del peligro que representaba para la economía nacional y de las limitaciones de la tabla de devaluación para controlar la inflación y reducir las tasas de interés que imponían los bancos, los dólares siguieron fluyendo masivamente. El país, con una moneda sobrevaluada con respecto al dólar, entró entonces en la ficción de la "plata dulce", el consumo desorbitado y la fiebre especulativa. Los capitales productivos fueron desplazados por los capitales financieros, que ofrecían una alta rentabilidad a corto plazo y "sin riesgos", mientras los productores perdían ingresos y los beneficios del sector agropecuario en lugar de pasar al sostenimiento de la industria se emplearon para la compra de dólares, importaciones de artículos suntuarios o la simple especulación financiera. A su vez, los bancos se apropiaron de empresas que no podían pagar sus créditos, generalmente en dólares, cuyos propietarios los habían solicitado no para mejorar el equipamiento sino para entrar en el circuito financiero.

Dado que las tasas de interés no se correspondían con las tasas de beneficios, a partir de 1980 las quiebras y las deudas alcanzaron cifras alarmantes y los bancos, para compensar sus "pérdidas" elevaron aún más las tasas de interés para atraer más depósitos, el Estado asumió "naturalmente" la pérdida casi total de la soberanía financiera. La quiebra del BIR produjo una reacción en cadena que sacudió el sistema financiero y disparó los mecanismos de garantía asumidos por el Estado y que incrementaron su endeudamiento.

Con el acceso del general Roberto Viola a la presidencia en 1981, Martínez de Hoz dejó la conducción económica y tras él, y antes de derogarse la paridad peso-dolar establecida por la "pauta cambiaria", se produjo una espectacular fuga de divisas. La devaluación del peso fue de un cuatrocientos por ciento a la vez que la inflación, sin contención alguna, alcanzó el cien por ciento anual. Las devaluaciones causaron graves problemas de pago a las grandes empresas que habían contraído créditos a corto plazo en dólares en el exterior. Créditos cuyas cantidades nunca entraron en el país y que constituyeron fugas solapadas de divisas, pero que la Dictadura nacionalizó.

El colapso del sistema financiero internacional se hizo manifiesto cuando Estados Unidos aumentó las tasas de interés para captar dinero del exterior y provocó el estallido de la deuda externa en los países en vías de desarrollo. El 20 de agosto de 1982, México fue el primer país en anunciar que no podía pagar su deuda externa y que declaró unilateralmente una moratoria. Tanto México como Brasil habían destinado gran parte del dinero prestado a solventar las crisis de sus procesos de industrialización, mientras que Chile y Argentina los habían destinado a financiar los experimentos monetaristas que entonces comenzaron a aplicar en sus propias economías nacionales Estados Unidos y las demás potencias industrializadas. Pero mientras en Chile el régimen de Pinochet aplicó rigurosamente las pautas dictadas por la escuela de Chicago, en Argentina las disensiones entre las facciones militares, la corrupción, la especulación y los gastos ocasionados por el rearme de las Fuerzas Armadas tentadas por la conflictividad bélica con Chile y Gran Bretaña, afectaron las infraestructuras económicas y agravaron los efectos del endeudamiento. A partir de 1980, el capital financiero pasó a tener el control social y económico del país y por tanto ya no fue necesario mantener un gobierno de fuerza en el poder. La restauración de las instituciones democráticas volvió a ser viable.

MECANISMOS CORRUPTORES DEL ESTADO TERRORISTA

Las Fuerzas Armadas argentinas asumieron "la conducción del Estado", según la declaración que siguió al derrocamiento de Isabel Perón, ante "la ausencia total de los ejemplos éticos y morales" y "la manifiesta irresponsabilidad en el manejo de la economía". Meses antes, en la arenga navideña a los soldados que luchaban contra la guerrilla en Tucumán, el general Videla había dicho:

> "La inmoralidad y la corrupción deben ser adecuadamente sancionadas. La especulación política, económica e ideológica deben dejar de ser medios utilizados por grupos de aventureros para lograr sus fines. El orden y la seguridad de los argentinos deben vencer al desorden y a la inseguridad…".

Pero, a pesar de esta profesión de fe ética y el propósito regenerador de la sociedad, la dictadura militar subvirtió todos los valores que conforman la dignidad humana y al hacerlo, y generar una legalidad espuria, colocó a la sociedad argentina fuera de toda ley racional y a expensas de los más devastadores agentes corruptores. En este sentido, no sólo generó individuos insolidarios, delatores o potenciales delatores que sostuvieron el sistema policial y el terror, sino que hicieron de la corrupción un *modus vivendi* que infectó todo el tejido social. La práctica de esta corrupción, cuyo sustento fue la legalidad bastarda del Estado terrorista, se verificó tanto en el ejercicio de la represión como en la gestión administrativa.

La repartición de "jurisdicciones" entre las tres armas y la creación de unidades represivas descentralizadas y autónomas, aunque sujetas al poder de la Junta, dio lugar a la aparición de verdaderos señores de la guerra, que aprovecharon el ataque a las personas para apropiarse de sus bienes y propiedades. El botín de guerra fue un aliciente fundamental, por el que los "grupos de tarea" llegaron a disputarse encarnizadamente determinados territorios.

La repartición del botín de guerra se hacía en proporción bíblica, es decir, de acuerdo a las jerarquías entre los integrantes del "grupo de tarea" que habían intervenido en el operativo, los oficiales encargados del territorio y los jefes militares de cada arma. A pesar de esta realidad, el almirante Emilio Massera declaró al diario *Clarín*, en su edición del 17 de junio de 1978, "que nadie piense el país fragmentado en feudos privados, que nadie anteponga el interés del grupo al interés de la comunidad. Esto es un planteo de responsabilidades, por lo tanto es un planteo moral".

Los represores no sólo se lanzaron sobre los millones de dólares que disponían las organizaciones guerrilleras, sino sobre las pertenencias personales, automóviles, muebles e inmuebles de las miles de personas que secuestraron, encarcelaron, torturaron e hicieron desaparecer. Los soldados occidentales y cristianos de las Fuerzas Armadas argentinas añadieron a la tradición bíblica de la guerra santa la falsificación de escrituras, documentos, títulos y registros "para perfeccionar la rapiña o el saqueo", como afirma el informe de la Comisión Nacional sobre la Desaparición de Personas (CONADEP). Por su parte un documento del Centro de Estudios Legales y Sociales (CELS), afirma que el robo y el saqueo se podían producir tanto en el momento del allanamiento y el secuestro de las personas o bien en un operativo posterior que se hacía a la luz del día utilizando camiones militares para el transporte, lo que suponía la existencia de una especie de "división del trabajo: un equipo tiene por misión secuestrar a las personas; otro se hace cargo de los bienes".

La rapiña clandestina de los represores alcanzó el extremo de "vender información", generalmente falsa, a los familiares de las personas secuestradas o hasta utilizar a éstas para consumar el saqueo de ahorros o hacer vender propiedades para quedarse con ellas o con el dinero obtenido. La Escuela de Mecánica de la Armada (ESMA), llegó a tener su propio depósito de muebles y a crear una inmobiliaria para ocuparse de las transacciones. Los oficiales de la ESMA, según afirma Eduardo Luis Duhalde, llegaron a vender más de seiscientas propiedades. Esta actividad inmobiliaria también fue desarrollada por el Ejército, la Aeronáutica y la Policía Federal. Pero la abyección de los represores se significó aún más con el tráfico de niños secuestrados con sus padres o nacidos en cautiverio.

La Administración estatal fue campo propicio para las prácticas corruptas tanto al margen de la legalidad como dentro de ella. En el primer caso, la oficialidad no sólo fue sensible a los sobornos y comisiones de los grandes grupos multinacionales, sino que, amparada por la impunidad del Estado terrorista, hizo del cohecho, el fraude y la malversación del erario público recursos normales para su enriquecimiento. Los oficiales de las Fuerzas Armadas argentinas saquearon los fondos reservados; cobraron suculentas comisiones y aceptaron sobornos por las compras de armas para afrontar los conflictos con Chile y el Reino Unido, por amañar licitaciones de obras públicas o para realizar cualquier operación en la que estuviese vinculado un organismo o empresa estatal; contrajeron créditos en dólares en bancos externos mediante testaferros, cuyo pago más tarde fue traspasado al Estado; robaron bienes públicos, etc.

En el segundo caso, se beneficiaron de la información privilegiada para la especulación financiera y realizar operaciones muy rentables que los convirtió en terratenientes, grandes ganaderos, socios de grandes grupos nacionales y multinacionales y les permitió amasar cuantiosas fortunas. Este tipo de corrupción estuvo directamente vinculada a las evasiones de impuestos y fugas de capital practicadas por las multinacionales mediante recursos como, según un informe del Tribunal Russell II, la sobrefacturación, por la que el importador obtiene, por el cambio oficial, un excedente de divisas que vende en el mercado paralelo o lo deposita en bancos extranjeros; la subfacturación, por la que el exportador hace lo mismo con el excedente obtenido de la facturación real; los préstamos contables –no reales– que hacen las casas matrices a sus filiales argentinas y que éstas devuelven en dólares; el contrabando, por el que reducen beneficios, evaden impuestos y obtienen beneficios en negro, y las transferencias de tecnología obsoleta, rubro en el que se incluyen concesiones de marcas y patentes, etc., por las que se pagan *royalties* verdaderamente abusivos.

De este modo, en la Argentina de la Dictadura las prácticas corruptas se extendieron como un cáncer por todo el cuerpo social. La cultura del terror y la impunidad de sus mentores alteraron profundamente el comportamiento de los individuos y provocaron la degradación moral de la sociedad. La insolidaridad y la corrupción potenciaron los mecanismos más perversos de la picardía criolla y ésta a su vez engendró la subcultura de la especulación como forma de supervivencia social. Así, gran parte de la población dio la espalda o cerró los ojos a la realidad y se lanzó a los fáciles beneficios de la "plata dulce". Descubrió que era más fácil ganar dinero poniendo sus ahorros a plazo fijo y alto interés que trabajando y que era más rentable comprar artículos importados que nacionales. Los "deme–dos", como se llamó a los compradores compulsivos, salieron en estampida hacia Uruguay, Brasil y Estados Unidos, principalmente, para volver cargados de electrodomésticos y aparatos electrónicos de todo tipo. La ficción económica los hacía sentir ricos e ignorar la realidad. Pero "nadie amasa una fortuna sin hacer harina a los demás" había dicho Quino por boca de su Mafalda años atrás. Y en medio de ese desquiciamiento colectivo, un grupo de mujeres girando alrededor de la plaza de Mayo, frente a la Casa Rosada, y reclamando la aparición de sus hijos desaparecidos surgió como un esperanzador foco de resistencia a tanta barbarie.

La "doctrina de guerra", elaborada por el Alto Mando del Ejército y aprobada por las otras dos armas, fue la piedra angular del Estado terrorista. Para la implementación de esta doctrina, las Fuerzas Armadas diseñaron un aparato represivo, cuyo organigrama determinaba a partir de la Junta de comandantes una estructuración piramidal del control de la actividad represiva y al mismo tiempo un funcionamiento descentralizado de las unidades especiales o "grupos de tarea". Cada una de las tres armas de las Fuerzas Armadas se hizo cargo de un área específica de acción que a su vez repartió entre sus propios grupos, integrados por personal fijo y rotativo.

Esta organización del aparato represivo, que así alcanzó una implacable eficacia, determinó la generación de verdaderos feudos dominados por los comandantes regionales. Estos señores de la guerra sucia –adjetivo atribuible por la clandestinidad y alevosía con que las Fuerzas Armadas actuaron contra el "enemigo"– llegaron si no a desconocer a los altos mandos sí a cuestionar sus órdenes. Esta tendencia autárquica en el seno de las Fuerzas Armadas se complementó con la tradición faccionalista que los azules habían tratado de superar a través del profesionalismo.

El profesionalismo vino a constituir una nueva facción militar, encabezada en esos momentos por los generales Jorge R. Videla y Roberto Viola, plenamente adscrita a la doctrina de seguridad nacional y a la imposición de un nuevo modelo económico inspirado por las doctrinas monetaristas. Esta facción, cuestionada por los jóvenes oficiales nacionalistas, no rompió del todo con los políticos, especialmente con los radicales, quienes les proporcionaron personal diplomático, y concibió una salida política al régimen para el futuro, una vez liquidada la subversión y consolidado el nuevo modelo económico.

También concibió una salida semejante la facción de la Armada encabezada por el almirante Emilio Massera. Esta bandería, que no desdeñaba la propuesta profesionalista, se ocupó de consolidar su propio espacio político en competencia con el Ejército y su objetivo, tras jugar un papel protagónico en la represión, fue ganar sustento popular para la dictadura exacerbando su nacionalismo. En este sentido, Massera manifestó sus reparos a la política económica y movilizó las masas durante el Campeonato Mundial de Fútbol en 1978, cuya organización le cupo, y los conflictos con Chile por el Canal de Beagle, en 1979, y con el Reino Unido, por las islas Malvinas, en 1982. Este belicismo de la Armada respondía a un subproducto de la doctrina de seguridad nacional, la tesis de la "guerra permanente", según la cual, una vez liquidado el enemigo interior, se necesitaba otro exterior para mantener la tensión bélica y la hegemonía sobre la población.

Una tercera facción, que tenía entre sus principales componentes a los represores más sanguinarios –general Carlos Suárez Mason, comandante del I Cuerpo de Ejército, con asiento en Buenos Aires, general Luciano Benjamín Menéndez, comandante del III Cuerpo de Ejército, con asiento en Córdoba, y general Ramón J. Camps, jefe de la policía provincial de Buenos Aires–, abogaba por la "solución final del problema subversivo" y la vigencia "vitalicia" del orden militar. Esta facción, vestigio de la bandería "gorila", era la más conflictiva y vivía casi en permanente insubordinación. El general Benjamín Menéndez, en 1978, en el marco del conflicto fronterizo argentino–chileno, estuvo a punto de desencadenar la guerra y a finales del año siguiente, se rebeló contra la "permisividad" del presidente Viola quien, según él, fomentaba las protestas por los desaparecidos.

Las tensiones derivadas de los intereses facciosos que anidaban en las Fuerzas Armadas no obstaculizaron la actividad represiva, pero sí condicionaron, en combinación con la conducta corrupta de la oficialidad, la implementación del plan económico ultraliberal abordado por los ministros Martínez de Hoz y Roberto Aleman. Pero a pesar de ser incompletas, las transformaciones que se llevaron a cabo, fueron irreversibles y determinaron el colapso del sistema financiero; el mayor endeudamiento del país; el empobrecimiento de la mayor parte de la población; la concentración de la riqueza en pocas manos; la libre circulación de los capitales financieros en detrimento de los capitales productivos; el desmantelamiento de la industria; el vaciamiento del patrimonio y de los caudales públicos, etc.

Asimismo, salvo su función policíaca, el plan monetarista limitó las demás funciones del Estado y lo redujo a un papel gerencial subordinado a los intereses de los capitales monopólico y financiero. Con la excusa de una proverbial ineficacia estatal, la política económica del régimen militar le quitó al Estado su poder para controlar y regular las transferencias de ingresos intersectoriales y transfirió dicho poder al mercado, el cual se hizo depositario de la soberanía económica y, consecuentemente, patrón de las reglas sociales.

Cuando en 1980 desapareció la ficción financiera, la sociedad argentina observó que el país había experimentado una gran transformación y que, junto a una persistente inflación, sólo le quedaba una astronómica deuda externa y una gran concentración económica, cuyo correlato más directo era que los ricos eran menos y más ricos y que el los pobres eran más y más pobres. También constató que las clases medias y trabajadoras habían entrado en un proceso de proletarización económica y cultural que las acercaba cada vez más al retrato social del resto de los países latinoamericanos.

EL DESPERTAR SOCIAL

En 1977 accedió a la presidencia de Estados Unidos el demócrata Jimmy Carter, quien cambió algunos aspectos de la política exterior, especialmente en lo relativo al respeto a los derechos humanos. Este cambio sorprendió a la dictadura argentina en plena labor represiva y determinó su relativo aislamiento internacional que duró hasta la elección, en 1981, del republicano Ronald Reagan como presidente de Estados Unidos. El aislamiento internacional fue un factor de preocupación y de tensión entre las principales facciones de las Fuerzas Armadas, que hacia 1979 empezaron a considerar una salida política.

La percepción de síntomas de inestabilidad, y en cierto modo de debilidad, en las Fuerzas Armadas animó a las fuerzas sociales a hacer oír no sin timidez al principio sus voces de protesta. Hasta entonces el único latido de resistencia lo habían alimentado el Servicio Justicia y Paz para América Latina, fundado por el arquitecto Adolfo Pérez Esquivel, quien mereció el premio Nobel de la Paz en 1980, y el movimiento de Madres de Plaza de Mayo. Como redivivas Antígonas, decenas de madres se presentaron frente a la Casa de Gobierno a girar en torno a la histórica Plaza de Mayo, con sus cabezas cubiertas con un pañuelo blanco, para reclamar la devolución de sus hijos.

Las madres de los desaparecidos, a quienes en su impotencia el régimen comenzó a llamar locas, plantearon un discurso esencialmente ético que chocó frontalmente con el discurso represivo de la Dictadura y expuso con meridiana claridad la fractura existente entre las razones del Estado terrorista y las razones del legítimo derecho a la vida, de la cual ellas eran dadoras. Así, de este modo, las Madres de Plaza de Mayo sacudieron las fibras más íntimas y privadas de la sociedad argentina. Quizás, nada explica mejor la naturaleza y la fuerza ética de este movimiento que la respuesta que Antígona, protagonista de la tragedia homónima de Sófocles, da al tirano Creonte, cuando éste le pregunta, lleno de perpleja incredulidad, por qué se atrevió a transgredir la ley que prohibía enterrar a los muertos, y si sabía que al transgredirla le esperaba la muerte:

> "Sí, porque no fue Zeus quien la promulgó, ni la Justicia, que habita con los dioses subterráneos, definió entre los hombres semejantes leyes. Ni creía yo que tuvieran tanta fuerza tus pregones como para poder quebrantar, siendo mortal, las leyes no escritas e inquebrantables de los dioses. Pues no son de hoy ni de ayer, sino que de siempre viven, y nadie sabe cuándo aparecieron. Por la infracción de estas leyes no iba yo, temiendo los caprichos de hombre alguno, a pagar la pena entre los dioses. Que había de morir, ya lo sabía, ¿cómo no?, aunque tú no lo hubieses anunciado en tu proclama. Pero si muero antes de tiempo, lo reputo por ganancia, pues quien vive como yo, en medio de tantas desgracias, ¿cómo no saca provecho con la muerte? Así, a mí, al menos, alcanzar este destino que dices, no me duele; en cambio, si hubiera tolerado dejar insepulto el cadáver de un hijo de mi madre, eso sí que me dolería; esto otro, en cambio, no me duele. Y si a ti te parece que cometo locuras, quizás sea loco el que me condena por locura".

Esta desobediencia de las Madres de Plaza de Mayo al Estado terrorista argentino tuvo un efecto movilizador de las conciencias paralizadas por el terror y paulatinamente empezó a generarse una contestación más o menos colectiva al régimen. Así, la Iglesia, influida también por la política del papa Wojtyla, inició su estratégico y controlado distanciamiento del régimen, y los empresarios, cuya CGE había sido disuelta en 1977, los industriales, los terratenientes y los ganaderos, por su parte, empezaron a presionarlo, aunque no tanto por cuestiones políticas como por las medidas económicas que los afectaban.

Los sindicalistas, quienes habían denunciado la indefensión de los trabajadores ante la Organización Internacional del Trabajo (OIT), dieron a partir de 1979 los primeros pasos para restaurar la acción sindical y recuperar sus antiguos privilegios como burócratas. Según su táctica frente a la dictadura militar, estos sindicalistas conformaron dos tendencias, una favorable al diálogo, de la que surgió la CGT Azopardo, y otra combativa, que dio lugar a la CGT Brasil, apelativos dados por las calles donde se encontraban sus respectivas sedes.

Los sindicalistas combativos, encabezados por Saúl Ubaldini, tomaron la iniciativa en abril de 1979 convocando un paro general que fue boicoteado por los dialoguistas encabezados por Jorge Triaca, y duramente reprimido por los militares. Los combativos no volvieron a movilizarse masivamente hasta finales de 1981, cuando aprovecharon la "apertura" del régimen, en esos momentos presidido por el general Viola, sucesor de Videla. La marcha obrera hacia la iglesia porteña de San Cayetano, patrono de los desocupados, al grito de "pan, paz y trabajo" acabó con una respuesta militar tan contundente como la anterior.

La sustitución de Viola por el general Leopoldo Galtieri y el nombramiento como ministro de Economía de Roberto Aleman, quien recuperó la ortodoxia monetarista, no fueron suficientes para sofocar la agitación sindical. El 30 de marzo de 1982, la CGT convocó una gran manifestación en plaza de Mayo, contra la cual los militares se emplearon con su habitual brutalidad. Tres días más tarde, la Dictadura sorprendió al país con la invasión de las islas Malvinas, y los dirigentes sindicales le expresaron su apoyo, lo que, en medio de la euforia patriótica, no se tomó como una contradicción.

También los partidos políticos comenzaron a movilizarse y en julio de 1981 y, como el GAN de diez años atrás, radicales, peronistas y democristianos formalizaron la Multipartidaria. Con esta plataforma, los partidos se aproximaron a las Fuerzas Armadas para tentar una salida institucional, pero enseguida comprobaron que la clausura de la acción política seguía vigente. La Multipartidaria buscó entonces ampliar sus bases vinculándose a los otros sectores que manifestaban algún tipo de oposición, como los sindicalistas, los estudiantes, la Iglesia y las organizaciones de defensa de los derechos humanos. Todos percibían que se había abierto un proceso casi irreversible hacia la institucionalización del país. También las Fuerzas Armadas lo percibían y por ello sus facciones comenzaron a tomar posiciones.

LA HUIDA HACIA ADELANTE

Las tensiones que empezaron a agudizarse en el estamento militar a raíz del aislamiento internacional, la agitación social y el estallido de la burbuja financiera tornaron difícil las deliberaciones para designar al sucesor del general Jorge Videla. Finalmente, la facción encabezada por éste pudo imponer en marzo de 1981 al general Roberto Viola, aunque con el manifiesto disgusto de la Armada y de la Fuerza Aérea y de otras facciones del mismo Ejército.

El general Viola inició una tímida aproximación a los partidos políticos al tiempo que trataba de corregir el rumbo ortodoxo de la política económica para calmar a los terratenientes y a los empresarios e industriales nacionales. Pero para hacer frente a la inflación, que llegó al cientocincuenta por ciento, y cortar la fuga de capitales, su ministro de Economía, Lorenzo Sigaut, tomó medidas que agravaron aún más la recesión económica y pusieron al borde de la quiebra a las empresas que habían solicitado a bancos extranjeros créditos a corto plazo en dólares. Aunque la mayoría de estos créditos resultó ser otro ardid para la evasión de divisas, la Dictadura los avaló y además concedió subsidios que alentaron aún más el incremento de la deuda. Al final de ese año la moneda argentina se había devaluado un seiscientos por ciento, el PIB había caído casi un doce por ciento y los salarios el veinte por ciento.

La impotencia del gobierno del general Viola para controlar la economía y la creciente agitación social alarmó a las demás facciones, que temieron por su propio proyecto de perpetuación en el nuevo espacio institucional. Fue así que, aprovechando sus problemas de salud, el dictador de turno fue sustituido por el general Leopoldo Galtieri, destacado alumno de la Escuela de las Américas.

Antes de asumir el encargo de sus pares, Galtieri viajó varias veces a Estados Unidos, donde recibió las garantías de la Administración Reagan de que se levantaría el embargo de armas impuesto por la política de derechos humanos de Carter, la cual ya había sido abandonada por el gobierno republicano. Por su parte Galtieri, según el *Latin American Weekly Report* del 22 de diciembre de 1981, 1 y 8 de enero y 12 de febrero de 1982, citados por David Rock, habría ofrecido, a cambio de la creación de bases estadounidenses en la Patagonia, abrir el país a nuevas inversiones a las petroleras multinacionales norteamericanas para la construcción de un gasoducto, y la garantía de continuidad de la colaboración militar en América Central, para apoyar las fuerzas contrarrevolucionarias nicaragüenses y los regímenes derechistas de El Salvador, Honduras y Guatemala. Esta colaboración se enmarcaba en la llamada "doctrina Viola", dado que el general Roberto Viola la había expuesto en la XIII Conferencia de Ejércitos Americanos celebrada en 1979 en Bogotá. De acuerdo con esta doctrina, el general argentino justificó ante sus camaradas latinoamericanos "la necesaria y legítima intervención de las fuerzas armadas de otros países en defensa de los regímenes imperantes, frente a la agresión interna".

Con la aquiescencia de Washington, Galtieri procuró atraerse el apoyo de las facciones más conflictivas de las Fuerzas Armadas, las patrocinadas por los generales Luciano Benjamín Menéndez y Suárez Mason en el Ejército, y por los almirantes Emilio Massera y Jorge Anaya en la Armada. De acuerdo con este propósito se mostró dispuesto a mantener la tensión represiva, especialmente contra los peronistas, como quería aquélla, y al mismo a abrir un frente populista que diera sustento popular al régimen, como propugnaba ésta.

El primero en prepararse para ocupar su espacio en el futuro institucionalizado fue el almirante Massera. Tras retirarse, se valió de sus contactos con algunos sectores peronistas, incluso con montoneros que habían estado detenidos en la ESMA, uno de los mayores centros de detención clandestina, tortura y asesinato del régimen, por lo que se lo considera el Auschwitz argentino, y sindicalistas, como Lorenzo Miguel, quien también había estado detenido en buques de la Armada, para formar su propio partido. Galtieri no se quedó atrás y, mientras su ministro de Economía recuperaba la línea monetarista ortodoxa para reducir aún más el Estado, abrió un frente populista al modo de los antiguos caudillos de comité, invitando "al pueblo" a multitudinarios asados. El primero de ellos fue en la localidad pampeana de Victorica, al cual concurrieron cerca de trece mil personas. Pero como ni los asados populares lograban atenuar la agitación social ni tampoco conseguía superar las disensiones faccionales, Galtieri se vio impelido a dar continuidad a la tesis de la guerra permanente.

A finales de enero, el general Galtieri recuperó los planes bélicos de la facción de la Armada y reactivó el conflicto con Chile, que en 1979 no había alcanzado el enfrentamiento armado merced a la mediación del papa Juan Pablo II. Sin embargo, las Fuerzas Armadas comprendieron enseguida que quizás una guerra con Chile podía degenerar en un conflicto continental con la peligrosa intervención de Brasil, que desde hacía tiempo mostraba signos de expansión hegemónica. Ante este peligro, cobró validez el plan de invasión a las islas Malvinas, anteriormente rechazado por la facción de Videla y Viola, que originalmente sólo contemplaba el desembarco de tropas y, una vez hecha la pertinente reclamación de soberanía en la ONU, su retiro.

Las islas Malvinas, ocupadas por la fuerza por Gran Bretaña en 1833, han constituido desde entonces una reivindicación latente e irrenunciable para los argentinos, aunque el archipiélago haya sido poblado con ingleses. Antes que las riquezas ictícola y petrolífera que poseen las islas del Atlántico sur, para los argentinos importa más la recuperación de su soberanía sobre las Malvinas. Este es un propósito, renovado de generación en generación, profundamente arraigado en el sentimiento nacional. De aquí que, ante la presión social que experimentaba el régimen y ante la posibilidad de que se le cerrasen los conductos para una salida institucional, el general Leopoldo Galtieri recurriera a la invasión y que al hacerlo lograra el entusiasta y masivo apoyo de quienes, tres días antes había reprimido violentamente. Había bastado que el belicismo de los sectores más reaccionarios de las Fuerzas Armadas tocara el nacionalismo chovinista de la sociedad argentina, para que se manifestara en ella ese sarpullido esquizofrénico que convirtió a los verdugos en héroes de la noche a la mañana.

El general Galtieri, como un epígono de Perón, salió al balcón de la Casa Rosada a arengar al "pueblo" y, tal vez en ese momento, considerando su carácter de aliado de Estados Unidos, se creyó capaz de guiar a Argentina hacia su destino de gran potencia mundial. Pero la exaltada propaganda del régimen y la histeria patriótica dominaron la escena y acabaron arrastrando a los militares a un callejón sin salida. La desproporcionada respuesta británica, tan visceral como necia la negativa de la Dictadura a retirar las tropas del archipiélago, más la "traición" de Estados Unidos contribuyeron a la concreción de una humillante derrota militar y, acaso, a la pérdida definitiva del archipiélago.

El conflicto de las Malvinas, que costó la vida a setecientos soldados y dejó unos mil trescientos heridos de un ejército mal equipado y peor entrenado, puso de manifiesto que las Fuerzas Armadas argentinas, cuya última participación guerrera había sido en la guerra de la Triple Alianza, entre 1863 y 1870, carecían de esa profesionalidad que se les suponía precisamente para aquello por lo que existen y que constituye su cometido último, el ejercicio de la lucha armada con un ejército adversario en defensa del territorio nacional. Pero en el marco del Estado terrorista y amparados por la impunidad, los militares argentinos ni siquiera fueron capaces de demostrar su condición de guerreros, no sólo porque eran más machistas que viriles, sino porque carecían de la noción de valor como fundamento del mundo y de la vida.

La derrota de las Malvinas condenó la dictadura militar y pareció cerrar el ciclo de la larga y terrible noche iniciada en marzo de 1976, pero cuyas primera sombras empezaron a verse en 1930. Comenzó la desbandada. La Junta se desintegró y general Galtieri fue sustituido por el general Reynaldo Bignone, quien se aprestó a volver a los cuarteles de la forma más ordenada posible.

La huida hacia adelante que había supuesto la guerra de las Malvinas condujo a las Fuerzas Armadas al precipicio. Este conflicto y el mantenido con Chile al final sólo habían servido para desviar ingentes fondos para el reequipamiento militar y el enriquecimiento ilícito de la oficialidad que había participado en las compras de armamento. Este desvío de fondos ahondó la crisis económica y el gobierno de facto debió enfrentarse esta vez a la belicosidad de los acreedores financieros internacionales. Argentina, con un déficit en la balanza de pagos de 6.700 millones de dólares, quedó al borde de la quiebra. Para evitarla acudieron en su socorro el FMI y un consorcio de bancos extranjeros con un crédito de 3.700 millones de dólares que sólo servían para pagar los plazos a corto plazo.

Mientras a finales de 1982, la devaluación de la moneda nacional alcanzaba el ochocientos por ciento y la fuga de capitales se calculaba en unos 40.000 millones de dólares, la deuda externa alcanzó la cifra de 43.000 millones de dólares, de los cuales 8.000 millones correspondían a intereses y 17.000 millones a lo que más tarde se consideró "deuda a verificar" por su origen ilegítimo. Dentro de este segmento, una investigación llevada a cabo por el Banco Central durante la presidencia de Raúl Alfonsín, detectó irregularidades en las concertaciones de los seguros de cambio; autopréstamos en las que aparecían las empresas Renault Argentina, Fiat, Suchard, etc.; falsos proyectos de inversión; aportes de capital presentados como préstamos y los consabidos recursos de sobrefacturación y subfacturación.

Las empresas públicas también fueron objeto de un endeudamiento ficticio por parte del régimen militar. El ministro de Economía, Martínez de Hoz, a través de la Secretaría de Programación Económica a cargo de Guillermo Walter Klein, puso en práctica la fijación de cupos de endeudamiento trimestral de las empresas públicas al margen de sus verdaderas necesidades financieras. De este modo empresas estatales emblemáticas, como la Comisión de Energía Atómica, Agua y Energía, Aerolíneas Argentinas e YPF aparecieron como deudoras de la banca internacional de créditos que nunca recibieron ni utilizaron. YPF, cuyo presidente era el general Carlos Suárez Mason, declaró en 1981 un déficit de 6.000 millones de dólares. El falso endeudamiento de las empresas públicas, el apartamiento de sus administradores y técnicos más cualificados, la incorporación de directivos de empresas de la competencia, la fijación de precios y tarifas por debajo de sus costos de producción, la transferencia de servicios a empresas privadas, y la tolerancia de la corrupción de los oficiales y de las colusiones con los sindicalistas burócratas fueron parte del plan de vaciamiento de las mismas destinado a "demostrar" la ineficacia del Estado para la gestión y a justificar su posterior privatización.

Después de siete años, el partido militar debió retirarse totalmente desprestigiado. Ni siquiera ya era útil para los intereses geoestratégicos de Estados Unidos en la medida que el capital financiero controlaba todos los resortes del poder social y económico y podía ejercer su total dominio sobre la vida de la comunidad. Aparte de la toma de posiciones estratégicas de las compañías y entidades financieras internacionales privadas, el régimen militar había permitido que el FMI colocara a sus funcionarios en el mismo núcleo de la gestión financiera del país. Así, el FMI, desde su oficina permanente en el Banco Central de la República Argentina, pudo verificar todas las operaciones de créditos, seguir y controlar el proceso de endeudamiento del país e imponer sin la menor resistencia gubernamental sus políticas económicas. Al final, el partido militar sólo podía atribuirse el vituperable mérito de haber creado un Estado terrorista eficaz en la aniquilación de la disidencia y la desarticulación de la sociedad política y civil. Su gestión en ese periodo dejó un país esquilmado económica y culturalmente y un perverso legado autoritario e inmoral en el corazón de la sociedad, que seguiría condicionando los comportamientos individuales y colectivos y afectando a la salud de la democracia representativa.

Conjugación del tiempo futuro

El 30 de octubre se celebraron las elecciones que ganó la UCR por amplia mayoría en la Cámara de Diputados, no así en la de Senadores donde se impuso el PJ. El 10 de diciembre de 1983, el jefe radical Raúl Alfonsín asumió la presidencia de la República. Ese día, al cerrar uno de los capítulos más dramáticos de su historia, la sociedad argentina comenzó a avizorar un horizonte esperanzador. Nuevos y alentadores factores surgieron para sustentar el país sobre fundamentos racionales y levantar un nuevo modelo de edificio en el marco del paisaje continental.

Sin embargo, los elementos negativos del pasado, muchos de ellos agravados en su virulencia por la actividad del Estado terrorista, siguieron activos en el tejido social e impidiendo la restauración plena de la salud social. Ese estado en el que las fuerzas sociales son capaces de conjugar libre y correctamente su tiempo futuro. Pero en la Argentina posdictadura, lo que impide una correcta concordancia sintáctica en la expresión de su tiempo futuro se halla, sobre todo, en la dificultad del ciudadano argentino para expresar el presente de indicativo a causa de una conjugación errónea de su pasado verbal.

Después de una experiencia traumática y disgregadora, la sociedad argentina se preparó para afrontar el desafío de construir una identidad original sin percatarse de que antes debía exorcizar todos los fantasmas del pasado y enterrar los mitos que la habían divorciado del cuerpo institucional y arrastrado al borde del abismo. La historia del último tercio del siglo xx es la historia de esta inadvertencia y de sus consecuencias. Quizás es también la historia de un largo y doloroso proceso de aprendizaje que ha enfrentado al ciudadano argentino a sus propias miserias morales, que debe reconocer y aceptar para construirse y construir su comunidad. En este sentido, no resulta pertinente descargar las culpas del colapso económico y social que estalló en diciembre de 2001 sólo en un determinado grupo social, concretamente la elite política. Al margen de los grados de intervención individual y de las responsabilidades penales que de ella se deriven; al margen de las cuestionables penetraciones colonialistas y del dirigismo de las entidades financieras internacionales, la sociedad argentina en su conjunto está comprometida en la quiebra del país, como lo estuvo antes con los sucesivos golpes militares desde que, en 1930, el general José Félix Uriburu quebró el orden constitucional e inauguró la "década infame". En realidad una era que duró hasta 1983 y cuyas secuelas aún no han sido superadas. Las dos tendencias culturales que subyacen en el seno de la sociedad argentina –una autoritaria, mesiánica y disgregadora, y otra democrática, racional y solidaria–, han continuado pugnando. Aparentemente, tras casi veinte años de vigencia democrática, la primera ha prevalecido sobre la segunda, pero cabe esperar que se trate de un fenómeno agónico y la segunda termine por imponerse y recrear el país sobre cimientos más sólidos y esperanzadores.

La democracia inválida

El régimen democrático que sucedió a la dictadura militar ha sido para la sociedad argentina una suerte de caballo de Troya, dado que en su falso vientre institucional traía los vicios que han impedido el desarrollo económico y la estabilidad social y política del país. La quiebra de los valores éticos causada por el terror de Estado y sostenida por la impunidad de sus actores dio carta blanca a la corrupción, a la especulación y a un fuerte sentimiento de insolidaridad, que niegan todo proyecto de futuro.

Cabe señalar que la descomposición orgánica del Estado terrorista no se produjo tanto por la acción purificadora de anticuerpos sociales, como por su propia degeneración. Esto también contribuyó a que la sociedad argentina se instalara en un presente de indicativo vinculado con un pasado que la mayoría prefería seguir ignorando, o en todo caso olvidar, y una minoría dispuesta a exponerlo con toda su crudeza como paso previo a orientar la mirada hacia adelante. De este modo, los movimientos de unos y otros estuvieron condicionados por la densidad de un presente que era en sí la prolongación del perverso pasado inmediato.

Al ser la descomposición del régimen militar y no la acción de los agentes civiles lo que provocó la transición a la democracia, los militares conservaron argumentos para negociar su retirada e imponer condicionamientos no democráticos al gobierno civil. Como afirman Juan Linz y Alfred Stepan, citados por Carlos Malamud en *América Latina, siglo XX: la búsqueda de la democracia,* los "militares, de no ser eliminados por poderes extranjeros o por una revolución –lo cual no ocurrió en ninguno de los casos en el Cono Sur– quedarían como una parte integral de la máquina que el nuevo Gobierno democrático debe intentar administrar".

En el caso de Argentina, los militares dejaron tras de sí una bomba de tiempo que el presidente Raúl Alfonsín trató de desactivar tres días más tarde de su asunción, cuando anunció la derogación de la Ley de Pacificación Nacional, instrumento legal autoexculpatorio dictado por los militares antes de retirarse, y la detención y enjuiciamiento de los miembros de las tres juntas militares y de los jefes guerrilleros de Montoneros y ERP, éstos en realidad ya aniquilados por la represión. Pocos días mas tarde, ante la presión de las organizaciones de derechos humanos y de las Madres de Plaza de Mayo exigiendo la formación de una comisión parlamentaria para que investigase el destino de los desaparecidos, el presidente respondió con la creación de la Comisión Nacional sobre la Desaparición de Personas (CONADEP).

Estas medidas, caracterizadas tanto por el firme propósito de restaurar el sentido de la justicia como por la racional mesura que imponían las reales circunstancias, formaban parte de un sincero impulso democratizador dado desde el poder civil. Desde las elecciones de noviembre de 1951, en las que por primera vez votaron las mujeres, ningún gobierno había gozado de la legitimidad democrática y de una amplia base representativa como la que en 1983 disponía el gobierno de la UCR. Con este soberbio soporte, el presidente Raúl Alfonsín implementó una política cuyas primeras medidas auguraron cambios sustanciales en la vida del país, en particular en la aceptación del sistema democrático como escenario para el juego político y la solución de los problemas sociales. Y, de hecho, este punto fue uno de sus logros fundamentales, ya que los graves problemas que se suscitaron más tarde no desembocaron, como había sucedido a partir de 1930, en un golpe militar y los conatos que se produjeron fueron debidamente neutralizados por el sistema.

En el marco de estos objetivos, el gobierno democrático buscó solventar los problemas externos más acuciantes y recuperar el respeto de la comunidad internacional. En enero de 1984, Argentina y Chile firmaron una Declaración de Paz y Amistad –avalada después por el gobierno argentino mediante un referendo popular– que resolvía más de cuarenta discrepancias fronterizas y por la cual algunas islas del canal de Beagle pasaban a soberanía chilena y se daba al país trasandino paso al Atlántico. Paralelamente, el gobierno argentino abrió las vías para restablecer las relaciones con el Reino Unido y la reanudación de las negociaciones por la soberanía de las islas Malvinas, aunque en este caso chocó, en palabras de Alfonsín, con la "extravagante arrogancia" británica por un lado y la actitud intransigente de los peronistas y de los militares por otro. También contribuyó a la pacificación en Centroamérica enarbolando las banderas de los derechos humanos, de la paz y la democracia como instrumentos imprescindibles para el progreso de los pueblos.

Pero en el plano interno, el proceso democratizador iniciado por el gobierno de Alfonsín tenía un doble talón de Aquiles: la latencia de la amenaza militar y la falta de honestidad y compromiso responsable con la causa democrática de la oposición política, la burocracia sindical y de otras fuerzas corporativas, tales como el empresariado y la Iglesia católica. Todos estos sectores, ante la avalancha de iniciativas orientadas a fijar un patrón ético que legitimara el sistema, conspiraron en defensa de sus intereses particulares contra el gobierno civil recién constituido. De modo que esta doble debilidad, agravada por el frágil espíritu democrático de la sociedad, fue más lesiva para el régimen democrático y las instituciones republicanas que las dificultades para estabilizar la economía, que al final se tuvo como causa fundamental de la caída del gobierno radical.

Unos versos del popular tango *Silencio,* que firman Gardel y Le Pera, dicen "silencio en la noche / ya todo está en calma, / el músculo duerme, / la ambición trabaja". En la Argentina postdictadura, durante el bullicioso amanecer democrático, el músculo y la ambición trabajaron al unísono y sin descanso.

Consciente de la herencia autoritaria que había dejado en la sociedad argentina cincuenta años de tutela militar y que la última dictadura había exacerbado, el gobierno de Raúl Alfonsín puso especial énfasis en desarrollar una política educativa y cultural que alentara los principios y los hábitos democráticos. Con este propósito fomentó la libertad de expresión en los medios de comunicación y, desde el ministerio correspondiente, llevó a cabo una profunda reforma del sistema educativo y de los planes de estudio sobre la base del rigor académico y el pluralismo ideológico, al mismo tiempo que se extendió la alfabetización a vastos sectores que habían sido marginados directa o indirectamente por los mecanismos represivos del Estado terrorista. La experiencia generada por esta política reformista debía constituir la base de discusión del II Congreso Pedagógico, que se celebraría casi un siglo más tarde del primero patrocinado por Domingo F. Sarmiento.

La movilización de todos los estamentos universitarios fue febril y muchos profesores, técnicos y científicos exiliados comenzaron a retornar y a enriquecer el debate en sus claustros. El carácter y la intensidad de esta actividad universitaria parecieron ser reconocidos por la comunidad internacional en 1984, cuando el científico argentino, aunque radicado en el Reino Unido, César Milstein fue galardonado con el premio Nobel de Medicina y Fisiología por sus investigaciones en el campo de los anticuerpos monoclonales.

Como parte de esta política de modernización cultural y en consonancia con el espíritu de la Carta Magna, en 1987 el Congreso aprobó las leyes de divorcio y de patria potestad compartida que provocaron la airada reacción de la Iglesia católica. El Episcopado argentino, el cual había hecho profesión de fe democrática aunque sin cuestionar su connivencia con la represión militar, emprendió una activa campaña en todos los frentes contra lo que consideraba un atentado a la unidad de la familia y al mismo para imponer sus tesis sobre enseñanza en el marco del II Congreso Pedagógico, cuyos resultados quedaron por debajo de las expectativas que creó.

El otro objetivo democratizador del gobierno de la UCR fue el sindicalismo. Por entonces, el movimiento sindical aún acusaba los golpes recibidos de la dictadura militar, la cual había prohibido la CGT y los sindicatos y reducido la actividad sindical a un plano meramente testimonial. De las mil doscientas organizaciones gremiales que había en el país al restaurarse la democracia, las tres cuartas partes estaban dirigidas por funcionarios designados por los gobiernos militares y viejos burócratas o aprendices de éstos, y sólo el resto por dirigentes elegidos por sus bases. No obstante los éxitos de las movilizaciones convocadas contra los últimos gobiernos militares por la CGT, el poder sindical se hallaba bastante menguado también a raíz de los cambios demográficos experimentados en el mapa laboral, que mostraba un descenso de la población asalariada, cuyo correlato era el desempleo o el trasvase a sectores autónomos o de la economía sumergida y que, obviamente, estaban fuera del ámbito sindical. De hecho, de los mayores sindicatos del país, el único que agrupaba a los obreros industriales era la UOM, de Lorenzo Miguel, mientras que los demás estaban formados por empleados de comercio y banca, maestros, ferroviarios y obreros de la construcción.

La CGT, que se había reconstituido en la última fase del periodo dictatorial y mediante pactos con los militares, se encontraba partida entre la CGT Azopardo y la CGT Brasil o de la República Argentina. Cada una de estas organizaciones, que representaban sendas tendencias del sindicalismo vertical, eran permeables a la influencia de las 62 Organizaciones controladas por líder metalúrgico Lorenzo Miguel. Éste, Jorge Triaca y otros dirigentes burócratas habían sido los artífices de los pactos realizados con la dictadura –era manifiesta la amistad de Miguel con Massera, a quien se atribuye que no corriera la misma suerte que otros sindicalistas detenidos en la ESMA–, de acuerdo con los cuales las Fuerzas Armadas no sólo permitieron la "normalización" de la CGT, sino que se comprometieron a apoyar el peronismo como fuerza política. Es decir, se renovaba el sueño vandorista de la Patria Metalúrgica.

Decidido a romper el verticalismo y acabar con la burocracia, durante su campaña electoral Alfonsín denunció estos pactos y, a principios de 1984, presentó al Congreso una ley de reforma sindical que incorporaba un sistema más abierto y democrático de elección de los representantes gremiales y del ejercicio de voto de los trabajadores, y mecanismos de control de los fondos sindicales, calculados en unos mil millones de dólares, que los burócratas disponían a discreción y utilizaban fundamentalmente para perpetuar su poder.

Ante la perspectiva de perder sus prerrogativas, los burócratas reaccionaron con todos los recursos que habían sido incapaces de utilizar durante los años de la dictadura militar. La ley fue aprobada por la Cámara de Diputados, pero vetada por la de Senadores, donde los peronistas, aún bajo el paraguas de las 62 Organizaciones, tenían mayoría. El acuerdo al que llegó el gobierno con los sindicalistas, si bien limitó la influencia de las 62, condenó la política de democratización sindical y dejó espacio para que los burócratas se rehicieran y pasaran a la ofensiva.

El fracaso del ataque a la burocracia sindical también tuvo repercusiones en el PJ, el cual aún se hallaba bajo el impacto de la sorpresiva derrota sufrida en las urnas. Hasta ese momento el peso de la reorganización del movimiento peronista había recaído en Lorenzo Miguel con la anuencia de los militares. Miguel hizo valer el aparato de las 62 Organizaciones y, sobre todo, de la UOM, para promover la afiliación masiva al PJ e incorporar en sus listas a sindicalistas, muchos de ellos de oscura trayectoria y dudosa conducta, como Herminio Iglesias, postulado a la gobernación de Buenos Aires.

Como presidente virtual del partido, Lorenzo Miguel contó con las condiciones idóneas, que no tuvo Vandor, para crear el "peronismo sin Perón". Pero la diferencia entre la idea original de Vandor y la realidad de Miguel radicaba en que el primero podía contar con Perón como icono vivo en el extremo superior de la pirámide y el segundo sólo tenía un icono muerto para sostener el verticalismo. Esto determinó que el movimiento peronista se articulara reconociendo la autoridad de los caudillos federales, cada uno de los cuales exigía una parcela de poder. De aquí que Isabel Perón apareciera como presidenta honoraria y que el candidato a la presidencia, Ítalo Luder, careciera de un verdadero poder en el partido. En esos momentos, él único poder hegemónico dentro del movimiento residía en las 62 Organizaciones, de modo que cuando el gobierno radical consiguió aprobar la nueva ley y limitó su influencia política, los caudillos provinciales aprovecharon esa circunstancia para hacer valer el peso político de sus feudos.

Merced a la histórica pretensión del peronismo a identificar el movimiento con el país –recuérdese cómo Perón sustituyó el excluyente principio doctrinal "para un peronista no hay nada mejor que otro peronista" por el también excluyente "para un argentino no hay nada mejor que otro argentino"– pronto las tensiones entre los caudillos se transfirieron a la sociedad en su conjunto involucrando a peronistas y no peronistas. A medida que este fenómeno fue evolucionando y el peronismo dominando toda la escena política, el mapa quedó dividido en reinos de taifas, que de hecho devolvió a Argentina a su situación preconstitucional.

Esta concepción limitada de la acción política impidió al PJ y a la CGT percibir la política de Estado del gobierno del Raúl Alfonsín que contemplaba, además, un proyecto de reforma constitucional orientado a profundizar el sistema democrático, descentralizar el poder político–administrativo y consolidar las instituciones republicanas. Si bien el discurso del PJ se modernizó y pareció abordar con mayor sensatez algunos aspectos sociales, la incapacidad perceptiva y las ambiciones caudillistas acabaron por acaparar sus energías y orientar sus pasos a la "recuperación" del poder. La burocracia sindical, como aliada natural del PJ, colaboró decididamente para asegurarse su posición hegemónica dentro del movimiento obrero.

NUNCA MÁS Y PUNTO

La cuestión crucial que debió abordar el recién inaugurado gobierno democrático fue el de la justicia y al principio lo hizo con valentía. La aparición de algunos cementerios clandestinos con fosas comunes y tumbas con las iniciales "N.N.", de la locución latina *Nomen Nescium,* que significa "desconocido" –cultismo que induce a sospechar que detrás de él hubo una sugerencia eclesiástica a la cúpula militar para que diera "cristiana" sepultura a sus víctimas– contribuyó a sensibilizar a una población que, por miedo o pusilanimidad, había ignorado el alcance real de la "guerra sucia".

Se trataba de sentar en el banquillo a los responsables de los bárbaros crímenes cometidos contra la población civil y las organizaciones defensoras de los derechos humanos y las Madres y Abuelas de Plaza de Mayo comenzaron a presionar inmediatamente al gobierno para que lo hiciese. Le pidieron la creación de una comisión parlamentaria, pero el gobierno respondió con la creación de la CONADEP, que fue presidida por el escritor Ernesto Sábato. Al mismo tiempo, para no forzar la delicada situación, el gobierno radical concedió a las Fuerzas Armadas la oportunidad de procesar a sus propios integrantes en un plazo no superior a seis meses como vía honorable para integrarse depuradas en el sistema democrático. La reforma del Código de Justicia Militar apuntó asimismo a facilitar este acto que permitía a los militares mostrar que aún quedaban vestigios de dignidad en la institución. Pero las Fuerzas Armadas, una vez cumplido el plazo, el 22 de septiembre de 1984, se reafirmaron en sus convicciones y en la legitimidad de los métodos empleados durante la "guerra sucia" y sólo se limitaron a someter a consejo de guerra a los generales Leopoldo Galtieri y Mario Benjamín Menéndez, al almirante Jorge Anaya y al brigadier Basilio Lami Dozo por negligencia en el conflicto de las Malvinas.

Mientras tanto la CONADEP, aunque limitadas sus funciones a recibir las denuncias sobre secuestros y desapariciones de personas ocurridos entre 1976 y 1983, realizó una importante y eficaz labor cuyo resultado fue el informe *Nunca más,* que constituye uno de los más terribles inventarios de la abyección humana de la historia del siglo xx. Merced a cientos de testimonios recogidos en *Nunca más,* la sociedad argentina pudo conocer los mecanismos de la maquinaria represiva montada por el Estado terrorista. Secuestros indiscriminados de personas, incluidos niños y su venta; centros clandestinos de detención; métodos de tortura física y psicológica; formas sistemáticas de asesinato y de "desaparición" de las personas; saqueos de bienes muebles e inmuebles de sus víctimas y extorsiones a sus familiares, etc., son algunos de los epígrafes de un informe que, al desvelar la naturaleza de la tragedia que acababa de vivirse, fue un alegato en favor de una acción reparadora y ejemplarizante de la justicia.

Pero los militares no habían sido despojados de su poder y seguían ejerciendo su tutelaje sobre la sociedad civil. Aun así, el gobierno de Raúl Alfonsín llevó a los tribunales civiles a los miembros de las tres juntas y, dentro de los márgenes reales de que disponía, en julio de 1985 la justicia argentina condenó por sus crímenes a los miembros de las dos primeras juntas, con penas de cadena perpetua para el general Jorge Videla y el almirante Emilio Massera, y de diecisiete a cuatro años y medio para los demás.

Pero ni las organizaciones defensoras de los derechos humanos ni los militares consideraron justas las sentencias y continuaron desde sus distintas posiciones ejerciendo una sostenida presión sobre el gobierno. La oferta de colaboración de éste para localizar e identificar a los desaparecidos fue tomada de distinta manera por las organizaciones humanitarias y en particular por las asociaciones que agrupaban a las madres y abuelas de las víctimas. Mientras la agrupación de Abuelas de Plaza de Mayo optó por una investigación metódica y paciente que la condujese a sus nietos, la de Madres de Plaza de Mayo, encabezada por Hebe de Bonafini lanzó la radical consigna "vivos se los llevaron, vivos los queremos" con la que inició un furibundo acoso al gobierno democrático. El extremismo de la exigencia de Bonafini provocó la escisión del movimiento, del que se desprendió el grupo Madres de Mayo Línea Fundadora, más próxima a la postura de Abuelas. Estos desacuerdos y el estrecho margen en el que se movía el gobierno en este asunto determinaron la postergación de las investigaciones.

Los avances en las investigaciones sobre las violaciones de los derechos humanos se vieron también entorpecidos por la manifiesta hostilidad de los militares. Los juicios contra ellos que se sustanciaban en los tribunales civiles fueron considerados por las Fuerzas Armadas como una provocación digitada desde el gobierno y sectores residuales de la subversión. Hasta ese momento, el gobierno de Raúl Alfonsín había controlado acertadamente el tempo de la ejecución de la justicia en los asuntos por violación de los derechos humanos y la dignidad de las personas. Pero, aún consciente de su legitimidad institucional, ni los peronistas ni sectores de su propio partido, ni la Iglesia y menos aún la burocracia sindical parecieron dispuestos a alinearse con el gobierno en un frente cívico suficientemente sólido como para disuadir a los grupos ultraderechistas, como Familias de los Muertos por la Subversión (FAMUS), y a los militares decv nuevas aventuras golpistas. En tal situación, el gobierno de Alfonsín creyó oportuno limitar en el tiempo los juicios contra los militares involucrados para no seguir excitando la cólera castrense. Así, en diciembre de 1986, hizo aprobar, no sin dificultades en el Parlamento y con el disgusto de buena parte de la ciudadanía, la Ley de Punto Final.

De acuerdo con esta ley, de dudosa constitucionalidad, se fijó un plazo de sesenta días para sustanciar las causas pendientes. Fue el primer grave error del gobierno de Alfonsín en este campo tan sensible. El intento de limitar el tiempo de procesamiento con la Ley de Punto Final, el gobierno no hizo sino acelerar el tempo de ejecución de la justicia y provocar una distorsión que repercutió en la caja de resonancia de la sociedad. Tal distorsión tensó todas las fuerzas sociales e impidió que la herida causada en la sociedad civil por el régimen militar fuera suturada correctamente.

En medio de una creciente tensión social, las fuerzas ultraderechistas perpetraron atentados contra testigos de la CONADEP, organizaron manifestaciones y protagonizaron actos de rebeldía en los cuarteles. El 16 de abril de 1987, el teniente coronel Aldo Rico, "héroe" de las Malvinas, se insubordinó contra el gobierno civil al frente de los llamados "carapintadas" y los militares encargados de reducirlo no obedecieron al presidente. Pero una espontánea movilización popular de casi medio millón de personas mostró por primera vez a un gobierno democrático su disposición a defender las instituciones democráticas. "La casa está en orden. No habrá sangre en Argentina", dijo el presidente Alfonsín a la multitud después de haber dialogado con los facciosos y conseguido su retirada. Sin embargo, el presidente no confió en el apoyo civil acaso porque pesó más en su ánimo la volubilidad de una sociedad que un día protestaba contra la dictadura militar y al día siguiente la vitoreaba por la "machada" de invadir las Malvinas. El caso es que, aún contando con el Acta de Compromiso Democrático firmada por todos los partidos políticos, la Iglesia, la CGT y organizaciones empresariales y culturales, Alfonsín cometió su segunda grave equivocación. Falló en la conjugación del tiempo futuro y su errónea desinencia verbal fue la Ley de Obediencia Debida, también de dudosa constitucionalidad, que limitó la persecución de los criminales a un grupo de oficiales de alta graduación.

La grave consecuencia de estos dos errores consistió en que desactivaron en la sociedad la convicción de que era posible construir un país sobre principios morales sólidos y confiar en la capacidad del Estado para ejercer la justicia. La condena a prisión de algunos miembros de las juntas genocidas, a pesar de que éstos no habían sido despojados de sus atributos de poder ni confiscados sus bienes como correspondía, hacía abrigar esperanzas en la efectividad de la administración de la justicia para combatir el principio de impunidad sobre el que se había sustentado el Estado terrorista. Pero las leyes de Punto Final y Obediencia Debida dejaron la herida abierta y expuesto el cuerpo social a la acción degenerativa de la corrupción.

LAS CUENTAS DE LA VIEJA

La difícil situación económica heredada del régimen militar también pasó factura al gobierno democrático. Un erróneo análisis del estado de la economía no dio lugar a encontrar las soluciones más adecuadas para sanear las cuentas. Las recetas del ministro Bernardo Grinspun para activar la producción, combatir la inflación, un déficit público del catorce por ciento sobre el PIB y afrontar el fuerte endeudamiento externo del país se manifestaron ineficaces al cabo de doce meses. A finales de 1984 la inflación era del seiscientos ochenta y ocho por ciento. Sólo en intereses por la deuda externa se pagaron 5.400 millones de dólares. Del mismo modo que afrontó la investigación de las violaciones de los derechos humanos, la Administración radical trató de sacar a la luz la deuda ilegítima cargada al Tesoro público. Pero, para entonces los acreedores internacionales ya habían tomado posiciones en lugares claves, como el FMI que contaba con una oficina permanente en el Banco Central, desde la cual, como afirma Alejandro Olmos Gaona en su *Historia de la deuda exterior argentina,* supervisaba y guiaba todas las operaciones de crédito que se efectuaban y "se aseguraba que las empresas estuvieran encuadradas dentro de un marco legal, y que ante cualquier problema de orden jurídico, el Estado no tuviera opciones para ningún cuestionamiento".

Es así que, aunque se constataron los mecanismos ilegítimos seguidos para el vaciamiento de las empresas estatales y del endeudamiento privado con cargo al Estado a través de divisas que nunca entraron en el país y avales y seguros de cambio, la investigación entró en un callejón sin salida y en 1985, el presidente del Banco Central, José Luis Machinea, estatizó definitivamente la deuda privada. Ese mismo año, el nuevo ministro de Economía, Juan Sourrouille, lanzó el Plan Austral "para salvar la democracia". El plan contemplaba el aumento de impuestos, la congelación de precios, tarifas y salarios, la reducción del gasto público, para lo cual se contemplaba la privatización de empresas estatales deficitarias, y la creación del austral, nueva moneda que sustituía al peso argentino creado en junio de 1983 con una paridad de 0,80/dólar. El programa recogía un conjunto de medidas de corte heterodoxo que permitió controlar la inflación y contener la especulación. Pero sólo se comportó como una tregua económica y no dio los resultados económicos que hizo presumir. Acaso una de las pocas consecuencias felices que logró el Plan Austral fue que los grandes empresarios vislumbraron que había posibilidades dentro del marco de la democracia de abrir espacios de estabilidad y orden económicos, aunque esto exigiera un acuerdo entre todas las fuerzas corporativas de la sociedad. Una condición que no se dio. Aparte del enorme esfuerzo que suponía el pago de la deuda externa y su renegociación condicionada por las imposiciones de los bancos acreedores y el FMI, la economía nacional también sufrió la caída de los precios agrícolas en el mercado internacional a raíz de la venta subsidiada de cereales de Estados Unidos a la Unión Soviética.

En estas circunstancias, en 1987, la presión desde todos los frentes sobre el gobierno radical comenzó a acelerar el proceso de desgaste al que fue sometido. Ni los militares ni los sindicatos ni el partido peronista se avinieron a un consenso real y, ante una población aún ilusionada, concentraron todas sus energías en provocar el derribo del gobierno radical.

Alfonsín intentó una salida de Estado para consolidar el sistema democrático y la modernización de las estructuras político-administrativas del país proponiendo que radicales y peronistas se fusionaran en una amplia coalición. El llamado "Tercer movimiento" debía servir para aglutinar las masas populares y comprometerlas en la fundación de una Segunda República, la reforma de la Constitución y el traslado de la capital federal a la ciudad rionegrina de Viedma. Pero los peronistas hicieron caso omiso de este proyecto ambicioso del que sólo se concretó, ocho años más tarde, la reforma constitucional.

Al tiempo que grupos militares mostraban su malestar mediante desacatos cuartelarios, ya que a pesar de todo estaban a la defensiva y carecían de soporte social, los sindicalistas, con el apoyo táctico de la Iglesia y de los empresarios, emprendieron una sostenida campaña de paros y huelgas al grito de "que se vayan (los radicales)", que recordó al plan de lucha contra el presidente Illia. El espacio de diálogo que propició el gobierno fue utilizado por la CGT de Saúl Ubaldini como plataforma de terca propaganda y movilización constante por reivindicaciones, que incluían desde las mejoras salariales hasta la imposible ruptura con el FMI, cuyo propósito era afianzarse en el poder sindical.

El gobierno pudo resistir, hasta la asonada de los "carapintadas" en abril de 1987, los embates militares y sindicales gracias al apoyo de la sociedad que, mayoritariamente, confiaba en el poder regenerador de la justicia impartida por un régimen democrático. La sanción de la Ley de Obediencia Debida, sin embargo, fue un duro golpe que mermó las ilusiones de una población, en cuyos sustratos aún latían las rémoras dejadas por el autoritarismo militar y populista. Progresivamente el crédito social empezó a pasar del radicalismo al peronismo y éste a avistar en el horizonte la recuperación de su papel hegemónico.

Del mismo modo que Alfonsín había impulsado años antes en la UCR el movimiento de Renovación y Cambio, en las filas del peronismo surgió, en 1985, Renovación Peronista. Esta corriente, encabezada por Antonio Cafiero, estaba animada por un espíritu de cambio, en los hábitos y tono de los mensajes, orientado a transformar el peronismo en un partido moderno. La conexión de este sector con el alfonsinismo resultó, inicialmente, un factor clave para la continuidad del orden democrático y soslayar la amenaza, más retórica que real, de un golpe militar. Pero Cafiero, gobernador de la provincia de Buenos Aires y presidente del PJ, no logró hacerse con el control del partido. Carlos Saúl Menem, caudillo y gobernador de La Rioja, fue quien logró imponerse en las pugnas internas.

Menem, consagrado candidato presidencial en julio de 1988, también pertenecía a la corriente renovadora. Sin embargo, su estilo y sus afinidades ideológicas eran contrarias a las del gobernador porteño. Haciendo gala de una gran sagacidad atrajo hacia sí las simpatías de otros caudillos provinciales, militantes derechistas, montoneros y algunos del peronismo izquierdizado, los burócratas sindicales y otros elementos que no comulgaban con el "democratismo" de Cafiero. Al modo de Perón, el caudillo riojano se reveló como un astuto maestro del doble juego. Por un lado aglutinó a su alrededor dirigentes y sindicalistas peronistas del más diverso pelaje ideológico y sedujo, con un mensaje claramente populista, a los asalariados víctimas de la ortodoxia monetarista aplicada durante la Dictadura y de la recesión económica, y a los grupos marginales para guiarlos al paraíso de la "revolución productiva". Por otro lado, Menem se granjeó la confianza de los grupos de poder económico, de las Fuerzas Armadas, incluidos los viejos gorilas y elementos más reaccionarios, y de altos prelados de la Iglesia católica. Su modo de comportarse resultaba chocante hasta para individuos como Lorenzo Miguel, quien decía despreciar su "conducta indigna" durante la prisión que ambos compartieron en barcos de la Armada.

Apenas pasado un año y medio de su implantación, el Plan Austral empezó a ceder y, a finales de 1987, la deuda exterior ya alcanzaba casi cincuenta y siete mil millones de dólares y las dificultades para estabilizar la economía eran manifiestas. Esta mala situación económica, que se sumó a la agitación militar, fruto de la cual se sancionó la Ley de Obediencia Debida, fue aprovechada por el sindicalismo y el peronismo en forma combinada para lograr avances sustanciales entre los trabajadores y el electorado. Estos avances se concretaron en las elecciones provinciales celebradas en septiembre, que ganó ampliamente el PJ. La suerte de Alfonsín ya estaba echada. Los peronistas se lanzaron sin piedad sobre el presidente radical, quien se vio obligado a dar un giro en su política económica después de que el incremento de tarifas volviese a disparar la inflación.

En agosto de 1988, con el apoyo de industriales y empresarios agrupados en la Unión Industrial y en la Cámara de Comercio, el gobierno radical puso en práctica el Plan Primavera para controlar la inflación. Este nuevo plan de ajuste supuso una mayor liberalización del mercado, la reducción de los subsidios a la industria y la transferencia de fondos procedentes de las exportaciones agrícolas al Estado. Los ingresos por este rubro, favorecidos por el alza del precio de los cereales a causa de la sequía en Estados Unidos, permitieron solventar algunos pagos de la deuda externa y, mediante altas tasas de interés, atraer capital especulativo. El Banco Mundial se mostró inicialmente dispuesto a dar nuevos créditos para las reformas estructurales, pero en enero de 1989, coincidiendo con la toma de posesión de George Bush como presidente de Estados Unidos, anunció su cambio de parecer. También el FMI negó concurrir en ayuda del gobierno radical. Tanto el Banco Mundial como el FMI habían prestado oídos al consejo negativo de Domingo Cavallo, economista discípulo de Martínez de Hoz, allegado al peronismo menemista y fugaz ex presidente del Banco Central en 1982. En esos mismos días, el 23 de enero, un extraño y extemporáneo asalto guerrillero izquierdista comandado por Enrique Gorriarán Merlo al cuartel de La Tablada dio oportunidad al Ejército de hacer una demostración de fuerza. El Plan Primavera fracasó. A principios de febrero, sin que menguara el hostigamiento sindical, el gobierno radical debió devaluar la moneda y con ello dio paso a una inflación galopante.

En medio de esta delicada situación económica y social, el Frente Justicialista Popular (FREJUPO), la coalición del PJ con otros partidos menores, ganó las elecciones presidenciales del 14 de mayo de 1989.

Carlos Menem, el presidente electo, atendiendo más a su vocación de poder que a los intereses de Estado, se negó a colaborar con el gobierno saliente hasta el momento de la toma de posesión. De modo que, ante la insostenible situación, Raúl Alfonsín prefirió adelantar el traspaso de la banda presidencial para el 8 de julio. El acoso de las fuerzas corporativas, principalmente de las Fuerzas Armadas, la CGT y el PJ, y sus propios errores, más en el capítulo de la institucionalización democrática que en el de la gestión económica, abocaron al gobierno de la UCR al fracaso y crearon las condiciones propicias para que los vicios larvados en el seno de la sociedad argentina volvieran salir a flote.

LOS HUEVOS DE *ALIEN*

En *Alien, el octavo pasajero*, la muy conocida película de Ridley Scott, la nave espacial *Nostromo* tras detectar una falsa llamada de socorro hace escala en un planeta desconocido, donde sólo son descubiertos unos extraños huevos. Mientras son observados, de uno de éstos salta algo extraño sobre un tripulante. De este modo, la astronave es invadida por una monstruosa criatura que aniquila a toda la tripulación menos a una mujer, Ripley. Más tarde se sabe, que la escala ya estaba secretamente programada por los jefes que habían ordenado la misión y que la única sobreviviente acabará siendo portadora del monstruo. La voz inglesa *alien* equivale a la castellana alienígena; ambas proceden del latín *alienigena*, y significan extranjero, extraterrestre y, en función adjetival, extraño. El alien mitificado por la película de Scott es una extraña criatura, perversa e implacable que tanto ataca directamente como se introduce en los cuerpos vivos para aniquilarlos desde dentro.

La sociedad argentina que surgió de la dictadura militar es como la astronave *Nostromo*. Como ésta pareció conducida ex profeso a la experiencia del terrorismo de Estado para recoger al *alien* y, llevándolo consigo en sus entrañas, depredar el país. Bastó que el gobierno civil encargado de restablecer la justicia y luchar contra la impunidad mostrara signos de debilidad, para que el monstruo que parasitaba en la sociedad iniciara su acción destructora.

La política del gobierno peronista de Carlos Menem, elaborada a partir de un partido aparentemente modernizado, fue en muchos aspectos el instrumento que puso el país a expensas de muy nocivos vicios, propios y extraños, y en un modo de declinación ajeno al tiempo futuro. Pero al mismo tiempo, también se activaron fuerzas positivas que, si bien al final del siglo XX no parecían visibles, seguían dando muestras de su existencia.

El periodo gubernamental del presidente peronista Carlos Menem, entre 1989 y 1999, corresponde al del desmantelamiento y vaciamiento patrimonial del país y la reducción del Estado a su mínima expresión. El posterior e inconcluso gobierno aliancista, encabezado por el radical Fernando de la Rúa, entre 2000 y 2001, y el que le siguió del peronista Eduardo Duhalde debieron enfrentarse a las graves secuelas que el menemismo dejó en el aparato productivo y económico del país, pero sobre todo en los patrones éticos la sociedad argentina, ya muy debilitados por la acción devastadora de la dictadura militar.

El Estado anoréxico

Una vez en el poder, el gobierno de Carlos Menem debió afrontar la grave situación económica y lo hizo con decisión. Una actitud que no supuso precisamente una mirada piadosa a los "humildes" con quienes decía identificarse, según su mensaje. Con el apoyo de las grandes corporaciones, que –como Bunge y Born, le prestaron sus directivos–, y de Estados Unidos, y el asesoramiento técnico del economista Álvaro Alsogaray, quien ya en tiempos de Frondizi había llamado a los argentinos a "ajustarse el cinto", dio continuidad a la política monetarista impulsada por Martínez de Hoz durante la dictadura militar. La labor de control de la economía no resultó fácil, pero los ensayos realizados en los dos primeros años sentaron las bases para hacer del peronismo menemista lo que Luis Alberto Romero llamó "el partido del mercado".

Con una recesión que castigaba el PIB con seis por ciento y una deuda externa situada en los sesenta y tres millones de dólares, el gobierno aplicó un plan de ajuste, cuya dureza motivó que desde las mismas filas peronistas surgieran voces acusando a Menem de traición. El programa tuvo efectos devastadores para las masas de asalariados, entre las cuales creció el desempleo y su poder adquisitivo cayó en picado mientras los sindicatos mostraban una reacción más retórica que efectiva. Tres ministros ocuparon la cartera de Economía –Miguel Roig, Néstor Rapanelli y Antonio Erman González– antes de que en 1991 fuese nombrado Domingo Cavallo. Ese mismo año, familiares y colaboradores del presidente Menem ya aparecían vinculados al tráfico de drogas.

El ministro Cavallo, economista formado en el ultraliberalismo, fue el verdadero artífice de la política económica del menemismo que redujo el patrimonio y las funciones del Estado a su mínima expresión. El fundador de un Estado argentino anoréxico. Al mismo tiempo que liberó los precios y las importaciones; suprimió la protección a la industria; flexibilizó los contratos laborales; restringió el derecho de huelga y el marco de actuación sindical, y redujo el gasto público recortando los rubros[1] de educación, servicios sociales y obras públicas. La política económica implementada por Cavallo se orientó a completar el proceso de liberalización del mercado y de desmantelamiento del aparato productivo del país iniciado por Martínez de Hoz y continuado, con escaso éxito, por Roberto Alemann y Juan Sourrouille. En este sentido, las piedras angulares de su política económica –y también dos de las principales causas que aceleraron la degradación moral de la sociedad– fueron la ley de Convertibilidad y la privatización de las empresas estatales.

A partir del 1 de enero de 1992, la ley de Convertibilidad clausuró la etapa del austral como unidad monetaria e instituyó el peso en paridad con el dólar. La fortaleza de la nueva moneda se sustentó en esta paridad y en la prohibición de emitir circulante sin el correspondiente respaldo de divisas. De hecho era la reinstitucionalización del "patrón oro", en este caso sustituido por el "patrón dólar". La paridad monetaria tuvo un rápido efecto sobre la inflación, cuya reducción y

---

[1] Americanismo: un rubro es un título (N. del E.).

estabilización fue acogida con alivio por la sociedad, sobre gran parte de la cual se extendió una extravagante sensación de potencialidad económica. De nuevo flotaba en el aire el mito de la Argentina potencia resucitado por un presidente peronista.

En el marco de su política de reducción de los gastos públicos, el gobierno peronista dio luz verde a la privatización de las empresas públicas, todas endeudadas y deficitarias. Las ventas, inspiradas en la doctrina ultraliberal que propicia el amenguamiento del Estado y la transferencia de los servicios públicos a la gestión del capital privado en un mercado abierto, se hizo indiscriminadamente y casi sin fijar ningún tipo de control estatal sobre las empresas. Ni siquiera sobre aquéllas consideradas de valor estratégico, como las eléctricas, transporte, comunicación, etc. Grandes corporaciones de capital nacional e internacional y entidades financieras acreedoras optaron a la compra al aceptar el gobierno, como moneda de pago, títulos de la deuda pública en su valor nominal. Independientemente de los discutibles sistemas de valoración de cada empresa que se aplicaron, el reconocimiento del valor nominal de los títulos públicos, cuya cotización real en el mercado era notoriamente inferior, constituyó un subrepticio y escandaloso "descuento". Una suculenta rebaja de la que se beneficiaron las corporaciones compradoras y con la que se pagaron comisiones y sobornos a intermediarios y funcionarios.

Los recortes presupuestarios, los despidos masivos, el incremento de los impuestos y las privatizaciones aportaron una ingente cantidad de dinero, aumentada a su vez por la entrada masiva de capitales especulativos, atraídos por las altas tasas de interés y la total libertad de movimiento, en virtud de la resignación que hizo el gobierno de la soberanía financiera del Estado. Esta rápida generación de recursos y la dadivosa política de privatizaciones, en particular por la aceptación como pago de títulos de la deuda generosamente sobrevalorados, fueron premiadas por los acreedores internacionales con la renegociación de la deuda y la concesión de nuevos créditos.

El FMI, a la cabeza de cuyo Departamento para el Hemisferio Occidental se hallaba el argentino Claudio Loser, otorgó sus créditos con gran soltura y sin evaluar el "riesgo moral" que implicaba. Por este motivo, en 2003 el FMI inició una investigación interna para establecer las responsabilidades del organismo entre 1987 y 2000, entonces presidido por Michel Camdessus, en la quiebra económica de Argentina. De acuerdo con la política de la nueva dirección del FMI, encabezada por Horst Kölher y Anne Krueguer, se llegó a la conclusión de que se concedieron cuantiosos créditos a Argentina "observando las motivaciones políticas antes que la capacidad de absorción de la deuda".

Con la ayuda "política" del FMI, la economía argentina aparentemente se estabilizó y, tras reducir progresivamente los tipos de interés, mostró signos de crecimiento. Incluso fue capaz de soportar el efecto tequila provocado por la crisis financiera de México en 1994 y más tarde las del Sudeste asiático y Brasil. Bien es cierto que, en el primer caso, el FMI acudió en socorro de Argentina con un préstamo adicional de 6.700 millones de dólares. En correspondencia, el gobierno menemista aplicó un nuevo y riguroso plan de ajuste que repercutió directamente en la población. Como parte del mismo, en 1995, el desempleo, que el presidente Menem al inaugurar su segundo mandato presidencial había prometido "aniquilar", alcanzó poco más del 18 por ciento de la población activa; llevó a cabo una reforma laboral que favoreció la "movilidad" de mercado de trabajo; desmanteló y privatizó los servicios sociales, y contribuyó a que un cuarto de la población argentina se situara por debajo del umbral de pobreza.

El deterioro de las condiciones de vida no modificó el rumbo de la política "estabilizadora" del tándem Menem-Cavallo. Bajo la apariencia de estabilidad que dio la ley de Convertibilidad y los ingresos excepcionales procedentes de las ventas de las empresas públicas, la emisión de títulos de deuda pública y los créditos externos, se desarrolló una imparable gangrena económica. En estas condiciones "ambientales", el aparato económico del Estado se vio asimismo sometido a la fuerte acción corrosiva de la evasión fiscal, favorecida por un obsoleto sistema impositivo; de la transferencia de fondos improductivos a las redes clientelares manejadas por los caudillos provinciales del peronismo, y de la especulación.

Consecuentemente, el déficit público y la deuda externa siguieron creciendo hasta alcanzar en 1999, año en que acabó la era menemista,

7.000 millones de dólares el primero y 170.000 millones la segunda. Cifras astronómicas a las que cabe añadirle el agravante del vaciamiento patrimonial del país en beneficio de consorcios privados nacionales e internacionales. La "revolución productiva" que había prometido Carlos Menem durante su campaña electoral de 1989 se había convertido en la "revolución especulativa".

El avance hacia atrás

En cierto modo, el menemismo podría atribuirse la formulación de la paradoja "avanzar hacia atrás". Tanto en la política doméstica como en la exterior se caracterizó por dar pasos contradictorios. Aunque las huellas de sus zapatos señalaban hacia el frente, al final la marcha era hacia atrás. Apoyado en su carisma caudillesco, en su habilidad para granjearse amistades peligrosas y, sobre todo, en la capitalización que hizo del sentimentalismo peronista, Carlos Menem edificó un país de ficción sobre las ruinas del verdadero.

Siguiendo una orientación opuesta a la señalada por su antecesor, el presidente Menem encaró los más delicados asuntos internos bajo el prisma del "pragmatismo", voz que se incorporó a su discurso político para clausurar cualquier debate racional. En este sentido zanjó la cuestión militar inmediatamente otorgando los indultos, el 5 de octubre de 1989, a los jefes militares que la Justicia civil condenó por sus violaciones a los derechos humanos y a la Justicia militar por su ineptitud en la guerra de las Malvinas. Asimismo, el 30 de diciembre de 1990 perdonó a los "carapintadas", quienes le habían dado su fervoroso apoyo durante la campaña electoral. De este modo, con su enérgica disposición a cerrar el capítulo de la "guerra sucia" a costa de dejar abierta una profunda herida en la sociedad, Menem apaciguó la agitación cuartelera. Cuatro años más tarde, apelando a su propósito de echar tierra al pasado, encaró la profesionalización y despolitización de las Fuerzas Armadas, llevando a cabo una exhaustiva purga de la cúpula y decretando, el 31 de agosto de 1994, la abolición del servicio militar obligatorio. Pocos meses después, en abril de 1995, el nuevo comandante en jefe del Ejército, el general Martín Balza, entonó un *mea culpa* institucional por los excesos cometidos entre 1976 y 1983. El general Balza, el ministro de Defensa, Antonio Erman González, Carlos Menem y su cuñado Emir Yoma fueron imputados en abril de 2001 por el fiscal federal Carlos Stornelli por tráfico de armas a Croacia, durante la guerra balcánica de 1991 a 1933 y a Ecuador, durante el conflicto que este país tuvo con Perú en 1995, la llamada guerra del Cóndor.

Aunque las Fuerzas Armadas ya estaban calmadas por su involucración en el proyecto estadounidense de "guerra de baja intensidad", la cuestión militar pareció quedar definitivamente cerrada en 1998, cuando la oposición, que había ganado las elecciones legislativas de ese año, promovió la derogación de las leyes de Punto Final y Obediencia Debida. La anulación de estas polémicas leyes fue más un gesto de advertencia al peronismo que de amenaza de acción civil a los militares, pues no tenía carácter retroactivo y los responsables de violaciones de derechos humanos no volverían a ser juzgados.

Recuperando los hábitos de peronismo tradicional, el gobierno de Menem, con el Congreso bajo su férreo control, impulsó una reforma del Poder judicial que no sólo distorsionó sus funciones de controlador institucional y administrador de la justicia, sino que lo hizo permeable a la influencia presidencial. A este propósito se debió la ampliación de la Corte Suprema, a la que fueron incorporados miembros de fácil control, que no tardaron en dar muestras de su dudosa independencia y escasa ecuanimidad.

Asegurada la legitimidad jurídica de sus actos y taponadas las vías de investigación, Menem, como no hacía mucho lo habían hecho los militares para sus fines represivos, creó su propio territorio de impunidad para satisfacer su inagotable ambición de poder. Fue así como, con el propósito de perpetuarse en la presidencia mediante el voto, recogió la idea de reforma constitucional planteada en su momento por Raúl Alfonsín y alcanzó con la UCR el llamado Pacto de Olivos, que fue firmado el 13 de diciembre de 1993.

El pacto entre peronistas y radicales dio lugar a la promulgación de la Constitución de 1994, cuyo texto, inspirado en la Convención Americana sobre Derechos Humanos, supuso un notable avance en la formulación de un Estado democrático moderno. Pero para la ciudadanía, la nueva Constitución al igual que las anteriores siguió instalada en el limbo declarativo. No para Carlos Menem que, merced a la reforma, pudo optar a un nuevo mandato en 1995 y, en 2003, a presentarse a las elecciones, aunque pesara sobre él una imputación por tráfico de armas. Como afirma Marcos Aguinis en su *El atroz encanto de los argentinos,* la Constitución se modificó para legalizar la reelección del presidente, de modo que "el Estado fue usado para el enriquecimiento del jefe y sus amigos, así como para una propaganda oficial impúdica que culminó con un Menem lo hizo [todo]".

En 1995, las mismas masas a las que expoliaba su política de ajuste le dieron el voto, seducidas por sus demostraciones de macho depredador, que hizo del ejercicio político un espectáculo a través de sus gestos populistas, sus conquistas y compadreos sentimentales. La "farandulización de la política", como la denominaron algunos sociólogos, fue una poderosa arma de estupidización que permitió el vaciamiento de las instituciones republicanas y la extensión del autoritarismo en el esqueleto de una democracia inválida.

La aplicación de las recetas monetaristas y de los planes de ajuste económico sólo eran factibles en un marco autoritario, dentro del cual se mantuviese a raya a la oposición o se la hubiera eliminado. Este contexto favorable lo habían tenido Martínez de Hoz y Alemann con la dictadura militar, pero no Alsogaray ni Sourrouille con los gobiernos civiles de Frondizi y Alfonsín. Menem, en cambio, creó para Cavallo el "autoritarismo democrático" con el apoyo del reducido núcleo capitalista que controlaba la economía, las organizaciones financieras internacionales y la cínica complicidad de una sociedad que ignoró los excesos y los escándalos de corrupción a cambio de una supuesta estabilidad y su latente pretensión de entrar en el círculo de los especuladores. "No importa que robe si no hay inflación" fue la muletilla social que legitimó la malversación de las arcas del Estado y del Estado mismo.

La "estabilización" menemista dio pie a la cultura de la especulación y, como en tiempos de la "plata dulce", la sociedad aceptó la ficción que permitía a los argentinos viajar por el mundo como hijos de la opulencia, mientras en el país crecían los índices de pobreza y analfabetismo, se extendían las villas de emergencia, se degradaban las ciudades, los espacios públicos y las carreteras, y el Estado se batía en retirada cediendo el poder al "mercado" y dejando, especialmente en las grandes ciudades, vastas áreas abandonadas a su propio gobierno y ley.

En estas "zonas liberadas", el vacío de autoridad del Estado fue ocupado por las reglas y patrones "morales" de las bandas delictivas, cuyos jefes empezaron a actuar como enlaces subsidiados de los caudillos peronistas, quienes a su vez los han cultivado como "reservas" populares y grupos de choque. Pocos pueden entrar a las "villas miserias" sin visado de los jefes. Ni carteros ni policías. Estas zonas son verdaderos viveros de delincuentes, con los cuales la policía parece mantener una pugna de poder. Un aspecto derivado del hecho de que el gobierno peronista de Carlos Menem, aunque "resolvió" la cuestión militar, no resolvió la cuestión de las fuerzas de seguridad.

Con la restauración democrática, el aparato policial represivo montado por las Fuerzas Armadas durante su dictadura quedó sin su principal función –la represión política–, pero sus miembros siguieron en activo, aunque incontrolados. Al quedar sin el "trabajo" oficial, que les proporcionaba recursos económicos extras, tales cuadros represivos formaron sus propias bandas, muchas de ellas con base en las comisarias, dedicadas al secuestro, la extorsión, el robo, el tráfico de drogas, etc. Todas tareas en las que no es difícil tener conflictos de intereses o disputas territoriales con las bandas villeras. La evolución de la acción delictiva y, consecuentemente, de la inseguridad ciudadana también se vieron favorecidas por el marco de impunidad que ofrecía la legitimidad menemista.

El "pragmatismo" exterior

La política exterior del gobierno peronista de Carlos Menem ha sido calificada de "pragmática" porque situó al país en el contexto de las grandes potencias occidentales. A partir de 1989, Menem reivindicó para Argentina su condición de "país europeo" –por occidental– en el mapa latinoamericano y tradujo tal condición en términos de alineamiento político. Sobre esta idea básica abandonó el Movimiento de Países No Alineados y reforzó sus vínculos con la alianza occidental, en particular con los países de la OCDE y entre éstos con Estados Unidos. La tesis de la "tercera vía" autonomista, formulada por Perón, quedó así definitivamente apartada del peronismo menemista.

Esta histórica decisión tuvo importantes consecuencias para los comportamientos políticos del país que determinaban su rol internacional. En este sentido, el proyecto de autonomía bélica que, sostenido por el nacionalismo militar, había impulsado la industrialización, también debió ser abandonado. Sobre todo los planes de contar con la bomba atómica y desarrollo de una industria misilística propia fueron definitivamente desechados. En consonancia, la diplomacia menemista reconoció la Organización Internacional de Energía Atómica (OIEA), y firmó el Tratado de No Proliferación (TNP), y el MTCR, siglas inglesas del Régimen de Control de Tecnología Misilística. Asimismo, signó con Brasil el Acuerdo de Iguazú sobre control nuclear mutuo y ambos países crearon la Agencia Brasileño-Argentina de Contabilidad y Control (ABACC) de materiales nucleares.

Paralelamente, el gobierno peronista lanzó una ofensiva diplomática para restablecer relaciones con el Reino Unido, interrumpidas desde la guerra de las Malvinas, y logró su reanudación el 15 de febrero de 1990. Ocho años más tarde, en una histórica visita a Londres, el presidente Carlos Menem y el primer ministro británico Tony Blair firmaron una declaración de reconocimiento mutuo de las respectivas reclamaciones de soberanía sobre el archipiélago de las Malvinas y otras islas del Atlántico sur en litigio.

Por otra parte, el alineamiento político con Estados Unidos trajo aparejado un claro apoyo argentino a la ONU, bajo cuya bandera Argentina colaboró con el envío de tropas a Irak, durante la guerra del Golfo en 1991, y a otras misiones. En sintonía con la política exterior estadounidense, el gobierno peronista también aceptó los "consejos" del embajador de Estados Unidos en materia de política interna y cuestiones económicas vinculadas a empresas de capital norteamericano, lo cual favoreció el trato del Banco Mundial y del FMI.

En consonancia con su política de inserción internacional, el 26 de marzo de 1991, Argentina firmó con Brasil, Uruguay y Paraguay el Tratado de Asunción, que sentaba las bases para la creación de un espacio de integración regional y libre comercio, el Mercado Común del Sur (MERCOSUR). El ambicioso proyecto de los países del Cono Sur entró en vigor el 1 de enero de 1995 e inauguró un difícil y complejo proceso salpicado de marchas y contramarchas motivado, sobre todo, por la desconfianza y la insolidaridad de Argentina y Brasil. Pero las dificultades con que tropezó el MERCOSUR no sólo se debieron a la confrontación de intereses nacionales de los dos grandes países del Cono Sur, sino también a los intereses geoestratégicos de Estados Unidos en América Latina.

Desde principios de los años noventa, Estados Unidos extendió la doctrina de seguridad nacional a través de la doctrina, "guerra de baja intensidad" (GBI), que, solapada en la lucha contra el narcotráfico y el terrorismo, le permitió enviar tropas a diversos países latinoamericanos para controlar una presumible agitación social causada por la deuda externa, la extensión del desempleo y la pobreza y la aplicación de los planes de ajuste económico. Según publicó la periodista Stella Calloni en el diario uruguayo *La República*, ya en 1991, poco después de la firma del Tratado de Asunción, se detectaron movimientos de tropas estadounidenses en la provincia argentina de Misiones, situada en la llamada "triple frontera" formada por Argentina, Paraguay y Brasil.

Dos años más tarde, al mismo tiempo que en Córdoba efectivos estadounidenses realizaban "ejercicios de gabinetes de comandos", otro contingente también hacía maniobras en Misiones coincidiendo con una reunión de seguridad del MERCOSUR. Aunque los militares brasileños protestaron por la presencia de estas tropas, los delegados del MERCOSUR sentaron las bases para un acuerdo militar y policial sobre la "triple frontera", que evolucionó más tarde hacia compromisos de una coordinación conjunta militar y de seguridad vinculada al "plan Colombia". De acuerdo con estos compromisos, el gobierno de Menem presentó en 1996 el Proyecto de Seguridad, de acuerdo con el cual se autorizaba a las fuerzas armadas de cualquiera de los países del MERCOSUR a intervenir en "procesos de desestabilización social, cultural y política de los Estados partes". El documento, que señalaba como causas de intervención la subversión, el terrorismo, el narcotráfico, la agitación "indigenista" y el "factor campesino", aconsejaba "desarrollar estrategias de anticipación a partir de la detección temprana de los riesgos y amenazas comunes". El gobierno de Menem fue aún más allá y concedió a las tropas estadounidenses inmunidad total, de modo que ninguno de sus miembros podía ser juzgado por la justicia del país, cualquiera fuese el delito cometido.

La involucración del MERCOSUR en esta política estadounidense de penetración militar en el área está relacionada con el proyecto del Área de Libre Comercio para las Américas (ALCA), cuyo territorio comprendería desde Alaska hasta Tierra del Fuego. El gobierno de Menem fue sensible al proyecto de Estados Unidos y, si bien al principio se mostró entusiasta promotor del MERCOSUR, su política tendió a perder empuje y a crear dificultades a sus socios.

En 1997, poco después de haber conseguido la firma del acuerdo sobre seguridad en la "triple frontera", Menem recibió el espaldarazo de Washington. Durante su gira de promoción del ALCA por Sudamérica, el presidente estadounidense Bill Clinton, después de visitar Brasil y de oír las reservas que el presidente Fernando Henrique Cardoso le expresara sobre un proyecto que ponía en peligro el MERCOSUR, aterrizó en Buenos Aires. Aquí, aparentemente sin relación con el ALCA, anunció la elección de Argentina como "aliado preferente fuera de la OTAN". La distinción, que convirtió a Argentina en el primer país latinoamericano miembro de un selecto grupo integrado por Israel, Jordania, Egipto, Japón, Corea del Sur, Australia y Nueva Zelanda, fue motivo de protesta por parte de Brasil y Chile que la vieron como causa de una seria alteración del equilibrio geoestratégico del área. La corrección de este desequilibrio se produjo en julio de 2000, cuando Estados Unidos reanudó la colaboración militar con Brasil a través del Grupo Bilateral de Defensa y la venta al país sudamericano de material bélico de segunda mano.

Dos años más tarde, el 22 de enero de 1999, en correspondencia con los malos síntomas que mostraba la economía como preludio de una profunda recesión, el presidente Menem lanzó la idea de sustituir el peso por el dólar. Su propósito era camuflar ante los inversores extranjeros el verdadero estado de la economía y al mismo tiempo sentar las bases de la dolarización continental. La evolución de esta dolarización debería crear las condiciones para que en el 2005, fecha prevista para la entrada en vigor del ALCA, éste pudiera absorber sin dificultades el MERCOSUR. La oposición y algunos sectores del mismo peronismo denunciaron la propuesta como "una capitulación" que ponía en peligro el desarrollo de América Latina. Así lo entendió también Brasil, que consideraba que el ALCA era un proyecto que pondría el continente a disposición de Estados Unidos. El intento de Menem fracasó por esta oposición y, probablemente, por no lograr una tercera reelección a pesar de sus intentos. Sin embargo, es significativo que, a finales de ese mismo año, el presidente de Ecuador, Jamil Mahuad, también propusiera la dolarización del sucre. Mahuad fue destituido por este motivo tras una revuelta indígena, pero su sucesor, Gustavo Noboa, acabó imponiendo el dólar.

La explosión de la burbuja

El 10 de diciembre de 1999, el presidente Carlos Menem entregó la banda presidencial al radical Fernando de la Rúa. Las tensiones sociales y económicas y los escándalos por corrupción que comprometían al gobierno peronista castigaron al candidato del PJ Eduardo Duhalde y desplazaron el voto hacia la Alianza, coalición de la UCR y el Frente de País Solidario (FREPASO), a su vez coalición de disidentes peronistas y pequeños partidos de centro-izquierda.

A pesar de la propaganda triunfalista del presidente saliente, el país presentaba un paisaje desolador. Con una deuda externa de 170.000 millones de dólares, un déficit público de 7.000 millones de dólares y proyección para el año siguiente de 11.500 millones de dólares, un colapso generalizado en todos los sectores de la economía, un alto índice de desempleo y una extremadamente desigual repartición de la riqueza, el presidente Fernando de la Rúa apenas tenía margen de maniobra. Así, el nuevo gobierno pronto dio muestras de impotencia no sólo para reencauzar la economía sino también para coagular la corrupción y las tendencias viciosas de la clase dirigente y de la sociedad.

Apenas transcurridos dos meses desde la asunción del gobierno aliancista, los sindicatos, que durante los diez años menemistas habían permanecido aletargados, salieron a la calle con particular virulencia. Tras la aprobación de la Ley de Reforma Laboral en la Cámara de Diputados con el voto en contra de los peronistas, el sector combativo de la CGT, encabezado por el peronista Hugo Moyano, movilizó a miles de trabajadores de Buenos Aires. De hecho la ley respondía al plan de saneamiento de las cuentas públicas proyectado por el gobierno en consonancia con el ajuste exigido por el FMI para la concesión de un crédito de 7.400 millones de dólares. La "flexibilización" del mercado de trabajo había sido consensuada con la cúpula de la CGT, a la que aseguraron sus beneficios, los empresarios, a quienes se les facilitó el despido, y los gobernadores peronistas de Buenos Aires, Córdoba y Santa Fe, las tres provincias más industrializadas del país. Sin embargo, la fragmentación del peronismo en pequeños cacicazgos se tradujo en la desobediencia de los diputados y de los sindicalistas "combativos".

A partir de ese momento, el hostigamiento al gobierno fue constante. En mayo de 2000, Carlos Chacho Álvarez renunció como vicepresidente por discrepancias sobre un asunto de sobornos en las altas esferas políticas. La dimisión, que fue interpretada como un gesto de alto valor ético en un contexto de "corrupción estructural del Estado y la burocracia", dejó sin embargo al presidente más solo para afrontar la enorme tarea. Poco después, a causa del episodio Murphy, también el ministro del Interior, Federico Storani presentó una renuncia "moral", cuando precisamente más se necesitaba de dirigentes capaces de asumir las más altas responsabilidades y de devolver a las instituciones su vigor ético. Es cierto que tampoco el presidente De la Rúa había contribuido a crear condiciones favorables y se había mostrado incapaz para gobernar en coalición y para armonizar las tendencias centrífugas de su propio partido, pero ello no justificaba la deserción y la dejación de responsabilidades de los políticos que proclamaban la restauración ética en el ejercicio de la política.

Ese mismo mes de mayo, el sector duro de la CGT convocó la primera huelga general, que Moyano reconoció como "política", dado que también se enmarcaba en las pugnas internas del peronismo. Dentro de éste, Carlos Ruckauf, José Manuel de la Sota, Carlos Reutemann, Eduardo Duhalde, Carlos Menem, los jefes de los bloques parlamentarios y los caciques sindicales libraron fieras luchas por sus parcelas de poder.

Aunque el gobierno intentó la aplicación de recetas económicas heterodoxas sin salirse del marco neoliberal, la profundidad del colapso económico y renuencia del Banco Mundial, del FMI y de los consorcios financieros aceleraron la caída en picado de la economía argentina y el malestar social. La designación de Ricardo López Murphy como nuevo ministro de Economía, aunque contaba con el apoyo del FMI, el Banco Interamericano de Desarrollo (BID), e inversores, aumentó la reacción de los sindicatos que siguieron presionando al gobierno, sustentados en la agitación social originada en la crisis. A las huelgas sectoriales, entre ellas las de los maestros, se sumaron manifestaciones estudiantiles y marchas de desocupados y "piqueteros", marginados de las villas de emergencia organizados como grupos de choque y vinculados al aparato de caudillos peronistas, entre ellos el de Eduardo Duhalde, gobernador de Buenos Aires.

En tales condiciones, el presidente De la Rúa, a quien desde la oposición peronista y el sindicalismo se acusaba de indeciso e inepto —cosa que hizo recordar a la campaña de desprestigio personal contra el presidente Illia—, recurrió como tabla de salvación al ex ministro de Economía de Carlos Menem, Domingo Cavallo. Inmediatamente éste tomó medidas para apuntalar la ya agonizante Ley de Convertibilidad, al tiempo que advirtió al Parlamento de que si no concedía "facultades especiales al Ejecutivo para combatir la burocracia, la corrupción, el contrabando y la evasión impositiva, ustedes [los parlamentarios] serán responsables cuando falte el dinero". Poco después también se dirigió a la CGT, a cuyos dirigentes les comunicó su intención de gravar las importaciones, incentivar las exportaciones, rebajar los gravámenes sobre la producción y combatir el contrabando y la evasión fiscal. "Esta es la última oportunidad, si no habrá que

discutir el futuro institucional del país y llamar a elecciones anticipadas", les dijo. Víctor de Gennaro, dirigente del CTA, Congreso de
Trabajadores Argentinos, sector disidente y combativo de la CGT,
consideró un triunfo la renuncia de López Murphy "y el fracaso del
golpe de Estado financiero", pero recordó que Cavallo, su sustituto,
era el inspirador de la estatización de la deuda privada externa, el li-
quidador de las empresas públicas y el representante de los grandes
grupos económicos. "Aquí no hay problemas de recursos, el problema es cómo se distribuye la riqueza", proclamó el sindicalista disidente.

Poco después, empezaron a advertirse los síntomas de una inminente explosión de la burbuja financiera y la imposibilidad de seguir
manteniendo la paridad peso-dólar. Mucho tenía que ver en esto el
cambio de política del FMI, propiciado por el nuevo equipo rector
del organismo que encabezaban el alemán Horst Köhler y la estadounidense Anne Krueger. El brusco paso de un cambio de tipo fijo a
otro libre flotante y las reticencia de FMI a conceder créditos a un país
que, a su juicio, ya había agotado su capacidad de pago, puso a Argentina al borde de la quiebra. La nueva actitud del FMI alarmó a los
inversionistas y comenzó entonces una espectacular fuga de divisas y
de capitales "flotantes". Ante la posibilidad de quedarse sin liquidez,
los bancos reaccionaron ofreciendo altas tasas de interés por depósitos
a plazo fijo que, como un canto de sirena, atrajo a miles de pequeños
y medianos ahorradores que, ignorantes del verdadero propósito de la
oferta, aunque en general ansiosos de entrar en el circuito especulativo, expusieron su dinero al juego financiero.

A esas alturas el gobierno ya era impotente para controlar la situación. Las bandas de delincuentes y la policía se enfrentaban a tiros por
los barrios de las grandes ciudades; los "piqueteros" porteños –movimiento de desocupados surgido tras la privatización de YPF y al margen de los sindicatos– se adueñaban de las calles de la capital y grupos
espontáneos asaltaban desde supermercados hasta tiendas de electrodomésticos y joyerías. En medio de ese caos generalizado, a finales
de noviembre los peronistas comenzaron a tomar posiciones en el Parlamento y designaron presidente del Senado al justicialista Ramón

Puerta, quien, al estar vacante la vicepresidencia por la dimisión de Chacho Álvarez, se convirtió en sucesor virtual del presidente en caso de renuncia. El hecho de que el presidente del Senado no perteneciese al partido gobernante, caso insólito en la historia parlamentaria del país, agravó más la inestabilidad política y contribuyó a agudizar la crisis financiera.

El anuncio gubernamental de la existencia de "ataques especulativos" desató el pánico entre los ahorradores, quienes se agolparon en las ventanillas de los bancos para retirar su dinero mientras se incrementaba la fuga masiva de capitales al exterior. Finalmente, ante el peligro de quiebra del sistema financiero, el ministro Cavallo anunció, el 1 de diciembre de 2001, la inmovilización de los depósitos, lo que popularmente se tradujo como "corralito". De la noche a la mañana la población argentina despertó al este del paraíso. Miles de personas enfurecidas se lanzaron a las calles causando graves desmanes en las principales ciudades del país.

El 20 de diciembre, el presidente Fernando de la Rúa, catalizador de las iras populares, renunció. Mientras hablaba al país, cientos de personas chocaban con la policía frente a la Casa de Gobierno. La violencia de los enfrentamientos costó la vida a cinco personas, que se sumaron a otras víctimas caídas en Córdoba, Santa Fe y Rosario. Apenas el radical De la Rúa abandonó la Casa de Gobierno, después de haber soportado ocho huelgas en sólo dos años, los peronistas se lanzaron en tropel sobre el sillón presidencial. En el breve periodo de dos semanas se sucedieron tres presidentes antes de que asumiera el caudillo porteño, Eduardo Duhalde.

Independientemente de la veracidad o no de la denuncia de un plan para derrocarle que hizo el ex presidente De la Rúa, lo cierto es que nuevamente el peronismo apareció comprometido con la interrupción de un gobierno radical. Desde 1955, el movimiento peronista a través del partido o de la burocracia sindical y la complicidad de una mayoría social de escasas convicciones democráticas y permeable al discurso populista, se había ocupado de provocar la caída de todos los presidentes radicales e incluso del izquierdizado peronista Héctor Cámpora. Pero en esta ocasión, el caudillo que logró imponerse sobre los otros para asumir transitoriamente la presidencia debía encargarse de gestionar un Estado en bancarrota institucional y económica y una sociedad atomizada. De este modo, el peronismo volvió a ocupar el país como escenario de sus pugnas intestinas, con el agravante de que, muerto el caudillo fundador a quien rendían vasallaje, los caudillos provinciales y los burócratas sindicales reclamaron para sí amplios espacios de poder e influencia.

EL LATIDO DE LA RAZÓN

La lacerante herencia que dejó el peronismo menemista es el resultado de una revitalizada tradición autoritaria y disgregadora, que tuvo su origen en los encomenderos coloniales y alcanzó su definición en el siglo XIX con los caudillos que impidieron la organización nacional hasta la batalla de Caseros. El caudillismo peronista acabó de destruir el edificio nacional-estatal surgido de la Constitución federal de 1853. No es casualidad que este movimiento populista surgiera en el seno del régimen militar que había interrumpido el orden constitucional en 1930, cuando parecía que Argentina se orientaba, no sin dificultades, hacia la conformación de un Estado democrático. Tampoco es casualidad que todos los gobiernos peronistas hayan vaciado de contenido las instituciones republicanas para usarlas en función de sus intereses personalistas. El apoyo de las masas populares que históricamente ha recibido el peronismo lo ha utilizado para instalarse en el sistema democrático sin renunciar a su ideología autoritaria. El Partido Nacional Fascista italiano, el Nacional Socialista alemán, el Comunista de la Unión Soviética, etc., también fueron partidos de masas, pero no necesariamente democráticos. El peronismo, al adolecer de las mismas carencias democráticas, permitió de modo natural al menemismo prolongar el autoritario proyecto social, económico y cultural identificado con el modelo neoliberal, que las Fuerzas Armadas instituyeron mediante el terrorismo de Estado.

La refundación del país realizada por los militares argentinos sobre los fundamentos de las doctrinas de seguridad nacional y neoliberal destruyeron los ligamentos comunitarios y crearon formas de comportamiento caracterizadas por un feroz individualismo. Es así que el argentino que surgió de la Dictadura militar no sólo aceptó su histórico divorcio con el Estado, sino que dio la espalda a lo social. Este individuo se refugió en la familia, que también sufrió los efectos de la desestructuración, o en un pequeño clan de amigos, y centró sus energías en desarrollar recursos de supervivencia a medida que el Estado lo abandonaba en un territorio salvaje bajo la ley del mercado y de la impunidad.

En tales condiciones el sufragio popular no fue suficiente para garantizar la legitimidad democrática. La impunidad institucionalizada por el Estado terrorista y la quiebra del sistema ético, cuya vigencia facilitaron las leyes de Punto Final y Obediencia Debida y el orden autoritario con que el menemismo degradó las instituciones republicanas, fueron los potenciadores de los agentes destructivos de la sociedad. La corrupción, favorecida por la política de privatizaciones, no fue sino expresión de la cultura de la especulación y recurso para el enriquecimiento fácil o de simple supervivencia, para los habitantes de un Estado demasiado debilitado para amparar a sus ciudadanos.

En una sociedad donde el mercado define la realidad humana por los resultados explica que los argentinos organizaran sus furibundos "cacerolazos" por defender el dinero retenido por los bancos, pero no generalizaran su protesta por los muertos provocados por la represión policial. Explica asimismo que su consigna fuese "que se vayan todos", refiriéndose a los políticos, y que no hubiera iniciativas relevantes para ocupar los puestos que éstos ostentan legitimamente por el voto popular. La sociedad argentina ha sido víctima y victimaria de su propia tragedia social y de su incultura democrática. Tradicionalmente ha sido sobornable por el discurso caudillista y creída de una inteligencia que en realidad era sólo picardía marginal. Esta sociedad trabajadora, imaginativa y estudiosa ha despreciado no obstante el trabajo y el esfuerzo y ha hecho culto de la vagancia y de la falta de compromiso.

Desde la sanción de la Ley Roque Sáenz Peña, la sociedad argentina tuvo la oportunidad de asumir su propio destino e intervenir activamente en el juego político. Sin embargo, a la primera ocasión que se le presentó dimitió de sus responsabilidades civiles y prefirió delegar de su derechos, su bienestar y su seguridad en la elite que reclamó para sí el poder de administración y gestión del Estado. Una elite que procuró reproducir el modelo colonial que le aseguraba su permanencia en el poder a sabiendas de su condición virreinal.

Las medidas democratizadoras y las orientadas a restablecer la validez de la justicia impulsadas por el gobierno radical tras la dictadura militar no fueron abortadas tanto por las amenazas militares, como por la acción destructiva de la burocracia sindical y del justicialismo, que no asimilaron su primera derrota electoral. Estas dos fuerzas del peronismo mostraron entonces su decidida disposición a retroalimentarse en el poso de autoritarismo dejado por el régimen militar y perpetuarse en el aparato democrático. Así, esta nueva elite política se movilizó para gobernar aprovechándose de la atomización y de la venalidad de la sociedad y de la división feudal del país. Y lo hizo sin escrúpulos.

La casi total aniquilación de toda una generación por la represión militar impidió un relevo generacional de la cúpula política que quizás hubiera marcado otro rumbo. En cambio, este vacío impuso el retorno de aquella que fue, en gran parte, responsable de la tragedia social, política, económica y cultural que sufrió el país durante la Dictadura. Esta generación política, hegemonizada y contaminada por el caudillismo peronista, vio en la debilidad de un sistema democrático tutelado por fuerzas económicas poderosas y condicionado por la amenaza militar, la oportunidad de enriquecerse fácilmente. De este modo, tal como lo habían hecho los militares, proyectó su comportamiento a una sociedad permeable a los hábitos autoritarios y venales y sacrificó el desarrollo del país.

Si bien el modelo neoliberal fue campo propicio para la corrupción de la élite dirigente y su extensión en todo el tejido social, no todas las consecuencias negativas que han destruido el país son atribuibles a él. También Brasil aplicó con militares y civiles en el poder el modelo ultraliberal y también éste tuvo efectos devastadores para la población. Sin embargo, sus dirigentes no llegaron a los niveles de corrupción e irresponsabilidad que los de Argentina y Brasil ha podido soportar mejor los golpes recesivos. Merced a este comportamiento algo más sano, Brasil pudo invertir importantes partidas de su presupuesto nacional en educación e investigación, ya que existe en su élite dirigente la convicción de que la capacitación técnica e intelectual constituye una forma de capitalización y que el conocimiento científico y tecnológico es indispensable para competir en el ámbito mundial. Cabe deducir que, debido a que los políticos y la sociedad brasileña de la que surgen son menos corruptos que los políticos y la sociedad argentina, los efectos disgregadores y perversos del ultraliberalismo fueron menos profundos y efectivos.

Desde 1853, cuando la Constitución de ese año proclamó la unidad nacional y sentó las bases del Estado moderno, Argentina ha soportado varias crisis recesivas graves semejantes a la que estalló en 2001. La primera y muy significativa fue la de 1890, durante el gobierno de Miguel Juárez Celman, también por el favoritismo, la especulación y la corrupción. Sin embargo, la misma clase dirigente provocó una revolución que destituyó al venal Juárez Celman y dio paso a Carlos Pellegrini. Éste, aparte de imponer la pertinente política de austeridad, llamó a los "prohombres" del país, entre ellos la mayoría enriquecida con la venta especulativa de tierras por las que pasaba el ferrocarril, y los instó a "salvar el honor de la patria". En poco más de dos años la situación quedó restablecida y Argentina entró en el siglo XX como uno de los países más ricos del mundo. La diferencia entre la crisis de 1890 y la de 2001 radica fundamentalmente en la actitud que tuvo la élite dirigente para afrontarla. La oligarquía tenía en principio consciencia de clase y sus miembros se sentían responsables del futuro del país que acababan de fundar y estaban empeñados en dotarlo de una identidad nacional. Un siglo más tarde, la clase dirigente había experimentado una involución hacia un estado preconstitucional. Bajo los efectos nocivos del autoritarismo y la insolidaridad como recursos de gobierno durante varias décadas, la nueva élite no constituía ni se sentía una clase sino un conjunto de individuos —de caudillos o aspirantes a serlo— que carecían de sentido de Estado y luchaban ferozmente por sus propios peculios.

Estas graves carencias no sólo no permitieron afrontar la crisis económica y social con éxito, sino que la agravaron hasta poner el Estado al borde de la disolución. Una situación de anarquía que tiene su correlato en la inseguridad ciudadana y en el poder de delincuentes y "piqueteros", amos de calles y "zonas liberadas" y portadores del miedo patológico y del clientelismo sociales. Al iniciarse el siglo XXI, la debilidad institucional del Estado es tal que no sólo había abandonado su función de velar por la seguridad ciudadana, sino que aceptaba un diálogo clientelar con las fuerzas "piqueteras", a las que concedía subsidios y permitía que entablaran contactos con organismos internacionales, como el Banco Mundial y el BID, los cuales a su vez mostraban así el escaso respeto que le merecían las instituciones del Estado y sus representantes.

Un análisis directo permite constatar que la vulnerabilidad de la economía argentina del último cuarto del siglo xx y principios del xxi, está vinculada, como la de todos los países latinoamericanos, al modelo neoliberal sostenido por la oligarquía financiera. La pérdida de soberanía cambiaria en virtud de la llamada convertibilidad, el endeudamiento crónico, la pérdida de patrimonio estatal como consecuencia de las privatizaciones de empresas y servicios públicos, entre éstos el de la seguridad social, y un obsoleto sistema fiscal son factores directamente relacionados con la reducción de las rentas, las continuas recesiones económicas y la generalización de la pobreza. Pero si bien la profundidad de la crisis se expresa en términos económicos, en realidad se trata de una crisis del modelo cultural. Es decir, que la crisis económica se corresponde a la crisis de las estructuras de poder y de la sociedad, las cuales afectan sustancialmente a la integridad nacional.

El modelo de país diseñado por las elites que impulsaron la emancipación y la unidad nacional tuvo un carácter imitativo. La clase dominante, a pesar de proclamar la independencia y darse a la portentosa tarea de articular la organización del Estado no fue capaz de conquistar una soberanía plena para él al construirlo sobre el mismo molde colonial. La oligarquía patricia, que tuvo suficiente fuerza e imaginación como para impulsar un proceso civilizador y proyectar una utopía movilizadora, no supo o no tuvo voluntad para superar, durante el periodo formativo del Estado moderno, los límites endogámicos de clase que ilegitimaban su régimen y cuestionaban su liderazgo. De haber trascendido esos límites, se hubiesen sentado bases sólidas de una sociedad equilibrada y participativa, con instituciones democráticas cargadas de contenido, y estructuras económicas capaces de jugar un papel más determinante en la economía internacional.

Pero los derroteros fueron otros. Inicialmente, la oligarquía, al optar por la continuidad del caudillismo a través del personalismo de los gobiernos, para consolidarse en el poder y promover el progreso económico, creó un Estado fuerte en el campo administrativo, pero endeble en el político, precisamente desde el cual actúan las instituciones modeladoras de la sociedad civil y de la identidad nacional. Y es precisamente este desequilibrio funcional el que ha fortalecido el vínculo del desarrollo del Estado con el desarrollo económico, pero ha debilitado el vínculo y el compromiso de la ciudadanía con los asuntos públicos y, consecuentemente, su identificación con el Estado. Es aquí, en esta disfunción, donde se ha originado la histórica endeblez de las instituciones republicanas, la crónica inestabilidad social y política del país y las limitaciones del Estado para lograr una plena identificación con la sociedad.

La fortaleza administrativa del Estado que surgió de la Constitución de 1853 tampoco fue estable. Si bien los gobiernos oligárquicos, inspirados por las premisas positivistas, lograron la cohesión administrativa y el control de un amplio espacio doméstico y con ello fases importantes de desarrollo económico, fracasaron en su intento de mantener un crecimiento estable y sostenido. Al mantener intacto el sistema de propiedad de la tierra y la exportación de productos agropecuarios como factores básicos del desarrollo económico, no sólo no consiguieron evitar las cíclicas fases recesivas, sino tampoco integrar el país en la moderna economía capitalista internacional. Antes bien, la relación del Estado con el capital extranjero formalizó el nuevo pacto colonial con otras metrópolis –Gran Bretaña, Estados Unidos– y renovó los lazos de dependencia que impidieron la formación de una burguesía industriosa y el desarrollo de una idea positiva del trabajo en la conciencia social.

Los gobiernos oligárquicos y sus sucesores, de ideología pequeño burguesa, como la UCR, o nacional-populista, como el peronismo, promovieron y exaltaron los recursos naturales como valores de riqueza inagotable, pero no hicieron lo mismo con el trabajo. En la sociedad argentina, el trabajo siguió siendo, como lo fue para los hidalgos españoles, una actividad despreciable propia de la plebe, razón por la cual la voz 'vago' tiene popularmente una connotación elogiosa entre las masas populares argentinas. Es decir que las clases dirigentes no se ocuparon de utilizar el trabajo como un valor movilizador de las fuerzas sociales en consecución del bienestar común y con ello perdieron un punto de apoyo.

La minusvaloración ética del trabajo es un punto fundamental que permite considerar que las históricas crisis económicas de mayor intensidad, independientemente de sus causas más inmediatas y directas, son al mismo tiempo crisis estructurales y éticas que surgen de las tensiones no resueltas entre las fuerzas sociales y el poder, las cuales implican una disparidad entre la enunciación y la práctica constitucionales y afectan a la amalgama de la nacionalidad y a la estabilidad institucional del Estado.

La nacionalidad argentina aparece así sustentada en los símbolos –bandera, escudo, escarapela, himno, etc.– pero no en el articulado de la Constitución. Salvo para las Fuerzas Armadas que necesitaban conocer la frontera de su transgresión, la Constitución ha sido históricamente una mera proposición de principios. Si además se constata que el Estado argentino aparece retóricamente vinculado al concepto de nación, puede deducirse que la crónica inestabilidad institucional agrava los efectos de su artificialidad y por ende incide negativamente en la identidad e integridad nacionales.

Muchos de los males estructurales que padece el Estado argentino tienen su origen en su impostura cultural. A esta impostura, a la que no son ajenas las tradiciones eclesiástica y autoritaria que han dominado la historia nacional, se deben el divorcio y la falta de identificación entre la comunidad y el Estado. Nunca el ciudadano argentino se ha sentido verdaderamente partícipe del proceso político y tampoco comprometido con la construcción del Estado; en la conjugación de su tiempo futuro. Esta artificiosa realidad socio-estatal y de escasa identificación entre ambos campos quedó definitivamente pulverizada por la doctrina monetarista, para la cual los modelos de mercado clausuran y sustituyen cualquier otra realidad. Es decir, como afirma el profesor Norman Birnbaum en *Reflexiones de un imperialista involuntario*, "no es intelectualmente posible ningún otro mundo", pues los promotores del modelo neoliberal no consideran la economía política inserta en un contexto institucional humano sino como factor de cálculo estricto de costes y beneficios. De aquí, añade Birnbaum evocando a Wittgenstein, que los trabajadores duden entre considerarse socios de una empresa o "personas en peligro de ser despedidas en cualquier momento por unos gerentes para quienes la solidaridad social es, en el mejor de los casos, una indulgencia sentimental".

El panorama que surge de esta dramática disfunción entre el Estado y la sociedad está señalado por la desigualdad, el inmovilismo, la desintegración y la anarquía sociales; el desinterés de la comunidad por los asuntos públicos; la extensión de la miseria en consonancia con el crecimiento urbano en detrimento del campo, y los desequilibrios geodemográficos. Esto hace necesario un poderoso esfuerzo sustentado en una original dimensión cultural, para invertir la tendencia disgregadora, formar una sociedad democrática y constituir un Estado plenamente identificado con ella y capaz de ejercer en plenitud su soberanía.

Dentro de este nuevo y original marco institucional del Estado cabe considerar que cualquier plan de desarrollo económico y de cambios tecnológicos está íntimamente relacionado con la acción individual y colectiva. Por tanto, los valores éticos personales son los que marcan las tendencias orientadas al bien común. La responsabilidad y la solidaridad, ejercidas individual y colectivamente, son factores culturales primordiales de soporte de una identidad nacional y, en consecuencia, de reconocimiento de los propios recursos y potencialidades; la responsabilidad y la solidaridad son agentes activos de progreso –de conjugación del futuro– que los ciudadanos deben restaurar o inaugurar en el ámbito de sus relaciones mediante su acción individual y colectiva. Una acción que se canaliza a través de asociaciones vecinales, municipios, sindicatos, partidos políticos, asociaciones culturales y gremiales, etc., pues tales organizaciones instruyen las instituciones públicas, orientan las acciones de gobierno, llenan de contenido las premisas constitucionales y permiten la identificación del Estado con la sociedad.

La conjugación del tiempo futuro que empezó a balbucirse a finales de 1983 con el retorno de la civilidad al gobierno del país, consiste también en romper definitivamente con la dependencia económica. El nuevo capitalismo que ha impulsado hasta los inicios del siglo XXI la globalización se articula a través del parasitismo del capital financiero, de la acción depredadora y vampírica de las empresas multinacionales y de la corrupción de las clases dirigentes nativas. Contra esta dinámica destructiva y totalitaria del nuevo orden internacional puede y debe oponerse la vigencia de los valores éticos de la sociedad y la vigorización de un Estado capaz de regular y gestionar con eficacia los recursos económicos y el bienestar de los ciudadanos. Un Estado además articulado en el marco continental, donde los bloques de integración regional, como Mercosur o el Pacto Andino, deben desempeñar una vigencia efectiva como factores de equilibrio interestatal y redistribución de la riqueza frente a los grandes bloques de poder político, económico y cultural.

La implementación de este vasto proyecto fundador, aquí apenas trazado con gruesas líneas, requiere esfuerzo y voluntad para instaurar la justicia y la razón. Nada consume más las energías espirituales y materiales de los individuos que el caos y la arbitrariedad, de modo que toda esperanza se funda siempre en la razón. Argentina cuenta con recursos naturales y humanos suficientes como para aspirar al renacimiento y a la conjugación de su tiempo futuro.

En este sentido, el gobierno surgido en 2003 y presidido por Néstor Kirchner dio inmediatos pasos alentadores orientados a devolver la confianza a la ciudadanía tomando medidas de choque para paliar los efectos de la crisis económica, sanear las instituciones y resituar al país en el mapa internacional. En este último apartado renegoció con sorprendente firmeza el pago de la deuda con el FMI y otros organismos internacionales, y se abocó al establecimiento de un frente común con Brasil para reflotar el Mercosur, y a la defensa de la tesis de que la deuda internacional es impagable sin desarrollo. Junto a Brasil y, en un contexto continental de importantes cambios geopolíticos, también a Venezuela, Argentina ha emprendido la defensa de una política continental común para tratar con la Unión Europea y Estados Unidos, oponiéndose a los intentos estadounidenses de imponer su propio mercado continental y a las políticas proteccionistas de las grandes potencias económicas. A principios de 2006, Argentina liquidó la deuda con el FMI, cuyo monto –9.574 millones de dólares– es mínimo en relación a los 124.332 millones de dólares que aún debe, pero supone un gesto simbólico de gran trascendencia política al cortar una de las vías de injerencia y tutela económica exterior. La nueva orientación de esta posición han tenido eco en otros países del área donde se han producido importantes giros hacia la izquierda, como en Uruguay y Bolivia, y ha generado una áspera reacción de los ideólogos conservadores locales y europeos que ya han acuñado el peyorativo término 'neopopulismo' para definir el carácter de los dirigentes que se proponen cambiar las reglas de un juego que hasta el presente sólo ha servido para llevar a la pobreza a uno de los continentes más ricos del planeta.

En el plano interior, Argentina parece querer cerrar las heridas más recientes dejadas por la represión y el terror militares y neutralizar sus secuelas. La purga en las Fuerzas Armadas, la Policía Federal y la SIDE –los servicios de inteligencia– de los elementos implicados en los crímenes cometidos durante la dictadura; la renovación de la Corte Suprema de Justicia, que, en junio de 2005, declaró inconstitucionales las leyes de Obediencia Debida y Punto final, abriendo la vía para juzgar a los responsables de las atrocidades cometidas, y el claro compromiso con la defensa y vigencia de los derechos humanos y los comportamientos éticos en la vida pública son gestos de gran valor para la percepción ciudadana, aunque aún insuficientes para afirmar que el país está ante un nuevo horizonte cultural.

Independientemente de otras cuestiones de gestión y administración de la *res publica* que tocan al desarrollo económico, a la industrialización y a la redistribución de la riqueza entre la población y entre los territorios que integran la República, Argentina –sus gobiernos y la ciudadanía– ha de liquidar definitivamente sus viejas estructuras oligárquicas para modernizar el país. En este planteamiento es imprescindible la democratización de instituciones como las Fuerzas Armadas y los sindicatos y la redefinición de las relaciones con otras como la Iglesia católica. En estos casos es imprescindible como paso previo la depuración de las responsabilidades que tuvieron lugar durante la dictadura, pues de no ser así cualquier forma de impunidad seguirá contaminando la vida social del país. No basta con que los comandantes de las Fuerzas Armadas pidan perdón y que los criminales juzgados estén detenidos en sus mansiones; es necesario que éstos sean expulsados con deshonor del seno de la institución –arrancadas sus *charreteras* y quebrados sus sables ante la tropa– y confiscadas sus fortunas productos del latrocinio durante la época del terror. Asimismo, la Iglesia católica argentina también debe asumir la cuota de complicidad con los crímenes cometidos por los militares y dejar que la Justicia juzgue y condene a sus responsables. Y por último, también los trabajadores han de promover, desde las bases, estructuras sindicales democráticas que impidan que sus sindicatos sigan actuando como verdaderas organizaciones mafiosas que han favorecido hasta el presente los intereses del gran capital, la acción de los represores y el enriquecimiento ilícito de sus dirigentes en detrimento de sus sindicados. La conjugación del tiempo futuro es factible en la medida que los verbos que se enuncien no sean los mismos verbos erróneos del pasado.

Barcelona, abril, 2002 - marzo, 2006

Bibliografía

Aguinis, M., *El atroz encanto de ser argentino*, Buenos Aires, 1999.

Alberdi, J.B., *Las bases*, Buenos Aires, 1967.

Arlt, R., *El juguete rabioso*, Barcelona, 1979.

—, *Los siete locos*, Barcelona, 1980.

Arroyo, R., y Barsky, G., *Los indultos y los militares*, ed. part.

Barloewen, C. von, *Latinoamérica: cultura y modernidad*, Barcelona, 1995.

Bayer, O., *La Patagonia rebelde*, 1980.

Bellini, G., *Historia de la literatura hispanoamericana*, Madrid, 1986.

Bethell, ed. *Historia de América Latina*, Barcelona, 1998.

Beyhaut, G. y H., "América Latina III. De la independencia a la segunda guerra mundial", *Historia Universal*, 23, Madrid, 1986.

Borges, J.L., *Obras completas*, Buenos Aires, 1974.

Cabrero, F., *La revolución pactada*, Barcelona, 2002.

CADHU, *Argentina: proceso al genocidio*, Madrid, 1977.

Cardozo, O.R., Kirschbaum, R. y Kooy, E. van der, *Malvinas, la trama secreta*, Barcelona, 1983.

Casas, B.de las, *Brevísima relación de la destrucción de Indias*, Madrid, 1995.

Céspedes del Castillo, G., y Regla, J., "Historia de España y América, social y económica", vol III, *Los Austria. Imperio español en América*, Barcelona, 1982.

CONADEP, *Nunca más*, Barcelona, 1985.

D'Angelo, G., y Tello, A. (eds.), *Historia de la Argentina*, Barcelona, 1998, 2 vols.

Delamaide, D., *El shock de la deuda*, Barcelona, 1985.

Delich, F.J., *Crisis y protesta social: Córdoba, mayo de 1969*, Buenos Aires, 1974.

Di Tella, T., *Inmovilidad o coexistencia en la Argentina, en América Latina: ¿reforma o revolución?*, Buenos Aires, 1970.

Duhalde, E.L., *El estado terrorista argentino*, Barcelona, 1983.

Echeverría, E., *El matadero*, Buenos Aires, 1967.

—, *La cautiva*, Buenos Aires, 1967.

Fernández Moreno, C. (coord), *América Latina en su literatura*, México, 1976.

Fernández, T., Millares, S., y Becerra, E., *Historia de la literatura hispanoamericana*, Madrid, 1995.

Franco, J., *Historia de la literatura hispanoamericana*, Barcelona, 1979.

Freedman, R., *Teoría económica de Karl Marx*, Barcelona, 1998.

Galbraith, J.K., *El dinero*, Barcelona, 1983.

—, *Historia de la economía*, Barcelona, 1989.

—, "La amenaza de un nuevo crash", en *The Atlantic Monthly* reproducido por *La Vanguardia*, Barcelona, 1987.

Galeano, E., *Las venas abiertas de América Latina*, Madrid, 2000.

Gibelli, N.(dir), *Crónica histórica argentina*, vols. I y II, Buenos Aires, 1968.

Halperin Donghi, T., *Historia contemporánea de América Latina*, Madrid, 1998.

Hernández, J., *Martín Fierro*, México, 1997.

Klare, M.T,. y Stein, N., *Armas y poder en América Latina*, México, 1976.

Konetzke, R., "América Latina II. La época colonial", *Historia Universal*, 22, Madrid, 1986.

Lanusse, A.A., *Mi testimonio*, Buenos Aires, 1977.

Lesseps, M., y Traveler, L., *Argentina, un país entregado*, Madrid, 1978.

López, L.V., *La gran aldea*, Buenos Aires, 1967.

Lynch, J., *Historia de la Argentina*, Barcelona, 2001.

Malamud, C., *América Latina, siglo XX, la búsqueda de la democracia*, Madrid, 1992.

Mansilla, L.V., *Una excursión a los indios ranqueles*, 1967.

Mármol, J., *Amalia*, Buenos Aires, 1967.

Martínez Estrada, E., *La cabeza de Goliat*, Buenos Aires, 1967.

—, *Muerte y transfiguración del Martín Fierro*, México, 1948.

—, *Radiografía de la Pampa*, Buenos Aires, 1933.

Mill, J.S., *La utilidad de la religión*, Madrid, 1986.

Núñez F.R., *Sociedad y política en el siglo XX*, Madrid, 1993.

Olmos Gaona, A., *Historia de la deuda exterior argentina*, texto del Seminario impartido en la Facultad de Ciencias Económicas de la Universidad Nacional de la Plata, accesible en la dirección de internet: http://www.temakel.com/aideudaexterna.htm

Ortega y Gasset, J., *La rebelión de las masas*, Madrid, 1986.

Palmer, A., *Diccionario de Historia del siglo XX*, Barcelona, 1983.

Potash, R.A., *El ejército y la política en la República Argentina*, Buenos Aires, 1994, 4 vols.

Puiggros, R., *El Yrigoyenismo*, Buenos Aires, 1974.

Rama, C., *Historia del movimiento obrero y social latinoamericano contemporáneo*, Barcelona, 1976.

Ratier, H., *Villeros y villas miseria*, Buenos Aires, 1975.

Rock, D., *Argentina 1516-1987*, Madrid, 1988.

Romero, L.A., *Historia contemporánea de Argentina*, México, 1994.

Rousseau, J.J., *El contrato social*, Barcelona, 1984.

Sagrera, M., *Argentina superpoblada*, Buenos Aires, 1976.

Sarmiento, D.F., *Facundo*, Buenos Aires, 1967.

Sófocles, *Teatro completo*, Barcelona, 1983.

Stiglitz, J.E., *El malestar en la globalización*, Barcelona, 2002.

Tello, A. y otros, *Historia del siglo XX*, Buenos Aires, 1996, 2 vols.

Tribunal Russell II, "Las multinacionales en América Latina," *Cambio 16*, Madrid, 1977.

Vázquez Rial, H., *Buenos Aires*, Barcelona, 1989.

VV.AA., *Buenos Aires 1880-1930, La capital de un imperio imaginario*, Madrid, 1996.

VV.AA., "La Argentina, entre ayer y mañana", *Revista de Occidente*, n.º 186, noviembre 1996.

VV.AA., "El Cordobazo", *Umbrales*, n.º 11, abril 1999.

VV.AA., "Las democracias restringidas en América Latina", *Umbrales*, n.º 13, mayo-junio 2000.

ESTE LIBRO SE TERMINÓ DE IMPRIMIR EN EL
MES DE MAYO DE 2006